Hinter dem Sachregister befindet sich ein ausführliches Verzeichnis der

Guttentagschen Sammlung

Deutscher Reichs- und Preußischer Gesetze

— Textausgaben mit Anmerkungen; Taschenformat —

die alle wichtigeren Gesetze in unbedingt zuverlässigem Abdruck und mit mustergültiger Erläuterung wiedergibt.

Guttentagsche Sammlung
Nr. 51. Preußischer Gesetze Nr. 51.
Textausgaben mit Anmerkungen.

Das preußische Disziplinargesetz für die nichtrichterlichen Beamten

nebst dem

Disziplinargesetze für die Privatdozenten.

Erläutert
und mit den ergänzenden Gesetzesbestimmungen, zumal der Strafprozeß- und Zivilprozeßordnung, versehen
von

Dr. jur. Eugen von Dultzig,
Regierungsrat am Oberpräsidium der Rheinprovinz.

Berlin 1914.
J. Guttentag, Verlagsbuchhandlung,
G. m. b. H.

Vorwort.

Im Jahre 1899 hat die preußische Beamtenschaft ein Jubiläum sang- und klanglos vorübergehen lassen, das zu feiern sie wohl Ursache gehabt hätte. Damals nämlich waren es 50 Jahre, seit im Juli 1849 die vorläufigen Verordnungen über das preußische Beamten-Disziplinarrecht erlassen und mit der Einrichtung und der am 1. September desselben Jahres abgehaltenen ersten Sitzung des preußischen Disziplinarhofes auch nach außen hin sichtbar ins Leben getreten waren. Damit hingen, abgesehen von dem kurzen Intermezzo des Gesetzes von 1844, zum ersten Male in der preußischen Rechtsgeschichte die Beamten nicht mehr vollkommen von der Gnade und dem Belieben der Krone und des Staatsrates ab, sondern hatten ein festes, nur in einem förmlichen Verfahren wegen grober Verfehlungen entziehbares Recht auf Amt und Gehalt errungen! Denn das Disziplinargesetz ist nicht, wie leider so oft auch heute noch erzählt wird, als Mittel zur Knechtung der Beamten gegeben, sondern in jener gar nicht so finsteren Zeit umgekehrt zur Sicherung der Beamtenschaft gegen willkürliche Amtsentziehung in ehrlicher Erfüllung der dahin zielenden Zusagen der Verfassung geschaffen worden. Es bedeutet nicht eine Verschlechterung, sondern eine kaum zu überschätzende Verbesserung in der Rechtstellung der preußischen Beamtenschaft gegen die Jahrhunderte vorher! Auch rein äußerlich gekennzeichnet wurde dieser Zweck des Gesetzes, eine „magna charta“ des Beamtentums zu sein, dadurch, daß an die Spitze des Disziplinarhofes, ohne dessen Zustimmung selbst das Staatsministerium keinen Beamten entlassen kann, der unabhängigste richterliche Beamte des damaligen Preußens gestellt wurde, der Chefpräsident des Geheimen Obertribunals.

Gleichwohl sind in den 50 und mehr Jahren, die seit dem Inkrafttreten des preußischen Disziplinarrechts verflossen sind, die Wünsche nach seiner Änderung je länger je lauter geworden, und zumal jetzt wird die Umgestaltung dieses „veralteten“ Gesetzes besonders dringend und weitverbreitet aus Kreisen der Beamtenschaft gewünscht. Es darf jedoch behauptet werden, daß diese Wünsche nicht von tiefer Kenntnis der Zwecke und Wirkungen des Gesetzes zeugen. Was soll denn zudem an dem Gesetze geändert werden? Sollen etwa die einzelnen Disziplinarvergehen einzeln aufgezählt und genau bestimmt werden? Das ist unmöglich und würde nur gleichermaßen den Staat wie die Beamten in starre Fesseln schlagen. Oder soll das Verfahren geändert werden, etwa durch Hineinarbeitung strafprozessualer Einzelheiten? Dann müßte bei jedem Fortschritte des Strafprozeßrechtes das Gesetz geändert werden, während es jetzt diesen Fortschritten automatisch folgt. Oder sollen endlich, — und das ist wohl der Kernpunkt der Bewegung —, richterliche bzw. halbrichterliche Behörden zu den erkennenden Instanzen werden, wie es für die Reichsbeamten und die Kommunalbeamten schon geschehen ist? Man wird jedoch nicht behaupten können, daß der Reichsdisziplinarhof und das Oberverwaltungsgericht sich als ein besserer Hort der Beamtenschaft bewährt hätten denn preußischer Disziplinarhof und Staatsministerium. Im Gegenteil, in der so wichtigen Frage, ob der Disziplinarrichter ein verurteilendes Straferkenntnis nachprüfen darf oder nicht, nehmen beispielsweise die letzteren den dem Beamten günstigeren Standpunkt ein. Und dann ist es an sich eine nicht zu unterschätzende Schutzwehr, wenn bei preußischen Staatsbeamten über die Entlassung, wie schon gestreift, zwei Behörden, preußischer Disziplinarhof und Staatsministerium, einig sein müssen, während bei Reichsbeamten und preußischen Kommunalbeamten die Entscheidung einer Behörde (Reichsdisziplinarhof bzw. Oberverwaltungsgericht) genügt. Alles in allem wird man sagen müssen: Wie Beruf und Geschick zur Gesetzgebung unleugbar seit 1849 nicht zu-, sondern abgenommen haben, so hat damals der Gesetzgeber im ganzen, abgesehen von ganz wenigen Einzelheiten, die schwierige Doppelaufgabe, ein Palladium der Beamtenschaft zu schaffen und doch die Staatsverwaltung nicht mit unfähigen oder unwürdigen Elementen dauernd zu belasten, nicht minder gut, ja besser gelöst, als es seither gelungen ist, oder als wir es versuchen könnten! Wenn dieses Buch dazu beiträgt, diese Erkenntnis zu verbreiten und unsere Beamtenschaft insoweit von dem Zeitübel der Mißachtung des Alten und der Neigung zu seiner sogenannten „Verbesserung“ zu heilen, so hat es seinen Weg nicht umsonst gemacht.

Der Plan zu diesem Werkchen ist bei dem Verfasser entstanden, bald nachdem er in jenem Jahre 1899 als Hilfsarbeiter und ständiger Referent an den preußischen Disziplinarhof für nicht-richterliche Beamte zu Berlin berufen worden war. Der früher beste Kommentar von

Seydel war schon damals etwas veraltet. Vor allem aber fehlte es an jedem handlichen Nachschlagebüchlein für die Praxis. Inzwischen ist freilich der ausgezeichnete Kommentar von Paul v. Rheinbaben erschienen. Aber auch seine Bewunderer, zu denen der Unterzeichnete zählt, werden ihm nicht nachrühmen können, daß er sehr handlich sei, und so glaubte der Verfasser nach wie vor, das zweifellose Bedürfnis nach einem solchen Büchlein befriedigen zu sollen.

Die Aufgabe, ein Nachschlagebüchlein für alle praktischen Fragen des Disziplinarrechts zu schaffen, hat neben der eingehenden Gestaltung der Register und zumal des Sachregisters insbesondere auch dazu geführt, alle ergänzenden Gesetze nicht nur anzuführen, sondern auch abzudrucken, vor allem die einschlägigen Vorschriften der Straf- und Zivilprozeßordnung. Der Verfasser hat es bei einer nun mehr als zwanzigjährigen Praxis bei den verschiedensten Gerichts- und Verwaltungsbehörden oft genug so störend empfunden, sich die maßgebenden Bestimmungen aus verschiedenen Büchern zusammensuchen zu müssen, daß er dem Benutzer dieses Werkchens ein Gleiches gern ersparen möchte. Es ist deshalb erstrebt und hoffentlich auch erreicht worden, daß der Praktiker des Disziplinarrechtes neben diesem Büchlein kein anderes, auch keine Gesetz- oder Entscheidungensammlung aufzuschlagen braucht. Auch die Ministerialerlasse sind stets inhaltlich genau angegeben und die Zitate mehrfach nachgeprüft worden.

Die lange Frist, welche das Buch wegen der starken anderweiten Inanspruchnahme des Verfassers zu seiner Entstehung gebraucht hat, — das horazische Wort „Nonum prematur in annum“ wurde an ihm mehr als

Wahrheit — ist eifrig dazu benutzt worden, die inzwischen erschienenen Kommentare und Entscheidungen zu berücksichtigen. Insbesondere trifft dies zu auf den schon gedachten Kommentar von Frh. v. Rheinbaben und den ebenso ausgezeichneten von Brand zum Reichsbeamtengesetz. Auch der kleinere Kommentar von Friedrichs in dessen Sammlung der preußischen Verwaltungsgesetze ist verglichen worden. Wenn er gleichwohl nirgends zitiert worden ist, so liegt das einmal daran, daß dort, wo er mit der hier verfochtenen Ansicht übereinstimmt, solches angesichts des immerhin geringeren Gewichts dieses Kommentars entbehrlich erschien; wo Friedrichs aber abweicht, — und er gefällt sich vielfach in Abweichungen auch von gesicherten Ergebnissen der Praxis —, habe ich an Stelle einer Polemik lieber versucht, die vorgetragenen Ansichten noch eingehender als sonst wohl zu begründen. Möge die Kritik darüber urteilen, wem die Begründung besser gelungen ist.

Im übrigen möge das Büchlein nun für sich selber sprechen!

Koblenz, im April 1914.

Der Verfasser.

Inhaltsübersicht.

Abkürzungen.

a. a. O. = am angegebenen Orte.
Abs. = Absatz.
a. E. = am Ende.
AG. = Ausführungsgesetz.
ALR. = Allgemeines Landrecht für die preußischen Staaten. II, 13 = Teil II Titel 13.
Anm. = Anmerkung.
Bd. = Band.
Bem. = Bemerkung.
Beschl. = Beschluß.
BGB. = Bürgerliches Gesetzbuch des Deutschen Reichs vom 18. August 1896.
Brauchitsch = von Brauchitsch, die neuen preußischen Verwaltungsgesetze.
Brandt, Reichsbeamtengesetz = das Reichsbeamtengesetz vom 31. März 1873 von Dr. Brandt. Berlin bei O. Häring 1902.
CBl. oder ZBl. = Centralblatt, wenn ohne weiteren Zusatz gebraucht, oder mit dem Zusatz „f. d. U. V." = „Centralblatt für die Unterrichtsverwaltung."
CPO. oder ZPO. = Zivilprozeßordnung.
Disz. = Disziplinar.
EG. = Einführungsgesetz.
EisVerBl. = Preußisches Eisenbahnverordnungsblatt.
Ent. oder Entsch. = Entscheidung.
Erl. = Erlaß.
GeschO. = Geschäftsordnung.
Ges. = Gesetz.
GS. = Gesetzsammlung.

GewO. oder GO. = Gewerbeordnung.

GVG. = Gerichtsverfassungsgesetz.

Gruchot = Gruchot, Beiträge zur Erläuterung des deutschen Rechts.

HGB. = Handelsgesetzbuch.

Illing = Illing-Kautz, Handbuch für preußische Verwaltungsbeamte.

JMBl. = Justizministerialblatt.

Johow = Jahrbuch für die Entscheidungen des Kammergerichts, herausgegeben von Johow.

KabO. oder KabOrdre = Kabinettsordre.

KammGer. oder KG. = Preußisches Kammergericht.

KommBeaGes. oder Kommunalbeamtengesetz = Ges. betr. die Anstellung und Versorgung der Kommunalbeamten in Preußen vom 30. Juli 1899 (GS. S. 141).

Laband = Laband, das Staatsrecht des Deutschen Reichs.

MinBl. oder MBl. oder MBl. f. i. V. = Preußisches Ministerialblatt für die innere Verwaltung.

MinBl. f. H. u. G. oder HandelsminBl. = preußisches Ministerialblatt für die Handels- und Gewerbeverwaltung.

MinErl. oder ME. = Ministerialerlaß.

Nov. = Novelle.

OTrib. = Vormaliges Preußisches Geheimes Obertribunal.

Opp. oder Oppenhoff = Oppenhoff, Rechtsprechung des Obertribunals in Strafsachen.

OVG. = Preußisches Oberverwaltungsgericht.

Pr. oder pr. = Preußisch.

R. = Reichs-.

RG. = Reichsgericht. RG. in CivS. oder in CS. = Reichsgericht in Civilsachen. RG. in Straff. oder in StS. = Reichsgericht in Strafsachen.

RDiszH. = Reichsdisziplinarhof.

ROHG. = Reichsoberhandelsgericht.

Rheinbaben = Die preußischen Disziplinargesetze. Von Paul von Rheinbaben. Berlin bei Franz Vahlen. 1. Aufl. 1904. 2. Aufl. 1911. (Wo nichts Besonderes gesagt, ist stets die 2. Aufl. zitiert).

v. Rönne = v. Rönne, das Staatsrecht des Deutschen Reiches und das Staatsrecht der preußischen Monarchie.

S. = Seite bzw. Siehe.

s. = siehe.

Seydel = Seydel, Gesetz vom 21. Juli 1852, betreffend die Dienstvergehen der nichtrichterlichen Beamten. Berlin bei Carl Heymann. 1. Aufl. 1883. 2. Aufl. 1894.

StGB. = Strafgesetzbuch für das Deutsche Reich.

StMBeschl. = Beschluß des preußischen Staatsministeriums.

StPO. = Strafprozeßordnung für das Deutsche Reich.

Striethorst = Striethorst, Archiv für Rechtsfälle, Sammlung von Entscheidungen des Obertribunals.

V. oder Verf. = Verfügung.

Ver. oder VO. = Verordnung.

vgl. = vergleiche.

ZBl. siehe CBl.

z. B. = zum Beispiel.

Zorn = Zorn, das Staatsrecht des Deutschen Reichs. 2. Aufl. 1895.

ZPO. siehe CPO.

Einleitung.

1. Inhalt des Gesetzes.

Die Überschrift gibt den Inhalt erschöpfend an.

a) Das Gesetz behandelt zunächst „Die Dienstvergehen" der nichtrichterlichen Beamten, d. h. das gesamte Disziplinarrecht der gesamten preußischen Beamtenschaft mit Ausnahme der Richter. Diese Materie nimmt in dem Gesetze den breitesten Raum ein und bildet so sehr seinen Hauptgegenstand, daß nach ihm das Gesetz in Literatur und Praxis gewöhnlich allein als „Disziplinargesetz" bezeichnet wird.

b) Das Gesetz behandelt sodann die „Versetzung der nichtrichterlichen Beamten auf eine andere Stelle". Gemeint ist hier lediglich die Versetzung im Interesse des Dienstes, bei welcher Umzugskosten gezahlt werden und eine Verkürzung des Diensteinkommens ausgeschlossen ist (§ 87 Ziff. 1 des Gesetzes). Die Strafversetzung fällt unter das Disziplinarrecht.

c) Endlich verhält sich das Gesetz auch noch über die „Versetzung in den Ruhestand". Es betrifft sowohl die einstweilige Versetzung in den Ruhestand, die sogenannte Stellung zur Disposition (§ 87 Ziff. 2, § 97 des Gesetzes), wie die dauernde, die sogenannte Pensionierung (§§ 88 ff. des Gesetzes). Bei dieser handelt es sich aber nur um die unfreiwillige Pensionierung; die freiwillige, auf Antrag oder mit Einwilligung des Beamten erfolgende regelt sich nach den Pensionsgesetzen.

Das Gemeinsame an allen diesen Gegenständen des Gesetzes ist, daß es sich in allen Fällen um die unfreiwillige Entfernung des Beamten aus dem derzeit von ihm verwalteten Amte handelt. Dadurch, daß das Gesetz für diese Entfernung bestimmte Voraussetzungen aufstellt, sichert es die Beamten gegen Willkür und erfüllt damit zum Teil die Zusage des Art. 98 der preußischen Verfassung, laut dessen die Rechtsverhältnisse der nichtrichterlichen Beamten durch ein Gesetz geregelt werden sollten, „welches, ohne die Regierung in der Wahl der ausführenden Organe zweckwidrig zu beschränken, den Staatsbeamten gegen willkürliche Entziehung von Amt und Einkommen angemessenen Schutz gewährt". Hieraus ergibt sich, daß das „Disziplinargesetz" nicht lediglich das Interesse des Staats an der Ausmerzung ungeeigneter Beamten verfolgt; sondern neben diesem Zwecke hat es ebenso auch die Sicherstellung des Beamten gegen Willkür im Auge!

2. Begriff und Wesen des Disziplinarrechts.

Das Disziplinarrecht, der Hauptgegenstand des Gesetzes, zerfällt in das materielle und formelle Disziplinarrecht.

Das materielle umfaßt die Vorschriften darüber, welche Handlungen eines Beamten ein Dienstvergehen bilden.

Das formelle begreift in sich die Regeln über das Verfahren, in welchem ein Dienstvergehen zu ahnden ist.

Ersteres entspricht also dem Strafrecht, letzteres dem Strafprozeßrecht; beide, das Disziplinarstrafrecht wie das Disziplinarverfahren, regelt das Disziplinargesetz.

Über das **Wesen des Disziplinarrechts**, namentlich des materiellen, herrscht Streit. Früher betrachtete man ziemlich allgemein das Disziplinarstrafrecht als nicht wesentlich verschieden von dem allgemeinen Strafrechte. Es wurde als eine Unterart von diesem angesehen, dessen Eigentümlichkeit nur darin bestand, daß das strafrechtliche Subjekt ein Beamter sein mußte. Demgemäß wurde auch das Disziplinarverfahren nur als eine Unterart des allgemeinen Strafverfahrens betrachtet; man hielt es ebenfalls für eine Äußerung der allgemeinen Strafgewalt des Staates. Der namhafteste Staatsrechtslehrer, der heute noch diese Ansicht vertritt, ist Zorn. Auch das Oberverwaltungsgericht hat sie in einer Entscheidung (Bd. 22 S. 445), jedoch nur nebenbei, ausgesprochen.

Richtiger aber, und von der Regierung schon beim Erlaß der vorläufigen Verordnungen von 1849 verfolgt, ist eine andere Ansicht. Danach sind Disziplinarstrafrecht und Disziplinarverfahren von Strafrecht und Strafprozeß wesentlich verschieden. Diese bezwecken — von dem hier allein in Frage kommenden Standpunkte des Staates aus gesehen — im allgemeinen Interesse den Schutz der allgemeinen Rechtsordnung; jene verfolgen nicht die allgemeinen Interessen und dienen nur entfernt und mittelbar dem Schutze der Rechtsordnung. Ihr unmittelbarer Zweck ist die Wahrung der besonderen Interessen des Staats an dem Bestehen einer pflichttreuen und unbescholtenen Beamtenschaft. Demgemäß verfolgt auch das Disziplinarverfahren nicht die Zwecke der Strafrechtspflege und ist nicht eine Äußerung der Strafgewalt des Staates und ein Ausfluß seiner Justizhoheit, sondern es ist eine Äußerung des besonderen Gewaltverhältnisses des Staates über die Beamten.

Diese Ansicht, die jetzt von Autoritäten wie Schulze, Arndt und Laband vertreten wird (vgl. Laband, Bd. 1 S. 440 ff. und die dort Zitierten; vgl. ferner Brand, Vorbemerkung 1 zu § 72 ff. RBeaGes.), ist allein haltbar. Wäre das Disziplinarstrafrecht nur eine Unterart des Strafrechts, so bliebe es zwar erklärlich, wieso bei gemeinen Vergehen den Beamten, der sie verübt, neben der gewöhnlichen Strafe noch eine Disziplinarstrafe treffen kann; diese erschiene dann als Zusatzstrafe, die mit Rücksicht auf die besondere Eigenschaft als Beamter verhängt wird; nicht erklärlich wäre dagegen, wieso bei den im Strafrechte gedachten, eigentlichen Amtsvergehen neben der öffentlichen Strafe noch eine Disziplinarstrafe eintreten könnte. Denn bei diesen wird schon die öffentliche Strafe nur mit Rücksicht auf die Beamteneigenschaft verhängt; lediglich durch diese wird die Strafgewalt des Staates überhaupt ausgelöst. Die bei Herleitung aus der allgemeinen staatlichen Strafgewalt nach dem obigen als Zusatzstrafe zu charakterisierende Disziplinarstrafe würde dann ebenfalls nur mit Rücksicht auf die Beamteneigenschaft verhängt werden, d. h. es würde sonach bei den eigentlichen Amtsvergehen die staatliche Strafgewalt, wenn auch die Disziplinarstrafe eine Äußerung von ihr wäre, zweimal aus einem und demselben Anlaß in Bewegung gesetzt, eine unzweifelhafte Verletzung des Grundsatzes „ne bis in idem". Eine Theorie, die eine solche Verletzung dieses Fundamentalsatzes allen Strafrechts anerkennen muß, kann nicht zutreffen.

Die Scheidung zwischen Disziplinarrecht und Strafrecht entspricht denn auch allein dem Gange der

Rechtsentwicklung. Noch im Preußischen Landrechte waren die disziplinarisch zu ahndenden und die mit öffentlicher Strafe zu belegenden Vergehen der Beamten nicht voneinander geschieden; beide wurden als Kriminalfälle behandelt, und folgerichtig wurde denn auch in beiden Fällen die Ahndung von den Strafgerichten bewirkt (vgl. Teil II Tit. 20 ALR.). Nachdem jedoch durch die Verordnung vom 22. März 1844, durch die vorläufigen Verordnungen vom 10. und 11. Juli 1849 und durch die daraus hervorgegangenen Disziplinargesetze für Richter und nichtrichterliche Beamte zur Durchführung des Disziplinar- und Strafrechts ganz verschiedene Verfahrensarten vor verschiedenen Behörden geschaffen worden sind, und auch das materielle Disziplinarrecht besonders kodifiziert und aus dem Strafgesetze ausgeschieden ist, würde es einen Rückfall in den früheren Zustand bedeuten, wollte man die so getrennten Materien dennoch fernerhin als wesensgleich betrachten.

Die Disziplinarstrafe ist nach alledem nur ein Zuchtmittel zur Wahrung der Pflichttreue und Unbescholtenheit des Beamtentums. Sie ist ebensowenig eine Sühne für eine Verletzung der allgemeinen Rechtsordnung und damit eine öffentliche Strafe wie die Zuchtmittel, welche den Senaten der Universitäten gegen die Studenten zustehen, obwohl auch diese Zuchtmittel unter staatlicher Autorität durch einen Universitäts„richter" in Anwendung gebracht werden. Ebenso wie mit jenen Zuchtmitteln sind nach Labands zutreffenden Ausführungen die Vorschriften über Dienstvergehen vergleichbar mit den Rechtsregeln privater Dienstverträge über die Voraussetzungen, unter denen Prinzipale ihre Angestellten entlassen können. Die Analogie der privaten Dienstverträge greift aber noch über die Verhängung der Entlassung hinaus; auch zu den Ordnungsstrafen findet sich bei solchen Dienstverhältnissen ein Analogon in den Geldstrafen, die auf Grund von Geschäfts-, Fabrik- und Arbeitsordnungen verhängt werden; wie sich jeder Privatangestellte diesen Strafen durch Eintritt in das Dienstverhältnis unterwirft, so unterstellt der Staatsdiener sich durch seinen Eintritt in das Beamtenverhältnis der staatlichen Ordnungs-Disziplinarstrafgewalt. Daß die Disziplinarstrafgewalt erst mit dem Eintritt in das Dienstverhältnis entsteht und mit ihr endet (vgl. §§ 1, 2, 16 Abs. 3 des Gesetzes), ist übrigens ein neuer Beweis für ihre wesentliche Verschiedenheit von der allgemeinen Strafgewalt, welche alle Einwohner des Staates ohne besondere Voraussetzungen ergreift.

3. Geltungsumfang des Gesetzes.

Der örtliche Geltungsumfang des Gesetzes erstreckt sich über die ganze preußische Monarchie. Auf die nach seinem Erlasse mit dem preußischen Staate vereinigten Landesteile ist es durch die Verordnungen bzw. Gesetze v. 6. 2. 1854 (GS. S. 80), v. 13. 5., 22. 5. und 23 9. 1867 (GS. S. 700, 729 und 1613), v. 23. 3. 1873 (GS. S. 107) und vom 25. 2. 1878 (GS. S. 97) ausgedehnt. In den Fürstentümern Waldeck und Pyrmont, die seit 1868 von Preußen verwaltet werden, gelten die Abschnitte über das Disziplinarverfahren (Art. V der Verordnung v. 18. 1. 1869, GS. S. 209). Endlich findet nach einem Staatsvertrage mit Hessen das Disziplinargesetz in vollem Umfange Anwendung auch auf die hessischen Beamten der preußisch-hessischen Eisenbahngemeinschaft.

Der sachliche Geltungsumfang ist verschieden bei dem materiellen und dem formellen Disziplinarrecht.

Bei dem materiellen Disziplinarrechte gilt das Gesetz noch heute für die gesamte preußische nichtrichterliche Beamtenschaft einschließlich der Notare, gleichviel, ob es sich um Staatsbeamte oder Kommunalbeamte handelt. Für die preußischen Privatdozenten, deren Beamteneigenschaft bestritten ist, gilt es in materieller Beziehung nicht; für diese gilt das Gesetz v. 17. Juni 1898 (GS. Nr. 21).

Hinsichtlich des formellen Disziplinarrechts gilt das Gesetz gar nicht mehr für Notare, mit wesentlichen Veränderungen für die Kommunalbeamten, mit geringen Veränderungen für die Privatdozenten, im wesentlichen unverändert für die unmittelbaren, nichtrichterlichen Staatsbeamten und für die Lehrer (vgl. Art. 77 ff. des preußischen Ausführungsgesetzes zum Bürgerlichen Gesetzbuch v. 20. 9. 1899 [GS. Nr. 31] und die Anmerkungen zu den bezüglichen Paragraphen des Gesetzes).

In keiner Beziehung unterstehen ihm die Reichsbeamten und die jetzt nur zu diesen zählenden Militärbeamten. Für diese gelten die Reichsgesetze. Die §§ 79—82 des Gesetzes sind demnach gegenstandslos.

4. Geschichte.

Die Geschichte des Gesetzes ergibt sich zum Teil schon aus dem Vorstehenden.

Im Allgemeinen Landrechte war, wie bemerkt, das Disziplinarrecht von dem Strafrechte nicht geschieden; eine große Anzahl von Pflichtverletzungen, die heute lediglich disziplinarer Ahndung unterliegen, waren mit öffentlicher Strafe belegt, und die Gerichte erkannten nicht nur über die Verhängung dieser Strafe, sondern auch über die Amtsentsetzung. Neben dieser gerichtlichen Kompetenz, mit ihr konkurrierend und ihre Lücken ausfüllend, war der Staatsrat nach §§ 99 u. 100 II 10 ALR. befugt, durch Mehrheitsbeschluß Beamte ihres Dienstes zu entlassen; über die Gründe, die zu solchem Beschlusse führen konnten, war ebensowenig etwas bestimmt wie über das Verfahren, abgesehen von der Vorschrift, daß bei gewissen Beamten die königliche Bestätigung einzuholen war; sowohl das materielle wie das formelle Disziplinarrecht waren deshalb, soweit sie überhaupt neben dem Strafrecht als selbständig existierend gelten konnten, vollkommen arbiträr.

Ein wirkliches Disziplinarrecht wurde erst durch das Gesetz v. 29. März 1844 (GS. S. 77) geschaffen. Dieses Gesetz regelte die Bestrafung der Dienstvergehen aller Beamten einschließlich der Richter in formeller und materieller Beziehung. Am selben Tage wurde dann auch das Verfahren bei der Pensionierung aller Beamten durch ein Gesetz geordnet.

Die Verfassungsbewegung des Jahres 1848 nahm an dieser gleichmäßigen Behandlung der Richter und der übrigen Beamten Anstoß. Durch Verordnung vom 6. April 1848 (GS. S. 87) wurden deshalb sowohl das Disziplinar- wie das Pensionsgesetz von 1844 für die Richter außer Kraft gesetzt. Da an Stelle der aufgehobenen Gesetze nicht sogleich Neues verordnet wurde, so entstand für die Richter zunächst ein Vakuum, dessen Ausfüllung immer dringender wurde. Daneben stellte es sich auch für die nichtrichterlichen Beamten als nötig heraus, ihr Disziplinarrecht der inzwischen gegebenen Verfassung anzupassen; die Regierung faßte deshalb den Entschluß, das Disziplinarrecht der ganzen Beamtenschaft einheitlich zu regeln und damit alle Vorschriften über die unfreiwillige Entfernung der Beamten aus ihrem Amte zu verbinden.

Das Ergebnis dieses Entschlusses waren die vorläufigen Verordnungen v. 10. u. 11. Juli 1849, betreffend die Dienstvergehen der Richter bzw. der nichtrichterlichen Beamten und die Versetzung derselben auf eine andere Stelle und in den Ruhestand (GS. S. 253 u. 271).

Aus diesen Verordnungen, die auf Grund des Art. 105 der damaligen (Art. 63 der jetzigen) Verfassung mit vorläufiger Gesetzeskraft erlassen und sofort durchgeführt worden waren, ist infolge der verfassungsmäßigen Nachprüfung durch die Kammern das Gesetz v. 7. Mai 1851 betreffend die Dienstvergehen der Richter usw. und das vorliegende Gesetz v. 21. Juli 1852 hervorgegangen.

Durch die Justizreorganisation ist das Gesetz nur wenig beeinflußt; die wesentlichste Veränderung war, daß die Rechtsanwälte, die ihm vorher zum Teil unterstellt waren, ganz aus seinem Machtbereich ausschieden; sonst handelte es sich nur um die Ersetzung der früheren Gerichtsbehörden, soweit solche nach dem Gesetze zu funktionieren haben, durch die entsprechenden neuen. Die nötigen Bestimmungen traf die Novelle v. 9. April 1879. Wesentlichere Veränderungen brachte die Verwaltungsreorganisation. In materieller Beziehung ließ sie das Gesetz zwar unberührt, in formeller Beziehung aber wurde für die Kommunalbeamten die Organisation der Disziplinarbehörden vollkommen geändert. Fortan sind für diese nicht mehr die Regierungen, der Disziplinarhof und das Staatsministerium in Disziplinarsachen zuständig, sondern die Verwaltungsgerichte, in letzter Instanz das Oberverwaltungsgericht.

Die Gesetzgebung anläßlich der Einführung des Bürgerlichen Gesetzbuches hat nur hinsichtlich der Notare Neues gebracht, wie bereits im vorigen Abschnitte berührt. Dort sind auch die Veränderungen erwähnt, welches das Gesetz hinsichtlich seines Geltungsumfanges erlitten hat.

5. Auslegungshilfsmittel. Anwendbarkeit der Strafprozeßordnung.

Das Disziplinargesetz ist summarisch abgefaßt, sowohl hinsichtlich des materiellen wie namentlich des formellen Disziplinarrechts. Es bedarf deshalb der ergänzenden Interpretation.

Hilfsmittel hierfür sind einmal die Materialien des Gesetzes, die in den Drucksachen der Kammern aus den Jahren 1849—1852 enthalten sind. Wegen der wechselnden Schicksale, die das zwischen Abgeordnetenhaus und Herrenhaus hin- und hergeschobene Gesetz erlitten hat, sind aber die Materialien nur mit großer Vorsicht zu gebrauchen. Nicht jede Ansicht, die in den Kammerverhandlungen vertreten oder in Kommissionsberichten, ja selbst in den Motiven niedergelegt ist, kann als Inhalt des Gesetzes angesehen werden, da sie mit späteren Abstimmungen und Verhandlungen unvereinbar ist; mitunter ist über die Gründe, welche schließlich zu einem Beschlusse geführt haben, überhaupt keine rechte Klarheit zu gewinnen.

In einigen Zweifelsfällen lassen sich analoge Bestimmungen des richterlichen Disziplinargesetzes mit Erfolg zur Aufklärung heranziehen. Wie aus der obigen geschichtlichen Darstellung erhellt, bilden beide Gesetze eine innere Einheit. Die für sie grundlegenden Verordnungen sind an aufeinander folgenden Tagen erlassen, schon ein äußeres Zeichen dafür, daß man damals eine einheitliche Neuordnung des gesamten Disziplinarrechts beabsichtigte. Auch inhaltlich stimmen demgemäß die Gesetze durchweg überein, soweit nicht die besonderen Interessen des Richterstandes eine Abweichung erfordern. Insoweit kann deshalb auch eine klare Bestimmung des einen zur Auslegung einer unklaren des anderen Gesetzes herangezogen werden. Ebenso läßt sich auch das Reichsbeamtengesetz vielfach zur Erklärung verwerten. Denn bei seinem Erlaß beabsichtigte man, das preußische Beamtenrecht, wie es sich in der Praxis gestaltet hatte, lediglich zu übernehmen. Ein Vergleich der Gesetze zeigt denn auch ihre große Verwandtschaft und vielfach wörtliche Übereinstimmung. In Zweifelsfällen läßt sich deshalb eine Vorschrift des Reichsbeamtengesetzes oft als Beleg für die preußische Praxis und als Zeugnis für diejenige Auslegung verwenden, welche die gesetzgebenden Faktoren bei Erlaß des Beamtengesetzes als die richtige erkannt hatten. Die Ansicht dieser Faktoren muß auf jeden Fall von großem, tatsächlichem Gewicht sein.

Aber auch bei Anwendung der besprochenen Auslegungshilfsmittel bleiben zahlreiche Lücken übrig, die sich ohne ergänzende Anwendung des Strafrechts und Strafprozeßrechts nicht ausfüllen lassen. Die ergänzende Anwendung dieser Rechtsnormen wäre selbstverständlich, wenn das Disziplinarrecht nur eine Unterart des Strafrechts wäre. Da es dies, wie dargetan, nicht ist, so ist die ergänzende Anwendung nicht ohne weiteres gegeben. Indessen, das Disziplinarrecht ist, wenn auch an sich unabhängig von Strafrecht und Strafprozeß, so doch gleichartig gebaut. Die durchgebildeten Vorschriften jener Rechtsgebiete erscheinen deshalb als die Konsequenz analoger Prinzipien, als ein Beispiel dessen, was auch beim Disziplinarrecht hätte bestimmt werden müssen, wenn es gleich sorgfältig bis in alle Einzelheiten durchgeführt worden wäre, und was mangels dieser Durchbildung von der Praxis ergänzt werden muß. Jene Gleichartigkeit zwischen Strafrecht und Disziplinarrecht ist schon bedingt durch die historische Entwicklung, nach der das Disziplinarrecht sich noch nicht lange vom Strafrecht abgelöst hat; sie ist so offensichtlich, daß bei den Beratungen des Gesetzes die ergänzende Anwendbarkeit von Strafrecht und Strafprozeß als selbstverständlich vorausgesetzt und gerade deshalb der nähere Ausbau des Disziplinarrechts unterlassen wurde.

Bezüglich der *allgemeinen Grundsätze des Strafrechts* über Zurechnungsfähigkeit u. dgl. ergibt sich jene Anwendbarkeit auch daraus, daß es sich hier um allgemeine Rechtswahrheiten handelt, deren Geltung über das Gebiet des Strafrechts hinausreicht, und die bei jeder Feststellung und Ahndung einer Schuld in Betracht gezogen werden müssen, ähnlich den Vorschriften des Zivilrechts über Handlungsfähigkeit, die ebenfalls grundlegende Bestimmungen für alle Rechtsgebiete sind.

Die *Strafprozeßordnung* enthält solche allgemeinen Wahrheiten nicht; sie ist positiver Natur. Dennoch entspricht ihre ergänzende Anwendung der besprochenen Absicht der Gesetzgeber, der geschichtlichen Entwicklung, der sachlichen Notwendigkeit und der konstanten Praxis. Das Staatsministerium, das Oberverwaltungsgericht und der Disziplinarhof behandeln die Anwendbarkeit in allen ihren Entscheidungen als feststehend; bei zahlreichen einzelnen Punkten wird dies sich weiter unten erweisen. Auch die *Gerichte* haben gelegentlich die Frage der *Anwendbarkeit der Strafprozeßordnung* auf das Disziplinarverfahren geprüft und *bejaht*. So das

Kammergericht in einer bei Johow Bd. 10 S. 3 abgedruckten Entscheidung. Auch das Oberlandesgericht zu Naumburg hat in einem Beschlusse vom 17. November 1894 entschieden, daß dem Untersuchungskommissar der Zeugniszwang nach Maßgabe der Strafprozeßordnung zusteht. Vor allem aber hat das Reichsgericht in einem Urteile vom 24. Januar 1894 $\left(\frac{D\ 4\ 127/93}{X\ 228}\right)$ ausgesprochen, daß die Beweisaufnahme auch im Disziplinarverfahren nach Maßgabe der Strafprozeßordnung vorgenommen werden müsse, und daß deshalb eine Versicherung auf den Amtseid im Disziplinarverfahren ebenso unzulässig und unkräftig sei wie nach der jetzigen Strafprozeßordnung.

Die beiden letztgedachten Entscheidungen sind auch für die Verwaltungsbehörden von besonderer Bedeutung, da sie ihnen und dem preußischen Disziplinarhofe durch Runderlässe sämtlicher Minister vom 20. Juli 1894 (Min.-Bl. S. 108) und vom 30. April 1895 (MinBl. S. 110) mitgeteilt sind.

Endlich hat die Anwendbarkeit der jetzigen Strafprozeßordnung bis zu einem gewissen Grade auch gesetzlichen Ausdruck gefunden. Bei Erlaß der Novelle vom 9. April 1879, durch welche das Disziplinarverfahren, wie erwähnt, der veränderten Gerichtsorganisation angepaßt wurde, wurde nämlich auch die ergänzende Anwendbarkeit der neuen Strafprozeßordnung von den Kammern als selbstverständlich vorausgesetzt. Gerade wegen dieser Selbstverständlichkeit wurde sie freilich nicht ausdrücklich im Gesetz erwähnt; es wurden aber im § 12 des Gesetzes einige Bestimmungen darüber getroffen, welche Vorschriften der Strafprozeßordnung auf das Disziplinarverfahren ausnahmsweise nicht Anwendung finden könnten.

Aus dieser Gesetzesstelle kann sonach e contrario geschlossen werden, daß sonst die Strafprozeßordnung für das Disziplinarverfahren ergänzend heranzuziehen ist.*)

Bei der Anwendung der Strafprozeßordnung handelt es sich stets um die jeweilige Strafprozeßordnung. Bei Erlaß des Gesetzes ist nicht beabsichtigt, die damals geltende Strafprozeßordnung auf dem Gebiete des Disziplinarverfahrens für alle Zeiten zu konservieren und dieses damit gegen die Fortschritte des Rechtslebens abzuschließen. Die Gesetzgeber hatten damals auch nur allgemein die Anwendbarkeit einer Strafprozeßordnung im Auge, nicht aber eine bestimmte, da bei den Beratungen des Gesetzes im preußischen Gebiete verschiedene Prozeßordnungen galten. (So die zitierten Entscheidungen des Reichsgerichts und des Oberlandesgerichts in Naumburg und ein unveröffentlichtes Rechtsgutachten des pr. Disziplinarhofes vom 1. Dezember 1894.)

Da die Strafprozeßordnung nur ergänzend eingreift, so findet sie selbstverständlich insoweit nicht Anwendung, als das Disziplinarverfahren von ihr bewußt abweicht. Es dürfen deshalb nur solche Bestimmungen der Strafprozeßordnung zur Anwendung gebracht werden, welche weder einer ausdrücklichen Bestimmung noch der eigentümlichen Natur und den besonderen Zwecken des Disziplinarverfahrens wider-

*) Auf diese Schlußfolgerung ist bei den Vorberatungen zu der Novelle vom Regierungsvertreter hingewiesen und deshalb, da die Regierung damals nur für die beschränkte Anwendbarkeit der Strafprozeßordnung war, die Aufnahme des § 12 in seiner jetzigen Gestalt bekämpft worden. Dieser Standpunkt hat aber nicht die Billigung der Kammer, namentlich des Abgeordnetenhauses gefunden, § 12 ist Gesetz geworden und die Regierung hat sich dadurch dem Standpunkte der Kammern angeschlossen.

sprechen. (So: Reichsgericht und pr. Disziplinarhof a. a. O., konform die Praxis des Staatsministeriums.) Ob ein solcher Widerspruch vorliegt, ist bei jeder Vorschrift der Strafprozeßordnung zu prüfen. Doch handelt es sich immer nur um einen Ausschließungsgrund der analogen Anwendbarkeit; nicht diese, sondern die Nichtanwendbarkeit bedarf deshalb des Beweises, „es streitet", wie man früher sagte, „die Vermutung" für die Anwendbarkeit der Strafprozeßordnung (das übersieht Seydel S. 4). Auf demselben Standpunkt standen die Kammern, besonders scharf das Abgeordnetenhaus bei Beratung des besprochenen § 12 der Novelle von 1879.

Diese Ergebnisse werden auch sonst in der Literatur vertreten (vgl. Brand Note 9 und 10 zu § 94 RBeaGes.). Hinsichtlich des gleichartigen Disziplinarverfahrens gegen Reichsbeamte wird die Anwendbarkeit der Strafprozeßordnung von Autoritäten wie Arndt (S. 656 Anm. 5) und Laband (Bd. 3 S. 466 ff.) anerkannt. Wenn Laband bezüglich des preußischen Disziplinargesetzes zweifelhaft ist, so ist das inkonsequent; denn wenn er für die Ergänzung des Reichsdisziplinarverfahrens durch die Strafprozeßordnung vorbringt, daß sonst das Verfahren nicht durchführbar wäre, so trifft dies auch auf das preußische Disziplinarverfahren zu. Außerdem kann die gesetzliche Erklärung über die Anwendbarkeit der Strafprozeßordnung, welche Laband für das preußische Recht fordert, in dem besprochenen § 12 der Novelle vom 9. April 1879 gefunden werden.

Gesetz,

betr. die Dienstvergehen der nicht richterlichen Beamten, die Versetzung derselben auf eine andere Stelle oder in den Ruhestand. Vom 21. Juli 1852.*)

(GS. S. 465.)

Wir **Friedrich Wilhelm** 2c. 2c. verordnen mit Zustimmung der Kammern, was folgt:

§ 1.

Das gegenwärtige Gesetz findet unter den darin ausdrücklich gemachten Beschränkungen auf alle in unmittelbarem oder mittelbarem Staatsdienste stehenden Beamten Anwendung, die nicht unter die Bestimmungen des die Richter betreffenden Gesetzes vom 7. Mai 1851 fallen.

1. Über den sachlichen und örtlichen Geltungsumfang des Gesetzes vgl. die Einleitung. Über die Geltung für ausgeschiedene und pensionierte Beamte vgl. die Noten zu § 16. Über die zur Disposition gestellten Beamten siehe § 97.

---

*) Es wird im folgenden der Text des Ges. v. 21. Juli 1852 in der Fassung gegeben werden, welche derselbe durch die späteren Gesetze und Verordnungen, namentlich durch das Ges. v. 9. April 1879 gewonnen hat. Die Abänderungen des ursprünglichen Textes werden durch kleinere Schrift kenntlich gemacht und in Fußnoten besprochen.

Erster Abschnitt.

Allgemeine Bestimmungen über Dienstvergehen und deren Bestrafung.

§ 2.

Ein Beamter, welcher

1. die Pflichten verletzt, die ihm sein Amt auferlegt, oder
2. sich durch sein Verhalten in und außer dem Amte der Achtung, des Ansehens oder des Vertrauens, die sein Beruf erfordert, unwürdig zeigt,

unterliegt den Vorschriften dieses Gesetzes.

1. Der § 2 enthält die gesetzliche Definition dessen, was ein „Dienstvergehen" ist und im folgenden § 3 auch ausdrücklich als solches bezeichnet wird. Er ist, nur abgesehen von der Fernhaltung vom Amte und von der Strafbemessung, die alleinige Quelle des gesamten materiellen Disziplinarrechts. Mit diesen einzigen Ausnahmen ist deshalb das materielle Disziplinarrecht schon hier zu erörtern.

2. Die Ziff. 1 des Paragraphen umfaßt nur die Verletzung der dienstlichen Pflichten im engeren Sinne. Ein unwürdiges Verhalten kann nie unter Ziff. 1 fallen. Freilich hat jeder Beamte die „Pflicht", sich auch außerhalb des Amtes würdig zu benehmen und unehrenhafte und unsittliche Handlungen zu meiden. Die Verletzung dieser Pflicht ist aber unter Ziff. 2 besonders erwähnt, sie ist deshalb nicht unter den „Pflichten" mit inbegriffen, deren Verletzung Ziff. 1 im Auge hat; andernfalls wäre Ziff. 2 vollkommen überflüssig. Der bei vielen Disziplinarbehörden herrschende Gebrauch, in fast allen Fällen, namentlich auch bei außerdienstlichen, ehrenrührigen oder unsittlichen Handlungen, eine Verletzung sowohl der Ziff. 1 wie der Ziff. 2 festzustellen, ist demnach im Gesetze nicht begründet (vgl. auch Rheinbaben S. 58 ff.). Abweichend: Erkenntnis des vormaligen Obertribunals v. 4. 2. 1858 (JMBl. S. 143).

3. Die Ziff. 1 und 2 stehen hiernach zwar selbständig nebeneinander, sie begründen aber beide nur ein „Dienstvergehen“ (vgl. § 3); sie bilden also alternative Tatbestände eines und desselben Disziplinarstrafgesetzes. Wenn deshalb ein Disziplinarverfahren nur auf Grund der einen Ziffer des § 2 eingeleitet, oder in der Anklage nur die eine Ziffer erwähnt ist, so kann der Angeschuldigte keine Beschwerde daraus herleiten, wenn später die Tat als unter die andere Ziffer fallend behandelt wird. Auch in der Berufungsinstanz ist das noch zulässig. Denn Gegenstand der Verfolgung bleibt immer ein und dasselbe „Dienstvergehen“, und es kann dem Angeschuldigten gleichgültig sein, wie dieses näher präzisiert wird. Die Sache liegt ähnlich wie im gemeinen Strafrecht beim Konkursvergehen, wo die §§ 209 und 210 KO. mehrfache Tatbestände ein und desselben Vergehens des Bankerottes enthalten (vgl. hierzu RG. i. Straff. Bd. 11 S. 251 ff.). Da es im Disziplinarverfahren sonach nur ein Strafgesetz gibt, abgesehen von dem selten vorkommenden Spezialfalle des § 9, so kann deshalb in der Regel von einer Verurteilung auf Grund eines anderen als des im Eröffnungsbeschlusse aufgeführten Strafgesetzes keine Rede sein. § 264 StPO. hat deshalb im wesentlichen für das Disziplinarverfahren keine Bedeutung. (So auch gelegentlich der pr. Disziplinarhof.)

4. Das Gesetz benennt mit vollem Bedacht nicht die einzelnen Pflichten, deren Verletzung ein Dienstvergehen bildet; ebenso gibt es nicht näher an, welches Verhalten als ein unwürdiges zu erachten ist. Es ist also dem richterlichen Ermessen absichtlich der größte Spielraum gelassen. Auch die gesetzlichen Vorschriften, welche früher über Dienstvergehen gegeben sind, binden deshalb den Richter insoweit nicht, als er nicht gehindert ist, auch bei Abweichungen von den früher aufgestellten Tatbeständen dennoch nach Lage der Umstände ein Dienstvergehen anzunehmen. Dagegen sind jene Vorschriften insoweit noch maßgebend, als eine Verletzung der Amtspflichten jedenfalls dann vorliegt, wenn der in den früheren Vorschriften gedachte Tatbestand erfüllt ist.

Denn da nach § 100 unseres Gesetzes die früheren Vorschriften nur insoweit fortfallen, als sie dem Gesetze zuwiderlaufen, so gelten die alten Spezialbestimmungen über Dienstvergehen neben dem Gesetze, das hierüber nichts Spezielles enthält, als bloß ergänzende Bestimmungen, fort; sie erschöpfen den Gesetzesinhalt aber nicht, und auch deshalb ist das erwähnte Hinausgehen über sie möglich. Es ist ferner auch noch für die Zukunft die Festsetzung von Dienstpflichten, selbst im einfachen Verordnungswege, zulässig und in weitem Umfange erfolgt. Denn das Gesetz hat bei den „Pflichten, die das Amt auferlegt", auch alle reglementarischen Dienstvorschriften im Auge und verbietet deshalb die Ergänzung durch solche Vorschriften nicht, sondern setzt sie geradezu voraus. Auch solche Vorschriften können aber den Rahmen des Gesetzes niemals erschöpfen; der Disziplinarrichter kann deswegen und kraft der ihm vom Gesetze zugebilligten Freiheit auch in anderen Handlungen eine Pflichtverletzung erblicken.

Nach anderweitigen gesetzlichen Bestimmungen und nach der Praxis sind insbesondere folgende Pflichten der Beamten hervorzuheben:

5. „Die Treupflicht und die Gehorsamspflicht".

Sie sind gesetzlich festgelegt durch die folgenden als inneres Staatsrecht in ganz Preußen gültigen Paragraphen des ALR. II 10:

„§ 1. Militär- und Zivilbediente sind vorzüglich bestimmt, die Sicherheit, die gute Ordnung und den Wohlstand des Staates unterhalten und befördern zu helfen."

„§ 2. Sie sind, außer den allgemeinen Untertanenpflichten, dem Oberhaupte des Staates besondere Treue und Gehorsam schuldig."

„§ 3. Ein jeder ist, nach der Beschaffenheit seines Amtes und nach dem Inhalte seiner Instruktion, dem Staat noch zu besonderen Diensten durch Eid und Pflicht zugetan."

Die Treupflicht und die Gehorsamspflicht sind die Hauptpflichten des Beamten; namentlich die Treupflicht, die Pflicht völliger Hingabe an den Staat, umfaßt beinahe alle übrigen. Die Gehorsamspflicht ist die speziellere.

Was zunächst die Gehorsamspflicht anbetrifft, so sind die Zivilbeamten nicht gleich den Angehörigen des Heeres zu unbedingtem Gehorsam verpflichtet. Sie haben vielmehr das Recht, die Anordnungen der Vorgesetzten auf ihre Rechtmäßigkeit zu prüfen. Das kann sich aber, wenn das Verhältnis von Über- und Unterordnung nicht, wie Laband treffend sagt, auf den Kopf gestellt werden soll, nur auf die formelle Rechtmäßigkeit des Befehles beziehen. Der Beamte hat also nur zu prüfen, ob der Vorgesetzte zuständig ist, den Befehl zu erlassen, und ob er, der Beamte, zuständig ist, ihn auszuführen. Ob der Befehl auch materiell rechtmäßig ist, hat er dagegen nicht zu beurteilen; über die hierbei auftretenden, meist schwierigen Rechtsfragen hat er sich der zuständigen Entscheidung seiner Vorgesetzten zu fügen, selbst wenn er weiß, daß andere Behörden, etwa die Gerichte, darüber anderer Ansicht sind. Er kann höchstens in solchem Falle bei den Vorgesetzten Vorstellungen erheben; bei deren wiederholtem Befehl hat es dann aber für ihn sein Bewenden. Ein Lehrer hat deshalb beispielsweise nicht zu prüfen, ob die von der Regierung erlassenen Vorschriften über die Entlassung der Schulkinder in allen Punkten gesetzlich begründet sind; denn die Regierung ist zuständig, den Lehrern Anordnungen über die Entlassungsakte zu erteilen, und der Lehrer muß diese befolgen, selbst wenn er weiß, daß sie von den Gerichten wegen Widerspruchs mit den Gesetzen über die Schulpflicht für ungültig erklärt sind; denn dies ist eine Prüfung der materiellen Rechtmäßigkeit; der Lehrer hat die Aufhebung der etwa gesetzwidrigen Verordnung der vorgesetzten Behörde zu überlassen. (So Staatsministerium und pr. Disziplinarhof gelegentlich 1902, Rheinbaben S. 75/76 Fußnote 3 a. E.) Dagegen würde ein Unterbeamter, dem sein Vorgesetzter häusliche Arbeiten auftrüge, straflos den Gehorsam verweigern, da zu solchen außerdienstlichen Befehlen der Vorgesetzte nicht zuständig ist. (Vgl. über die Gehorsamspflicht v. Rönne-Zorn 5. Aufl. Bd. 1 S. 459ff.; Laband Bd. 1 S. 418ff.; Brand Note 4a zu § 10 RBeaGes.); Rheinbaben Bem. IV 6 zu § 2 und die von diesen Schriftstellern Zitierten. — Brand a. a. O. widerspricht sich übrigens, wenn er S. 31 den Beamten von der Prüfung der materiellen Richtigkeit des Befehls entbindet, dagegen auf S. 30 von ihm verlangt, daß er untersuche, ob, abgesehen von der Zuständigkeitsfrage, der Befehl nicht „offenbar" den Gesetzen und der Verfassung zuwiderlaufe; das ist Prüfung der materiellen Rechtmäßigkeit.)

Besonders eingeschränkt ist das Recht des Beamten, die Rechtmäßigkeit der Befehle der Vorgesetzten nachzuprüfen bei den Beamten, die zu einem, dem militärischen Gehorsam verwandten Gehorsame verpflichtet sind, wie im allgemeinen die unteren uniformierten Beamten, zumal der Polizei, der Zoll- und Steuer-, der Gefängnis- und der Forstverwaltung. Diese Beamten haben ferner auch in den äußeren Formen ihres Benehmens gegen die Vorgesetzten militärische Gewohnheiten — stramme Haltung, Gruß — zu beachten. Daß darüber hinaus jeder Beamte seinem Vorgesetzten Ehrerbietung in Schrift und Wort innerhalb wie außerhalb des Dienstes schuldet, bedarf keiner Darlegung (vgl. auch Brand Note 4e zu § 10).

6. Treupflicht und Gehorsamspflicht vereint erfordern, daß der Beamte sich nicht an staatsfeindlichen Bestrebungen beteiligt. Auch in der Ausübung seiner staatsbürgerlichen Rechte und im politischen Leben ist er nicht von den Schranken seiner Stellung befreit, da die aus ihr entspringenden Pflichten über den Kreis des Amtes hinaus sich auf sein ganzes Leben erstrecken.

Die Praxis in dieser Beziehung war früher ziemlich streng. Das tätige, zumal öffentliche Eintreten für jede in Opposition zur Staatsregierung befindliche Partei, das öffentliche Auftreten gegen Maßnahmen der Staatsregierung wurde bei allen Beamten als Dienstvergehen angesehen. (Vgl. Urteil des Obertribunals v. 14. 9. 1863 [JMBl. S. 243]: „Die Beteiligung an öffentlichen Demonstrationen und Agitationen gegen die bestehende Regierung enthält eine Verletzung der Pflichten ... Dem Beamten bleibt auch ohne ostensible Agitationen noch innerhalb der ... durch die Disziplin gebotenen Grenzen ein weites Feld der Teilnahme an politischen Fragen." — Vgl. ferner die Urteile dess. Gerichts v. 3. 10. 1864 [Oppenhoff, Rechtspr. V S. 150]: „... verletzt seine Amtspflichten, wenn er eine Tätigkeit entwickelt, durch welche er sich mit den von der Staatsregierung vertretenen Anschauungen und Auffassungen in Widerspruch setzt ..." und v. 6. 11. 1865 [Oppenhoff, Rechtspr. VI S. 441]: „... wenn er bei der öffentlichen Kundgebung seiner politischen Ansichten Maßregeln der Staatsregierung hindernd entgegentritt.") Jetzt wird im allgemeinen nur noch von den sogenannten politischen Beamten, d. h. von denjenigen, die nach dem Disziplinargesetz jederzeit zur Disposition gestellt werden können, verlangt, daß sie sich des Eintretens für oppositionelle Parteien und der öffentlichen Kritik der Regierungsmaßnahmen enthalten; in einer im Staatsanzeiger publizierten Kabinettsorder vom 4. Januar 1882 (in Erinnerung gebracht durch ZirkVerf. d. Min. d. Inn. v. 20. 12. 1893 [RAnz. Nr. 304] ist diesen Beamten sogar umgekehrt die Pflicht auferlegt, die Regierungspolitik zu vertreten, insbesondere auch bei den Wahlen. Abgesehen von diesen politischen Beamten wird jetzt selbst in dem öffentlichen Eintreten für eine oppositionelle Partei und in der öffentlichen Kritik der Regierung an sich ein Dienstvergehen noch nicht gefunden (vgl. Urteil des OVG. v. 20. 12. 1886; Entsch. Bd. 14 S. 404). Es bleibt aber einmal zu beachten, daß der Beamte auch in der politischen Tätigkeit und bei der Kritik die Achtung vor Vorgesetzten und Kollegen zu wahren und durch völlige Sachlichkeit die Regeln des Anstandes in besonderem Maße zu befolgen hat; demagogisches Agitieren in verwerflicher Form, vielleicht unter Aufstellung unwahrer Behauptungen oder gar unter Beleidigungen, ist demnach für jeden Beamten ein Dienstvergehen, wo und für welche Partei und zu welchen Zwecken es auch erfolgen möge (so OVG. a. a. O. S. 407/408 und am 11. 1. 1888 [MBl. de 88 S. 35]; so auch ein Urteil des pr. Disziplinarhofs aus 1902; vgl. auch Brand Note 8 zu § 10 RBeaGes. und die dortigen Zitate).

Ferner erleidet die Regel, daß das Eintreten für eine zurzeit in Opposition stehende Partei noch nicht für jeden Beamten an sich ein Dienstvergehen sei, eine selbstverständliche Ausnahme für diejenigen Parteien, welche grundsätzlich die Grundlagen der bestehenden Rechts- oder Staatsordnung angreifen. Denn zur Wahrung dieser Grundlagen sind alle Beamten, auch die nichtpolitischen, berufen; auch ihre Stellung ruht auf jenen Grundlagen, und durch ein Eintreten für umstürzende Parteien würde sich deshalb jeder Beamte selbst verneinen. Zu derartigen Parteien rechnet die Praxis jetzt die sozialdemokratische und die nationalpolnische Partei. Das tätige, zumal öffentliche Eintreten für diese ist für alle Beamten ein der Entlassung würdiges Dienstvergehen, auch für Privatdozenten (so Urteile des OVG. v. 20. 12. 1887 und 11. 1. 1888 a. a. O. v. 25. 6. 1887 [VerwBl. 1886/87 S. 405], v. 29. 1. 1897 und 11. 4. 1899 [MBl. f. d. i. V. de 1897 S. 92, de 1899 S. 84] und pr. Disziplinarhof und Staatsministerium 1899 und 1902 gegen polnischer Bestrebungen und in Sachen c/a einen Privatdozenten 1899 wegen sozialistischer Bestrebungen; vgl. auch Rheinbaben Bem. IV 7 Ziff. I zu § 2).

Schon aus dem Bisherigen ergibt sich, daß die bloße, äußerlich nicht weiter betätigte, staatsfeindliche Gesinnung kein Dienstvergehen ist. Das hat bereits der Kommissionsbericht zu den vorläufigen Verordnungen von 1849 anerkannt (Drucks. der Kammern de 1849, 5 S. 66 u. 67). Danach genügen „Ansichten und Gesinnungen" nicht; es werden „bestimmte Handlungen" vorausgesetzt, aus denen hervorgeht, daß der Beamte sich einer staatsfeindlichen Partei „zugesellt". Die Praxis des OVG. rechnet zu diesen „Handlungen" die bloße Stimmabgabe für einen staatsfeindlichen Abgeordneten bei den Wahlen nicht (OVG. v. 11. 1. 1888; MBl. S. 33, S. 38/39). Auch das Obertribunal hat schon mit den zitierten Worten des Erkenntnisses von 1863 jedenfalls die einfache Stimmabgabe bei der Wahl für erlaubt erklärt.

7. Ähnlich wie mit der politischen Betätigung wird es mit der Ausübung des Petitionsrechts zu halten sein. Diese wird als allgemeines staatsbürgerliches Recht auch den Beamten prinzipiell nicht verweigert werden können; dagegen steht auch

sie unter den besonderen Beamtenpflichten der Treue und des Gehorsams gegen die Vorgesetzten und des würdigen Benehmens. Eine Benutzung der Petitionen zum Agitieren gegen die näheren oder weiteren Vorgesetzten ist deshalb ebenso unerlaubt wie eine unpassende, gehässige oder beleidigende Form der Petitionen (ebenso Seydel S. 45 Note 6; Brand S. 34). Der pr. Disziplinarhof hat freilich wiederholt angenommen, daß überhaupt die Anrufung der Kammern durch Petitionen gegen Maßnahmen der Vorgesetzten mit der Disziplin und der Gehorsamspflicht der Beamtenschaft unvereinbar sei, da so der eine Faktor der Staatsgewalt gegen den anderen aufgerufen und Zwiespalt in den Gang des Staatslebens gebracht werde, für dessen möglichst ungestörten Verlauf jeder Beamte zu wirken habe. Das Staatsministerium ist jedoch, nachdem es eine Zeitlang dieselbe Praxis verfolgt hatte, letzthin wieder zu der eben entwickelten abgemilderten Auffassung zurückgekehrt. (Vgl. Rheinbaben Bem. IV 7 Ziff. II zu § 2.)

Daß es endlich mit der Disziplin unvereinbar ist, wenn ein Beamter bei Differenzen mit seinen Vorgesetzten sich in Druckschriften oder Preßäußerungen an die Öffentlichkeit wendet und so das Publikum zum Richter zwischen sich und den Vorgesetzten aufruft, liegt auf der Hand. Der pr. Disziplinarhof hat dies mehrfach als ein der Entlassung würdiges Vergehen angesehen.

8. § 92 ALR. II 10 besagt:

„Kein Beamter darf den zur Ausübung seines Amtes ihm angewiesenen Wohnort ohne Vorwissen und Genehmigung seiner Vorgesetzten verlassen."

Über die hierdurch festgesetzte sogenannte „Residenzpflicht" der Beamten siehe Näheres unten bei §§ 8 u. 9 des Gesetzes.

9. Die Kabinettsorder vom 31. Dezbr. 1825 wegen veränderter Organisation der Provinzialbehörden (GS. de 1826 S. 5ff.) schreibt unter X vor:

„Verletzte Amtsverschwiegenheit ist ein Dienstvergehen."

„Es darf kein Beamter über das, was amtlich zu seiner Kenntnis kommt, an dritte Personen Mitteilung oder gar etwas öffentlich bekanntmachen. Tut er dies, so begeht er eine Pflichtverletzung, die . . . im Disziplinarwege geahndet werden soll."

Ähnlich bestimmt die Kabinettsorder vom 21. Novbr. 1835 (GS. S. 237):

„Obgleich Gesetze und Dienstinstruktionen den öffentlichen Beamten Verschwiegenheit über Gegenstände ihres Amtes zur Pflicht machen, so habe Ich doch mißfällig in Erfahrung gebracht, daß diese Pflicht aus den Augen gesetzt ... ist. Eine solche Verletzung der gesetzlichen Vorschriften ist nicht länger zu dulden; das Staatsministerium hat daher ... zu veranlassen, daß die Departementschefs ihren untergeordneten Behörden und Beamten die ... unerläßliche Verschwiegenheit wiederholt und ernstlich einschärfen ... Die Departementschefs haben auf die Befolgung dieser für die Beamten aller Kategorien geltenden Vorschrift mit Ernst und Sorgfalt zu halten ...“

Die durch diese Kabinettsorder für alle Beamten authentisch festgestellte Pflicht der Amtsverschwiegenheit ist nochmals allen eingeschärft durch Kabinettsorder vom 22. März 1845. Auch die StPO. setzt sie in § 53 voraus. Die Pflicht bezieht sich jedoch nicht, wie der uneingeschränkte Wortlaut der älteren Kabinettsordres glauben machen könnte, auf alle kraft des Amtes in Erfahrung gebrachten Gegenstände; sie ist vielmehr durch Praxis und Gesetzgebung auf diejenigen Dinge beschränkt worden, deren Geheimhaltung ihrer Natur nach erforderlich oder von den Vorgesetzten vorgeschrieben ist. Denn die erwähnte letzte Kabinettsorder von 1845 wendet sich dementsprechend beschränkter nur gegen die Bekanntmachung von Gegenständen, „welche zur weiteren Mitteilung überhaupt nicht oder doch zurzeit noch nicht geeignet“ sind. Genau den angegebenen Vorbehalt macht § 11 des Reichsbeamtengesetzes. Da hierbei nicht eine Abänderung der für preußische Beamte geltenden Regeln beabsichtigt war, sondern umgekehrt lediglich die Übernahme der preußischen Praxis, so ist diese Bestimmung auch für das preußische Recht beweisend (gleicher Ansicht RG. i. Straff. Bd. 28 S. 424; in Zivils. Bd. 35 S. 403; Brand Note 6 zu § 11 RBeaGes. und Rheinbaben Bem. IV, 3 zu § 2, der auch ein übereinstimmendes Urteil des OVG. v. 14. 4. 1888 I 412 zitiert).

Für einzelne Beamte ist jedoch Verschwiegenheit über alle Dienstsachen angeordnet. So für Notare (Pr. Ges. über die freiwillige Gerichtsbarkeit § 90), für Beamte der Gefängnisverwaltung (§ 18 der Gefängnisordnung v. 21. 12. 1898, JMBl. S. 297 ff.) usw. Ebenso ist vom Justiz- wie vom Finanzministerium vorgeschrieben, daß Erlasse dieser Ministerien nicht bekanntgegeben werden dürfen, wenn sie nicht im Ministerialblatt veröffentlicht sind (ZirkVerf. d. JM. vom 12. Juli 1855, vom 20. April 1893 und 15. Septbr. 1897; ZirkVerf. d. FM. v. 20. 3. 1883). Kürzlich sind ferner allen unmittelbaren Staatsbeamten die vorgedachten Ordres von 1825 und 1835 in einer Form wieder eingeschärft worden, als wenn durch sie Verschwiegenheit über alle Dienstsachen habe angeordnet werden sollen. Da die Vorgesetzten zu einer solchen Anordnung jederzeit befugt sind, auch wenn die Ordres, wie oben angenommen, diesen Inhalt nicht haben, wird sich deshalb für diese Beamte in Zukunft größte Vorsicht bei Mitteilungen über dienstliche Vorkommnisse empfehlen.

Selbstverständlich gehören Personalnotizen ganz besonders zu den Sachen, deren Geheimhaltung durch ihre Natur geboten ist.

10. Zur Verheiratung bedürfen jetzt alle Zivilbeamten keines Konsenses mehr (Art. 42 des PrFGG.). Dagegen ist Anzeige von der geschehenen Verheiratung zu erstatten (Beschl. des Staats-Min. v. 3. 11. 1896 — ZBl. de 1897 S. 197). Wenn sonach auch keine vorbeugende Kontrolle mehr gegen ungeeignete Ehen stattfindet, so ist doch der Beamte dadurch der allgemeinen Pflicht, die Standesehre zu wahren, bei der Verheiratung nicht enthoben. Die Heirat mit einer unwürdigen Person, z. B. mit einer gewesenen öffentlichen Dirne, ist deshalb als mit der Standesehre unvereinbar ein Dienstvergehen, das in einem Einzelfalle mit Entlassung geahndet ist. (Vgl. auch Brand Note 9 zu § 10 RBeaGes. Ob übrigens, wie Brand annimmt, auch die Heirat ohne zureichende Mittel schon an sich disziplinarisch strafbar ist, ist zu bezweifeln.)

11. Nebenbeschäftigungen. — Die Treupflicht erfordert, wie schon oben bemerkt, die uneingeschränkte Hingabe an das Amt. Der Beamte darf deshalb seine dem Amte notwendige Kraft nicht anderweit verzetteln. Es ergibt sich sonach schon aus den allgemeinen Beamtenpflichten, daß der Beamte Nebenbeschäftigungen nur insoweit treiben darf, als das Amt nicht darunter leidet. Ob dies der Fall ist, hat an sich zunächst er selbst zu prüfen; kommt er zu einem verneinenden Ergebnisse, so läßt sich die Pflicht, in jedem Falle auch noch die vorherige Zustimmung der Vorgesetzten einzuholen, aus den allgemeinen Beamtenpflichten nicht ableiten; der Satz, der in der, übrigens nichtamtlichen, bezüglichen Zusammenstellung des JMBl. von 1893 (S. 3 f.) enthalten ist, daß jede, auch die unentgeltliche und einmalige Nebenbeschäftigung eines Beamten einer vorgängigen Genehmigung bedarf, ist mithin ohne gesetzlichen Boden und wird darum mit Recht auch in der neuesten Auflage des Rheinbabenschen Kommentars nicht mehr vertreten. Allerdings aber handelt der Beamte, der eine Nebenbeschäftigung ergreift, von der er glaubt, sie schade dem Amte nicht, auf eigene Gefahr. Schadet sie dennoch, so ist er deswegen, aber nicht wegen Nichteinholung des Konsenses strafbar. Ferner haben selbstverständlich die Vorgesetzten das Recht, bei jeder Nebenbeschäftigung, wenn sie zu ihrer Kenntnis kommt, zu prüfen, ob sie den Interessen des Amtes zuwiderläuft, und sie eventuell zu verbieten. Durch das Zuwiderhandeln gegen dies Verbot, aber erst hierdurch, wäre dann der Beamte disziplinarisch strafbar. So korrekt: Verf. d. Min. d. Inn. v. 21. Jan. 1882 und v. 29. 10. 1902 MBl. S. 47 und 189 für Kommunalbeamte.

Abgesehen von diesen allgemeinen, alle Beamten und jeden Fall treffenden Prinzipien sind folgende Einzelvorschriften ergangen:

a) Für alle Beamten, die unmittelbaren wie die mittelbaren (Kommunalbeamten), die besoldeten oder unbesoldeten, ist der Betrieb eines Gewerbes ohne vorgängige Genehmigung der Vorgesetzten unstatthaft. Auch für den Betrieb des Gewerbes durch die Ehefrau oder durch unmündige Kinder oder sonstige Hausstandsmitglieder ist die Genehmigung nötig. (PrGewO. v. 17. 1. 1845, aufrecht erhalten durch § 12 Abs. 2 der RGewO. gilt auch in Hohenzollern [Erl. v. 6. 2. 1854 GS. S. 80], in Lauenburg [Ges. v. 25. 2. 1878 § 1 a. E.] und in den 1866 erworbenen Landesteilen [V. v. 23. 9. 1867 § 1 Nr. 5].)

Gewerbe ist jede, nicht rein wissenschaftliche oder künstlerische Tätigkeit, die als ständige Einnahmequelle betrieben wird, dagegen nach der von allen Gesetzen festgehaltenen Annahme nicht die Landwirtschaft, diese auch dann nicht, wenn sie mit Nebengewerben (Spiritusbrennerei usw.) verbunden ist (vgl. PrGewO. a. a. O.; vgl. auch Brand Note 1d zu § 16 RBeaGes. und die dort Genannten).

b) Alle Staatsbeamten und die besoldeten Kommunal- oder Kirchenbeamten bedürfen zur Übernahme des Amtes als Schiedsmann der Genehmigung der vorgesetzten Behörde (SchiedsmannsO. v. 29. 3. 1879 § 2).

c) Den besoldeten, unmittelbaren Staatsbeamten ist gänzlich verboten die Mitgliedschaft in dem Vorstand, Aufsichts- oder Verwaltungsrat, sowie in einem Gründungskomitee von Aktien-, Kommandit- oder Bergwerksgesellschaften, sofern diese Mitgliedschaft, sei es auch nur mittelbar oder einmalig, einen Vermögensvorteil mit sich bringt (Ges. v. 10. Juni 1874 § 1), also z. B. auch dann, wenn die Mitgliedschaft nur den Bezug von Aktien zu Vorzugspreisen gewährt, jedenfalls aber bei Bezug von Gehalt (vgl. Brand Note 1e a. a. O.). Auch die Zentralinstanzen können wegen des gänzlichen gesetzlichen Verbotes solchen Beamten eine derartige Mitgliedschaft nicht gestatten. Bei unmittelbaren Staatsbeamten dagegen, welche vom Staate kein fortlaufendes Entgelt beziehen oder die nach der Natur ihres Amtes neben ihrer Besoldung noch auf anderen Erwerb hingewiesen sind (z. B. nicht vollbeschäftigte Kreisärzte, Tierärzte usw.) können die Minister die Mitgliedschaft gestatten (Ges. vom 10. Juni 1874 § 2; vgl. auch unter d am Ende).

Mittelbaren Staatsbeamten, insbesondere Kommunalbeamten, ist die Mitgliedschaft erlaubt.

d) Unmittelbare Staatsbeamte dürfen ein Nebenamt oder eine mit einer fortlaufenden Remuneration verbundene Nebenbeschäftigung ohne die Genehmigung der für das Haupt- und Nebenamt zuständigen Zentralbehörden nicht übernehmen (Kabinettsorder v. 13. 7. 1839 GS. S. 235).

Nebenamt ist jede dauernde, nicht bloß gelegentliche Tätigkeit im Dienst des Staates, der Kommune oder einer öffentlich-rechtlichen Korporation, namentlich auch der Kirchen, soweit sie die Ausübung der Verwaltung oder die Hilfeleistung dabei (technische Beamte, Bureaupersonal, Bureaudiener) begreift.

Daher ist kein Nebenamt die Mitgliedschaft in bloß beratenden Versammlungen, im Reichstage, Landtage, in Stadtverordnetenversammlungen, Kreistagen u. dgl. Diese Tätigkeiten können nur als Nebenbeschäftigungen angesehen werden, bedürfen also nach der Kabinettsorder der Genehmigung nur dann, wenn sie mit fortlaufender Remuneration versehen sind, was regelmäßig nicht der Fall ist (vgl. Brand Note 1 b a. a. O.; Rheinbaben Bem. IV, 8, a unter 1 aa zu § 2; JMBl. de 1893 S. 3). Durch Staatsministerialbeschluß vom 2. 3. 1851 ist jedoch bestimmt, daß auch für die Tätigkeit als „Gemeindeverordneter" die Genehmigung der vorgesetzten Dienstbehörde nötig ist (MBl. f. d. i. V. S. 38). Obwohl dieser Beschluß irrig als Konsequenz der gedachten Kabinettsorder gefaßt ist, so besteht er doch unabhängig von diesem Irrtum im Motiv als Anweisung der höchsten Dienstbehörde zu Recht (vgl. oben unter Note 4 zu diesem Paragraph), ist jedoch auf seinen Wortlaut zu beschränken, also weder auf die Tätigkeit als Stadtverordneter, noch auf Mitgliedschaft im Reichs- oder Landtage usw. zu beziehen. (Ähnlich Rheinhaben a. a. O. Fußnote 1 S. 86.)

Kein Nebenamt ist ferner, da es von vornherein nicht auf Dauer berechnet ist, die Funktion als Schöffe oder Geschworener. Auch dies ist nur eine Nebenbeschäftigung, und da sie mit laufender Remuneration nicht verbunden ist, so bedarf sie überhaupt keiner Genehmigung (vgl. Rheinbaben a. a. O.)

Kein Nebenamt, weil keine obrigkeitliche Tätigkeit, ist endlich die vielfach als „Amt" bezeichnete Vormundschaft. Auch sie ist nur eine Nebenbeschäftigung und würde deshalb nach der

Kabinettsorder der Genehmigung nur bedürfen, wenn sie entgeltlich geführt wird. Durch Art. 72 des PrAusfGes. zum BGB. v. 20. 9. 1899 (GS. S. 177) ist jedoch schlechthin zu ihrer Führung bei allen Staatsbeamten und bei den besoldeten Kommunal- und Kirchenbeamten die Genehmigung der vorgesetzten Behörde vorgeschrieben.

Die Nebenbeschäftigung ist nur dann genehmigungsbedürftig, wenn sie mit „fortlaufender" Remuneration verbunden ist, sie muß also selbst fortlaufend sein. Eine einmalige Tätigkeit ist deshalb niemals genehmigungspflichtig. (So Rheinbaben a. a. O. unter 1bb und für die gleichartige Bestimmung in § 16 des Reichsbeamtengesetzes der Reichsdisziplinarhof am 11. 11. 1895 [Brand Note 1c zu § 16 RBeaGes]. Abweichend aber ohne gesetzlichen Boden [vgl. oben] JMBl. de 1893 S. 3.) Was fortlaufende Vergütung ist, ist Tatfrage; Zahlung in regelmäßigen Terminen ist jedenfalls nicht nötig.

Nebenbeschäftigung ist auch jedes Amt im Privatdienste, desgleichen die bereits unter c gedachte Mitgliedschaft in dem Vorstande, Verwaltungsrate oder einem Gründungskomitee einer Aktien-, Kommandit- oder Bergwerksgesellschaft. Nach der Kabinettsorder würde sie deshalb der Genehmigung nur bei Entgeltlichkeit bedürfen. Durch das Gesetz vom 10. Juni 1874 § 1 sind diese Fragen jedoch in der unter c dargelegten Weise abweichend geregelt.

Durch einen neuen Allerhöchsten Erlaß v. 25. 8. 1909 (GS. S. 784) ist es zulässig geworden, die erforderlichen Genehmigungen von den Zentralbehörden auf die Provinzialbehörden zu übertragen. Dies ist jedoch bisher nur in sehr beschränktem Umfange, eigentlich nur für den Fall des Personalwechsels im Hauptamte geschehen. (Vgl. Erl. d. DiszM. v. 5. 3. 1910, Reichsanzeiger v. 22. 3. 1910 No. 69.)

12. Die Treupflicht erfordert es ferner an sich, daß der Beamte seine Fähigkeiten voll ausnutzt und, wenn er Gutes und Hervorragendes zu leisten vermag, sich nicht mit eben noch hinreichenden Leistungen genügen läßt. Aber diese Pflicht ist nur eine Gewissenspflicht des Beamten, deren Erfüllung ihm innere Befriedigung gewähren und nach außen das Wohlwollen seiner Vorgesetzten und Beförderungen sichern wird. Disziplinarisch erzwingbar ist dagegen die Erfüllung der Pflicht nicht. Denn es liegt auf der Hand, daß der Disziplinarrichter nicht über die Fähigkeiten eines Beamten zu Gericht sitzen kann, schon wegen der Schwierigkeit, hierüber einen zu strafprozeßgerechten Feststellungen geeigneten Beweis zu liefern. In einem Disziplinarfalle, wo ein Beamter trotz der Feststellung, daß er Genügendes geleistet habe, verurteilt war, weil er nach Ansicht der Disziplinarbehörde erster Instanz Gutes hätte leisten können, mußte deshalb in zweiter Instanz Freisprechung erfolgen, und es wurde festgestellt, daß disziplinarisch erzwingbar nur genügende Leistungen sind. (Vgl. auch Reichsdisziplinarhof v. 23. 11. 1878 bei Brand Note 4d zu § 10 Reichsbeamtenges.)

13. Neben diesen Erörterungen, welche im wesentlichen nur der näheren Bestimmung der dem Beamten obliegenden eigentlichen Amtspflichten galten, ist nun noch einiges Spezielle über die unter Ziff. 2 des Paragraphen gedachte Pflicht des angemessenen und achtungswürdigen Verhaltens nachzutragen.

a) Sowohl in der Treupflicht wie in der Pflicht des achtungswürdigen Benehmens wurzelt die Pflicht der Wahrhaftigkeit; bei ihrer Verletzung und eigentlich nur hierbei liegt demnach ein Verstoß gegen beide Ziffern des § 2 vor (vgl. oben Note 2 zu diesem Paragraphen). Die Pflicht der Wahrhaftigkeit liegt dem Beamten insbesondere auch ob bei verantwortlichen Vernehmungen über eigene dienstliche Verfehlungen; es steht ihm bei solchen Vernehmungen in analoger Anwendung der strafprozessualen Bestimmungen (§ 136 Abs. 1 Satz 2, § 242 StPO.) zwar frei, eine Äußerung abzulehnen (vgl. auch unten Note 4 zu § 18, Note 12 zu § 32); äußert er sich aber, so muß er die reine und volle Wahrheit sagen und darf auch nicht durch Verschweigungen die Vorgesetzten irre führen wollen. (Weitergehend OVG. Bd. 42 S. 429ff., wonach der Beamte sich stets wahrheitsgemäß äußern muß.) Wegen der Verpflichtung zur Angabe der Schulden siehe weiter unten unter e am Ende.

b) Bei den in unserem Volke glücklicherweise immer noch herrschenden Ansichten verscherzt ferner ein Beamter durch unsittlichen Lebenswandel, insbesondere auch durch außerehelichen Geschlechtsverkehr jeder Art, die erforderliche Achtung und macht sich deshalb dadurch disziplinarisch strafbar; in erhöhtem Maße gilt dies für Beamte, die durch Beruf und Amt zu besonders vorbildlichem Wandel verpflichtet sind, wie die Lehrer. (Vgl. auch Rheinbaben Bem. IV, 5 zu § 2 und § 38 der Reg.-Instruktion v. 23. 10. 1817.)

Bezüglich des außerehelichen Geschlechtsverkehrs zwischen ledigen Personen ist jedoch zu beachten, daß seit alters und auch noch nach dem BGB. (§§ 1719ff.) die nachfolgende Ehe als das legale Mittel erscheint, die in dem außerehelichen Verkehre liegende Verfehlung dergestalt zu tilgen, daß die aus ihm hervorgegangenen Kinder als eheliche gelten, und somit der Verkehr selbst geradezu als vorweggenommene Ehe erscheint. Wenn deshalb ein Beamter, sei er auch zu vorbildlichem Wandel verpflichtet, diesen durch das Gesetz gewiesenen Weg beschritten hat, so muß damit im allgemeinen auch disziplinarisch seine frühere Verfehlung als getilgt gelten.

c) Es erhellt ferner von selbst, daß die Trunksucht an sich mit der Achtung und Würde, die das Amt erfordert, unvereinbar ist, und daß deshalb der Beamte, der sich wiederholter Trunkenheit ergibt, sich gegen Ziff. 2 des Paragraphen vergeht, auch wenn er noch keine besonders ärgerlichen Handlungen in der Trunkenheit begangen und seine eigentlichen Amtspflichten darüber noch nicht vernachlässigt hat.

Zum Überfluß ist jedoch schon durch § 38 der Regierungsinstruktion v. 23. 10. 1817 ebenso wie die vorerörterte „Immoralität“ auch die Trunkenheit noch ausdrücklich als Dienstvergehen festgestellt; und des weiteren ist noch eine Kabinettsorder vom 24. Dezbr. 1836 (v. Kamptz, Annalen Bd. 21 S. 13) ergangen, welche bestimmt, daß jeder Staatsbeamte, der sich des

Lasters der Trunkenheit schuldig macht, im Wege der Disziplinaruntersuchung seines Dienstes ohne Pension entlassen werden soll, wenn ein Vorgesetzter desselben und seine Mitarbeiter auf ihren Amtseid versichern, daß er sich zu wiederholten Malen betrunken im Dienste habe betreten lassen, sowie auch, wenn durch die Aussage des Vorgesetzten auf seine Amtspflicht oder durch die eidliche Versicherung zweier unverwerflicher Zeugen dargetan wird, daß der Beamte zu wiederholten Malen auf der Straße oder an einem öffentlichen Orte im Zustande der Trunkenheit gesehen worden. Sowohl die bestimmte Strafvorschrift wie die Verfahrensvorschriften der Order sind zwar durch die §§ 17, 38, 32ff., 100 des gegenwärtigen Gesetzes außer Kraft gesetzt; insoweit aber, als sie wiederholte Trunkenheit in oder außer Dienst als Disziplinarvergehen erklärt, gilt die Order noch heute.

d) Dasselbe wie von der Unsittlichkeit und der Trunksucht gilt vom Spiel. Auch hierdurch verscherzt bei den allgemein herrschenden Ansichten der Beamte sich die erforderliche Achtung, und mit Recht ist deshalb schon im § 363 II 20 ALR. und im selben § 38 der Regierungsinstruktion auch das Spiel als schweres Disziplinarvergehen ausdrücklich angeführt.

Zweifelhaft kann dies beim Börsenspiel sein. Durch eine Kabinettsorder vom 30. Dezbr. 1826 (v. Kamptz, Annalen Bd. 11 S. 363), die ähnlich wie die vorgedachte, abgesehen von ihren Straf- und Verfahrensvorschriften, in diesem Hauptpunkte noch in Kraft ist, ist jedoch festgestellt, daß „Kassenbeamten", einschließlich der „Magazin- und Lagerverwalter" sowie allen, bei „Geldinstituten" angestellten Beamten untersagt ist, in Geld oder Waren zu spekulieren. Die Erlasse des Kultusministers vom 26. Mai 1827 und das Zirkularreskript der Disziplinarminister vom selben Tage, mit denen die Order den Unterbehörden bekanntgegeben ist (v. Kamptz a. a. O. S. 363 u. 365), stellen ferner fest, daß es überhaupt bei allen „öffentlichen Beamten" dem „Interesse des Dienstes" widerspreche, wenn sie mit „dergleichen Spekulationen und Geschäften sich abgeben". Dabei ist jedoch zu beachten, daß es, wie des „Königs Majestät“ bei Erlaß der Order Selbst festgestellt hat (v. Kamptz a. a. O.), nicht in der Absicht der Order vom 30. Dezbr. 1826 gelegen hat, den Beamten die Anlage ihres Vermögens in Börsenpapieren und durch Vermittelung der Börse zu beschränken. Verwerflich und disziplinarisch strafbar ist deshalb nur das eigentliche Börsenspiel, d. h. der gewerbs- und gewohnheitsmäßige, nicht nur gelegentliche, spekulative An- und Verkauf von Börsenpapieren oder Waren, zumal der dauernde Abschluß von Differenzgeschäften.

e) Ähnliches gilt vom Schuldenmachen.

Es liegt auf der Hand, daß das Ansehen und die Achtung, welche der Beamtenstand genießen muß, besondere Sorgfalt in Geldsachen und die genaue Erfüllung übernommener Verpflichtungen erfordern. Die alte Anschauung, die noch in der Reichskonkursordnung in einzelnen Bestimmungen erscheint, daß Überschuldung und Bankerott ehrenrührig sind, wendet sich nicht nur gegen bankbrüchige Kaufleute, sondern auch gegen überschuldete Beamte.

Auch von gewissen, ihm formal gegebenen Rechtsbehelfen darf in ähnlicher Weise der Beamte nicht Gebrauch machen, ohne sein Ansehen zu mindern. Das gilt zumal von der Verjährungseinrede gegenüber zweifellos gültigen, aber noch ungetilgten Forderungen, allerdings auch nur bei diesen; denn wenn die Forderung bestritten ist — sei es, daß der Beamte behauptet, sie sei gar nicht entstanden, sei es, daß er sie getilgt haben will —, so ist kein Grund ersichtlich, der dem Beamten verwehren sollte, ebenso wie jeder andere nach Ablauf der Verjährungsfrist sich von der Erörterung dieser Einreden entbunden zu wissen und sich allein auf diese Verjährung zu berufen.

Ähnlich liegt es mit dem beneficium competentiae nach § 850 Ziff. 8 ZPO. Es bedarf keiner Darlegung, daß es aufs höchste unwürdig ist, wenn der Beamte leichtsinnig Kredit beansprucht und sich seinen Verpflichtungen nachher unter Berufung auf jenes Benefiz entzieht. Ist er aber unverschuldet in Not geraten — etwa wegen Krankheit in der Familie, oder weil er zivilrechtlich weitgehend haftbar gemacht ist für ein Versehen, das ihn an sich nicht des Amtes unwürdig macht —, so erfordern es umgekehrt geradezu die Interessen seines Amtes und Standes, daß er sich auf das Benefiz beruft und sich so die unerläßlichen Subsistenzmittel wahrt.

Daß es endlich aufs höchste unwürdig ist, wenn ein verschuldeter Beamter Kredit in Anspruch nimmt, von dem er von vornherein weiß, daß er ihn zu der zugesicherten Verfallzeit nicht wird decken können, erhellt schon daraus, daß ein solches Verhalten nicht nur an Betrug streift, sondern wiederholt von den Strafgerichten als Betrug geahndet worden ist.

Nach alledem bedürfte es ausdrücklicher Vorschriften nicht, welche das leichtsinnige Schuldenmachen, zumal unter Mißbrauch des beneficium competentiae, als Dienstvergehen bezeichnen. Solche sind jedoch in vielen Ressorts ergangen, insbesondere ist in einigen das Eingehen jeder Wechselschuld untersagt. An allgemeinen Vorschriften sind ergangen: § 363 II 20 ALR., Allerhöchste Verordnung vom 28. Februar 1806 und vom 12. Mai 1841 (beide im MBl. von 1841 S. 202f.); die schon oben genannte Kabinettsorder vom 31. Dezbr. 1825 (GS. 1826 S. 5ff.) unter X, und endlich Erlaß des Finanzministers und Ministers des Innern vom 24. September 1841 (MBl. S. 262). Die bestimmten Strafvorschriften (Dienstentlassung) dieser Gesetze, Verordnungen und Orders sowie ihre Vorschriften über das Verfahren sind aus den gleichen Gründen, wie sie zuvor unter c genannt sind, außer Kraft gesetzt. Noch gültig sind jedoch ihre allgemeinen Bestimmungen darüber, daß Verschwendung, unverhältnismäßiger Aufwand, leichtsinniges und liederliches Schuldenmachen und betrügliche Krediterschleichung jedenfalls Dienstvergehen sind.

Selbstverständlich ist ferner, daß ein Vorgesetzter nicht bei Untergebenen Schulden machen oder überhaupt mit ihnen in Geldverbindung treten darf, weil dies die Achtung der Untergebenen vor ihm gefährdet (vgl. auch Brand Note 10 zu § 10 des Reichsbeamtengesetzes).

Der Beamte ist ferner verpflichtet, seinen Vorgesetzten seine Schulden anzugeben. Da es sich bei solchen Anfragen entweder überhaupt nicht oder jedenfalls nicht an erster Stelle um Vorermittlungen wegen eines Dienstvergehens, sondern um Wahrung allgemeiner Staatsinteressen oder um Einleitung einer Hilfsaktion für den Beamten handelt, so finden die Bestimmungen des § 136 Abs. 1 Satz 2 StPO. über das Recht des Beamten, bei verantwortlichen Vernehmungen die Auskunft abzulehnen, keine Anwendung. Verweigert deshalb der Beamte die Auskunft, so ist er schon um deswillen disziplinarisch strafbar; gibt er sie falsch, so verletzt er die Pflicht der Wahrhaftigkeit (vgl. oben unter a). Außerdem ist in beiden Fällen zu prüfen, inwieweit der Beamte dadurch als unverbesserlicher Schuldenmacher erscheint (vgl. auch Brand Note 11 zu § 10 Reichsbeamtengesetz).

f) Wie schon oben gestreift, gefährdet es in besonderem Maße das dem Beamten erforderliche Ansehen, wenn er mit dem Strafgesetz in Konflikt gerät. Ein Dienstvergehen ist deshalb nicht nur gegeben bei Verfehlungen gegen die §§ 331 ff. StGB., d. h. bei Verbrechen und Vergehen im Amte. Hier liegt, wie keiner besonderen Darlegung bedarf, stets zugleich ein Vergehen gegen Ziffer 1 unseres Paragraphen vor. Ein Dienstvergehen, und zwar ein solches gegen Ziffer 2 unseres Paragraphen, ist vielmehr auch dann begangen, wenn der Beamte überhaupt öffentliche Strafe sich zugezogen hat.

Das gilt an sich auch von Übertretungen; der Beamte ist vor allen anderen Bürgern verpflichtet, Gesetze und Verordnungen auch außerhalb seines Amtes peinlich zu achten; und auch Bestrafungen wegen Übertretungen, zumal wiederholte und schwerere, gefährden sein Ansehen. Sie sind deshalb im § 5 des Gesetzes selbst mit Recht ausdrücklich als möglicher Gegenstand eines Disziplinarverfahrens neben Verbrechen und Vergehen genannt. Die Disziplinarbehörden werden jedoch bei ihnen von ihrem Rechte, frei zu ermessen (vgl. oben unter Note 4 und § 17 des Gesetzes), ob ein Verstoß gegen unseren Paragraphen vorliegt, besonders weitherzigen Gebrauch zu machen haben.

Die disziplinare Strafwürdigkeit eines Verstoßes gegen die Gesetze erstreckt sich ferner auch auf die Zoll- und Steuergesetze. Jeder Beamte darf sich hier von den in diesem Punkte vielfach noch laxen Anschauungen des Publikums nicht anstecken lassen und muß auch insoweit seiner allgemeinen Pflicht, ein Vorbild in der Beobachtung der Gesetze zu sein, genügen. Für die Zoll- und Steuerbeamten gilt das auch bei außerdienstlichen Verstößen gegen die Zoll- und Steuergesetze natürlich in ganz besonderem Maße. Die Beobachtung der Stempelgesetze zumal ist seit alters allen Beamten zur besonderen Dienstpflicht gemacht; hier stehen also alle Beamten so, wie sonst die Zoll- und Steuerbeamten. Um gelegentlich aufgetretenen Irrtümern zu begegnen, sei jedoch bemerkt, daß zwar die Hinterziehung einer verfallenen Steuer oder einer Gebühr nach alledem ein zweifelloses Dienstvergehen ist, daß es aber dem Beamten ebenso wie jedem Staatsbürger unbenommen bleibt, seine Rechtshandlungen in eine Form zu kleiden, bei der eine Gebühr nicht fällig wird; Vermeidung eines gebührenpflichtigen Aktes ist keine Hinterziehung!

13. Besonderer Behandlung unter den Dienstvergehen durch achtungswidriges und unwürdiges Verhalten bedürfen noch die Verletzung der religiösen Pflichten, die Geschenkannahme und das Verhalten bei Beleidigungen.

Was die religiösen Pflichten anbelangt, so besagt § 38 der Regierungsinstruktion allerdings, es dürften keine „Subjekte in öffentlichen Bedienungen gelitten werden, die durch ihr Privatleben Gleichgültigkeit gegen Religion und Moralität an den Tag legen".

Wie aber die bestimmte Strafvorschrift (Entlassung) durch § 17 u. 100 unseres Gesetzes aufgehoben ist, so ist auch die Bestimmung selbst, daß Irreligiosität ohne weiteres ein Dienstvergehen sei, gesetzlich und gewohnheitsrechtlich modifiziert worden, im Anschluß an die Wandlungen, die das Verhältnis zwischen Staat und Kirche inzwischen durchgemacht hat.

Die Kabinettsorder vom 30. März 1847 (MBl. S. 79) bestimmt nämlich, daß kein Beamter bloß deshalb, weil er „sich von seiner Kirche getrennt und einer bisher noch nicht genehmigten Religionsgesellschaft angeschlossen" habe, in seinen Amtsrechten eine Schmälerung erleiden dürfe, „sofern nicht das Amt selbst, wie z. B. bei den Schullehrern, durch eine bestimmte Konfession bedingt ist." Der Staatsministerialbeschluß vom 21. Januar 1851 (MBl. S. 36) und der anschließende Erlaß des Kultusministers vom 15. März 1851 (MBl. S. 35) ergänzen dann diese Order noch dahin, daß auch das in der Order noch offen gehaltene Vorgehen gegen Schullehrer nicht im Wege des Disziplinarverfahrens zu erfolgen habe, sondern daß es sich nur um eine einfache Wiederentlassung auf Grund nachträglichen Fortfalls einer Vorbedingung für die Übertragung und Führung des Amtes handle.

Die Order betrifft nach ihrem Wortlaute den Übertritt zu allen dissidierenden Religionsgesellschaften, also selbst denjenigen zu einer sogenannten „freireligiösen" Gemeinde, deren „Religion" nur in der Verneinung eines höheren Wesens und eines Jenseits besteht. Von selbst ergibt sich ferner aus ihr, daß noch weniger der Übertritt zu einer vor oder nach der Order genehmigten Religionsgesellschaft ein Dienstvergehen sein kann, also zu den „Mennoniten" (Ges. vom 12. Juni 1874, GS. S. 238), zu den „Baptisten" (Ges. vom 7. Juli 1875, GS. S. 374), und vor allem zum Judentume (Ges. vom 23. Juli 1847, GS. S. 213).

Wenn ferner nach der Order sogar der völlige Austritt aus der evangelischen oder katholischen Kirche disziplinarisch nicht verfolgbar ist, so muß das Gleiche für das Mindere gelten, für die Vernachlässigung der kirchlichen Pflichten ohne formalen Austritt. Derartiges mögen die kirchlichen Organe rügen; der Staat hat sich hier neutral zu verhalten.

Die Kabinettsorder bedeutet deshalb die Rückkehr zu den eine Zeitlang und zumal bei Erlaß der Regierungsinstruktion aufgegeben gewesenen Grundsätzen des §§ 1ff. des ALR. II 11, insbesondere zu der Vorschrift des § 4 ebenda:

„**Niemand** soll **wegen** seiner **Religionsmeinungen** beunruhigt, **zur Rechenschaft gezogen**, verspottet oder gar verfolgt werden."

Diese Rückkehr ist durch Art. 12 der preußischen Verfassung und ferner durch das Reichsgesetz, betreffend die Gleichberechtigung der Konfessionen, vom 3. Juli 1869 unwiderruflich geworden, welches bestimmt:

„Insbesondere soll die Befähigung zur Teilnahme an der Gemeinde- und Landesvertretung und zur Bekleidung öffentlicher Ämter vom religiösen Bekenntnisse unabhängig sein."

Das alles gilt bei seiner allgemeinen Fassung und gemäß dem oben zitierten Beschlusse des Staatsministeriums vom 21. Jan. 1851 **auch für Lehrer.** Die gelegentlich in der Praxis der unteren Instanzen vertretene Ansicht, daß die Verpflichtung der Lehrer zu besonders vorbildlichem Wandel bei den in vielen Gegenden noch herrschenden Volksanschauungen besondere Treue in der Erfüllung auch der religiösen und kirchlichen Verpflichtungen fordere, und die Nichterfüllung daher ein Dienstvergehen gegen Ziff. 2 unseres Paragraphen sein könne, ist demnach ohne gesetzliche Stütze. Derartige Volksanschauungen können wohl behördliche Ermahnungen an den Lehrer, allenfalls auch Versetzung im Interesse des Dienstes in eine Gegend mit minder strengen Anschauungen rechtfertigen; einem disziplinaren Einschreiten steht aber die entwickelte Rechtslage entgegen.

14. Den **preußischen Beamten** ist nicht gesetzlich wie den Reichsbeamten die Annahme aller Geschenke **untersagt**, die „in bezug auf das Amt" gemacht werden (§ 15 Reichsbeamtenges.), sondern gemäß § 331 StGB. nur die **Annahme** solcher Geschenke, welche **für eine „in sein Amt einschlagende" „Handlung"** gemacht sind. Hiernach ist die Annahme von Geschenken, die ohne Beziehung auf eine bestimmte Handlung nur allgemein als Anerkennung der Amtsführung des Beamten gemacht werden, von öffentlicher Strafe jedenfalls frei. Die hohen Anforderungen, die seit alters gerade in Preußen Vorgesetzte und öffentliche Meinung an die **Unbestechlichkeit** und **Unparteilichkeit** der Beamten stellen, und deren peinliche Erfüllung den

Ruhm und den Stolz der preußisch-deutschen Beamtenschaft vor der aller anderen Länder bildet, können aber auch die Annahme solcher Geschenke, wie auf der Hand liegt, zu einer Minderung der Achtung und des Ansehens gereichen lassen und demgemäß zu einem Dienstvergehen nach Ziff. 2 unseres Paragraphen stempeln. Zur Vermeidung einer eventuellen disziplinaren Bestrafung wird deshalb auch der preußische Beamte vorsichtigerweise ebenso wie der Reichsbeamte die Genehmigung seiner Vorgesetzten zur Annahme jedes Geschenks erbitten, das in irgendeiner Beziehung zu seinem Amte steht. Die Genehmigung ist den Ministern vorbehalten, die niemals zur direkten Zuwendung an die Beamten erteilt wird; vielmehr hat der Schenker die Verteilung dem Ermessen der vorgesetzten Behörde zu überlassen. (Erl. des DiszM. v. 16. 9. 1847, MBl. S. 247, und des Min. d. Inn. v. 22. 11. 1901, MBl. S. 255.)

Hat der Beamte die Genehmigung, so ist er übrigens auch von öffentlicher Strafe frei, selbst wenn das Geschenk für eine einzelne Amtshandlung gemacht ist; denn es mangelt ihm dann jedenfalls das Bewußtsein der Rechtswidrigkeit (vgl. Brand Note 1a zu § 15 RBeaGes.). Die Vorgesetzten werden jedoch wegen § 331 StGB. solche Genehmigungen nur sehr sparsam erteilen dürfen.

Daß der Beamte, der Geld oder Belohnungen für eine pflichtwidrige Handlung annimmt, stets nach § 332 StGB. schwerer öffentlicher Strafe und nach unserem Paragraphen scharfer disziplinarer Ahndung verfällt, bedarf kaum der Erwähnung.

15. Was endlich die Beleidigungen anbetrifft, so versteht es sich bei der oben erörterten Pflicht der Beamten, in und außer dem Amte jeden Konflikt mit dem Strafgesetze zu vermeiden, von selbst, daß der Beamte nicht seinerseits Beleidigungen ausstoßen darf, die ihn der Gefahr der öffentlichen Strafe, sei es auch nur nach vorgängiger Privatklage, aussetzen. Er muß sich vielmehr stets auch gegen das Publikum eines besonders höflichen und würdigen Benehmens befleißigen.

Umgekehrt erfordert es aber im allgemeinen auch die Würde seines Amtes und die Beamtenehre, daß er sich nicht ungestraft beleidigen läßt. Welche Wege er zur Abwehr der Beleidigung wählt, ist zunächst seinem Ermessen überlassen; bei höheren akademisch gebildeten Beamten genügt es nach den heute noch herrschenden Begriffen von Ehre jedenfalls, wenn er den Beleidiger fordert. Andererseits darf aber bei der gesetzlichen Mißbilligung des Duells kein Zivilbeamter zu einem solchen Vorgehen veranlaßt oder gar im Disziplinarwege gezwungen werden; wenn der Beamte daher nicht von selbst seinen Beleidiger fordert, so kann ihm bei Meidung disziplinarer Ahndung nur aufgegeben werden, den Gegner vor die Gerichte zu ziehen. Das gilt auch für diejenigen höheren Beamten, die einem Ressort angehören, das ähnlich dem Militär organisiert ist (Polizei, Zollverwaltung), oder die Reserveoffiziere oder alte Herren einer schlagenden Verbindung sind. Welchen Unannehmlichkeiten solche Beamten sich durch Unterlassen einer Forderung in letzteren beiden Beziehungen aussetzen, liegt außerhalb des Rahmens des zivilen Disziplinarrechts.

Für die unteren Beamten ist die Anrufung der Gerichte der einzige ordnungsmäßige Weg, sich für Beleidigungen Genugtuung zu schaffen.

Da es jedoch in letzter Linie die Interessen des Amtes und nicht die des Beamten sind, welche die Verfolgung der Beamtenbeleidigungen im allgemeinen erheischen, so muß in den praktisch gar nicht so seltenen Fällen, wo die Interessen des Amtes einer öffentlichen Verhandlung der Sache vor den Gerichten entgegenstehen, der vorgesetzten Behörde das Recht gewahrt bleiben, dem Beamten die Anrufung der Gerichte zu untersagen oder die Zurückziehung der etwa schon erhobenen Privatklage aufzugeben. Der Beamte muß in diesem Falle seine privaten Ansprüche auf Genugtuung hinter den Interessen des Amtes zurücktreten lassen und würde sich deshalb durch Ungehorsam gegen die Anordnung disziplinarisch strafbar machen. Vorsichtig wird deshalb jeder Beamte handeln, wenn er von Beleidigungen, die gegen ihn ergangen sind, seinen Vorgesetzten Anzeige erstattet und es diesen überläßt, ob sie dann die Beleidigung selbst gemäß § 196 StGB. zur gerichtlichen Ahndung bringen oder ihre Verfolgung dem Beamten gestatten wollen, oder ob sie endlich dieselbe, sei es wegen entgegenstehender dienstlicher Interessen, sei es wegen ihrer oder ihres Urhebers Unbedeutenheit, überhaupt nicht zur gerichtlichen Verfolgung für geeignet halten.

Das gilt in verstärktem Maße für Beleidigungen von Beamten unter sich; denn dem Ansehen der Beamtenschaft dient es nicht, wenn Zänkereien ihrer Angehörigen vor den Gerichten öffentlich ausgetragen werden. Auch der Beamte, der an solchen nur passiv beteiligt ist, hat deshalb hier stets vor Anrufung der Gerichte die Entscheidung seiner Vorgesetzten einzuholen, will er sich nicht ebenso wie der Beleidiger eines Verstoßes gegen Ziff. 2 unseres Paragraphen schuldig machen (vgl. auch Brand Note 6 zu § 10 des Reichsbeamtenges.).

16. Weitere Beispiele dienstlicher und außerdienstlicher Disziplinarvergehen siehe bei § 5 Note 3 und zu §§ 8–12, hier insbesondere auch wegen der Vergehen der suspendierten Beamten.

17. Neben der bisher erörterten objektiven Erfüllung des Tatbestandes unseres Paragraphen ist es ferner gleichwie im allgemeinen Strafrecht nötig, daß auch subjektiv eine Verschuldung vorliegt. Die Prinzipien des allgemeinen Strafrechts hierüber sind vom Disziplinarrecht noch aus der Zeit, wo beide eine rechtliche Einheit waren, übernommen worden. Dabei reicht es für das Disziplinarrecht freilich stets aus, wenn auch nur Fahrlässigkeit vorliegt. Denn da der Beamte nach § 88 II 10 ALR. vornehmlich auch dem Staate gegenüber zu „genauester Aufmerksamkeit“ verpflichtet ist, so liegt schon bei Fahrlässigkeit ein Verstoß gegen seine Amtspflichten vor. Die allgemeinen Vorschriften der §§ 51 bis 54 StGB., die auch Fahrlässigkeit ausschließen, sind dagegen auch für das Disziplinarrecht zu beachten.

Sonach ist insbesondere Geisteskrankheit (§ 51 StGB.) auch disziplinarisch ein Strafausschließungsgrund. Die Häufigkeit dieses Einwandes gerade in Disziplinarsachen macht es freilich den Disziplinarbehörden zur ernsten Pflicht, den Einwand besonders sorgfältig nachzuprüfen und vor allem, auch wenn Geisteskrankheit für die Zeit der Tat festzustellen ist, noch zu erörtern, ob der Beamte sich die Krankheit nicht zu einer Zeit, wo er noch geistig gesund und verantwortlich war, durch Ausschweifungen oder Trunksucht oder sonstwie in disziplinar strafwürdiger Weise zugezogen hat. Ist aber diese Frage zu verneinen und unverschuldete Geisteskrankheit zur Zeit der Tat zweifellos erwiesen, so muß Freisprechung erfolgen.

Ja, die Freiheit der Disziplinarbehörden bei Prüfung der Schuldfrage (§ 17 des Ges.) verpflichtet diese, auch der bloßen Geistesschwäche und den Übergangszuständen zur eigentlichen Geisteskrankheit, wenn sie zweifellos vorliegen, mehr Bedeutung beizulegen, als dies der heutige § 51 des StGB. ermöglicht. Auch in diesen Fällen wird regelmäßig von disziplinarer Ahndung abzusehen und der Beamte anstatt dessen gemäß §§ 88 ff. unseres Ges. in den Ruhestand zu versetzen sein. Denn die sehr scharfen Anforderungen, die nach dem bisher Gesagten die Gesetze und die allgemeine Anschauung disziplinarisch an die Beamten stellen, haben völlige geistige Gesundheit des Beamten zur Voraussetzung; ohne das wären sie zumeist übertrieben und ungerecht.

Dasselbe gilt für Unfähigkeit. Wie schon oben bemerkt (Note 12), ist das Disziplinarverfahren nicht bestimmt, um über die Fähigkeiten eines Beamten abzuurteilen. Wenn deshalb auch, wie dort ausgeführt, genügende Leistungen disziplinarisch erzwingbar sind, so setzt dies doch voraus, daß der Beamte zu ihnen befähigt ist oder sich wenigstens durch Fleiß dazu fähig machen könnte. Ist ihm dies aber wegen Schwäche seiner geistigen Anlagen unmöglich, so ist er nicht disziplinarisch zu strafen, sondern wieder gemäß §§ 88 ff. unseres Ges. in den Ruhestand zu versetzen. Hat er sich die Unfähigkeit schuldhaft zugezogen, so kann er, wie schon bei der Geisteskrankheit betont, deswegen disziplinarisch bestraft werden. **Unfähigkeit** ist aber an sich **kein Disziplinierungsgrund** (vgl. auch Reichsdisziplinarhof bei Brand Anm. 4d zu § 10 Reichsbeamtenges.).

18. Nicht dagegen setzt das Disziplinarrecht wie das allgemeine Strafrecht (§ 3 u. 4 StGB.) voraus, daß das Vergehen im Inlande begangen ist. Gerade weil vielmehr das Disziplinarrecht nach dem in der Einleitung Gesagten kein Ausfluß der allgemeinen Strafgewalt des Staates, sondern ein Ausfluß des besonderen Gewaltverhältnisses zwischen dem Staat und dem Beamten ist, folgt es diesem ebenso ins Ausland wie das Gewaltverhältnis. Soweit deshalb **preußische Beamte im Ausland sich disziplinarisch vergehen, können** sie ebenso **verfolgt werden,** als wenn dies im Inlande geschehen wäre (vgl. Reichsdisziplinarhof bei Brand Vorbemerkung 3 zu § 72 Reichsbeamtenges.).

19. Daß ebenso das **Legalitätsprinzip** des allgemeinen Strafrechts **auf das Disziplinarrecht nicht anwendbar** ist, darüber s. das Nähere bei § 17.

20. Das Oberverwaltungsgericht für preußische wie früher auch der Reichsdisziplinarhof für Reichsbeamte haben ferner übereinstimmend als Voraussetzung eines Dienstvergehens aufgestellt, daß sowohl die Verletzung der Amtspflicht (Ziff. 1 des § 2) wie die unwürdige Handlungsweise (Ziff. 2 des § 2) begangen sind zu einer Zeit, wo der Beamte schon im Dienst stand. **Vordienstliche Verstöße** sind nach dieser Ansicht niemals ein Dienstvergehen. Beide Gerichtshöfe stützen sich hierfür darauf, daß § 2 unseres Ges. und der entsprechende § 72 des Reichsbeamtenges. von „Beamten" reden, die ihre Pflicht verletzen oder sich unwürdig zeigen, womit nach Ansicht jener Gerichte Verfehlungen aus der voramtlichen Zeit ohne weiteres ausscheiden (vgl. OVG. v. 30. 3. 1892; Entsch. Bd. 12 S. 423 ff.; Brand Note 3 zu § 72 Reichsbeamtenges.).

Für Verletzungen der eigentlichen Amtspflichten (Ziff. 1 unseres § 2) ist dies auch seitens des preußischen Disziplinarhofs und des Staatsministeriums angenommen worden. Für die unwürdigen

Handlungen nach Ziff. 2 a. a. O. haben diese Behörden jedoch mehrfach Strafbarkeit vordienstlicher Vorkommnisse festgestellt.

In früherer Zeit haben beide Behörden sich für diese Ansicht auf den Wortlaut der Ziff. 2 berufen, der durch die Wahl des Wortes „zeigt“ im Gegensatze zu „ist“ oder „sich benimmt“ erkennen lasse, daß Voraussetzung der Strafbarkeit nicht sei, daß die unwürdige Handlung während der Amtszeit „begangen“ sei, sondern nur daß sie in dieser „bekannt“ werde (vgl. Rheinbaben Bem. VI 2 zu § 2).

Man wird indessen zugestehen müssen, daß diese Begründung etwas künstlich wirkt und dem Worte „zeigt“ eine prägnantere Bedeutung beilegt, als sie ihm sonst in Wortverbindungen wie der des Gesetzes zukommt. Der Disziplinarhof und das Staatsministerium haben deshalb später ihre Ansicht selbst anderweit begründet, und zwar zumal für den praktisch nicht seltenen Fall, daß der Beamte vor der Anstellung wegen einer ehrenrührigen Handlung gerichtlich bestraft worden ist und dies bei den Anstellungsverhandlungen verschwiegen hat; der Disziplinarhof und das Staatsministerium nehmen hierfür an, daß schon die Anstellungsverhandlungen unter der Beamtentreupflicht stehen, und daß deshalb die Verschweigung einer für die Entscheidung der Anstellungsbehörde offenbar erheblichen Bestrafung als Verletzung dieser Pflicht disziplinare Ahndung nach sich ziehen könne und müsse.

Zu Unrecht weist das Oberverwaltungsgericht (a. a. O. S. 427) diese Annahme mit den Worten zurück, derartige Nichtanzeigen einer Bestrafung seien wohl Verletzung einer ethischen, nicht aber einer „Dienst“pflicht, da es solche vor dem Dienstantritt eben nicht gäbe; denn in Preußen ist es sogar gesetzlich festgelegt, daß die allgemeinen Beamtenpflichten schon vor der förmlichen Anstellung mit den Anstellungsverhandlungen beginnen, wenn auch, soviel ich sehe, diese Bestimmung des Landrechts bisher nirgends betont worden ist. § 72 II 10 ALR., der als inneres Staatsrecht für die ganze Monarchie noch heute gilt, besagt nämlich:

„Wer sich durch Bestechungen oder andere unerlaubte Wege in ein Amt eindrängt, soll desselben sofort wieder entsetzt werden.“

Wenn nun auch die bestimmte Strafvorschrift der Entlassung aus den mehrfach erörterten Gründen heute nicht mehr gilt, so gilt doch weiter, daß die Erschleichung des Amtes durch Geld oder auf sonst „unerlaubte“ Art, also zumal durch Irreführung der Anstellungsbehörde, sei es durch gefälschte, sei es durch unvollständige Zeugnisse oder durch Verschweigung offenbar erheblicher Umstände, wie z. B. von Vorstrafen, gesetzlich zum Disziplinarvergehen erklärt ist.

In ähnlicher Weise hat neuerdings auch der Reichsdisziplinarhof die Erschleichung des Amtes durch wissentlich falsche oder unvollständige Angaben für ein Dienstvergehen erklärt (vgl. Brand Note 3 a. E. zu § 72 Reichsbeamtenges.), und zwar obwohl das Reichsrecht eine ausdrückliche Bestimmung wie die des § 72 II 10 ALR. nicht kennt. Es darf deshalb wohl erwartet werden, daß das OVG., für welches diese Bestimmung gilt, sich demnächst derselben Ansicht anschließt.

Ob ein Umstand erheblich ist, muß nach verständigem Ermessen beurteilt werden. Der Reichsdisziplinarhof nimmt es schon für Schulden an. Bei Taten, die zu krimineller Bestrafung geführt haben, wird es jedenfalls stets anzunehmen sein. Bei einer an sich ehrenrührigen Handlung aber (Diebstahl), die seinerzeit nicht bekannt geworden und demnach strafrechtlich nicht geahndet war, ist es beispielsweise vom pr. Disziplinarhofe und dem Staatsministerium verneint worden und demgemäß in zweiter Instanz Freisprechung erfolgt, nachdem der Beamte in erster Instanz für die inzwischen bekannt gewordene Tat disziplinarisch zur Verantwortung gezogen war, obwohl sie inzwischen zehn Jahre zurücklag, also öffentliche Strafe durch Verjährung ausgeschlossen war.

21. Was endlich diese Verjährung anbetrifft, so ist schon bei der Beratung des Gesetzes in den Kammern (Stenogr. Berichte der Ersten Kammer de 1852 S. 99f., 7ff.) bemerkt worden und wird jetzt allgemein gelehrt, daß sie für das Disziplinarrecht nicht gelte (vgl. v. Rheinbaben Bem. VIII zu § 2; Brand Note 5 zu § 72 Reichsbeamtenges.); ja es ist dies auch gelegentlich von Gerichten festgestellt worden (vgl. Obertribunal als rheinischen Kassationshof am 16. 3. 1852; JMBl. S. 164; Obertribunal am 28. 2. 1861 bei Oppenhoff, Rechtsprechung Bd. 1 S. 285).

Das ist auch zweifellos insoweit richtig, als die Verjährung dem formellen Rechte angehört, insoweit also, als sie nach Verlauf einer festbegrenzten Zeit ohne weitere sachliche Erwägungen eine Bestrafung formal hindert, zumal also für die Verjährung der Strafverfolgung. Hierüber bedarf es ausdrücklicher Vorschriften, und diese fehlen eben im Disziplinarrecht; die gleichartigen Vorschriften des allgemeinen Strafrechts sind wegen ihrer formalen Natur auf dessen Geltungsbereich beschränkt und auf das Disziplinarrecht nicht analog anwendbar. Nur diese Frage behandeln die angezogenen Gerichtsentscheidungen und die Kammerverhandlungen.

Soweit indessen die Verjährung ein Rechtsprinzip des materiellen Rechtes ist und in dem allgemeingültigen Gedanken wurzelt, daß dem Zeitablauf eine sühnende Kraft innewohnt, welche die Bestrafung einer lange zurückliegenden Tat als unbillig, ja vielfach geradezu als ungerecht erscheinen läßt, gilt sie selbstverständlich auch im Disziplinarrechte. Denn da der § 17 des Ges. die Disziplinarbehörden nicht nur berechtigt, sondern auch verpflichtet, alles was für die Beurteilung des Disziplinarfalles erheblich sein kann, zu berücksichtigen, so haben sie auch in den Kreis ihrer Erwägungen zu ziehen, ob es nach der Zeit, welche das Dienstvergehen zurückliegt, überhaupt noch angemessen und nötig scheint, es disziplinarisch zu ahnden. Da insbesondere die Worte „welche Strafe anzuwenden sei" im § 17, wie wir dort sehen werden, auch die Prüfung umfassen, ob überhaupt eine Strafe zu verhängen ist, so kann die Disziplinarbehörde bei weit zurückliegenden Verfehlungen von Strafe überhaupt absehen und freisprechen.

Diese Erwägungen haben denn auch in dem am Schlusse der vorigen Note erwähnten Falle mit zur Freisprechung geführt.

§ 3.

Ist eine der unter § 2 fallenden Handlungen (Dienstvergehen) zugleich in den gemeinen Strafgesetzen vorgesehen, so können die durch dieselben angedrohten Strafen nur auf Grund des gewöhnlichen Strafverfahrens von denjenigen Gerichten ausgesprochen werden, welche für die gewöhnlichen Strafsachen zuständig sind.

Mit diesem Paragraphen beginnen die Vorschriften über das Verhältnis des Disziplinarverfahrens zu anderen Verfahrensarten, insbesondere zum Strafverfahren.

Die Bestimmung ist eine Konsequenz der heutigen formalen und sachlichen Scheidung von allgemeinem Strafrecht und Disziplinarrecht. Sie ist demnach heute selbstverständlich; sie war es aber noch nicht ebenso bei Erlaß des Disziplinargesetzes, wo die Zeit noch keine zehn Jahre zurücklag, in der die allgemeinen Strafgerichte sowohl öffentliche wie Disziplinarstrafen zu verhängen hatten.

§ 4.

Im Laufe einer gerichtlichen Untersuchung darf gegen den Angeschuldigten ein Disziplinarverfahren wegen der nämlichen Tatsachen nicht eingeleitet werden.

Wenn im Laufe eines Disziplinarverfahrens wegen der nämlichen Tatsachen eine gerichtliche Untersuchung gegen den Angeschuldigten eröffnet wird, so muß das Disziplinarverfahren bis zur rechtskräftigen Erledigung des gerichtlichen Verfahrens ausgesetzt werden.

1. Die Bestimmung des § 4 ist positiver Natur. Sie folgt nicht wie die des § 3 ohne weiteres aus dem Verhältnis zwischen Disziplinar- und Strafrecht. Im Gegenteil, bei der grundsätzlichen Verschiedenheit beider nach Natur, Zweck und Verfahren

stände an sich nichts im Wege, Straf- und Disziplinarverfahren vollkommen unabhängig voneinander zu halten und das eine ohne Rücksicht auf das andere einzuleiten und durchzuführen.

Bei Erlaß der Bestimmung war jedoch diese Trennung noch zu neu. Zu sehr war man noch an den Zusammenhang zwischen Kriminal- und Disziplinarrecht gewöhnt; vielfach betrachtete man, was ja nach dem eingangs Gesagten auch heute noch nicht überall aufgehört hat, die Disziplinarstrafe bei Konkurrenz mit öffentlicher Strafe nur als eine Art Zusatzstrafe für den öffentlich bestraften Beamten. Aus dieser Anschauung ergab sich von selbst die Erwägung, daß man bei solchem Zusammentreffen von Disziplinar- und Strafverfahren diesem grundsätzlich den Vorrang lassen mußte.

Die Regierung freilich stand, wie schon eingangs bemerkt (Einleitung unter 4) damals nicht auf diesem Standpunkte. Sie wollte lediglich aus Zweckmäßigkeitsgründen ein Nebeneinander von Straf- und Disziplinarverfahren vermeiden, weil ersteres, sobald es zu einer Strafe führt, die den Amtsverlust kraft Gesetzes nach sich zieht, ein Disziplinarverfahren überflüssig macht. Der § 9 der Regierungsverordnung vom 11. Juli 1849 bestimmte deshalb ausdrücklich in Konsequenz des Prinzips von der Unabhängigkeit des Disziplinarrechts vom Strafrechte, daß auch während der gerichtlichen Untersuchung ein Disziplinarverfahren dann eingeleitet werden dürfe, wenn es „durch das Interesse des Dienstes dringend geboten" sei, sowie daß nach Eröffnung der Strafuntersuchung ein früher eingeleitetes Disziplinarverfahren nur eingestellt werden „könne", nicht aber müsse.

Der Landtag, und zwar die zweite Kammer ist es dann gewesen, die, in Wahrheit wohl geleitet durch die obige Anschauung, die jetzt gültige Verschärfung in den § 4 hineingebracht hat. Sie hat aber hierfür offiziell auch nur den Zweckmäßigkeits- und Billigkeitsgrund angeführt, daß in der, andernfalls dem Angeschuldigten erwachsenden, Notwendigkeit, sich gleichzeitig gegen zwei Verfolgungen wegen der nämlichen Handlung zu wehren, eine augenfällige Erschwerung der Verteidigung zu finden sei.

Nur dieser Grund kann deshalb als auch von der Regierung und ersten Kammer anerkannt und demnach als der Standpunkt des Gesetzes gelten.

2. Ist ferner die Bestimmung von der Gesamtheit der gesetzgebenden Faktoren nur aus Zweckmäßigkeitsgründen systemwidrig in das Gesetz aufgenommen, so ist sie nach feststehenden Auslegungsregeln streng auf ihren Wortlaut zu beschränken.

Es ist deshalb zunächst nötig, daß eine „gerichtliche Untersuchung" läuft oder eröffnet wird. Als solche können nach der geltenden Strafprozeßordnung nur die gerichtliche Voruntersuchung (§§ 176ff. StPO.) oder das Hauptverfahren (§§ 196ff. StPO.) gelten, nicht aber die von der Staatsanwaltschaft geleiteten Vorermittlungen vor der öffentlichen Klage nach §§ 156ff. StPO.; so auch Rheinbaben Bem. II 3 zu § 4 und die daselbst zitierte Praxis des Staatsministeriums; ferner Brand Note 3 zum gleichartigen § 77 Reichsbeamtenges.

Es ist ferner nötig, daß die gerichtliche Untersuchung „läuft". Die Möglichkeit, daß eine solche eingeleitet wird, beschränkt nicht die Schritte der Disziplinarbehörde. Es ist deshalb nicht erforderlich, daß die Disziplinarbehörden, wie gelegentlich auch vom OVG. und vom Reichsdisziplinarhof behauptet worden ist, bei allen Vergehungen, die auch öffentliche Strafe nach sich ziehen können, zunächst der Staatsanwaltschaft Anzeige machen und dieser ein Einschreiten überlassen (so auch Rheinbaben Bem. II 1 zu § 4; Brand a. a. O. Note 4 und übrigens schon Obertribunal am 24. 3. 1862, JMBl. S. 151ff.).

Es ist endlich bei einer Zweckmäßigkeitsmaßregel klar, daß der § 4 nur eine Anweisung an die Disziplinarbehörden enthält, wie sie verfahren sollen, aber keine Vorbedingung für die Gültigkeit der Disziplinaruntersuchung aufstellen will; juristisch ausgedrückt: der § 4 enthält eine Soll-, aber nicht eine Mußvorschrift. Wenn deshalb, wie es praktisch gar nicht so selten vorkommt, die Disziplinarbehörde ein Verfahren eingeleitet hat, während ein gerichtliches schon schwebte, weil sie hiervon noch nichts wußte, so ist das Disziplinarverfahren nicht etwa nichtig und muß später nochmals eingeleitet werden, sondern es ist nur gemäß dem 2. Absatz des Paragraphen einstweilen auszusetzen. Dies ist gelegentlich auch vom preußischen Disziplinarhof ausgesprochen worden.

§ 5.

Wenn von den gewöhnlichen Strafgerichten auf Freisprechung erkannt ist, so findet wegen derjenigen Tatsachen, welche in der gerichtlichen Untersuchung zur Erörterung gekommen sind, ein Disziplinarverfahren nur noch insofern statt, als dieselben an sich und ohne ihre Beziehung zu dem gesetzlichen Tatbestande der Übertretung, des Vergehens oder des Verbrechens, welche den Gegenstand der Untersuchung bildeten, ein Dienstvergehen enthalten.

Ist in einer gerichtlichen Untersuchung eine Verurteilung ergangen, welche den Verlust des Amtes nicht zur Folge gehabt hat, so bleibt derjenigen Behörde, welche über die Einleitung des Disziplinarverfahrens zu verfügen hat, die Entscheidung darüber vorbehalten, ob außerdem ein Disziplinarverfahren einzuleiten oder fortzusetzen sei.

1. Der Paragraph und die gleichartigen §§ 78 des Reichsbeamtenges. und § 4 des Richterdisziplinarges. gehören zu den umstrittensten des Disziplinarrechts.

Ohne weiteres erhellt nämlich aus ihnen nur, daß in dem Falle, wo die Strafgerichte zur Freisprechung gekommen sind, ein Disziplinarverfahren wegen derselben Tatsachen unzulässig ist, sofern sich der kriminelle und der disziplinare Tatbestand decken. Zweifelhaft aber ist dann zumeist, inwieweit dies der Fall ist; und ist es nicht der Fall, ist also ein Disziplinarverfahren trotz der Freisprechung an sich noch zulässig, oder ist dies wegen ergangener strafgerichtlicher Verurteilung überhaupt von vornherein gestattet, so ist besonders streitig, inwieweit der Disziplinarrichter dann an die tatsächlichen Feststellungen des Strafrichters gebunden ist, oder inwieweit er Beweise über die im Strafverfahren bereits „zur Erörterung gekommenen" Tatsachen erheben und würdigen kann und muß.

Der Reichsdisziplinarhof und das Oberverwaltungsgericht haben stets jene Bindung angenommen (vgl. Brand Note II 3 zu § 78 Reichsbeamtenges. und OVG. Entsch. Bd. 22 S. 429ff.). Ebenso gleichmäßig aber haben der preußische Disziplinarhof und das Staatsministerium seit dessen Beschlusse vom 23. März 1891 (MBl. f. i. V. S. 134; ZBl. f. UnterrVerw. S. 340) die entgegengesetzte Praxis verfolgt, obwohl beiden Behörden das vorgedachte Erkenntnis des OVG. Anlaß zu eingehendster Nachprüfung ihrer Praxis gegeben hat (vgl. Rheinbaben Bem. III zu § 5). Auch der große Disziplinarsenat beim Kammergericht zu Berlin, die höchste Disziplinarinstanz für Richter, hat sich bei der Auslegung des erwähnten § 4 des Richterdisziplinargesetzes vom 7. Mai 1851 der Auffassung des Staatsministeriums angeschlossen (vgl. Rheinisches Archiv für Zivil- und Kriminalrecht Bd. 95 Abt. II S. 75).

In der Tat ist die Ansicht des Reichsdisziplinarhofes und des Oberverwaltungsgerichts nicht haltbar.

Der Reichsdisziplinarhof stützt seine Auffassung hauptsächlich auf das Wort „außerdem" im zweiten Absatz unseres Paragraphen bzw. des § 78 Reichsbeamtenges. und folgert daraus, daß dadurch der Disziplinarbehörde *nur die Prüfung* übertragen sei, ob *zusätzlich* zu der gerichtlichen Strafe noch eine Disziplinarstrafe geboten, nicht aber, ob die gerichtliche Bestrafung selbst zu Recht oder Unrecht erfolgt sei.

Indessen diese Beweisführung legt dem Worte „außerdem" eine Bedeutung unter, die es an sich nicht hat, und an die auch die Gesetzgeber sicher nicht gedacht haben. „Außerdem" ist hier offenbar nur synonym mit „daneben" gebraucht ohne prägnanteren Sinn.

Das Oberverwaltungsgericht (a. a. O. S. 443f.) erkennt deshalb selbst an, daß der Wortlaut des Gesetzes für seine und des

Reichsdisziplinarhofes Ansicht nicht verwertbar sei, vielmehr weder nach der einen wie nach der anderen Richtung etwas besage. Das Oberverwaltungsgericht glaubt aber, aus der Entstehungsgeschichte des Gesetzes diese Lücke ausfüllen und entnehmen zu können, daß man damals allgemein die causa criminalis als die causa maior allen anderen Prozeduren für überlegen gehalten, und daß deshalb die Landtagskommission zur Beratung des Disziplinargesetzes erstrebt und erreicht habe, diese Ansicht auch für das Verhältnis des Disziplinar- zum Strafrecht grundsätzlich überall, beim § 4 und § 7 des Ges., ebenso wie hier, zur Geltung zu bringen; die Feststellungen des Strafrichters müßten danach prinzipiell als gesicherter gelten wie die im Disziplinarverfahren und könnten deshalb in diesem nicht mehr angetastet werden.

Hieran ist so viel richtig, daß allerdings jene Kommission im allgemeinen, wenn auch nicht ohne Schwankungen im einzelnen, sich, wie schon zum vorigen § 4 berührt, von der alten Auffassung der Einheit von Straf- und Disziplinarrecht leiten ließ, die Disziplinarstrafe bei Konkurrenz mit Kriminalstrafe nur als eine Art Zusatzstrafe betrachtete und es deshalb in der Tat gemeinhin auch für unnötig hielt, die strafrechtlich festgestellten Tatsachen nochmals im Disziplinarverfahren zu erörtern. Aber es ist ebenso sicher, wie gleichfalls schon zu § 4 berührt, daß diese Anschauungen nicht diejenigen der übrigen Faktoren der Gesetzgebung waren. Die Regierung hatte in den vorläufigen Verordnungen von 1849 hier wie bei § 4 des Ges. das gegenteilige Prinzip der völligen Unabhängigkeit von Straf- und Disziplinarrecht auch für die beiderseitigen Verfahren. Die Zweite Kammer strebte nun freilich danach, dieses Prinzip auch bei unserem Paragraphen durch ihr gekennzeichnetes zu ersetzen, fand aber hierbei nicht, wie das OVG. behauptet, die Zustimmung der anderen damaligen Faktoren der Gesetzgebung, sondern noch energischer wie bei § 4 den Widerstand nicht nur der Regierung, sondern auch der damaligen Ersten Kammer. Es ist verfehlt, wenn das OVG. a. a. O. nachzuweisen sucht, daß der Regierungskommissar der Ansicht der

Kammer zugestimmt hätte; dessen Ausführungen gingen vielmehr im Gegenteil dahin, daß dem Disziplinarrichter freistehen müsse, die gerichtlich abgeurteilte Tat disziplinarisch einer „neuen Beurteilung“ zu unterziehen, und daß ihm das Eingehen auf den „Tatbestand“ nicht verschränkt werden dürfe (OVG. a. a. O. S. 439). Und die Erste Kammer vollends hat die Beschlüsse der Zweiten Kammer in den hier besonders in Frage kommenden Abs. 2 des Paragraphen ganz verworfen und durch die jetzt gültige Fassung ersetzt.

Hiernach ist eine Einigung der gesetzgebenden Faktoren, ein Wille des „Gesetzgebers“, über ein neues Prinzip nicht zustande gekommen; es bewendet vielmehr bei den sonst im Gesetze herrschenden Prinzipien der Verschiedenheit und Unabhängigkeit von Disziplinar- und Strafrecht (vgl. oben Einleitung unter 2) und der völligen Freiheit der Disziplinarbehörden in Feststellung und Würdigung des Tatbestandes (vgl. §§ 17 und 38 des Ges., oben Note 4 zu § 2). Die Bestimmungen des § 5 erscheinen gerade nach der Entstehungsgeschichte nur als einzelne, positive Ausnahmen von jenen Prinzipien, Ausnahmen, die deshalb nach feststehenden Auslegungsgrundsätzen streng auf ihren Wortlaut zu beschränken sind.

Das OVG. will freilich, wie schon oben gestreift, nicht nur aus der Entstehungsgeschichte, sondern auch aus § 4 u. 7 des Ges. entnehmen, daß in ihm das „Prinzip“ des Vorrangs des Strafverfahrens als der causa maior vor dem Disziplinarverfahren herrsche. Daß § 7 aber gar nicht ein solches Prinzip voraussetzt, liegt so auf der Hand, daß es keiner Darlegung bedarf. Und bei der heutigen Fassung des § 4 hat freilich, wie dort berührt, jenes Prinzip mitgewirkt; aber auch er beruht nicht auf diesem Prinzip, sondern ist von der Regierung, die jenem Prinzip nicht huldigte, aus Zweckmäßigkeitserwägungen in ursprünglich einwandfreier Fassung in das Gesetz hineingebracht und nur aus gleichen Erwägungen in der jetzigen Fassung akzeptiert worden; auch bei § 4 hat deshalb der „Gesetzgeber“ nicht jenes Prinzip sanktioniert, sondern auch dort liegt nur eine historisch gewordene, positive Ausnahme von den sonstigen Gesetzesprinzipien vor, wie dies dort schon entwickelt worden ist.

Auch die neueren Kommentatoren des Reichsbeamten- wie des preußischen Disziplinargesetzes, sind deshalb, soweit sie überhaupt die Ansichten des Reichsdisziplinarhofes und des OVG. nachgeprüft haben, zu dem gleichen Ergebnisse gekommen, daß diese Ansichten nicht haltbar sind, daß vielmehr unser § 5 und § 78 Reichsbeamtenges. nur über die Zulässigkeit des Disziplinarverfahrens neben einem Strafverfahren Bestimmung treffen, über die Gestaltung des Disziplinarverfahrens aber nichts enthalten, und daß deshalb gemäß dessen sonstigen Prinzipien (§§ 17 und 38 unseres Ges., §§ 76 und 108 Reichsbeamtenges.), sobald es überhaupt zu einem Disziplinarverfahren kommt, also in beiden Fällen unseres Paragraphen, die Disziplinarbehörden berechtigt und verpflichtet sind, die tatsächlichen Feststellungen des Strafrichters nachzuprüfen, also auch im Falle der strafgerichtlichen Verurteilung eventuell neue Beweise zu erheben und bei deren entlastendem Ergebnisse ihrerseits mit Freisprechung vorzugehen haben (vgl. Rheinbaben a. a. O.; Brand Note I 1 und II, 3 zu § 78 Reichsbeamtenges.).

Daß dabei inhaltlich verschiedene Erkenntnisse von zwei Staatsbehörden gefällt werden können und gefällt worden sind, ist keinerlei Gegengrund; denn dies ist auch sonst zweifellos möglich, insbesondere auch im Disziplinarverfahren, selbst bei Annahme der Ansicht des OVG., jedenfalls dann, wenn das Disziplinarverfahren vor Eröffnung des gerichtlichen eingeleitet und durchgeführt worden ist. Warum die Zufälligkeit der späteren Einleitung des Disziplinarverfahrens hierin eine grundsätzliche Änderung herbeiführen soll, ist nicht ersichtlich. Jedenfalls ist der Schaden, den das Ansehen der Behörden und die Rechtsordnung durch solche widersprechenden Entscheidungen erleiden, geringer, als wenn die Disziplinarbehörden wider ihre feste Überzeugung sprechen und zumal einen strafgerichtlich offenbar unschuldig Verurteilten nochmals verurteilen müßten. Leichtfertig wird kein Disziplinarrichter von der gerichtlichen Feststellung abweichen.

2. Ist nach alledem unser Paragraph streng auf seinen Wortlaut zu beschränken, so erhellt zunächst, daß ein Disziplinarverfahren nach Abs. 1 jedenfalls nur dann unzulässig ist, wenn von den „Gerichten" auf „Freisprechung" „erkannt" ist. Es ist deshalb weder unzulässig, wenn das Strafverfahren schon seitens der Staatsanwaltschaft gemäß § 169 StPO. eingestellt ist, noch, wenn es auch zu einem freisprechenden „Erkenntnisse" nicht gekommen, sondern das Strafverfahren durch gerichtlichen Beschluß gemäß §§ 196, 202 und 203 StPO. eingestellt ist, oder wenn endlich in der Hauptverhandlung zwar „erkannt", aber nicht auf „Freisprechung", sondern nach § 259 StPO. nur auf Einstellung erkannt ist. Das Disziplinarverfahren ist endlich zulässig, wenn nicht auf „Freisprechung" erkannt, sondern wenn gemäß § 199 StGB. der Angeschuldigte zwar für schuldig, aber für „straffrei" erklärt ist (OVG. am 10. 12. 1887 bei Rheinbaben S. 177 Fußnote 2; vgl. im übrigen Rheinbaben Bem. II 3 zu § 5; Brand Note 3 zu § 78 Reichsbeamtenges. und die daselbst zitierten Erlasse und Entscheidungen).

3. Auch wenn auf Freisprechung erkannt ist, bleibt das Disziplinarverfahren zulässig wegen derjenigen Tatsachen, die „an sich und ohne Beziehung zu dem gesetzlichen Tatbestande" der strafbaren Handlung ein Dienstvergehen enthalten.

Dies ist offenbar der Fall bei den Tatsachen, die im Strafverfahren nur zur Illustrierung, als begleitende Umstände erörtert worden sind. Als Beispiel dafür ist schon in den Kammerverhandlungen genannt, daß in einer Diebstahlssache festgestellt worden sei, wie ein Beamter mit verdächtigem Gesindel Umgang gepflogen habe. Dessentwegen kann jedenfalls disziplinarisch gestraft werden, auch wenn das Gericht wegen des Diebstahls selbst freisprechen sollte (vgl. Rheinbaben Bem. II 2 zu § 5). Nicht so klar liegen dagen die übrigen Fälle.

Wo der Tatbestand des Strafgesetzes sich aus mehreren

Tatsachen zusammensetzt, und der Strafrichter nur um deswillen freigesprochen hat, weil er eine derselben nicht für erwiesen erachtete, kann jedenfalls wegen der einzelnen Tatsachen disziplinarisch eingeschritten werden, wenn diese „an sich" ein Dienstvergehen enthalten, insbesondere unter dieser Voraussetzung auch wegen derjenigen Tatsache, die der Strafrichter nicht für erwiesen erachtet hat, da diese tatsächliche Feststellung, wie bemerkt, den Strafrichter nicht bindet. Dies ist besonders bedeutsam für die Fälle, wo, wie regelmäßig bei Schwurgerichtsurteilen, nicht ersichtlich ist, welches der mehreren Tatbestandsmerkmale für nicht feststellbar erachtet ist. Hier kann wegen jedes einzelnen disziplinar eingeschritten werden, sofern es „an sich" ein Dienstvergehen ist, nicht etwa wegen keines derselben, wie die oben bekämpfte Ansicht des OVG. offenbar zweckwidrig annehmen muß. Auch hierfür ist schon in den Kammerverhandlungen ein Beispiel angeführt. Nach damaligem Strafrecht gehörte zum Tatbestand der Urkundenfälschung auch bei Beamten die Absicht, sich oder anderen dadurch Vorteil zu verschaffen. Wenn deshalb Freisprechung erfolgte, weil die Fälschung zwar festgestellt, die gewinnsüchtige Absicht aber nicht erwiesen werden konnte, so blieb die Fälschung „an sich" als Amtsvergehen disziplinarisch zu ahnden (vgl. Rheinbaben Bem. II 2 zu § 5 Beispiel 7). Ebenso kann jetzt bei solchen Fälschungen nur bei Vorsätzlichkeit gestraft werden. Wenn deshalb, weil Vorsatz nicht erwiesen ist, strafrechtliche Freisprechung erfolgte, kann disziplinarisch wegen fahrlässiger falscher Beurkundung eingeschritten werden (großer disz. Senat am 8. 12. 1903 bei Rheinbaben a. a. O. Beispiel 2). Desgleichen kann, wenn wegen eines Meineids oder Falscheids um deswillen nicht kriminell gestraft werden konnte, weil die Behörde, der der Eid geleistet ist, zur Abnahme von Eiden nicht zuständig war, disziplinarisch wegen grober Unwahrhaftigkeit eingeschritten werden (Rheinbaben a. a. O. Beispiel 3).

Ernste Schwierigkeiten tauchen jedoch auf, wenn der Tatbestand, wie bei Beleidigung, Diebstahl, Unterschlagung, nur eine Haupttatsache umfaßt. Hier ist davon auszugehen, daß nach (richtiger) Ansicht auch solche einzelne Tatsache, sofern sie „an sich" ein Dienstvergehen bildet, verfolgbar ist, mag sie im Strafverfahren festgestellt sein oder nicht. **„An sich"** aber ist eine Tatsache dann ein disziplinarer Verstoß, wenn sie einem Beamten nicht allein um deswillen nicht ansteht, weil er dadurch mit dem Strafgesetz in Konflikt geraten würde, sondern weil **auch ohne die strafrechtliche Bedrohung** ein Beamter, sei es aus den besonderen Rücksichten auf seinen Stand, sei es nach seinen ausdrücklichen Dienstvorschriften, sich ihrer enthalten müßte. Wenn deshalb beispielsweise eine Äußerung eines Beamten im Strafverfahren wegen Beleidigung nicht festgestellt oder nicht als Beleidigung angesehen ist, etwa wegen des Schutzes des § 193 StGB., so kann sie doch als eine dem Beamten nicht anstehende Taktlosigkeit oder Unehrerbietigkeit disziplinarisch verfolgt, festgestellt und bestraft werden, weil der Beamte nach dem zu § 2 Gesagten mehr als jeder Staatsbürger zu Höflichkeit und Wahrhaftigkeit und zur Ehrerbietung gegen Höherstehende verpflichtet ist, auch wenn er seine Interessen wahrt (vgl. auch Rheinbaben a. a. O. Beispiel 1). Das gleiche gilt von Körperverletzungen. Ein dieserhalb freigesprochener Beamter kann wegen Beteiligung an Raufereien und Schlägereien disziplinarisch bestraft werden, weil derartiges für einen Beamten unwürdig ist, auch wenn es nicht zu kriminell strafbaren Körperverletzungen kommt.

Ähnlich kann ein Kassenbeamter, der geständig ist, Gelder nicht zur Kasse abgeführt und für sich verbraucht zu haben, gleichwohl aber, wie es vorgekommen ist, vom Schwurgericht von der Anklage der Amtsunterschlagung freigesprochen ist, wegen Verstoßes gegen seine Kassenvorschriften, die derartiges verbieten, disziplinarisch gestraft werden (vgl. Brand Note I 1 zu § 78 Reichsbeamtenges.).

Disziplinare Verfolgung wird auch stets möglich bleiben für die wegen gewöhnlicher Unterschlagung oder Untreue freigesprochenen Beamten, weil der Beamte mehr als andere Bürger

Sorgfalt in Geldsachen üben muß, wegen Verletzung dieser Pflicht (vgl. oben Note 12e). Nicht dagegen wird es gelten können bei Diebstahl, Raub, Erpressung und ähnlichen Vergehen und Verbrechen, bei denen, wie beispielsweise im allgemeinen auch bei Mord und Totschlag, die Verwerflichkeit der Handlungsweise auf allgemeinen, gleichermaßen den Bürger wie den Beamten treffenden Erwägungen beruht. Das ändert sich jedoch sofort wieder, wenn zur Sache besondere Dienstvorschriften ergangen sind. So kann ein infolge angeblicher Überschreitung seiner Befugnisse beim Waffengebrauch wegen Totschlags angeklagter, aber freigesprochener Polizeibeamter wegen Verletzung jener Vorschriften über den Waffengebrauch disziplinarisch verfolgt werden.

§ 6.

Spricht das Gesetz bei Dienstvergehen, welche Gegenstand eines Disziplinarverfahrens werden, die Verpflichtung zur Wiedererstattung oder zum Schadensersatze, oder eine sonstige zivilrechtliche Verpflichtung aus, so gehört die Klage der Beteiligten vor das Zivilgericht, jedoch vorbehaltlich der Bestimmung des § 100.

Die Bestimmung ergibt sich von selbst aus der Unabhängigkeit von Disziplinarverfahren und Zivilklage, die auch, im Gegensatze zu dem Verhältnisse von Disziplinar- und Strafverfahren, gänzlich unbestritten ist.

Die Bestimmung des § 100, die gemeint ist, behält den Aufsichtsbehörden stets die Befugnis vor, im Aufsichtswege Beschwerden Abhilfe zu schaffen und auf die Erfüllung von Pflichten hinzuwirken. Durch die ohne Einschränkung erfolgte Erwähnung dieser Bestimmung hier ist also gesetzlich festgelegt, daß es allgemein zu den Aufgaben der Aufsichtsbehörden auch gehört, auf die Erfüllung unbestrittener oder unbestreitbarer zivilrechtlicher Verpflichtungen hinzuwirken, ohne Rücksicht darauf, ob an ihrer Erfüllung sonst ein öffentliches

Interesse besteht oder nicht. Das ist zumal bei der Aufsicht über Kommunen und bei der Verwaltungsrechtsprechung über Zwangsetatisierungen meines Erachtens nicht immer genügend beachtet worden. Anderer Ansicht jedoch Rheinbaben zu § 6, der den Vorbehalt des § 100 für bedeutungslos hält. Ähnlich jedoch, nur durch den abweichenden Wortlaut des entsprechenden § 79 des Reichsbeamtenges. beschränkt, Brand Note 2 zu diesem Paragraphen und die daselbst Genannten.

Nach unserem Paragraphen konnte bei dienstlichen Versehen, die zivile Schadensersatzpflicht nach sich zogen, ohne weiteres geklagt werden. Auch nach Erlaß des späteren Gesetzes vom 13. Febr. 1854, betr. die Konflikte bei gerichtlichen Verfolgungen wegen Amts- und Diensthandlungen (GS. S. 86) ist das an sich möglich. Die vorgesetzte Provinzial- oder Zentralbehörde ist jedoch auf Antrag des Beamten oder von Amts wegen befugt, in solchen Fällen den Konflikt zu erheben und eine Vorentscheidung darüber herbeizuführen, „ob der Beamte sich einer Überschreitung seiner Amtsbefugnisse oder der Unterlassung einer ihm obliegenden Amtshandlung schuldig gemacht hat" (vgl § 11 des EG. zur ZPO.). Verneint das OVG., dem in Preußen diese Entscheidung zusteht (§ 11 a. a. O.), diese Vorfrage, so ist die Zivilklage einzustellen. Nach neuestem Recht (Ges. v. 1. Aug. 1909, GS. S. 691) ist zunächst überhaupt nicht gegen den Beamten, sondern gegen den Staat bzw. den Gemeindeverband zu klagen, dem seinerseits der Rückgriff auf den Beamten vorbehalten bleibt. Der Staat ist jedoch nunmehr befugt, seinerseits die gedachte Vorentscheidung des OVG. aus § 11 EG. zur ZPO. herbeizuführen (§ 2 des Ges. v. 1. Aug. 1909).

§ 7.

Ist von dem gewöhnlichen Strafrichter auf Zuchthausstrafe oder auf eine sonstige Freiheitsstrafe von längerer als einjähriger Dauer, auf eine schwerere Strafe, auf

Verlust der bürgerlichen Ehrenrechte, auf immerwährende oder zeitige Unfähigkeit zu öffentlichen Ämtern, auf Verlust der bekleideten öffentlicher Ämter oder auf Zulässigkeit von Polizeiaufsicht*) erkannt, so zieht das Straferkenntnis den Verlust des Amtes von selbst nach sich, ohne daß darauf besonders erkannt wird.

1. Der Paragraph geht über die Vorschriften des RStGB. nur insoweit hinaus, als er auch bei anderen Freiheitsstrafen als der Zuchthausstrafe, also zumal bei Gefängnisstrafe und Festungshaft, den Verlust des Amtes ohne weiteres eintreten läßt. Insoweit ist der Paragraph auch nicht, wie gelegentlich behauptet worden ist — insbesondere vom vormaligen Reichsoberhandelsgericht (Bd. 13 S. 38) und im Reichstage bei Beratung des Reichsbeamtengesetzes —, durch das RStGB. stillschweigend aufgehoben worden. Denn nach § 2 des EG. zum StGB. setzt dieses stillschweigend nur das widersprechende Landesstrafrecht außer Kraft. Unser § 7 gehört aber eben nicht dem Straf-, sondern dem davon wesensverschiedenen Disziplinarrecht an (vgl. Rheinbaben Bem. I zu § 7 S. 92 Fußnote).

Wer aber auch an der Wesensgleichheit von Straf- und Disziplinarrecht festhält, kann gleichwohl nicht zu dem Ergebnisse gelangen, daß § 7 aufgehoben sei. Denn diese Aufhebung ist nach unbezweifelter Praxis nur erfolgt für „Materien", die im RStGB. erschöpfend geregelt sind. Die Materie der Wirkung des Strafurteils auf den Verlust öffentlicher Ämter ist aber im StGB. nicht erschöpfend behandelt.

2. Der Verlust des Amtes ist endgültig, auch für den Fall, daß später das Straferkenntnis im Wiederaufnahmeverfahren aufgehoben wird, und es zur Freisprechung kommt (Reichsgericht

*) Die durch kleineren Druck gekennzeichneten Änderungen des ursprünglichen Textes sind durch das inzwischen ergangene RStGB. bedingt.

in Zivilsachen Bd. 42 S. 284). Die Behörde wird es aber als Anstandspflicht ansehen müssen, solchen Beamten wieder anzustellen. Über die weiteren Wirkungen des „Amtsverlustes“ zumal bei pensionierten Beamten siehe die Erläuterungen weiter unten zu § 16.

3. Mit diesem Paragraphen sind die Vorschriften über das Verhältnis des Disziplinarverfahrens zu anderen Verfahrensarten abgeschlossen.

§ 8.

Ein Beamter, welcher sich ohne den vorschriftsmäßigen Urlaub von seinem Amte entfernt hält oder den erteilten Urlaub überschreitet, ist, wenn ihm nicht besondere Entschuldigungsgründe zur Seite stehen, für die Zeit der unerlaubten Entfernung seines Diensteinkommens verlustig.

§ 9.

Dauert die unerlaubte Entfernung länger als acht Wochen, so hat der Beamte die Dienstentlassung verwirkt.

Ist der Beamte dienstlich aufgefordert worden, sein Amt anzutreten oder zu demselben zurückzukehren, so tritt die Strafe der Dienstentlassung schon nach fruchtlosem Ablauf von vier Wochen seit der ergangenen Aufforderung ein.

§ 10.

Die Entziehung des Diensteinkommens (§ 8) wird von derjenigen Behörde verfügt, welche den Urlaub zu erteilen hat. Im Falle des Widerspruchs findet das förmliche Disziplinarverfahren statt.

§ 11.

Die Dienstentlassung kann nur im Wege des förmlichen Disziplinarverfahrens ausgesprochen werden. Sie wird nicht verhängt, wenn sich ergibt, daß der Beamte ohne seine Schuld von seinem Amte fern gewesen ist.

§ 12.

Die Einleitung eines Disziplinarverfahrens wegen unerlaubter Entfernung vom Amte und die Dienstentlassung vor Ablauf der Fristen (§ 9) ist nicht ausgeschlossen, wenn sie durch besonders erschwerende Umstände als gerechtfertigt erscheint.

Zu den §§ 8—12:

1. Die §§ 8—12 behandeln zusammenhängend die disziplinaren Folgen der urlaubslosen Fernhaltung vom Amte und sind deshalb zusammenhängend zu erörtern.

2. Der Beamte hält sich dem Wortsinne nach „von seinem Amte" „entfernt" (§§ 8 u. 9), sowohl, wenn er seinen Amtssitz verläßt, wie auch, wenn er an diesem verbleibt, aber keinen Dienst tut. Dem Wortsinne nach beziehen sich also die §§ 8—12 auch, ja sogar an erster Stelle, auf die Verletzung der Residenzpflicht nach § 92 II 10 ALR. (vgl. oben Note 8 zu § 2). Gleichwohl hat es bei Erlaß der §§ 8—12 zweifellos nicht in der Absicht der Gesetzgeber gelegen, die bloße Verletzung der Residenzpflicht, die, wie wir sehen werden, auch bei begründeter Aussetzung des Dienstes möglich bleibt, mit der schweren Strafe der Dienstentlassung oder auch nur mit Gehaltsverlust zu verbinden. Trotz des allgemeinen Wortlauts treffen deshalb die §§ 8—12 nur diejenige Fernhaltung vom Amte, die in Einstellung des Dienstes besteht, und die bloße Entfernung vom Amtssitze nur insoweit, als sie mit Fernhaltung vom Amte in diesem Sinne verbunden ist (so früher zutreffend Staatsministerium am 15. 3. 1890 bei Rheinbaben 1. Aufl. S. 100 Note 3; ebenso Kultusminister 22. 4. 1869, ZBl. S. 283; OVG. Bd. 47 S. 418 und am 28. 4. 1908 bei Rheinbaben 2. Aufl. S. 131 Fußnote 1; neuerdings abweichend das Staatsministerium nach Rhein-

baben Bem. IV zu § 8). Die Verletzung der Residenzpflicht allein untersteht dem § 2 des Ges.

3. Die Erlaubnis zur Aussetzung des Dienstes heißt nach § 8 „Urlaub". Urlaub heißt aber auch nach allgemeinem Sprachgebrauche die Genehmigung, welche nach § 92 II 10 ALR. zum Verlassen des Amtssitzes nötig ist. Urlaub hat also eine zwiefache Bedeutung.

4. Des Urlaubs bedarf der Beamte nicht, wenn ihm „besondere Entschuldigungsgründe zur Seite stehen" (§ 8), bzw. wenn er „ohne seine Schuld" von seinem Amt fern gewesen ist (§ 12).

Der Beamte, der krank und dienstunfähig ist, bedarf deshalb zur Versäumung des Dienstes keinen Urlaub. Zu einer Bade- und Erholungsreise, also zum Verlassen des Amtssitzes, bedarf auch er ihn aber, und zwar wegen der Residenzpflicht. Denn Krankheit und Erholungsbedürftigkeit entbinden noch nicht von dieser; für Badereisen in fremde Bäder ist sogar durch den Anhangsparagraphen 124 zum ALR. ausdrücklich festgestellt, daß hierzu Urlaub erforderlich ist (vgl. auch Rheinbaben Bem. II b zu §§ 8—12).

5. Nicht des Urlaubs bedarf, und zwar weder zur Versäumung des Dienstes noch zum Verlassen des Amtssitzes, ein Beamter, der durch kollidierende öffentliche Pflichten zu der Versäumung oder zu der Reise gezwungen ist, also insbesondere, wer in den Landtag und Reichstag gewählt ist, wer als Geschworener oder Schöffe einberufen, als Zeuge oder Sachverständiger geladen, zur Kontrollversammlung oder einer militärischen Pflichtübung eingezogen wird (Art. 21 der Reichsverfassung; Art. 78 der Preußischen Verfassung; Rheinbaben Bem. II a und c a. a. O.

In allen diesen Fällen ebenso wie in dem vorgedachten der Krankheit haben jedoch die Beamten ihren Vorgesetzten so rasch wie möglich, von der Verhinderung Anzeige zu erstatten, damit wegen der Vertretung vorgesorgt werden kann. Andernfalls sind sie wegen dieser Unterlassung disziplinarisch strafbar, nicht aber nach unseren §§ 8 u. 9 (OVG. Bd. 16 S. 398).

6. Keines Urlaubs bedürfen ferner vom Dienste suspendierte Beamte, und zwar weder, was ohne weiteres klar ist, zur Einstellung des Dienstes, noch zum Verlassen des Amtsortes. Vom Staatsministerium (am 15. 3. 1890 bei Rheinbaben 1. Aufl. S. 100 Note 2 u. 3, S. 102 Note 1) ist letzteres freilich nur insoweit und auch dies nur früher festgestellt worden, als ein suspendierter Beamter, der seinen Amtsitz verläßt, jedenfalls nicht nach §§ 8 u. 9 bestraft werden kann, da sich diese, wie wir oben sahen, auf Verletzungen der Residenzpflicht allein nicht beziehen. In dem vorgedachten Erlasse des Kultusministers v. 22. 4. 1869 (ZBl. S. 283) ist es deshalb als möglich bezeichnet, suspendierte Beamte wegen Verletzung der Residenzpflicht, der sie noch unterworfen blieben, zwar nicht nach §§ 8 u. 9, wohl aber aus § 2 des Gesetzes zu bestrafen, und auch das OVG. a. a. O. Bd. 47 S. 418 hält dies für angängig. Indessen nach richtiger Ansicht wird man die suspendierten Beamten auch von der Residenzpflicht freilassen. Wie schon der Wortlaut des § 92 II 10 ALR. erkennen läßt und auch von selbst erhellt, ist die Residenzpflicht dem Beamten nur auferlegt zur Sicherung der „Ausübung seines Amtes". Entfällt deshalb diese mit der Suspension, so muß auch die Residenzpflicht entfallen. Überhaupt aber haben suspendierte Beamte nur noch die allgemeinen Standespflichten nach § 2 Ziff. 2 des Gesetzes, nicht aber mehr die besonderen Pflichten, die mit den ihm übertragenen Amte verknüpft sind (§ 2 Ziff. 1), da deren Erfüllung ihnen sogar untersagt ist. Zu diesen besonderen Pflichten zählt nach dem eben Gesagten bei jedem Amt die Residenzpflicht; auch von ihr sind deshalb in der Tat die suspendierten Beamten frei.

Diese Ergebnisse werden unterstützt durch die Entscheidung, welche die Frage für die rechtlich den suspendierten Beamten insoweit gleichstehenden, zur Disposition gestellten gefunden hat. Diese sind ausdrücklich von der Residenzpflicht entbunden und bedürfen zum Verlassen des Amtssitzes keines Urlaubs (vgl. unten Note 8 zu § 87)

Anderer Ansicht Rheinbaben Bem. IV zu § 8 und die daselbst zitierten neueren Entscheidungen des Staatsministeriums.

Freilich, wenn auch die Residenzpflicht im allgemeinen nur der Ausübung des Amtes dient und darum mit dieser entfällt, wird es der vorgesetzten Behörde freistehen müssen, dem suspendierten Beamten nach ihrem Ermessen — etwa um die Untersuchung nicht zu erschweren, — die Entfernung vom Dienstorte ausdrücklich zu untersagen bzw. die Suspension insoweit zu beschränken. Da der suspendierte Beamte der allgemeinen Gehorsamspflicht unterworfen bleibt, so muß er dem nachkommen; sonst ist er wegen des Ungehorsams strafbar.

Es ist ferner auch den Ressortchefs selbstverständlich unbenommen, die Residenzpflicht, obwohl sie nicht ohne weiteres den suspendierten Beamten obliegt, auf diese durch ausdrückliche allgemeine Anordnung zu erstrecken und festzustellen, daß auch suspendierte Beamte zum Verlassen des Amtsortes eines Urlaubs bedürfen.

Bisher sind im allgemeinen solche Anordnungen nicht ergangen; ob sie für das Ressort des Kultusministers durch das erwähnte Reskript v. 19. 1. 1874 erlassen sind, kann zweifelhaft sein; meines Erachtens hat derartiges nicht in der Absicht des Erlasses gelegen.

Für die zur Disposition gestellten Beamten ist auch solches Vorgehen ausgeschlossen, da hier die Sache durch das Gesetz abweichend geregelt ist, und die Vorgesetzten nur praeter legem, nicht contra legem Verfügung treffen können.

7. Keines Urlaubs bedürfen, sind vielmehr im eminenten Sinne „entschuldigt", Beamte, die gerichtlich in Haft genommen sind. Es ist dies eigentlich selbstverständlich; da es aber gleichwohl verschiedentlich bezweifelt worden ist, sei es nochmals festgestellt (vgl. Brand Note 5 zu § 14 Reichsbeamtenges.; RG. i. Zivils. Bd. 38 S. 317, Bd. 40 S. 245).

8. Des Urlaubs bedürfen dagegen die Beamten, die ihren Austritt aus dem Staatsdienste erklärt haben, wenn sie bis zur förmlichen Entlassung in ihrem bis-

herigen Amte keinen Dienst mehr tun wollen, etwa um einen anderweit übernommenen Dienst gleich anzutreten. Das gilt insbesondere für den Übertritt vom Staats- zum Kommunaldienst. Denn nach preußischem Staatsrechte (§§ 94 ff. II 10 ALR.) wird der Beamte der Amtspflichten ledig erst durch die ausdrückliche „Entlassung“ seitens seiner Vorgesetzten, nicht durch eine Austritts- oder Amtsniederlegungserklärung. Diese ist staatsrechtlich stets nur eine Bitte um Entlassung, und trotz solcher Erklärung kann deshalb die Entlassung verweigert werden (§ 95 II 10 ALR.). Wird sie verweigert, so ist der Beamte, wenn er gleichwohl keinen Dienst mehr tut, nach § 9 im Disziplinarwege zu entlassen, wie es auch vorgekommen ist (vgl. zumal Staatsministerium am 25. 8. 98 bei Rheinbaben S. 134 Fußnote 2).

9. Wer den Urlaub erteilt, ist für alle Beamten genau festgesetzt. Die einzelnen Vorschriften darüber gehören nicht hierher.

10. Die Fernhaltung vom Amte, die ohne Urlaub erfolgt, obwohl nach dem Vorstehenden solcher erforderlich gewesen wäre, hat zwei Folgen:

1. Ist der Beamte für die Zeit der Fernhaltung des Diensteinkommens verlustig.
2. Wenn die Fernhaltung länger dauert, so hat er Dienstentlassung verwirkt, jedenfalls dann, wenn sie über acht Wochen gedauert hat, unter Umständen aber auch schon früher, selbst unter vier Wochen (§ 12).

Dabei macht es keinen Unterschied, ob der Beamte einen bisherigen Dienst verläßt oder einen ihm neu übertragenen nicht antritt. Beides ist schon begrifflich „Fernhaltung“ vom Amte. Zum Überfluß aber erwähnt das Gesetz selbst noch im § 9 Abs. 2 diese beiden Fälle (vgl. auch Staatsministerialbeschluß vom 2. Jan. 1868, ZBl. S. 226).

Im letzteren Falle, wenn ein versetzter Beamter sich weigert, sein neues Amt anzutreten, hat das Staatsministerium in einer bei Rheinbaben 1. Aufl. S. 98 erwähnten älteren Entscheidung den Grundsatz aufgestellt, daß es unerheblich sei, ob der Beamte für seine Weigerung den Grund anführe, er sei durch die Versetzung in seinen Rechten verkürzt; denn dies könne niemals eine Fernhaltung vom Amte entschuldigen, da die Gehorsamspflicht fordere, daß der Beamte sich zunächst der Versetzung unterwerfe, vorbehaltlich der späteren Geltendmachung seiner vermeintlichen Rechte.

Diese Entscheidung erscheint bedenklich. Inwieweit der Beamte sich einer Versetzung zu unterwerfen hat, ist gesetzlich durch § 16 Ziff. 1 und § 87 Ziff. 1 dieses Ges. besonders geordnet. Die allgemeine Gehorsamspflicht muß deshalb hierbei ganz außer Betracht bleiben und damit auch die vom Staatsministerium gar nicht erörterte, schwierige und sehr verschieden beantwortete, weitere Frage, inwieweit der Beamte auch gesetzwidrigen Maßnahmen seiner Vorgesetzten zu gehorsamen hat. Nach § 16 Ziff. 1 und § 87 Ziff. 1 unseres Ges. braucht vielmehr der Beamte nur den Versetzungen zu folgen, die auf Grund rechtskräftigen Disziplinarurteils mit den dort bestimmten Nachteilen in ein Amt von „gleichem Range“ erfolgen, oder die im Interesse des Dienstes in ein Amt von „nicht geringerem Range“, nicht geringerem „etatsmäßigen“ Diensteinkommen und mit Vergütung der Umzugskosten erfolgen. Fehlt es wirklich an einer dieser Voraussetzungen, obwohl die vorgesetzte Behörde das Gegenteil angenommen hatte, was insbesondere bei der Verkürzung des Diensteinkommens und auch der Rangfrage denkbar erscheint, so ist der Beamte gesetzlich „entschuldigt“ auch im Sinne unserer §§ 8 und 11. Die gegenteilige Ansicht des Staatsministeriums kann auch nicht als allgemeine Instruktion gehalten werden, da für solche gegen das Gesetz kein Raum ist. (Übereinstimmend OVG. Bd. 51 S. 414, Bd. 52 S. 437 und jetzt auch Rheinbaben Bem. V zu § 87).

Allerdings handelt der Beamte, der einer Versetzung nicht nachkommt, stets auf die große Gefahr hin, daß die Versetzung sich doch als gesetzmäßig herausstellt, worauf er die schweren Folgen zumal unseres § 9 zu tragen hat (vgl. OVG. bei Rheinbaben S. 140 Fußnote 1).

11. Beide eben gekennzeichneten Folgen sind nach preußischem Rechte disziplinarer Natur, auch die des § 8. Hierfür ist entscheidend schon ihre Stellung in dem von den eigentlichen Disziplinarmaßnahmen handelnden Abschnitte unseres Gesetzes und erst daneben die Tatsache, daß sie bei Widerspruch des Beamten im Disziplinarverfahren durchzuführen ist. Die gelegentliche gegenteilige Äußerung in den Kammerverhandlungen, die auf Rheinbaben früher (1. Aufl. S. 98) zu der Annahme verleitet hat, es handle sich um eine zivilrechtliche Folge der Dienstversäumnis, kommt gegenüber dem klaren Gesetzesinhalt nicht in Betracht, stellt vielmehr nur einen unerheblichen Irrtum in den Motiven eines der gesetzgebenden Faktoren dar. Auch das Reichsgericht hat deshalb unseren § 8 für eine rein disziplinarische Vorschrift erklärt (RG. in Zivilsachen Bd. 52 S. 20). Auch das Staatsministerium hat ebenso mit Recht durch den Beschluß vom 14. April 1860 (MBl. S. 81) die Verrechnung der ersparten Gehaltsteile unter den „Ordnungsstrafen" angeordnet (vgl. auch Brand Note 9 zu § 14 Reichsbeamtenges.).

12. Beide Folgen treten zwangsweise ein, so daß der Disziplinarrichter auf sie erkennen muß, wenn der Beamte nicht ganz „ohne Schuld" ist. Die in dem Erkenntnisse des früheren OTr. v. 3. 10. 1864 (Oppenhoff, Rechtsprechung Bd. 5 S. 149) vertretene gegenteilige Ansicht, der auch das Staatsministerium sich früher in einem Falle angeschlossen hatte, gleichwie jetzt gelegentlich das OVG. kann gegenüber dem klaren Wortlaute des Gesetzes nicht gehalten werden (so auch Rheinbaben Bem. I zu § 11 und die daselbst zitierten neueren Staatsministerialbeschlüsse; Brand Note 9 zu § 14 Reichsbeamtenges.). Die Vorschrift des § 16 Abs. 3 wegen Belassung eines Teiles der Pension als Unterstützung findet jedoch auch bei der Entlassung aus unserem § 9 Anwendung (vgl. Staatsministerialbeschluß v. 28. 6. 1865 und v. 8. 4. 1905 bei Rheinbaben Bem. IV zu § 11).

13. Die Rechtsbehelfe des Beamten sind verschieden, je nachdem es sich um die Entlassung oder den Gehaltsverlust handelt.

Die Entlassung kann nur im Disziplinarverfahren von der Disziplinarbehörde verhängt werden.

Der Gehaltsverlust dagegen wird zunächst von der nächst vorgesetzten Behörde, nicht von der Disziplinarbehörde verfügt. Hiergegen kann der Beamte nicht wie sonst in Gehaltssachen die Beschwerde an den Departementschef ergreifen und gegen dessen Entscheidung die Zivilgerichte anrufen, sondern bei Widerspruch geht die Sache an die Disziplinarbehörden zum Disziplinarverfahren. Ehe diese nicht gesprochen haben, steht einer Anrufung der Zivilgerichte jedenfalls der Einwand der zeitigen Unzulässigkeit des Rechtsweges aus § 10 Satz 2, bzw. die Erhebung des Kompetenzkonfliktes aus derselben Gesetzesstelle entgegen. Haben die Disziplinargerichte gesprochen und auf Bestätigung der Gehaltsentziehung erkannt, so ist der Streit darüber, ob der Beamte dann noch bei den Zivilgerichten auf Zahlung des einbehaltenen Gehaltsteiles klagen könne, ohne praktische Bedeutung. Denn selbst wenn die Klage nicht schon formell wegen Unzulässigkeit des Rechtsweges abzuweisen wäre, wäre sie materiell ohne weiteres abzuweisen, da die rechtskräftige Entscheidung des Disziplinargerichts, die den Gehaltsverlust feststellt, nach § 5 des G. v. 24. 5. 1862 betr. die Erweiterung des Rechtsweges auch für die Zivilgerichte bindend ist (so RG. in Zivilsachen Bd. 52 S. 20).

14. Das Disziplinarverfahren, zu dem bei § 8 im Falle des Widerspruchs, bei § 9 von vornherein zu schreiten ist, unterscheidet sich, abgesehen von der Beschränkung des freien Ermessens der Disziplinarbehörde bei der Urteilsfällung (vgl. oben Note 11), sonst in nichts von dem üblichen. Es muß deshalb auch eine Voruntersuchung formell stattfinden und ein Untersuchungskommissar ernannt werden, selbst wenn der Fall von vornherein klar liegt, etwa weil der Beamte ins Ausland flüchtig geworden ist.

Beide Verfahren, das aus § 10 wie das aus § 11, können unabhängig nebeneinander herlaufen; sie können aber auch zu gemeinsamer Verhandlung und Entscheidung miteinander verbunden werden (vgl. Staatsministerium und OVG. bei Rheinbaben S. 137 Fußnote 4).

15. Da die ersparten Gehaltsteile als „Ordnungsstrafen" zu verrechnen sind, gebühren sie an sich wie diese der Staatskasse, gleichviel, wer sonst das Gehalt zu zahlen hat. Durch Staatsministerialbeschluß vom 2. Septbr. 1899 ist jedoch diese Verrechnungsart auf „unmittelbare" Staatsbeamte beschränkt worden (ZBl. S. 818). Bei mittelbaren Staatsbeamten, insbesondere auch bei Lehrern, sind seitdem die Gehaltsteile zu der Kasse abzuführen, aus der das Gehalt gezahlt wird.

§ 13.

Die in dem § 9 erwähnte Aufforderung sowie alle anderen Aufforderungen, Mitteilungen, Zustellungen und Vorladungen, welche nach den Bestimmungen dieses Gesetzes erfolgen, sind gültig und bewirken den Lauf der Fristen, wenn sie demjenigen, an den sie ergehen, unter Beobachtung der für gerichtliche Insinuationen vorgeschriebenen Formen in Person zugestellt, oder wenn sie in seiner letzten Wohnung an dem Orte insinuiert werden, wo er seinen letzten Wohnsitz im Inlande hatte. Die vereideten Verwaltungsbeamten haben dabei den Glauben der Gerichtsboten.

1. Die Bestimmung steht schon hier wegen ihres äußeren Zusammenhanges mit § 12, obwohl sie ihrem Inhalte nach zu den Vorschriften über das Verfahren gehört und deshalb systematisch erst etwa hinter § 32 hätte gestellt werden sollen.

2. Das Gesetz stellt zur Wahl:

a) die Zustellung in Person unter Beobachtung der für gerichtliche Zustellungen vorgeschriebenen Formen;

b) die Zustellung in der letzten Wohnung des Ortes, wo der Beamte den letzten inländischen Wohnsitz gehabt hat.

Aus dieser Gesetzesfassung erhellt, daß unbedingt die eine oder die andere Form genügt; die gesetzliche Wahlfreiheit der Disziplinarbehörden hierüber kann deshalb hinsichtlich der „Gültigkeit“ der Zustellung durch keinerlei andere Erwägungen beschränkt werden. Nicht ohne Bedenken sind deshalb die Entscheidungen des Staatsministeriums v. 3. 7. 1896 und v. 28. 6. 01 (Rheinbaben S. 146 Fußnote 1 u. 2), nach welchen die Zustellung in der letzten Wohnung nicht erfolgen darf an einen im Gefängnisse befindlichen Beamten und an einen im Auslande befindlichen Beamten, wenn dessen Aufenthaltsort bekannt ist, und die strafprozessuale Zustellung an ihn keine Schwierigkeiten bietet.

Namentlich der letztere, seinerzeit im Widerspruche mit dem damaligen Vorgehen des pr. Disziplinarhofs aufgestellte, Rechtsgrundsatz scheint mir direkt dem Wortlaute und dem Zwecke des Gesetzes zu widersprechen. Wie aus der Erwähnung des letzten Wohnsitzes „im Inlande“ erhellt, denkt das Gesetz vornehmlich an die ins Ausland entwichenen Beamten; für diesen Fall verordnet es schlechthin, daß die Zustellungen „gültig“ sind, wenn sie am letzten inländischen Wohnsitze in der dortigen letzten Wohnung erfolgen, ohne irgendeinen Unterschied zu machen, ob der ausländische Aufenthalt bekannt ist oder nicht, und ob die Zustellung im Auslande Schwierigkeiten bietet oder nicht. Die Vorschriften, welche § 40 StPO. für diesen Fall trifft, und auf die das Staatsministerium seine damalige Entscheidung vornehmlich gestützt hat, sind deshalb durch das Gesetz von der entsprechenden Anwendbarkeit ausgeschlossen. Das hat das Staatsministerium ebenso wie der pr. Disziplinarhof auch sonst stets angenommen und daran festgehalten, daß die öffentlichen Zustellungsarten nach § 40 StPO. im Disziplinarverfahren nicht anwendbar sind (vgl. Rheinbaben Bem. II zu § 3); dem widerspricht es, wenn das Staatsministerium einen anderen Teil dieses Paragraphen glaubt verwerten zu können; denn der Paragraph ist eine Einheit und deshalb entweder ganz anwendbar oder gar nicht; mit der Anwendbarkeit seiner Zustellungsformen entfällt jedenfalls ohne weiteres auch die Anwendbarkeit der Voraussetzung für diese Formen.

Überhaupt aber haben für die Frage nach der Gültigkeit und Zulässigkeit der Zustellung in der letzten Wohnung die strafprozessualen Vorschriften ganz außer Betracht zu bleiben, da diese nach dem Gesetz nur für die Zustellung in Person in Betracht kommen.

Diese Abweichung des Disziplinargesetzes vom Straf- und Zivilprozeß entbehrt auch nicht sehr guter innerer Gründe. Der Beamte darf eben nicht ins Ausland gehen! Tut er es doch und begeht er damit ein Disziplinarvergehen, so kann er sich nicht beschweren, wenn dies disziplinarisch auch hinsichtlich des Verfahrens ignoriert wird und die Zustellung in der Wohnung erfolgen kann, die er nicht hätte verlassen sollen.

Zweifellos dagegen genügt es nach dem Gesetze freilich auch, wenn an den im Auslande befindlichen Beamten in Person in strafprozessualer Weise zugestellt wird. Es kann deshalb auch diese Zustellung gewählt werden, nicht aber muß sie gewählt werden, wie das Staatsministerium annimmt.

Dasselbe würde gelten für die Zustellung an einen inhaftierten Beamten in dessen letzter Wohnung; hier wird zwar schon aus Zweckmäßigkeitsgründen, und um die Verteidigung nicht unbillig zu erschweren, die Zustellung an den Beamten selbst zu wählen sein. Wird aber gleichwohl in der letzten Wohnung zugestellt, so ist dies an sich gültig.

3. Die Zustellung in der letzten Wohnung ist nicht nur für ins Ausland entwichene Beamte wichtig, sondern auch vor allem für solche, deren Aufenthalt überhaupt unbekannt ist, mögen sie sich auch im Inlande verborgen halten. Die Worte des Gesetzes „im Inlande" dürfen nicht etwa zu einer Beschränkung auf die erstgedachten Beamten führen, und zwar um so weniger, als sie nur in einem Nebensatze und nicht im Tenor des Gesetzes erscheinen, wenn auch aus ihnen, wie bemerkt, erhellt, daß die Gesetzgeber vornehmlich an den Fall des Entweichens ins Ausland gedacht haben.

4. Zu den strafprozessualen Vorschriften, die bei der Zustellung in Person Anwendung finden, gehört auch der § 39

StPO., der für das „Vorverfahren" und die „Voruntersuchung" „einfachere Formen" als die sonst auch im Strafprozeß gültigen der Zivilprozeßordnung zuläßt.

Für die Zustellungen des Untersuchungskommissars genügen deshalb die Formen, die auf Grund jenes Paragraphen die preußische Justizverwaltung eingeführt hat. Ebenso genügen sie für die Zustellung der Aufforderungen nach § 9 unseres Ges., die dem Vorverfahren gleichzustellen sind.

Auch von den mehreren Zustellungsarten, welche die Zivilprozeßordnung kennt, sind nur die vereinfachten Formen, welche §§ 208 ff. ZPO. für die amtlichen Zustellungen vorsieht, anzuwenden.

Diese Vorschriften, die nach dem eben Gesagten für die Ladungen zur Hauptverhandlung, für die späteren Zustellungen und die Ladungen in erster Instanz, insbesondere auch nach § 36 des Ges., sowie für die Zustellungen in zweiter Instanz maßgebend sind, lauten:

Zivilprozeßordnung.

§ 209. Für die Bewirkung der Zustellung hat der Gerichtsschreiber*) Sorge zu tragen.

§ 210. Die Beglaubigung der bei der Zustellung zu übergebenden Abschrift geschieht durch den Gerichtsschreiber.*)

§ 211. Der Gerichtsschreiber*) hat das zu übergebende Schriftstück in einem durch das Gerichtssiegel**) verschlossenen, mit der Adresse der Person, an welche zugestellt werden soll, versehenen und mit einer Geschäftsnummer bezeichneten Briefumschlag einem Gerichtsdiener***) oder der Post zur Zustellung auszuhändigen. Auf den Briefumschlag ist der Vermerk zu setzen: Vereinfachte Zustellung.

Die auf dem Briefumschlag angegebene Geschäftsnummer ist in den Akten zu vermerken.

§ 212. Die Beurkundung der Zustellung durch den Gerichtsdiener***) oder den Postboten erfolgt nach den Vorschriften des § 195 Abs. 2 mit der Maßgabe, daß eine Abschrift der Zustellungsurkunde nicht zu übergeben, der Tag der Zustellung jedoch auf dem Briefumschlage zu vermerken ist.

---

*) Im Disziplinarverfahren: Der expedierende „Sekretär".

**) Im Disziplinarverfahren: „Amtssiegel".

***) Im Disziplinarverfahren: einen „vereideten Verwaltungsbeamten" gemäß unserem § 13 a. E.

Die Zustellungsurkunde†) ist dem Gerichtsschreiber*) zu überliefern.

§ 195. Die Zustellung durch den Postboten erfolgt in Gemäßheit der Bestimmungen der §§ 180–186.

Über die Zustellung ist von dem Postboten eine Urkunde aufzunehmen, welche den Bestimmungen des § 191 Nr. 1, 3–5, 7 entsprechen und außerdem die Übergabe des seinem Verschlusse, seiner Adresse und seiner Geschäftsnummer nach bezeichneten Briefumschlags, ... bezeugen muß.

§ 191. Die Zustellungsurkunde muß enthalten:

1. Ort und Zeit der Zustellung;
2. . . . . . .
3. die Bezeichnung der Person, an welche zugestellt werden soll;
4. die Bezeichnung der Person, welcher zugestellt ist; in den Fällen der §§ 181, 183, 184 die Angabe des Grundes, durch welchen die Zustellung an die bezeichnete Person gerechtfertigt wird; wenn nach § 182 verfahren ist, die Bemerkung, wie die darin enthaltenen Vorschriften befolgt sind;
5. im Falle der Verweigerung der Annahme die Erwähnung, daß die Annahme verweigert und das zu übergebende Schriftstück am Orte der Zustellung zurückgelassen ist;
6. . . . . . .
7. die Unterschrift des die Zustellung vollziehenden Beamten.††)

§ 180. Die Zustellungen können an jedem Orte erfolgen, wo die Person, welcher zugestellt werden soll, angetroffen wird.

Hat die Person an diesem Orte eine Wohnung oder ein Geschäftslokal, so ist die außerhalb der Wohnung oder des Geschäftslokales an sie erfolgte Zustellung nur gültig, wenn die Annahme nicht verweigert ist.

§ 181. Wird die Person, welcher zugestellt werden soll, in ihrer Wohnung nicht angetroffen, so kann die Zustellung in der Wohnung an einen zu der Familie gehörenden erwachsenen Hausgenossen oder an eine in der Familie dienende erwachsene Person erfolgen.

Wird eine solche Person nicht angetroffen so kann die Zustellung an den in demselben Hause wohnenden Hauswirt oder Vermieter erfolgen, wenn diese zur Annahme des Schriftstücks bereit sind.

§ 182. Ist die Zustellung nach diesen Bestimmungen nicht ausführbar, so kann sie dadurch erfolgen, daß das zu übergebende Schriftstück auf der Gerichtsschreiberei des Amtsgerichts, in dessen Bezirke der Ort der

---

†) Vgl. sofort § 191 ZPO.

††) Die Postanstalten und Gerichte haben Formulare für die Zustellung, welche, sobald nicht durch die Post zugestellt wird, sondern durch einen „vereideten" Amtsboten, zweckmäßig von diesem benutzt werden.

Zustellung gelegen ist, oder an diesem Orte bei der Postanstalt oder dem Gemeindevorsteher oder dem Polizeivorsteher niedergelegt und die Niederlegung sowohl durch eine an der Tür der Wohnung zu befestigende schriftliche Anzeige, als auch, soweit tunlich, durch mündliche Mitteilung an zwei in der Nachbarschaft wohnende Personen bekannt gemacht wird.*)

§ 183. Abs. 1 ...... (nicht anwendbar).

Abs. 2: Wird ein Rechtsanwalt, ein Notar oder ein Gerichtsvollzieher in seinem Geschäftslokale nicht angetroffen, so kann die Zustellung an einen darin anwesenden Gehilfen oder Schreiber erfolgen.

§ 184. ....**)

§ 185. ...... (im Disziplinarverfahren unanwendbar).

§ 186. Wird die Annahme der Zustellung ohne gesetzlichen Grund verweigert, so ist das zu übergebende Schriftstück am Orte der Zustellung zurückzulassen.

§ 187. Ergibt sich aus den Erklärungen einer Partei, daß eine ihr unter Verletzung der Vorschriften der §§ 181—186 zugestellte Ladung in ihre Hände gelangt ist, so ist die Zustellung als mit dem Zeitpunkte bewirkt anzusehen, in welchem die Partei nach ihren Erklärungen die Ladung erhalten hat.

Besonders wichtig ist die letztgedachte Bestimmung, da Verstöße gegen die Vorschriften bei Zustellung durch die Amtsboten wegen deren geringer Erfahrung in solchen Sachen leicht vorkommen können.

Die Bestimmungen über die persönliche Zustellung im Auslande finden sich nicht in der Zivil- oder Strafprozeßordnung, sondern in den internationalen Abkommen über Zivil- und Strafprozeß und Zustellungswesen; auch § 199 ZPO.

---

*) Diese Bestimmung ist im Disziplinarverfahren anwendbar, da sie zu den Zustellungen in Person gehört bzw. als Ersatz dafür dient (vgl. Rheinbaben Bem. 3 zu § 13.

**) Im Disziplinarverfahren nicht anwendbar. Die Zustellungen an Behörden, von denen er handelt, sind hier nur denkbar als Zustellungen des Angeschuldigten oder seines Verteidigers (Rechtsmittelschriften). Nach § 41 StPO. erfolgen diese „Zustellungen" aber durch einfache Vorlage bei der Behörde. Eine Zustellung an die Behörde als Beschuldigten ist undenkbar, da niemals eine Behörde Angeschuldigter sein kann, sondern nur deren Vorsteher persönlich.

ist hierdurch abgeändert. Die Bestimmungen werden von Zeit zu Zeit vom Justizministerium bekanntgemacht. Sie sind sehr verwickelt, ein Grund mehr dafür, gemäß dem oben Gesagten von ihrer Anwendung gegen ins Ausland entwichene Beamte abzusehen und sich mit dem zweiten Modus unseres Paragraphen zu begnügen.

5. Wie die Disziplinarbehörden, zumal auch der Untersuchungskommissar, überhaupt die Mitwirkung der Gerichte in Anspruch nehmen können, so dürfen sie dies auch bei den Zustellungen und Ladungen; sie können deshalb die Gerichte um deren Vornahme ersuchen, und namentlich vom pr. Disziplinarhof geschieht dies vielfach, zumal im Verfahren aus § 45 Abs. 4 des Ges. Wenn die Zustellung rechtliche Schwierigkeiten bieten kann, denen die Amtsboten nicht gewachsen sind, so wird sich die Inanspruchnahme der Gerichte besonders empfehlen.

6. § 13 des Ges. weist zwei Wege, auf denen Zustellungen gültig bewirkt werden können; er hat aber nicht diese Wege als die allein möglichen bezeichnen wollen, auch wenn auf anderen dem Betroffenen etwa gar noch sicherer die Kenntnis von dem zuzustellenden Schriftstück oder der Ladung verschafft werden kann. Insbesondere schließt deshalb unser § 13 die Bekanntgabe einer Entscheidung oder Ladung zu Protokoll nicht aus, dies um so weniger, als diese Zustellungsform auch der Strafprozeßordnung nicht unbekannt ist (vgl. StPO. § 215 Abs. 2, § 35 Abs. 1), und auch der zitierte § 187 ZPO. derartiges mitumfaßt. Insbesondere für Bekanntgabe bloßer Strafverfügungen wird dieser Weg in der Praxis häufig gewählt (vgl. OVG. am 21. 10. 1891 bei Rheinbaben 1. Aufl. S. 109 Fußnote 1 und RG. in Zivils. Bd. 69 S. 113/116, MBl. de 1908 S. 252 ff.).

§ 14.

Die Disziplinarstrafen bestehen in
Ordnungsstrafen,
Entfernung aus dem Amte.

§ 15.

Ordnungsstrafen sind:

1. Warnung,
2. Verweis,
3. Geldbuße,
4. gegen untere Beamte auch Arreststrafe auf die Dauer von höchstens acht Tagen, welche jedoch nur in solchen Räumen zu vollstrecken ist, die den Verhältnissen der zu bestrafenden Beamten angemessen sind.

Zu dieser Beamtenklasse werden im allgemeinen nur gerechnet: Exekutoren, Boten, Kastellane, Diener und die zu ähnlichen, sowie die zu bloß mechanischen Funktionen bestimmten Beamten. Außerdem ist das Staatsministerium ermächtigt, in der Steuer-, ...*) Polizei- und Eisenbahnverwaltung diejenigen Beamtenkategorien speziell zu bezeichnen, gegen welche Arreststrafen verhängt werden können.

§ 16.

Die Entfernung aus dem Amte kann bestehen:

1. in Versetzung in ein anderes Amt von gleichem Range, jedoch mit Verminderung des Diensteinkommens und Verlust des Anspruches auf Umzugskosten, oder mit einem von beiden Nachteilen.

   Diese Strafe findet nur auf Beamte im unmittelbaren Staatsdienste Anwendung;
2. in Dienstentlassung.

   Diese Strafe zieht den Verlust des Titels und Pensionsanspruches von selbst nach sich; es wird

*) Die hier erwähnt gewesene Postverwaltung ist inzwischen ans Reich übergegangen.

darauf nicht besonders erkannt, es sei denn, daß vor Beendigung des Disziplinarverfahrens aus irgendeinem von dessen Ergebnis unabhängigen Grunde das Amtsverhältnis bereits aufgehört hat und daher auf Dienstentlassung nicht mehr zu erkennen ist.

Gehört der Angeschuldigte zu den Beamten, welche einen Anspruch auf Pension haben, und lassen besondere Umstände eine mildere Beurteilung zu, so ist die Disziplinarbehörde ermächtigt, in ihrer Entscheidung zugleich festzusetzen, daß dem Angeschuldigten ein Teil des reglementsmäßigen Pensionsbetrages auf Lebenszeit oder auf gewisse Jahre als Unterstützung zu verabreichen sei.

Zu den §§ 14—16:

1. Die §§ 14—16 zählen die Disziplinarstrafen auf, und zwar — mit einer Ergänzung in § 46 dieses Ges. — erschöpfend.

Andere Strafen als die hier und in § 46 genannten, dürfen deshalb als Disziplinarstrafen nicht verhängt werden, und wenn eine andere Maßnahme getroffen ist, mag sie auch ein strafartiges Aussehen haben, so ist es daher keine Disziplinarstrafe. Namentlich mündliche oder schriftliche Vorhaltungen an Beamte sind nur dann Disziplinarstrafen, wenn sie in die gesetzliche Form der „Warnung" oder des „Verweises" gekleidet sind, mit anderen Worten, wenn diese Ausdrücke des Gesetzes gebraucht sind. Bloße Mißbilligungen, mögen sie noch so ernst sein, wenn sie nicht die Verhängung einer „Warnung" oder eines „Verweises" ausdrücklich feststellen, sind keine Disziplinarstrafen (vgl. auch Brand Note 4 zu § 74 Reichsbeamtenges.; Rheinbaben Bem. I zu § 18 I).

2. Die aufgezählten Strafen sind „Disziplinar"strafen; sie müssen deshalb verhängt sein auf Grund des Disziplinargesetzes wegen Vergehens gegen § 2 dieses Ges. (vgl. Rheinbaben a. a. O. und die daselbst zitierten Entscheidungen).

Wenn deshalb eine Maßnahme, die ihrer Natur nach eine Disziplinarstrafe sein kann, wie namentlich eine Geldbuße, nicht ausdrücklich verhängt ist auf Grund des Disziplinargesetzes, sondern etwa auf Grund des § 11 der Regierungsinstruktion vom 23. Oktober 1817, der die den Regierungen zustehenden Zwangsmittel betrifft, oder seitens der Staatsanwälte auf Grund des § 81 des pr. AG. z. GVG. oder etwa auf Grund des § 132 des Landesverwaltungsges., so ist sie keine Disziplinarstrafe (vgl. auch Brand Note 4 a. a. O.).

Dabei ist es unerheblich, ob die Behörde etwa auch disziplinarisch hätte vorgehen können. Entscheidend ist allein, wie tatsächlich eingeschritten ist.

Das gleiche gilt für Stempelstrafen. Strafen auf Grund der Stempelgesetze sind eben keine Strafen nach dem Disziplinargesetze und daher keine Disziplinarstrafen (vgl. auch Brand a. a. O.). Daß der Beamte für die Beobachtung der Stempelgesetze auch disziplinarisch verantwortlich ist (vgl. oben Note 13f zu § 2) und deshalb auch disziplinarisch hätte herangezogen werden können, ist, wenn dies tatsächlich nicht geschehen ist, unerheblich.

3. Die Geldbuße als Disziplinarstrafe darf bei besoldeten Beamten den Betrag eines einmonatlichen Diensteinkommens, bei unbesoldeten 90 Mk. niemals übersteigen, auch wenn der Disziplinarrichter auf sie erkennt.

Allerdings ist dies ausdrücklich in unserem Ges. erst im § 19 nur für die Befugnis der „Dienstvorgesetzten" ausgesprochen. Bei dem Erlaß der Disziplinargesetze waren aber alle gesetzgebenden Faktoren darüber einig, daß jene Grenzen der Geldbuße schlechthin gelten sollten, wo und wie diese auch verhängt würde, also auch für das Disziplinarverfahren. Das Gesetz vom 29. März 1844, welches das Disziplinarrecht erstmalig regelte, hatte nämlich diese Grenzen der Geldbuße grundsätzlich aufgestellt schon bei ihrer ersten Erwähnung, in derselben Weise, wie es jetzt wieder im Reichsbeamtengesetze geschehen ist. Bei Erlaß des jetzigen Gesetzes und insbesondere bei Erlaß der seinen Entwurf ersetzenden vorläufigen Verordnung vom 11. Juli 1849 ging man nun allerseits davon aus, daß in dieser Beziehung an dem Gesetze von 1844 nichts geändert werden sollte, insbesondere war dies schon in den Motiven der Verordnung festgestellt. In dem Richterdisziplinargesetze ist deshalb auch die äußere Stellung der Vorschrift — gleich bei der ersten Erwähnung der Geldbuße — unverändert geblieben. Die Umstellung in unserem Gesetze (nach § 19 anstatt schon in den § 15) ist jedenfalls nicht zu dem Zwecke erfolgt, um für unser Gesetz allein den Disziplinarrichter von der Beobachtung der Grenzen für die Geldbuße zu entbinden; auch dieser ist deshalb als „Dienstvorgesetzter" im Sinne des § 19 anzusehen, und zwar steht er, da ihm stets die höchste Zuständigkeit zukommt, den Ministern gleich, auch wenn er eine Provinzialbehörde, Kreis- oder Bezirksausschuß ist.

Dies entspricht der ständigen Praxis des Staatsministeriums und des pr. Disziplinarhofes und ist nach eingehender wiederholter Nachprüfung den Unterbehörden noch 1898 durch Runderlaß des Staatsministeriums (ZBl. S. 502) eingeschärft worden. Auch das OVG. hat mit Recht in gleichem Sinne entschieden (Entsch. v. 7. 5. 1890 bei Brauchitsch, VG. 21. Aufl. Bd. 1 S. 846 Anm. 54). Vgl. auch Rheinbaben Bem. II zu § 38.

Dagegen wird man dem OVG. darin **nicht** beitreten können, daß bei **Beamten, die mehrere Ämter bekleiden,** sich das einmonatliche Diensteinkommen nach Haupt- und Nebenamt bemißt (OVG. Bd. 25 S. 412 ff.). Denn da grundsätzlich, wie wir noch sehen werden, sowohl das Disziplinarrecht wie das Disziplinarverfahren für Haupt- und Nebenamt geschieden sind, so wird auch in diesem Punkte Trennung eintreten und für das Amt, bei welchem das Einschreiten erfolgt, **dessen** Einkommensgrenze maßgebend sein müssen (so auch Rheinbaben, Bemerkung VI 1 zu § 19).

Im übrigen ist unter „Diensteinkommen", das nach § 17 den Maßstab für die Geldbuße abgibt, alles anzusehen, worauf der Beamte kraft des Amtes, in welchem die Bestrafung erfolgt, Anspruch hat, also auch alle Nebenbezüge aus diesem Amte, zumal auch der Wohnungsgeldzuschuß, Teuerungs- und ähnliche persönliche Zulagen, aber wohl nicht Repräsentationsgelder, Dienstaufwandsentschädigung, Bureaukosten u. dgl., da diese nicht den Charakter von Einkommen, sondern nur den des Ersatzes für bare Auslagen haben (vgl. Brand Note 1 Abs. 1 zu § 74 und Note 6 zu § 7 Reichsbeamtenges.).

Wird wegen verschiedener Dienstvergehen gleichzeitig eingeschritten, so kann nicht für jedes eine Geldbuße in der höchsten zulässigen Höhe, sondern nur eine Gesamtbuße in dieser Höhe verhängt werden. So OVG. am 2. 11. 1897 (Bd. 32 S. 429ff.). Von den Gründen, die das OVG. hierfür anführt, ist jedoch nur die Erwägung anzuerkennen, daß anderenfalls der Zweck des Gesetzes vereitelt würde, den Beamten vor Geldstrafen zu bewahren, die seine Subsistenzmittel erschöpfen; der übrige Teil der Begründung, daß die einzelnen Verfehlungen stets nur ein Dienstvergehen bildeten, ist offensichtlich verfehlt und scheitert schon an § 43 Abs. 3 des Ges. Bedenklich ist deshalb auch, ob man dem OVG. soweit wird folgen können, daß der Grundsatz auch dann maßgebend ist, wenn nicht gleichzeitig wegen mehrerer Vergehen eingeschritten ist, sondern nur hätte eingeschritten werden können; denn diese Annahme fußt gerade auf dem unhaltbaren Teile der Begründung (vgl. auch unten zu § 17 Note 2).

4. Die Arreststrafe war von der Regierung nicht vorgesehen, weil sie das Ansehen der Beamten schwäche. Sie ist erst von den Kammern in das Gesetz hineingebracht. In der Tat ist jene immer wieder auftauchende und von den Beamten zu Petitionen um Aufhebung der Arreststrafe benutzte Anschauung von der Ehrenrührigkeit der Arreststrafe unbegründet; es ist nicht ersichtlich, wieso ein unterer Zivilbeamter, ein Schutzmann, ein Bote oder dergleichen, durch eine Arreststrafe in

seinem Ansehen sollte gemindert werden, solange diese Strafe gegen Militärpersonen gleichen, ja höheren Ranges üblich bleibt. Jedenfalls hat die Praxis jenen Befürchtungen nicht recht gegeben; die Arreststrafe hat sich als Zwischenstufe zwischen Geldbuße und Entfernung aus dem Amte wohl bewährt, und gerade die unteren Beamten, deren Einkommen ja entsprechend gering ist, haben ein besonderes Interesse an dem Bestehen dieser Strafe, die ihnen ermöglicht, auch erheblichere Dienstvergehen zu sühnen, ohne sich und ihrer Familie durch Geldbußen das Einkommen zu verkürzen oder durch Entfernung aus dem Amte noch schwereren wirtschaftlichen Schaden zuzufügen. Brand Note 3 zu § 74 Reichsbeamtenges. empfiehlt deshalb gleich anderen Kommentatoren des Reichsrechts sogar ihre Wiedereinführung für dieses, wo sie der Reichstag, von doktrinären Erwägungen über ihre Ehrenrührigkeit geleitet, gestrichen hat.

Auf Grund der dem Staatsministerium am Schlusse des § 15 erteilten Ermächtigung sind folgende Beschlüsse ergangen:

I. Für die Steuerverwaltung: Beschluß vom 28. Febr. 1853 (MBl. f. d. i. V. S. 113). Von den 16 in diesem Beschlusse aufgezählten Beamtenkategorien ist aber inzwischen der größte Teil entweder ganz eingezogen worden oder jedenfalls aus der Steuerverwaltung ausgeschieden, so daß der Beschluß sie nicht mehr trifft. Von den übriggebliebenen Beamten hat das Staatsministerium durch Beschluß v. 12. Juni 02 fast alle von der Möglichkeit der Arreststrafe wieder befreit, zumal die Haupt- und Nebenamtsassistenten. Nach alledem besteht der Beschluß über die Zulässigkeit der Arreststrafe in der Zoll- und Steuerverwaltung nur noch zu Recht für

die Grenz- und Steueraufseher zu Fuß und zu Pferde.

II. Für die Polizei- sowie für die Handels- und Gewerbeverwaltung einschließlich der damals noch zu ihr gehörigen Bau- und Eisenbahnverwaltung sind ergangen die Beschlüsse vom 6. Oktober und 26. Novbr. 1853 (MBl. f. d. i. V. de 1853 S. 263, de 1854 S. 2).

Nach diesem ist die Arreststrafe zulässig

a) bei der Polizeiverwaltung gegen:
   1. die Polizeisergeanten und Polizeiwachtmeister,
   2. die Nachtwächter und Nachtwachtmeister,
   3. die Schutzmänner und Schutzmannschaftswachtmeister,
   4. die Oberfeuermänner,
   5. die Schirrmeister und Aufseher bei der Straßenreinigung;

b) bei der Eisenbahnverwaltung gegen:
   1. die Bahnwärter,
   2. die Schaffner,
   3. die Heizer,
   4. die Weichensteller und Wiegemeister;

c) bei der Bauverwaltung gegen:
   1. die Chausseeaufseher und Chausseewärter,
   2. die Brückenmeister und Wärter,
   3. die Aufseher über Ufer- und Strandpflanzungen, Kampen usw.,
   4. die Strommeister, Stromaufseher und Buhnenmeister;

d) bei der Handels- und Gewerbeverwaltung gegen:
   die Lootsen und Fähraufseher.

Für die übrigen Verwaltungen, insbesondere auch für die Beamten einer der genannten Verwaltungen, die später zu einer anderen übergetreten sind, bewendet es bei der allgemeinen Regel, wonach „Exekutoren" (Gerichtsvollzieher, Vollziehungsbeamte), Boten und „ähnliche" Beamte in Arrest genommen werden können. Als „ähnliche" Beamte sieht die Praxis in der Gefängnisverwaltung, mag sie vom Justizministerium oder Ministerium des Innern ressortieren, jedenfalls die Gefangenenaufseher und -schließer an.

5. Die Vollstreckung der Arreststrafe soll im allgemeinen in besonderen, dafür bestimmten Räumen der Dienstgebäude erfolgen (Runderlaß der Ressortminister v. 31. 1. 1831; bei v. Kamptz Annalen Bd. 15 S. 14). Wo solche fehlen, ist es zulässig, sie in den „Gefängnissen" der Justizverwaltung oder der Verwaltung des Innern zu vollstrecken. Nach § 1 Nr. 3

und § 104 der Gefängnisordnung für die Justizverwaltung sind die Arrestanten wie Zivilhaftgefangene zu behandeln und demgemäß von den übrigen Gefangenen getrennt zu halten. Nach § 69 Nr. 1 der Dienstordnung für die Strafanstalten der inneren Verwaltung sind sie wie die zu einfacher Strafhaft Verurteilten zu behandeln. Auch hier sind sie in Einzelhaft zu nehmen.

6. Neben der Arreststrafe kennt das Gesetz eine weitere Haftstrafe als Disziplinarstrafe nicht. Es ist deshalb nicht zulässig, Geldbuße im Unvermögensfalle in Haft umzuwandeln. Die betreffenden Vorschriften des Strafrechts sind auf das Disziplinarrecht schon wegen ihrer durchaus positiven Natur nicht analog anwendbar.

Dagegen kann die Geldbuße vom nächsten Gehalt einbehalten werden, falls ihre Einziehung im Verwaltungszwangsverfahren gemäß der Verordnung vom 15. Nov. 1899 (GS. S. 545), welches der regelmäßige Weg ihrer Beitreibung ist, wegen Unpfändbarkeit des Beschuldigten unmöglich ist (vgl. Rheinbaben Bem. VIII zu § 19).

7. Die Strafversetzung, in unserem Gesetze nicht ausdrücklich so bezeichnet, aber in der Praxis allgemein zutreffend so benannt und im Reichsbeamtenges. (§ 75) auch formell mit diesem Ausdruck belegt, darf nur erfolgen in ein Amt von „gleichem Range". Zur Strafe wird sie deshalb gegenüber § 87 unseres Ges. eigentlich erst dadurch, daß sie **entweder** mit dem Verlust der Umzugskosten **oder** mit Verminderung des Diensteinkommens verbunden werden muß und mit beiden Nachteilen verbunden werden kann.

Gleichwohl bleiben diese Nachteile rechtlich nach dem Wortlaute wie nach der Absicht des Gesetzes Nebenstrafen; die Hauptstrafe ist die „Entfernung aus dem Amte" durch die Versetzung. Sie gehört zu den schweren Strafen, die nur im Disziplinarverfahren verhängt werden können. In welches Amt der Beamte zu versetzen ist, stellt der Disziplinarrichter nicht fest. Dies gehört zur Urteilsvollstreckung, welche den allgemeinen Verwaltungsbehörden, die sonst

Versetzungen verfügen, obliegt. Diese haben demgemäß auch zu ermessen, ob das Amt vom „gleichen Range“ ist (vgl. über diese Frage Note 2 zu § 87). Eine Nachprüfung der Entscheidung der Vollstreckungsbehörden hierüber durch den Richter, der die Strafversetzung verhängt hat, ist jedenfalls nicht angängig. Dieser erkennt nur allgemein auf Versetzung in ein anderes Amt von „gleichem Range“. Inwieweit es möglich ist, dies in einem zweiten Disziplinarverfahren richterlich nachzuprüfen, wenn der Versetzte das Amt nicht annimmt, darüber siehe oben Note 10 zu § 9).

Dagegen muß der Disziplinarrichter den Betrag der Gehaltsminderung festsetzen; dies gehört nicht zur Urteilsvollstreckung, sondern stellt, wenn es unterblieben ist, eine sachliche Ergänzung des Urteils dar, die deshalb nur in den gleichen Formen ergehen kann wie das Urteil selbst, also nach erneuerter Hauptverhandlung; eine nochmalige Voruntersuchung und eine neue Anschuldigungsschrift sind dagegen unnötig (vgl. Staatsministerialbeschluß v. 29. 5. 1874 bei Rheinbaben S. 160 Note 3 und die in der Rundverfügung des Ministers des Innern v. 1. 3. 1881 [MBl. S. 46] mitgeteilte Staatsministerialentscheidung).

8. Die Gehaltsminderung wird zweckmäßig festgesetzt in einem festen Betrage; sie kann jedoch auch als Quote des Diensteinkommens festgesetzt werden.

In diesem Falle wird das „Diensteinkommen“ ebenso berechnet, wie zuvor unter Nr. 3 für die Geldbuße vermerkt ist, also jedenfalls unter Einrechnung des Wohnungsgeldzuschusses. Auch bei diesen Einkommensteilen tritt also die anteilsmäßige Kürzung ein; denn es macht bei solcher quotenmäßigen Kürzung rechnerisch keinen Unterschied, ob man erst die einzelnen Einkommensteile zusammenzählt und dann das Gesamteinkommen entsprechend kürzt, oder ob man erst die einzelnen Teile kürzt und dann zusammenzählt (vgl. Rheinbaben Bem. II B 2 unter a und b zu § 16. Brand Note I 3 zu § 75 Reichsbeamtenges.).

Bei solcher quotenmäßigen Kürzung betrifft diese aber nur ganz abstrakt den „Wohnungsgeldzuschuß“; keineswegs legt sie diesen zugleich in der bestimmten Höhe dauernd fest, in welchem der Beamte ihn an dem Orte bezogen hat, an welchem er zur Zeit des Erkenntnisses seinen Wohnsitz hatte. Wird deshalb der Beamte, was mitunter nicht zu vermeiden ist, in Ausführung des Straferkenntnisses an einen Ort mit höherem Wohnungsgelde versetzt, so bezieht er dieses unter prozentualer Kürzung. Andererseits muß er sich auch die Versetzung in einen Ort mit minderem Zuschuß gefallen lassen, da der bestrafte Beamte natürlich noch weniger wie jeder andere Anspruch auf einen unveränderlichen Wohnungsgeldzuschuß hat. Dies ist als allgemeine gesetzliche Eigenschaft des Wohnungsgeldes festgelegt durch § 3 Abs. 2 des Ges. vom 12. Mai 1873, betreffend die Gewährung von Wohnungsgeldzuschüssen (GesS. S. 209), welcher lautet:

„Die bei einer Versetzung an einen Ort einer geringeren Servisklasse eintretende Verminderung des Wohnungsgeldzuschusses wird als eine Verkürzung des Diensteinkommens (§ 53 des Ges. v. 7. Mai 1851 und § 87 des Ges. v. 21. Juli 1852) nicht angesehen.“

Daß hier ausdrücklich nur auf § 87 unseres Ges. Bezug genommen ist, erscheint hiernach unerheblich.

9. Die Gehaltsminderung kann auf bestimmte Zeit festgesetzt werden. (So Brand Note I 4 zu § 75 Reichsbeamtengeſ. Anderer Ansicht Rheinbaben a. a. O. unter f, jedoch ohne Rückhalt im Gesetzestexte.)

Ist dies nicht geschehen, so kann in Frage kommen, ob sie dann an sich als dauernd zu betrachten ist und ob es deshalb für ihren Fortfall eines allerhöchsten Gnadenaktes bedarf.

Die Praxis hat sich gegen diese Annahme entschieden. Sie betrachtet die Bemessung der Zeit der Gehaltsminderung, soweit sie das Urteil nicht selbst festsetzt, als Teil der Urteilsvollstreckung und überläßt deshalb deren Festsetzung dem Ermessen der Verwaltungsbehörden, die sonst das Urteil in finanzieller Beziehung zu vollstrecken und das Gehalt des Beamten festzusetzen haben; dem Urteil ist deshalb schon genügt, wenn auch nur einmal die Gehaltskürzung eingetreten ist. Im nächsten Etatsjahre schon können die Verwaltungsbehörden dem Beamten die Kürzung nach Befinden wieder erlassen. Hat der Disziplinarrichter aber eine

Frist festgesetzt, so ist die Verwaltung daran gebunden und eine Kürzung der Frist ist nur als allerhöchster Gnadenakt möglich (vgl. Rheinbaben a. a. O. und ME. v. 16. 3. 1893 Ziff. 7—9; MBl. S. 94).

10. Die Strafversetzung ist nach dem Gesetze nur zulässig für die „unmittelbaren" Staatsbeamten, also nicht für die Lehrer und alle Kommunal- oder Institutsbeamten. Durch besondere Gesetze ist sie jedoch unter diesen Beamten für anwendbar erklärt:

a) auf die Lehrer in Westpreußen und Posen*);

b) auf die Provinzialbeamten mit Ausnahme der Landesdirektoren (Landeshauptleute), der diesen zugeordneten oberen Beamten (Landesräte, Landessyndizi, Landesassessoren) und der sonstigen leitenden Beamten einzelner Verwaltungszweige (Direktoren und Räte der Landesbanken, Provinzialfeuerversicherungen usw.)**), im allgemeinen also nur für die mittleren und unteren Provinzialbeamten.

---

*) Gesetz, betr. die Anstellung und das Dienstverhältnis der Lehrer und Lehrerinnen an den öffentlichen Volksschulen im Gebiete der Provinzen Posen und Westpreußen, vom 15. Juli 1886 (GS. S. 185).

Art. II. Gegen Lehrer und Lehrerinnen an öffentlichen Volksschulen kann die im § 16 Ziffer 1 des Gesetzes, betr. die Dienstvergehen der nichtrichterlichen Beamten usw., vom 21. Juli 1852 bestimmte Disziplinarstrafe verhängt werden.

Art. III. Bei Versetzungen . . . . in Vollstreckung einer die Strafversetzung ohne Verlust des Anspruchs auf Umzugskosten verhängenden Entscheidung der Disziplinarbehörde ist eine Vergütung für Umzugskosten aus der Staatskasse zu gewähren, unter Wegfall der in den §§ 19 und 20 der Schulordnung für die Elementarschulen der Provinz Preußen vom 11. Dezember 1845 (GS. 1846 S. 1) und in den §§ 39 bis 42 Titel 12 Teil II des Allgemeinen Landrechts bestimmten Anzugs- und Herbetholungskosten.

Die näheren Bestimmungen über die Höhe der Vergütung für Umzugskosten werden durch ein von dem Unterrichtsminister in Gemeinschaft mit dem Finanzminister zu erlassendes Regulativ getroffen.

Dies Regulativ v. 26. 1. 1887 siehe ZBl. f. d. UnterrVerw. S. 380.

**) ProvO. für die östl. Prov., für Westfalen, Rheinprovinz, Schleswig-Holstein, Hannover § 98, Hessen-Nassau §§ 86, 71, V. wegen Prov.-Verband Posen § 32.

11. Die „Dienst“entlassung ist im Gegensatz zu der eben erörterten Strafversetzung, welche nur die Entfernung aus dem gerade bekleideten Amte bewirkt, die Entfernung aus dem Staatsdienste überhaupt. Daraus darf aber nicht gefolgert werden, daß der Beamte damit nun auch dauernd für unfähig erklärt sei, dem Staate zu dienen. Die Unfähigkeitserklärung ist vielmehr nach der historischen Entwicklung eine besondere, von der Dienstentlassung verschiedene Strafe für Beamte, auch im Sinne des Disziplinarrechts (vgl. § 7 unseres Ges.), wenngleich, ebenfalls nach dem zufälligen Gange der historischen Entwicklung, darauf jetzt im Disziplinarverfahren nicht mehr erkannt werden darf, sondern nur vom Strafrichter. Die spätere Wiederanstellung des entlassenen Beamten ist deshalb kein die Bestrafung aufhebender Gnadenakt, sondern eine einfache Verwaltungsmaßregel (so auch Rheinbaben Bem. III A 3 unter b zu § 16 und Brand Note II 8 zu § 75 Reichsbeamtenges.).

12. Die Wirkung der Strafe erschöpft sich deshalb in der gänzlichen, ohne Übertragung eines anderen Amtes erfolgenden Entlassung aus dem gegenwärtig bekleideten Amte und dem Verluste des Gehaltes, des Titels und des Pensionsanspruchs aus diesem. Auf diese pekuniären Folgen der Entlassung wird im allgemeinen nicht besonders erkannt.

Ein in einem früheren Amte erdienter Pensionsanspruch geht nicht verloren; die für dieses Amt etwa schon festgestellte Pension, die bisher wegen Absorbierung durch das höhere Gehalt des neuen Amtes gemäß den Vorschriften der Pensionsgesetze nicht gezahlt worden war, lebt vielmehr wieder auf. Denn da pensionierte Beamte keinem Disziplinarverfahren und keiner Disziplinarbestrafung mehr unterliegen, wie sich durch zwingendes argumentum e contrario aus § 97 bei dessen Vergleich mit der Fassung des § 87 ergibt, so kann die einmal erworbene Pension durch eine spätere Disziplinarbestrafung nicht mehr betroffen werden. Übereinstimmend haben die Disziplinarminister am 27. 7. 01 (MBl. f. d. i. V. S. 206) entschieden (vgl. auch Rheinbaben Bem. III A 3 zu § 16 unter g;

Brand Note II 1 zu § 75 Reichsbeamtenges. und unsere Note 3 zum folgenden § 18).

Das Gleiche gilt für den Titel eines Amtes, aus dem der Bestrafte früher in den Ruhestand versetzt worden war. Die Titel aber, welche nur mit den Vorstufen verknüpft waren, die der Beamte zwecks Erlangung des ihm abgesprochenen Amtes hatte durchlaufen müssen, sind ihm gleichzeitig mit dessen Amtstitel abgesprochen, da die verschiedenen Amtsstufen eine rechtliche Einheit bilden. Ein Sekretär, der disziplinarisch entlassen ist, darf sich deshalb nicht etwa wieder Zivilsupernumerar nennen, oder der Rat im gleichen Falle wieder Assessor. Aber ein pensionierter Leutnant, der später etwa als Bürgermeister angestellt und als solcher disziplinarisch entlassen ist, kann sich wieder Leutnant a. D. nennen. Im übrigen aber ergreift der Verlust des Titels auch die mit dem Amte nicht gesetzlich verknüpften, sondern dem Beamten nur mit Rücksicht auf sein Amt persönlich verliehenen Titel, die sogenannten „Charakterverleihungen". Ein „Ober- und Geh. Regierungsrat" oder ein „Ober- und Geh. Baurat" beispielsweise darf, wenn er aus dem „Amte" als Oberregierungs- oder Oberbaurat entfernt wird, sich auch nicht mehr des persönlichen Titels Geh. Regierungsrat oder Geh. Baurat bedienen. Dies gilt überhaupt für alle persönlichen Rats- oder Geheimrats-Titel, jedenfalls von Staatsbeamten (vgl. Rheinbaben a. a. O. Bem. III A 4 unter b). Bei Kommunalbeamten kann es zweifelhafter sein, da hier vielfach nicht feststeht, ob der Titel nur „mit Rücksicht auf das Amt" verliehen ist und überhaupt die staatlichen Titel der Kommunalbeamten nicht in so enger Verknüpfung mit der kommunalen Amtsbenennung stehen wie bei Staatsbeamten. So ist beispielsweise für den Titel „Oberbürgermeister", obwohl er zweifellos nur mit Rücksicht auf das Amt verliehen wird, gelegentlich entschieden worden, daß er vom Amte gleichwohl unabhängig sei und auch nach der Pensionierung ohne den Zusatz „a. D." geführt werden könne.

Soweit der Beamte des Titels verlustig ist, darf er ihn auch nicht mit dem Zusatze „a. D." oder „früherer" führen, wie auch das Reichsgericht für das Strafverfahren aus § 360 Nr. 8 StGB. zutreffend entschieden hat (Reichsgericht in Strafsachen, „Annalen" Bd. 9 S. 318).

13. Von der Regel, daß das entlassende Disziplinarurteil bereits festgestellte Pensionsansprüche nicht berührt, gibt es gesetzlich nur eine Ausnahme für den Fall, daß nachträglich noch ein Verfahren eingeleitet wird, bevor der Zeitpunkt, für den die Pensionierung festgesetzt ist, herangekommen ist, oder daß umgekehrt die Pensionierung ausgesprochen wird, während eines über das Amt, in dem die Pension erdient ist, schwebenden Disziplinarverfahrens. In solchem Falle wird nach Abs. 2 unseres § 16 zwar nicht mehr auf Amtsverlust, wohl aber auf Verlust des Pensionsanspruchs und des Titels erkannt; denn unter „irgendeinem Grunde", aus dem das Amtsverhältnis während des Disziplinarverfahrens aufhört, wovon Abs. 2 a. a. O. spricht, muß unbedingt auch die Pensionierung verstanden werden. Es ist deshalb verfehlt, wenn Brand Note II 1 zu dem gleichartigen § 75 Reichsbeamtengeſ. im Anschluß an den Kommentar zum Reichsbeamtengesetz von Pieper die Ansicht verficht, in dem zweiten der eben gedachten Fälle müsse das Disziplinarverfahren, weil es gegen einen pensionierten Beamten nicht mehr zulässig sei, eingestellt werden. Denn von dieser allerdings sonst geltenden Regel macht eben unser § 16 eine Ausnahme (so auch Rheinbaben zu § 16 Bem. III A 4 bei a und Reichsgericht in Zivilsachen Bd. 17 S. 240).

Allerdings soll, wie auch selbstverständlich ist, während eines schwebenden Disziplinarverfahrens ein Pensionierungsverfahren nicht zu Ende geführt, sondern der Ausgang des Disziplinarverfahrens abgewartet werden (vgl. insbesondere Erlaß des Ministers des Innern und der Finanzen v. 29. 7. 1884 Nr. 2, MBl. S. 194, der auch in allen anderen Ressorts eingeschärft ist). Gleichwohl kann natürlich das Gegenteil vorkommen und kann beispielsweise dann auch sachlich gerechtfertigt sein, wenn es streitig ist, ob ein Beamter aus Krankheit oder bösem

Willen keinen Dienst tut, und wenn deshalb wegen der Einstellung des Dienstes trotz der Vorlage eines Pensionierungsgesuches ein Disziplinarverfahren aus § 9 dieses Gesetzes gegen den Beamten eingeleitet wird; glaubt die Behörde in solchen Fällen die Wiederbesetzung des Amtes nicht bis zur Beendigung des langwierigen Disziplinarverfahrens aufschieben zu können, so kann sie, ohne die Staatskasse zu gefährden, nach dessen Einleitung die Pensionierung des Beamten antragsgemäß unter vorläufiger Festsetzung der Pension verfügen, und die streitige Frage, ob der Beamte dienstunfähig war oder nicht, und ob ihm deshalb Pension gebührt oder nicht, dem Austrage im Disziplinarverfahren gemäß § 11 und Abs. 2 unseres Paragraphen überlassen.

14. Dasselbe wie für die Pensionierung während eines schwebenden Verfahrens gilt, abgesehen von dem inzwischen erfolgten Tode, für jedes andere Ausscheiden aus dem Amte, zumal auch für die Entlassung, selbst nach Verzicht auf Titel und Pensionsanspruch. Daß auch in letzterem Falle formell noch auf Verlust von Titel und Pension erkannt werden kann, ist nach dem von § 75 des Reichsbeamtengesetzes*) insoweit abweichenden Wortlaut unseres Paragraphen unzweifelhaft. Zudem ist auch das Disziplinarverfahren in diesem Falle zum mindesten wegen der Kosten noch nicht erledigt, und der § 75 a. a. O. verlangt deshalb auch ausdrücklich deren Übernahme. Indessen selbst wenn auch diese noch erfolgt sein sollte, ist es rechtlich und sonst nicht gleichgültig, ob der Beamte Titel und Pension verliert, weil darauf rechtskräftig erkannt ist, oder, weil er darauf verzichtet hat, schon um deswillen nicht, weil er den Verzicht wegen Zwanges oder Irrtums anfechten kann und nicht selten auch später anficht. Das Disziplinarverfahren ist deshalb auch materiell

---

*) § 75 a. a. O. lautet:

„Hat vor Beendigung des Disziplinarverfahrens das Amtsverhältnis bereits aufgehört, so wird, falls nicht der Angeschuldigte unter Übernahme der Kosten freiwillig auf Titel und Pensionsanspruch verzichtet, auf deren Verlust an Stelle der Dienstentlassung erkannt."

insoweit noch nicht erledigt; es wird vielmehr zutreffendenfalls auf strafweisen Verlust von Titel und Pensionsanspruch erkannt. Dies ist auch gelegentlich vom Disziplinarhof und Staatsministerium geschehen.

Von selbst versteht sich auch hier, daß solche Entlassungen, der es ja in Preußen trotz der Amtsniederlegung stets bedarf, während eines schwebenden Verfahrens nicht bewilligt werden sollen (vgl. Erlaß des Ministers des Innern v. 18. 12. 1877 [MBl. f. d. i. V. de 1878 S. 14]). Sind sie aber doch bewilligt, etwa aus dem vorerwähnten Grunde, das Amt nicht so lange unbesetzt zu lassen, so gelten die angeführten Grundsätze (vgl. auch Rheinbaben zu § 16 Bem. III A 5 zu c).

15. Ein weiterer praktisch nicht seltener Fall der Beendigung des Dienstverhältnisses während des Disziplinarverfahrens ist, wenn ein Straferkenntnis ergeht, das den Verlust des Amtes kraft Gesetzes, insbesondere nach § 7 unseres Gesetzes zur Folge hat. Hier liegt aber die Sache etwas abweichend wie in den bisher besprochenen Fällen. Allerdings hat der Amtsverlust infolge Straferkenntnisses den Verlust der in einem **anderen** Amte erdienten Pensionsansprüche ebensowenig zur Folge wie die Entlassung durch Disziplinarurteil; ein gegenteiliger Vorschlag der Regierung ist vielmehr bei Beratung des § 7 abgelehnt worden (vgl. Reichsgericht in Zivilsachen Bd. 17 S. 242, Bd. 21 S. 186 und Rheinbaben Bem. III 3 zu § 7). Der Amtsverlust durch Strafurteil bewirkt aber nach demselben § 7 den Verlust des gesamten „Amtes", also einschließlich des **mit ihm** verknüpften Titels und Pensionsanspruchs. Er steht demgemäß insoweit der disziplinaren Dienstentlassung vollkommen gleich, und für ein besonderes Disziplinarerkenntnis auf Verlust von Titel und Pensionsanspruch ist deshalb neben ihm ebensowenig Raum wie gemäß unserem § 16 neben der disziplinaren Entlassung. War deshalb wegen der strafgerichtlich geahndeten Verfehlung auch ein Disziplinarverfahren eingeleitet worden, so ist dies in solchem Falle gänzlich erledigt und darum einzustellen. Wegen der Kosten allein wird nicht erkannt, da ein bloßes Kostenurteil dem Disziplinarverfahren unbekannt ist. So haben auch gelegentlich Disziplinarhof und Staatsministerium entschieden (vgl. auch Rheinbaben Bem. III 2 und 4 zu § 7).

Indessen nach der wohl zutreffenden mehrerwähnten Entscheidung des Reichsgerichts Bd. 17 S. 242 hat das Straferkenntnis den Verlust von Titel und Pension nur dann noch zur Folge, wenn es ergeht, ehe der Beamte in den Ruhestand versetzt ist. Ist er deshalb schon in währender Strafuntersuchung in den Ruhestand getreten, so mangelt es für den Fall, daß nicht auch ein Disziplinarverfahren zugleich eingeleitet war, im Strafgesetze an einer dem Abs. 2 unseres § 16 entsprechenden Vorschrift, die es ermöglichte, ihm die bewilligte Pension wieder zu entziehen; ein Disziplinarverfahren nachträglich nach der Pensionierung einzuleiten, ist nach dem zuvor Gesagten ebenfalls unzulässig. Schwebte aber zugleich mit der Strafuntersuchung ein Disziplinarverfahren, so liegt bei dieser Praxis des Reichsgerichts alsdann wieder der Fall unseres § 16 Abs. 2 vor, daß der Amtsverlust das Disziplinarverfahren hinsichtlich Titel und Pension noch nicht erledigt, und es kann deshalb in diesem Verfahren noch auf deren Verlust erkannt werden (vgl. Rheinbaben zu § 16 Note III A 4 unter a, der aber den letztgedachten Fall nicht erörtert).

16. Ein weiterer Fall der Beendigung des Dienstverhältnisses bei schwebender Disziplinaruntersuchung, und zwar derjenige, auf den schon bei der Beratung des Gesetzes hingewiesen wurde, ist es endlich, wenn inzwischen die Zeit abläuft, für welche etwa das Amt übertragen ist, was namentlich für die regelmäßig auf Zeit übertragenen kommunalen Oberämter von Bedeutung ist. In solchem Falle wird das Disziplinarverfahren wegen des Titels und zumal des Pensionsanspruchs fortgesetzt und zutreffendenfalls auf deren Verlust erkannt.

Beim Tode eines Beamten endlich ist dagegen auch für ein solches Erkenntnis kein Raum mehr. Wegen der Kosten allein wird, wie wir soeben in Note 15 sahen, nicht erkannt. Es bleibt daher nur übrig, das Verfahren einzustellen und die Kosten niederzuschlagen. So sind gelegentlich auch pr. Disziplinarhof und Staatsministerium verfahren.

17. Durch keine der besprochenen Arten jedoch des außerdisziplinaren Amtsverlusts wird, wie von selbst erhellt, ein Disziplinarverfahren betroffen, das nur den zeitigen Gehaltsverlust nach § 8 und 10 dieses Gesetzes bezweckt (vgl. Rheinbaben Bem. III 4 zu § 7.

18. Die disziplinare Entlassung bewirkt, wie schon bemerkt, ohne weiteres den Verlust der mit dem Amte verknüpften Rechte, insbesondere der Gehalts- und Pensionsansprüche.

Den Gehaltsverlust mit dem Tage der Rechtskraft des Urteils eintreten zu lassen, wäre an sich zulässig. Ebenso zulässig ist es aber, da es sich um eine Maßregel der Vollstreckung handelt, über welche das Gesetz nichts besagt, im Verordnungswege einen anderen, späteren Zeitpunkt festzusetzen. Dies ist in Preußen geschehen (vgl. den bereits erwähnten auch für die anderen Ressorts eingeschärften Erlaß der Minister der Finanzen und des Innern v. 4. 7. 1884 und 29. 7. 1884 [MBl. f. d. i. V. S. 160 und 194] unter Nr. 5). Hiernach wird das Gehalt bis zum Ende des Monats gezahlt, in welchem das Erkenntnis rechtskräftig geworden bzw. das zweitinstanzliche Urteil dem Angeschuldigten bekanntgemacht ist (vgl. auch Brand Note II 2 zu § 75 Reichsbeamtenges.).

19. Von der Folge des Gehaltsverlustes abzusehen, ist dem Disziplinarrichter nicht gestattet. Dagegen kann er die Wirkung des Pensionsverlustes mildern und dem Verurteilten einen Teil der Pension dauernd oder auf Zeit belassen. In diesem Falle kommt die Dienstentlassung hinaus auf die unfreiwillige Versetzung in den Ruhestand unter gleichzeitiger strafweiser Minderung der Pension und strafweiser Aberkennung des Titels, den sonst der pensionierte Beamte weiterführen darf (vgl. den zitierten ME. v. 27. Juli 1901, MBl. S. 206, unter Ziff. 3).

Voraussetzung für dieses Vorgehen ist nach Abs. 3 des § 16:

a) daß der Beamte schon Anspruch auf Pension hat;

b) Bedürftigkeit;

c) daß mildernde Umstände vorliegen.

Welche Beamten Anspruch auf Pension haben, bemißt sich nach den Pensionsgesetzen und ist deshalb dort nachzusehen.

Die „mildernden Umstände" brauchen, wie das Staatsministerium nach zeitweiser abweichender Praxis nunmehr seit mehr als 15 Jahren unverändert festgehalten hat, und wie sich auch meines Erachtens aus der allgemeinen Fassung des Gesetzes ergibt, nicht in der Tat selbst zu liegen, können vielmehr auch in anderen Umständen, wie in sonst tadelfreier, langjähriger Dienstführung u. dgl. gefunden werden (s. Erlaß der Disziplinarminister v. 18. 11. 1898; MBl. f. d. i. V. de 1899 S. 1, der auch für das Justizressort eingeschärft ist. Vgl. auch Brand Note 5 unter b zu § 75 Reichsbeamtenges. und die daselbst angeführten Entscheidungen des Reichsdisziplinarhofs).

Nicht zu den „mildernden" Umständen gehört dagegen die Bedürftigkeit des Angeschuldigten. Im Gegenteil, da der Pensionsteil nur als „Unterstützung" belassen und daher nur bei Bedürftigkeit verliehen werden kann, muß sie festgestellt sein, bevor überhaupt die Frage nach mildernden Umständen geprüft wird. Ist die Bedürftigkeit sonach Vorbedingung für die Bewilligung eines Pensionsteiles überhaupt, so ist sie auch entscheidend für dessen Bemessung nach Höhe und Dauer. Einem noch jungen Beamten, der sich sehr wohl noch eine andere Lebensstellung schaffen kann, kann deshalb der Pensionsteil jedenfalls nur für eine Übergangszeit belassen werden (vgl. den vorerwähnten Ministerialerlaß v. 18. 11. 1898 unter 2 u. 3).

20. Da die Entlassung unter Belassung eines Teiles der Pension auf eine strafweise Versetzung in den Ruhestand mit Pensionsminderung hinauskommt, so gelten im übrigen für die Feststellung, Berechnung und Zahlung der Pension alle für die Pensionierung sonst gültigen Vorschriften (vgl. den erwähnten Erlaß v. 29. Juli 1884, MBl. S. 194 f.).

Insbesondere berechnet die Pension und setzt sie fest nicht der Disziplinarrichter, sondern diejenige Behörde, der sonst die Pensionsfestsetzung zusteht, in dem dafür gültigen Verfahren.

Das schließt nicht aus, daß der Disziplinarrichter neben den Weisungen über Quote und Dauer der teilweisen Pensionsbewilligung, die er geben muß, noch weitere Bestimmungen über die Berechnung trifft. Das wird sich vornehmlich für den Fall empfehlen, daß der Beamte aus einem früheren Zivil- oder Militärdienstverhältnis eine Pension bezieht; denn die Wirkung der Pensionsbelassung ist natürlich sehr verschieden, je nachdem diese frühere Pension auf den jetzt belassenen Pensionsteil anzurechnen ist oder nicht. Nach den Pensionsgesetzen findet solche Anrechnung im allgemeinen statt; es steht aber nichts im Wege, daß der Disziplinarrichter das Gegenteil vorschreibt. Solche Anordnung ist denn nicht etwa eine dem Disziplinarrichter nicht zustehende Abänderung der Pensionsgesetze, sondern lediglich eine ihm gebührende Festsetzung über die Höhe des jetzt zu belassenden Pensionsteiles. Mit Recht ist deshalb vom Justiz- und von den Disziplinarministern vorgeschrieben und insbesondere für das Unterrichtsressort nochmals eingeschärft worden, daß in allen Disziplinaruntersuchungen sowohl in der Anschuldigungsschrift wie in der Hauptverhandlung zu erörtern ist, ob und welche unentziehbare Pension dem Beamten etwa schon zusteht (vgl. JME. v. 1. 4. 01 bei Müller Bd. 2 S. 2037 Anm. e und den mehrerwähnten ME. v. 27. 7. 01, MBl. S. 206).

21. Die geminderte Pension wird festgesetzt und gezahlt von dem Zeitpunkte ab, wo das volle Gehalt wegfällt, also nach dem soeben bei Note 18 Gesagten von dem Ende desjenigen Monats ab, wo das erstinstanzliche Erkenntnis rechtskräftig geworden oder das zweitinstanzliche dem Angeschuldigten bekanntgemacht ist (vgl. den zu Note 18 zitierten Ministerialerlaß). Gezahlt wird sie aus der Kasse, die sonst die Pension zu zahlen hätte.

22. Zwar ist die Unterstützung rechtlich eine geminderte Pension und unterligt im allgemeinen deren Regeln. Es gibt hiervon jedoch eine gesetzliche Ausnahme. Die Unterstützung kann nach unserem § 16 nämlich äußerstenfalls nur auf „Lebenszeit" des Beamten belassen werden; mit seinem Tode fällt sie deshalb kraft Gesetzes fort, und es tritt nicht, wie sonst bei Pensionen, Witwen- und Waisengeld an ihre Stelle (vgl. den zu Note 18 zitierten ME. unter 4).

23. Wie schon bemerkt, ist Voraussetzung für die Belassung eines Pensionsteiles, daß die Beamten an sich einen Anspruch auf Pension haben; haben sie dies, so ist es gleichgültig, ob die Beamten mittelbare oder unmittelbare Staatsbeamte, fest oder auf Kündigung angestellt sind.

Universitätslehrer haben nach dem Wortlaute ihrer Besoldungsgesetze keinen Anspruch auf Pension, da sie überhaupt nicht in den Ruhestand versetzt, sondern nur unter Belassung ihres Staatsgehaltes vom Halten von Vorlesungen entbunden werden. Mit Recht hat aber das Staatsministerium in einem Einzelfalle entschieden, daß solche Entbindung der Pensionierung auch im Sinne unseres § 16 gleichsteht, und daß als Pension, von der ein Teil belassen werden kann, dann das Staatsgehalt zu behandeln ist, welches ja nur einen Teil des Diensteinkommens der aktiven Universitätslehrer ausmacht (vgl. Rheinbaben Bem. III B 8 unter b zu § 16).

24. Eine mit der bisher erörterten Dienstentlassung unter Bewilligung einer geminderten Pension sehr verwandte Strafe ist die strafweise Versetzung in den einstweiligen Ruhestand unter Bezug von Wartegeld.

Diese Strafe kann nur vom Staatsministerium verhängt werden, und auch von diesem nur in dem einen Falle, daß die erste Instanz auf Freisprechung, Warnung oder Verweis erkannt hat, daß ferner diese Instanz entweder der Disziplinarhof selbst war, oder daß dessen Gutachten in zweiter Instanz ebenso lautete, und daß endlich das Staatsministerium den Angeschuldigten gleichwohl überhaupt oder schwerer strafbar findet (vgl. § 46 des Ges.).

Nach alledem ist die Strafe auf mittelbare Staatsbeamte, die dem Staatsministerium nicht unterstehen (Kommunalbeamte), jedenfalls nicht anwendbar; auch für andere mittelbare Staatsbeamte, zumal die Lehrer, kann sie aber nicht in Frage kommen, da das Gesetz bei diesen eine einstweilige Versetzung in den Ruhestand mit Wartegeld überhaupt nicht kennt, und diese demnach auch nicht strafweise möglich ist (vgl. Rheinbaben Bem. II zu § 46). Ihr Anwendungsgebiet ist also sehr beschränkt, und deshalb ist sie auch in unseren §§ 14—16, welche die regelmäßigen Disziplinarstrafen behandeln, gar nicht erwähnt, sondern erst im § 46. Eine Disziplinarstrafe bleibt sie formell aber auf ihrem beschränkten Gebiete doch. Sachlich ist dies freilich ohne Bedeutung, denn auch diese strafweise Versetzung in den einstweiligen Ruhestand unterscheidet sich in nichts von der nicht strafweisen, über die bei § 87 dieses Ges. das Nähere gesagt ist. Insbesondere läßt auch sie also die baldige Wiederbeschäftigung nicht nur zu, sondern erfordert sie gerade; und wird der Beamte später physisch oder geistig dienstunfähig, so ist er alsdann endgültig nach Maßgabe der Pensionsgesetze mit voller Pension in den Ruhestand zu versetzen, und nach § 11 des Pensionsges. diese Pension nicht vom Wartegelde, sondern nach seinem früheren vollen Gehalt zu bemessen, soweit er dies länger als ein Jahr bezogen hat.

25. Von den hiermit erschöpfend aufgezählten Disziplinarstrafen kann stets nur die eine oder die andere verhängt werden; eine Verbindung mehrerer Disziplinarstrafen ist unzulässig.

Für die Verbindung der Strafversetzung mit Arreststrafe ist dies vom Staatsministerium gelegentlich festgestellt; es muß ebenso gelten für die Verbindung von Strafversetzung mit Geldbuße (vgl. Rheinbaben Bem. II A 4 zu § 16).

Für die Verbindung der Dienstentlassung mit einer anderen Strafe erhellt es von selbst.

Für die Verbindung mehrerer Ordnungsstrafen untereinander ist die Unzulässigkeit vom OVG. am 23. 3. 1892 ausgesprochen worden (bei Brauchitsch, Anm. 14 zu § 15 des Disziplinargesetzes, neueste Aufl., Bd. 1 S. 829). Das Staatsministerium hat freilich im Widerspruche hiermit gelegentlich die Verbindung von Verweis und Geldbuße für zulässig erachtet (vgl. Rheinbaben Bem. IV zu § 15). Die Praxis des OVG. erscheint jedoch hier als die richtigere. Freilich kann aus dem § 15 des Richterdisziplinarges., der diese Verbindung ausdrücklich zuläßt, und dem Fehlen einer gleichartigen Bestimmung in unserem Gesetze nicht ohne weiteres per argumentum e contrario geschlossen werden, daß die Verbindung nach unserem Gesetze unzulässig ist, da das Richterdisziplinargesetz in diesem Punkte auf anderen Grundsätzen beruht. Indessen nach anderer Richtung ist das Fehlen einer zulassenden Bestimmung in unserem Gesetze doch von Bedeutung. Denn die Verbindung mehrerer Strafen miteinander ist etwas so Ungewöhnliches und Prinzipwidriges, daß sie stets ausdrücklicher Zulassung bedarf. Im Reichsbeamtengesetze, das auch im vorliegenden Falle ganz auf denselben Prinzipien beruht wie unser Gesetz, ist deshalb, um die Verbindung möglich zu machen, die ausdrückliche Gestattung mit Recht für nötig erachtet worden (vgl. § 74 Reichsbeamtenges.). Da dies in unserem Gesetze nicht geschehen ist, bewendet es bei der Unzulässigkeit.

§ 17.

Welche der in den §§ 14 bis 16 bestimmten Strafen anzuwenden sei, ist nach der größeren oder geringeren Erheblichkeit des Dienstvergehens mit Rücksicht auf die sonstige Führung des Angeschuldigten zu ermessen, unbeschadet der besonderen Bestimmungen der §§ 8 und 9.

1. Der Paragraph enthält nicht nur, wie es auf den ersten Blick scheint, eine Vorschrift über die Strafabmessung, sondern stellt allgemein für das Disziplinarstrafrecht wie das Disziplinarverfahren das dem Legalitätsprinzip des allgemeinen Strafrechts entgegengesetzte Prinzip auf, daß für die Einleitung wie für die Durchführung eines Disziplinar-

verfahrens, für die Verhängung wie für die Bemessung der Disziplinarstrafe lediglich das Ermessen der Disziplinarbehörden entscheidet. Dem entspricht es, wenn der Paragraph unter die allgemeinen Normen des Disziplinarrechts in dessen materiellen Teil gestellt ist und nicht erst unter die mit § 18 bginnenden Vorschriften über das Disziplinarverfahren.

Aus dieser systematischen Stellung und der sich daraus ergebenden allgemeinen Bedeutung des Paragraphen erhellt auch ebenso wie aus dem Wortsinne, daß die Worte „Welche Strafe ... anzuwenden sei", nicht etwa nur die Wahl unter den im §§ 14 bis 16 Strafen freilassen, sondern die Wahl einer der dort gedachten Strafen überhaupt; mit anderen Worten: die Ausdrucksweise des Gesetzes umfaßt auch die Frage, ob überhaupt eine Strafe zu verhängen ist.

Während deshalb im Strafrecht, sobald eine Straftat bekannt wird, außer bei Antragsvergehen, eingeschritten werden muß, sind die Disziplinarbehörden bei Bekanntwerden eines Disziplinarvergehens hierzu nur befugt, aber nicht gezwungen, auch dann nicht, wenn sie das Dienstvergehen für erwiesen halten. Sehen sie es vielmehr beispielsweise im Vergleich mit den sonstigen Leistungen des Beamten an sich oder nach der Zeit, die es zurückliegt, für zu wenig „erheblich" an, um selbst eine Warnung zu verdienen, so können sie von einem Disziplinarverfahren absehen. Ist ein solches eingeleitet, so kann es aus denselben Gründen wieder eingestellt werden, selbst das förmliche Disziplinarverfahren nach gehaltener Voruntersuchung (über die Formalien dieser Einstellung s. weiter unten zu § 33). Ist auch dies nicht geschehen, so kann noch der Disziplinarrichter aus denselben Gründen freisprechen, da § 17 auch für ihn, ja sogar offenbar an erster Stelle für ihn, bestimmt ist und, wie wir sahen, nicht nur die Wahl unter den Disziplinarstrafen, sondern überhaupt die Wahl einer Strafe überhaupt freistellt.

Im § 17 verkörpert sich deshalb die eingangs erwähnte Tendenz des Gesetzes, nicht nur die Interessen des Staates an einer eifrigen und unbescholtenen Beamtenschaft zu wahren, sondern auch diese gegen vorschnelle oder gar willkürliche Bestrafungen und zumal Entziehungen des Amtes zu sichern. Ausdrücklich betont deshalb der § 17, daß nicht nur die Tat, sondern auch die „sonstige Führung" des Angeschuldigten zu berücksichtigen ist; auch darüber hinaus aber werden die Disziplinarbehörden bei der ihnen obliegenden Bemessung der „Erheblichkeit" des Dienstvergehens stets jenen doppelten Zweck des Gesetzes sich vor Augen halten und darum erwägen müssen, ob für jene Interessen des Staates der vorgekommene Verstoß in der Tat so erheblich erscheint, um gegenüber den anderen Interessen des Beamten selbst eine Disziplinarbestrafung überhaupt oder in der beantragten Höhe zu rechtfertigen.

Der § 17 erscheint hiernach als das vornehmste Palladium der Beamtenschaft im Gesetze.

Gleicher Ansicht, daß das Legalitätsprinzip im Disziplinarrecht nicht gilt, sind sämtliche Staatsrechtslehrer und alle Kommentatoren des Reichs- wie Landesdisziplinarrechts, wenngleich sie diese Ansicht zumeist mehr auf allgemeine Erwägungen als auf den § 17 stützen und deshalb dessen hoher Bedeutung nicht überall gerecht werden (vgl. Rheinbaben Bem. I zu § 14; Vorbem. zu §§ 22—47 „zu b"; Brand Vorbem. 1 Abs. 2 zu § 72ff. Reichsbeamtengef.).

2. Nicht dagegen folgt aus dem § 17, und zwar weder aus seinem Wortlaut noch aus seiner Bedeutung, daß verschiedene Dienstvergehen, wie das OVG. (Bd. 32 S. 431) gelegentlich aus ihm hat entnehmen wollen, stets als rechtliche Einheit zu behandeln sind und die disziplinare Bestrafung deshalb stets nur das „gesamte Verhalten" des Angeschuldigten auch beim Vorliegen mehrerer einzelner Dienstvergehen betrifft. Jener Ausdruck das „gesamte Verhalten" findet sich in dem Gesetze überhaupt nicht; der gesetzliche Ausdruck im § 16 „die sonstige Führung" ist dem zwar ähnlich, faßt aber nach dem Zusatz „sonstige" eben nur dasjenige Verhalten des Angeschuldigten zu einer Einheit zusammen, welches außerhalb „des" einzelnen, abzuurteilenden „Dienstvergehens" liegt, ist also gerade für deren

etwaige Zusammenfassung ohne Bedeutung. Der sonstige Inhalt des Gesetzes aber widerspricht geradezu solcher Zusammenfassung. Insbesondere der Wortlaut des § 3, wonach schon „eine“ der unter § 2 fallenden Handlungen ein „Dienstvergehen“ bildet, ergibt, daß der Tatbestand des § 2 schon erfüllt ist durch eine einzelne Handlung, und daß deshalb auch der Ausdruck der Ziff. 2 des § 2 „Verhalten“, der, freilich im Gegensatze zu dem Worte „verletzt“ in Ziff. 1 desselben Paragraphen, an sich auf einen Inbegriff von Fällen gedeutet werden könnte, doch nur das Verhalten in einem Einzelfalle und höchstens insoweit eine Gesamthandlung bedeutet, als überhaupt mehrere Handlungen unter einen rechtlichen Inbegriff (wie „Schuldenmachen“ u. dgl.) zu bringen sind. Wie sehr die einzelne Handlung und nicht das gesamte Verhalten Grundlage der disziplinaren Bestrafung ist, erhellt ferner aus § 43 Abs. 3 unseres Ges., nach dem verschiedene einzelne Anschuldigungen, gestützt auf verschiedene einzelne Tatsachen, im Disziplinarverfahren möglich sind. Gäbe es stets nur die einheitliche Anschuldigung des „gesamten“ dienstwidrigen „Verhaltens“, so wäre dies unmöglich, ja der Abs. 3 des § 43 vollkommen gegenstandslos; denn dann wäre diese einheitliche Beschuldigung stets schon in erster Instanz erhoben und eine „andere“ Beschuldigung daneben auch in der zweiten Instanz überhaupt nicht mehr denkbar.

Das Disziplinarrecht geht sonach im Gegensatz zu der Ansicht des Oberverwaltungsgerichts ebenso wie das allgemeine Strafrecht von dem Grundsatze der Selbständigkeit jeder Straftat aus, und wenn es auch wie dieses Sammeldelikte kennt, beispielsweise „Schuldenmachen“, „unsittlichen Lebenswandel“ usw., so sind dieses doch ebenso Ausnahmen wie etwa der Bankerott im Strafrecht. Für einen Sonderfall des Disziplinarrechts ist dies auch ausdrücklich gesetzlich anerkannt, nämlich für disziplinare Verfehlungen der Standesbeamten, die nach dem weiter unten abgedruckten § 11 des Personenstandsgesetzes in „jedem einzelnen“ Falle mit Ordnungsstrafen geahndet werden können.

Trotz dieser prinzipiellen Selbständigkeit jedes einzelnen Dienstvergehens **können** nun freilich im Disziplinarrecht ebenso wie im Strafrecht die einzelnen Straftaten, wenn sie zusammen zur Aburteilung kommen, mit einer Gesamtstrafe belegt werden, und zwar schon kraft der durch unseren § 17 dem Disziplinarrichter für die Strafabmessung gegebenen Freiheit, ohne die strafrechtlichen Vorschriften über eine Gesamtstrafe heranziehen zu müssen, deren analoge Anwendbarkeit wegen ihrer positiven Natur bedenklich erscheint. Jedenfalls sind die strafrechtlichen Vorschriften über die Berechnung dieser Gesamtstrafe durchaus positiv und darum auf das Strafrecht beschränkt. Im Disziplinarrechte geht die Praxis vielmehr, gestützt auf das ihr zustehende billige Ermessen, von dem Grundsatze aus, daß zunächst die höhere Strafe die niedrigere absorbiert. Wenn deshalb die erstere ihrer Natur nach nicht mehr wie die Geldbuße wegen eines weiteren minder strafwürdigen Dienstvergehens selbst erhöht werden kann, so wird wegen eines solchen Vergehens entweder überhaupt keine besondere Strafe verhängt oder, wo es geboten erscheint, zu der nächst schärferen Strafart gegriffen. Letzteres kann auch bei mehreren gleich strafwürdigen Vergehen in Frage kommen; erscheint es jedoch nicht angezeigt, so wird die angemessene Strafe auch für die mehreren Vergehen in der Regel nur einmal verhängt.

Wird aber nicht gleichzeitig wegen mehrerer Vergehen eingeschritten, so kann und muß wegen jedes derselben eine besondere Strafe verhängt werden, sofern solche sonst verwirkt erscheint. Dies folgt per argumentum e contrario zwingend aus dem besprochenen § 43 Abs. 3 des Ges., ja es bildet dessen notwendige Ergänzung. Auch die Freiheit, welche unser § 17 dem Disziplinarrichter gibt, ermöglicht kein anderes Vorgehen, geschweige denn, daß sie dazu zwingt, wie das OVG. annimmt; denn diese Freiheit gilt nur innerhalb des einzelnen Verfahrens, greift aber nicht auf andere über. Auch die Vorschriften des § 79 StGB. und des § 492 StPO. über die nachträgliche Verhängung einer Gesamtstrafe sind streng positiver Natur und analoger Anwendung nicht fähig.

In dem gleichen Sinne äußert sich Rheinbaben Bem. III zu § 23 und Bem. I 4 u. 5 zu § 38 dahin, daß „Anschuldigungspunkte" im Disziplinarverfahren nicht „abstrakte" Vorwürfe („gesetzwidrige Amtsführung", „Ungehorsam"), sondern „konkrete" Tatsachen sein müßten, die „einzeln" besonders zu erörtern seien und führt hierfür auch eine andere, sonst nicht veröffentlichte Entscheidung des OVG. sowie eine Entscheidung des Staatsministeriums an. An anderen Stellen freilich gibt er den Inhalt der besprochenen Entscheidung des OVG. (Bd. 32 S. 431) ohne Nachprüfung wieder.

3. Von der Freiheit, welche § 17 den Disziplinarbehörden bei Einleitung und Durchführung des Disziplinarverfahrens gewährt, machen die §§ 8 u. 9 unseres Ges. eine Ausnahme. Wie dort schon bemerkt, muß in deren Fällen das Disziplinarverfahren eingeleitet und muß auf Gehaltsverlust bzw. Entlassung erkannt werden. Nur für die Frage, ob trotz dieser ein Teil der Pension nach § 16 zu belassen ist, finden die allgemeinen dort entwickelten Grundsätze Anwendung.

Zweiter Abschnitt.

Von dem Disziplinarverfahren.

§ 18.

Jeder Dienstvorgesetzte ist zu Warnungen und Verweisen gegen seine Untergebenen befugt.

1. Mit § 18 beginnen die Vorschriften über das Disziplinarverfahren, und zwar regeln die §§ 18—21 das nichtförmliche Disziplinarverfahren für die leichteren Disziplinarvergehen und Disziplinarstrafen, die §§ 22ff. dagegen das vom Gesetze selbst so genannte „förmliche Disziplinarverfahren" für die schwereren Vergehen, bei denen Strafversetzung oder Dienstentlassung in Frage kommt. Diese beiden Strafen dürfen nur im förmlichen Verfahren durch Urteil

ausgesprochen werden; die übrigen Strafen können sowohl im förmlichen wie im nichtförmlichen durch Urteil oder Beschluß bzw. Verfügung verhängt werden.

2. „Dienstvorgesetzter" im Sinne der §§ 18ff. und Disziplinarbehörde im Sinne der §§ 22ff. sind an sich die Vorgesetzten bzw. die Behörden sowohl im Haupt- wie im Nebenamt. Jeder Vorgesetzte bzw. jede von beiden Behörden hat an sich die Disziplin in dem betreffenden Dienstzweige zu wahren, darf sie aber auch insoweit selbst wahren (vgl. OVG. am 3. 5. 1879 Bd. 5 S. 426f.). Wenn deshalb ein Beamter in seinem Nebenamte eine Verfehlung begeht, so schreiten dessen Dienstvorgesetzte ein. Die Vorgesetzten und die Disziplinarbehörden im Hauptamte geht das in der Regel nichts an. Das gilt jedoch der Natur der Sache nach nur für Dienstverstöße und unwürdiges Verhalten gerade nur im Nebenamte. Außerdienstliches unwürdiges Verhalten ist gleichermaßen strafwürdig für das Haupt- wie für das Nebenamt; hier haben deshalb die Behörden des Nebenamts, auch wenn die Verfehlung zuerst zu ihrer Kenntnis kommt, den Behörden des Hauptamts nur Mitteilung zu machen und im übrigen diesen die weitere Verfolgung zu überlassen. Ferner aber können schwere dienstliche Verstöße und unwürdiges Verhalten im Nebenamte den Beamten des Vertrauens und des erforderlichen Ansehens auch für sein Hauptamt berauben und sich demnach auch für dieses als unwürdiges Verhalten, wenngleich außer dem Amte, darstellen, beispielsweise dann, wenn der Beamte sich im Nebenamte bestechen läßt. In solchen Fällen, wo sonach ein Dienstvergehen sowohl für das Haupt- wie für das Nebenamt in Frage kommt, haben die Behörden des Nebenamtes ebenfalls das Einschreiten denen des Hauptamtes zu überlassen und sich mit diesen deswegen in Verbindung zu setzen.

Die Behörde des Nebenamtes kann endlich in allen Fällen das Einschreiten der des Hauptamtes überlassen bzw. diese darum ersuchen, da es stets zu den Pflichten eines Beamten gehört, auch übertragene Nebenämter sorgfältig zu verwalten.

Diese Grundsätze sind nicht nur richtig für die Beamten, welchen ein Nebenamt förmlich als solches übertragen ist, sondern sie gelten auch da, wo ein Haupt- und ein Nebenamt kraft Gesetzes in einer Person vereinigt sind, wo also eine organisatorische Verbindung zweier Ämter besteht.

Dies ist beispielsweise gesetzlich anerkannt für diejenigen Polizeibeamten, die mit Übernahme ihres Hauptamtes ohne weiteres auch zu Hilfsbeamten der Staatsanwaltschaft im Nebenamte werden. Nach § 57 und 58 unseres Gesetzes können Ordnungsstrafen gegen solche Beamte nicht nur von ihrem polizeilichen Vorgesetzten, sondern für Verstöße im Nebenamte auch von der Staatsanwaltschaft verhängt werden.

Gleiches war für die früheren Steuerexekutoren bei den Regierungen, die gesetzlich auch für das Ressort der Provinzialsteuerdirektionen indirekte Steuern und Gefälle einzutreiben hatten, im Verordnungswege bestimmt (Instruktion v. 15. 11. 1853 zur Ausführung der Verordnung v. 30. 7. 1853 wegen exekutivischer Beitreibung der direkten und indirekten Steuern § 1; MBl. S. 293).

Vor allem aber gilt es noch, und ist hier auch vom Oberverwaltungsgericht anerkannt worden, für den praktisch so häufigen Fall, daß ein Kommunalbeamter mit seinem Amte kraft Gesetzes zugleich auch unmittelbarer staatlicher Polizeibeamter wird (§ 62 der östlichen Städteordnung v. 30. 5. 1853; § 62 der westfälischen Städteordnung v. 19. 3. 1856; § 57 der rheinischen Städteordnung v. 15. 5. 1856; § 90 der östlichen Landgemeindeordnung v. 3. 7. 1891; § 74 der westfälischen Landgemeindeordnung v. 19. 3. 1856; § 28 der Kreisordnung für die Rheinprovinz v. 30. 5. 1887). Dann untersteht er als Polizeibeamter auch der Disziplinarbefugnis der staatlichen Polizeiaufsichtsbehörden. Das Oberverwaltungsgericht hat nämlich am 17. 12. 1887 (Bd. 16 S. 404 ff.) zutreffend entschieden, daß dem Landrat gegen einen städtischen Bürgermeister, über den er in kommunalen Dingen gemäß § 20 des Zuständigkeitsges. vom 1. August 1883 kein Disziplinarstrafrecht hat, dennoch in Polizeisachen als Polizeiaufsichtsbehörde ein disziplinares Ordnungsstrafrecht zukommt, welches durch § 20 a. a. O. wegen dessen Geltung lediglich für Gemeindeangelegenheiten nicht berührt sei und demgemäß auch nicht der Rechtskontrolle der Ziffer 2 jenes Paragraphen (Klage beim OVG.), sondern nur derjenigen aus § 21 unseres Gesetzes (Beschwerde an die vorgesetzten Polizeiinstanzen) unterliegt.

Bei organisatorischer Verbindung vom Haupt- und Nebenamt sind jedoch die obigen Darlegungen darüber, inwieweit die Disziplin zwischen beide Ressorts zu teilen ist, noch in einem Punkte zu ergänzen. Während nämlich bei den bloß durch Verwaltungsverfügung übertragenen Nebenämtern die Vorgesetzten dieses Nebenamtes an sich auch die disziplinare Wiederentfernung aus demselben allein betreiben können und zweckmäßig dann betreiben werden, wenn die Verfehlung im Nebenamte zwar schwer genug erscheint, um dessen Verlust zu fordern, nicht aber auch, um den Verlust des Hauptamtes zu rechtfertigen, so ist dies bei schon gesetzlich verbundenen Ämtern nicht möglich. Hier ist die Entfernung aus dem Nebenamte nur möglich durch die Entfernung auch aus dem Hauptamte und mit dieser identisch, und um deswillen gebührt die Einleitung und Durchführung des förmlichen Disziplinarverfahrens auf Entfernung aus dem Amte bei solchen Ämtern stets allein Behörden und Vorgesetzten des Hauptamtes. In den vorher erwähnten Gesetzen und Entscheidungen ist deshalb auch bei solchen Ämtern den Behörden des Nebenamtes nur ein „Ordnungsstrafrecht" — der Gegensatz zum förmlichen Disziplinarverfahren — beigelegt und für die dort erwähnten Polizeibeamten, die zugleich der Staatsanwaltschaft als „Hilfsbeamte" unterstehen, ist überdies ausdrücklich in § 63 unseres Gesetzes festgelegt, daß die Einleitung des Disziplinarverfahrens allein von der hauptamtlichen Behörde erfolgen darf. Dasselbe muß gelten für die häufig vorkommende organische Verbindung von Schul- und Kirchenämtern.

Zu den gleichen Ergebnissen kommen Brand (Note 2 zu § 80, Note 4 zu § 84 Reichsbeamtenges.), Seydel (Bem. 1 Abs. 4 zu

§ 19, Bem. 1 Abs. 6 zu § 23) und im wesentlichen auch Rheinbaben (Vorbem. I 2 a zu §§ 18—20 und Bem. VIII zu § 23). Zu eng ist jedoch vor allem die Auffassung Rheinbabens, daß bei mehreren unmittelbaren Staatsämtern die Disziplin auch wegen der Verfehlungen im Nebenamte grundsätzlich der Behörde des Hauptamtes zukomme. Dieser kann, wie oben bemerkt, die Behörde des Nebenamtes die Disziplin zwar stets überlassen und wird dies vielfach zweckmäßig tun, jedenfalls bei außeramtlichem, unwürdigen Wandel; ein weiteres als die Anweisung zu solchem Vorgehen enthalten auch die von Rheinbaben an der zuerst angeführten Stelle in Fußnote 2 zitierten Ministerialerlasse nicht. Gültig bleibt es jedenfalls stets, wenn die Behörden des Nebenamtes selbständig vorgehen, abgesehen von der Entlassung aus organisatorisch vereinigten Ämtern, wenngleich der Zusammenhang der Behörden erheischt, daß die Behörden des Nebenamtes von Disziplinarmaßregeln der Behörde des Hauptamtes mindestens nachträglich Mitteilung machen, noch besser aber sich vorher mit ihr darüber ins Benehmen setzen.

3. Das förmliche wie das nichtförmliche Disziplinarverfahren sind anwendbar auf alle Beamten, die unmittelbaren wie die mittelbaren (Kommunal- und Institutsbeamten), die Berufs- wie die Ehrenbeamten, die fest wie die widerruflich, auf Probe oder auf Kündigung angestellten. § 83 unseres Gesetzes bestimmt bezüglich der letzteren nur, daß sie ohne förmliches Verfahren „entlassen" werden „können", nicht müssen; wie wir zu § 83 noch sehen werden, ist es in einem auf dem Gebiete der Unfallgesetzgebung liegenden Fälle sogar nötig, gegen sie auch die Entlassung nur im förmlichen Disziplinarverfahren zu verhängen, und kann auch sonst angemessen sein. Vor allem aber sind Ordnungsstrafen auch gegen sie nur im nichtförmlichen Verfahren möglich, da aber auch stets zulässig. Wegen der Ausnahmen, die hier für einige Kommunal- und Ehrenämter etwa bestehen, siehe gleich bei Note 6 zu diesem Paragraphen.

Wegen der Kanzleidiener, Boten, Kastellane u. dgl. der obersten Verwaltungsbehörden siehe § 86 d. Ges.

Keiner Disziplin unterliegen, wie schon zu § 16 berührt, die endgültig in den Ruhestand getretenen Beamten, weder nach dem förmlichen noch dem nichtförmlichen Disziplinarverfahren. Denn das Gesetz betrifft nach seiner Überschrift auch die „Versetzung in den Ruhestand". Wenn es gleichwohl in den Abschnitten über das Disziplinarrecht nirgends die endgültig in den Ruhestand getretenen Beamten erwähnt, so ergibt sich daraus, daß dies mit Absicht geschehen ist und man die pensionierten Beamten keiner Disziplin hat unterwerfen wollen. Damit stimmt überein, daß man die früheren Vorschriften, nach denen eine strafrechtliche Verurteilung unter Umständen auch den Verlust der Pension zur Folge hatte, und welche die Regierung in § 7 des Gesetzes übernehmen wollte, in den Kammerverhandlungen gestrichen hat. Auch aus dem Wortlaut des § 2 kann übrigens geschlossen werden, daß ein Pensionär, der kein „Amt" mehr hat, auch kein Dienstvergehen mehr begehen kann.

4. Das Verfahren nach §§ 18—20 ist, wie schon bemerkt, nichtförmlich. Das besagt aber nur, daß es nicht den Formvorschriften der §§ 22 ff. dieses Gesetzes unterliegt, nicht daß dabei überhaupt keine Formvorschriften zu beachten sind. Auch insoweit sind vielmehr die Vorschriften der Strafprozeßordnung ergänzend heranzuziehen. Dabei ist das Verfahren dem Vorverfahren nach §§ 156 ff. StPO. gleichzustellen, und zwar um so mehr, als sich bei den ersten Ermittlungen über ein Dienstvergehen selten wird übersehen lassen, ob eine Ordnungsstrafe ausreicht oder ob zum förmlichen Disziplinarverfahren wird gegriffen werden müssen, so daß die Ermittlungen in der Tat stets auch als „Vorbereitung" für dies, der strafrechtlichen „öffentlichen Klage" gleichstehende, förmliche Verfahren erscheinen.

Nach der Struktur des Disziplinargesetzes findet freilich in diesem Vorverfahren eine Mitwirkung der Staatsanwaltschaft, die das gerichtliche beherrscht, nicht statt. Im Disziplinarrecht leiten vielmehr der Regel nach die Dienstvorgesetzten die vorläufigen Ermittlungen. Auch erhellt ohne weiteres, daß die §§ 156, 157, 161, 163, 167, 170—175 StPO. besondere strafrechtliche und strafprozessuale Verhältnisse vor Augen haben und einer entsprechenden Anwendung im Disziplinarrecht darum nicht fähig sind. Aber im übrigen gelten die strafprozeßrechtlichen Grundsätze, vor allem daß der Beschuldigte, ehe er bestraft wird, gehört werden muß, bei der Vernehmung aber die Äußerung ablehnen kann, und daß die Zeugenvernehmungen in der Regel uneidlich erfolgen und, wie mehrfach entschieden ist nach § 65 StPO., nur dann eidlich zu bewirken sind, wenn Gefahr im Verzuge ist oder sonst eine wahrheitsgemäße Aussage, von der die Erhebung der öffentlichen Klage, d. h. nach obigem die Einleitung des förmlichen Disziplinarverfahrens abhängt, zweifelhaft erscheint (§§ 133, 136, 159, 65 Abs. 3 StPO.). In diesem Falle sind die Amtsgerichte um die eidliche Vernehmung zu ersuchen; sie können auch sonst schon im Vorverfahren herangezogen werden (§§ 160, 164—166 StPO.).

Eine Vorführung oder gar Verhaftung des Angeschuldigten findet, wie sich aus §§ 32 u. 37 unseres Ges. ohne weitere Darlegung ergibt, im Disziplinarverfahren nicht statt. Erscheint vielmehr der Beschuldigte nicht, so wird lediglich angenommen, daß er seine Schuld bestreitet und im übrigen die Entscheidung nach Lage der Akten anheimstellt (vgl. Rheinbaben Bem. II 2 zu § 32 unseres Ges.). § 133 Abs. 2, §§ 134—135, 112—132 StPO. sind sonach nicht anwendbar.

Einen Verteidiger ferner kann sich der Beschuldigte nach der ausdrücklichen Vorschrift im § 37 unseres Ges. erst in der Hauptverhandlung, nicht schon in der Voruntersuchung oder gar im Vorverfahren nehmen. Die §§ 137, 142 StPO. und, wie wir später noch näher sehen werden, auch die §§ 138—140, 145, 149 StPO. sind demnach gleichfalls im Disziplinarverfahren unanwendbar.

Der § 162 StPO. endlich über die Aufrechterhaltung der Ordnung bei Vernehmungen ist durch die allgemeinen Machtbefugnisse der Staatsbehörden in dieser Beziehung gegenstandslos.

Die Verhängung einer Ordnungsstrafe steht etwa dem amtsrichterlichen Strafbefehl gleich. Der Beschluß ist deshalb wie jede Entscheidung im Disziplinarverfahren nach Maßgabe des § 13 **zuzustellen**. Dort ist auch schon vermerkt, daß **Bekanntmachung zu Protokoll genügt** (vgl. auch § 82 Reichsbeamtenges.). Im übrigen aber sind die Bestimmungen der §§ 447—452 StPO. über den Strafbefehl so auf speziell strafrechtliche Verhältnisse zugeschnitten, daß sie für das Disziplinarverfahren nicht in Frage kommen können.

Denselben Ansichten huldigt im wesentlichen auch Brand Note 1—3 zu § 82 des Reichsbeamtenges., wie denn dieser Paragraph die vornehmsten, eben erhobenen Forderungen für das Reichsdisziplinarrecht gesetzlich festlegt und damit zugleich einen Beleg für die entsprechende, damalige preußische Praxis erbringt. Auch Rheinbaben Vorbem. III zu §§ 18—20 kommt zu den gleichen Ergebnissen.*)

---

*) Hiernach sind folgende Vorschriften der StPO. zu beachten:

§ 158. Sobald die Staatsanwaltschaft (hierfür ist im Disziplinarverfahren überall zu setzen: „Dienstvorgesetzter") durch eine Anzeige oder auf anderem Wege von dem Verdachte einer strafbaren Handlung Kenntnis erhält, hat†) sie behufs ihrer Entschließung darüber, ob die öffentliche Klage zu erheben sei, den Sachverhalt zu erforschen.

Die Staatsanwaltschaft hat nicht bloß die zur Belastung, sondern auch die zur Entlastung dienenden Umstände zu ermitteln und für die Erhebung derjenigen Beweise Sorge zu tragen, deren Verlust zu besorgen steht.

§ 159. Zu dem im vorstehenden Paragraphen bezeichneten Zwecke kann die Staatsanwaltschaft von allen öffentlichen Behörden Auskunft verlangen und Ermittelungen jeder Art, mit Ausschluß eidlicher Vernehmungen, entweder selbst vornehmen oder durch die Behörden und Beamten des Polizei- und Sicherheitsdienstes vornehmen lassen. Die Behörden und Beamten des Polizei- und Sicherheitsdienstes sind verpflichtet, dem Ersuchen oder Auftrage der Staatsanwaltschaft zu genügen.

§ 160. Erachtet die Staatsanwaltschaft die Vornahme einer richterlichen Untersuchungshandlung für erforderlich, so stellt sie ihre Anträge bei dem Amtsrichter des Bezirks, in welchem diese Handlung vorzunehmen ist.

Der Amtsrichter hat zu prüfen, ob die beantragte Handlung nach den Umständen des Falles gesetzlich zulässig ist.

§ 164. Wird der Beschuldigte von dem Amtsrichter vernommen, und beantragt er bei dieser Vernehmung zu seiner Entlastung einzelne Beweiserhebungen, so hat der Amtsrichter dieselben, soweit er sie für erheblich erachtet, vorzunehmen, wenn der Verlust der Beweise zu besorgen steht . . . . . .

---

†) Im Disziplinarverfahren zu ersetzen durch „kann". Vgl. vorhin Note 1 zu § 17.

5. „*Dienstvorgesetzte*“ im Sinne unseres § 18 sind nicht nur die im § 19 und den dazu ergangenen Abänderungsgesetzen besonders aufgezählten Vorgesetzten, sondern *alle Vorgesetzten* nicht nur in *höheren Instanzen*, sondern *auch in derselben*, sei es auch kollegialen *Instanz*, *sofern nur dem Leiter* der Kollegialbehörde wahre *Aufsichtsbefugnisse* über seine Kollegen zustehen. Das Recht aus unserem § 18 bildet nach Ansicht des Gesetzes ein wesentliches Zubehör einer jeden solchen Vorgesetztenstellung, ohne welche diese nicht denkbar erscheint und auch tatsächlich nicht dauernd aufrechtzuerhalten ist. *Das gilt gleichermaßen* auch noch heute ebenso wie für die unmittelbaren *Staats-* für die *Kommunal*-Beamten. Die Gesetze, zumal §§ 20 u. 36 des Zuständigkeitsges. vom 1. Aug. 1883, welche das Ordnungsstrafrecht der Vorgesetzten gegen Kommunalbeamten beschränken, beziehen sich nämlich nach der ständigen und überzeugend begründeten Praxis des OVG. nur auf die Ordnungsstrafen im

---

Der Richter kann, wenn die Beweiserhebung in einem anderen Amtsbezirke vorzunehmen ist, den Amtsrichter des letzteren um Vornahme derselben ersuchen.

§ 165. In den Fällen der §§ 163, 164 gebührt der Staatsanwaltschaft die weitere Verfügung.

§ 166. Die Beurkundung der von dem Amtsrichter vorzunehmenden Untersuchungshandlungen und die Zuziehung eines Gerichtsschreibers erfolgt nach den für die Voruntersuchung geltenden Vorschriften.

§ 133. Der Beschuldigte ist zur Vernehmung schriftlich zu laden.

§ 136. Bei Beginn der ersten Vernehmung ist dem Beschuldigten zu eröffnen, welche strafbare Handlung ihm zur Last gelegt wird. Der Beschuldigte ist zu befragen, ob er etwas auf die Beschuldigung erwidern wolle.

Die Vernehmung soll dem Beschuldigten Gelegenheit zur Beseitigung der gegen ihn vorliegenden Verdachtsgründe und zur Geltendmachung der zu seinen Gunsten sprechenden Tatsachen geben.

Bei der ersten Vernehmung des Beschuldigten ist zugleich auf die Ermittelung seiner persönlichen Verhältnisse Bedacht zu nehmen.

§ 65. Abs. 1 . . . . . . (unanwendbar).

Abs. 2 . . . . . . (unanwendbar).

In dem vorbereitenden Verfahren ist die Beeidigung nur zulässig, wenn Gefahr im Verzuge obwaltet, oder wenn die Beeidigung als Mittel zur Herbeiführung einer wahrheisgemäßen Aussage über eine Tatsache, von der die Erhebung der öffentlichen Klage abhängig ist, erforderlich erscheint.

Erfolgt die Beeidigung im Vorverfahren, so ist der Grund in dem Protokoll anzugeben.

§ 82. Im Vorverfahren hängt es von der Anordnung des Richters

sogenannten engeren Sinne, d. h. auf Geldbuße und Arreststrafe, nicht auf die Strafgewalt aus § 18 dieses Ges. (vgl. insbesondere OVG. am 1. 12. 1888, Bd. 17 S. 444ff.).

Infolgedessen sind zweifellos die Oberpräsidenten und die Minister befugt, da sie auch in Kommunalangelegenheiten „Dienstvorgesetzte“ der Kommunalbeamten nach unserem § 18 wie nach § 7 des Zuständigkeitsges. sind, gegen Kommunalbeamte auch in Kommunalsachen Warnungen und Verweise zu verhängen. Ob sie auch Geldstrafen, wie dies früher zulässig war, selbst festsetzen können, oder ob hier ihre Befugnis durch die §§ 20 u. 36 des Zuständigkeitsges. dergestalt beschränkt ist, daß sie den Regierungspräsidenten darum ersuchen müssen, kann nach den Ausführungen des vorhin in Note 2 angezogenen Erkenntnisses des OVG. vom 17. 12. 1887 und des soeben genannten Erkenntnisses vom 1. XII. 1888, wonach die §§ 20 u. 36 des ZustGes. die Disziplin über Kommunalbeamte nicht „erschöpfend“ regeln, sowie angesichts der Tatsache, daß den Ministern sogar das höhere

---

(im Disziplinarverfahren: des „Dienstvorgesetzten“) ab, ob die Sachverständigen ihr Gutachten schriftlich oder mündlich zu erstatten haben.

§ 83. Der Richter kann eine neue Begutachtung durch dieselben oder durch andere Sachverständige anordnen, wenn er das Gutachten für ungenügend erachtet.

Der Richter kann die Begutachtung durch einen anderen Sachverständigen anordnen, wenn ein Sachverständiger nach Erstattung des Gutachtens mit Erfolg abgelehnt ist.

In wichtigeren Fällen kann das Gutachten einer Fachbehörde eingeholt werden.

§ 84. Der Sachverständige hat nach Maßgabe der Gebührenordnung Anspruch auf Entschädigung für Zeitversäumnis, auf Erstattung der ihm verursachten Kosten und außerdem auf angemessene Vergütung für seine Mühewaltung.

§ 85. Insoweit zum Beweise vergangener Tatsachen oder Zustände, zu deren Wahrnehmung eine besondere Sachkunde erforderlich war, sachkundige Personen zu vernehmen sind, kommen die Vorschriften über den Zeugenbeweis zur Anwendung.

§ 34. Die durch ein Rechtsmittel anfechtbaren Entscheidungen sowie diejenigen, durch welche ein Antrag abgelehnt wird, sind mit Gründen zu versehen.

§ 35. Entscheidungen, welche in Anwesenheit der davon betroffenen Person ergehen, werden derselben durch Verkündung bekanntgemacht. Auf Verlangen ist ihr eine Abschrift zu erteilen.

Die Bekanntmachung anderer Entscheidungen erfolgt durch Zustellung.

Abs. 3 . . . . . . (unanwendbar).

Recht der Einleitung des förmlichen Disziplinarverfahrens verblieben ist, zwar recht wohl gleichfalls zugunsten der Befugnis der Minister und Oberpräsidenten entschieden werden. Es mag jedoch dahingestellt bleiben, da die Oberpräsidenten und die Minister von diesem Rechte kaum Gebrauch machen werden, schon um dem Kommunalbeamten den Rechtszug aus OVG. nicht zu verschränken. Denn nach den zutreffenden Ausführungen des soeben wiederholt genannten Erkenntnisses des OVG. vom 17. 12. 1887 ist dieser Rechtszug nur gegeben für die Entscheidungen, die in §§ 20 u. 36 des Zuständigkeitsges. und ähnlichen Gesetzesstellen ausdrücklich genannt sind, also nicht gegen die Strafbescheide des Oberpräsidenten in erster Instanz und gegen die der Minister. Auch auf das Strafrecht aus § 18 aber gänzlich zu verzichten, kann den Oberpräsidenten und Ministern kaum zugemutet werden, nachdem dies ein „unentbehrliches Rüstzeug" für jede Disziplin bildet und vom OVG. auch wiederholt (u. a. a. a. O. Bd. 17 S. 446) so bezeichnet ist.

Zu Warnungen und Verweisen sind ferner als Dienstvorgesetzte im Sinne des § 18 die Regierungspräsidenten, die Präsidenten der Oberzolldirektionen und die Eisenbahndirektionspräsidenten auch gegen Mitglieder ihres Kollegiums befugt, obwohl ihnen das Ordnungsstrafrecht im engeren Sinne (Geldbußen) nach § 19 Abs. 5 unseres Ges. gegen die Mitglieder ihres Kollegiums bzw. die ihnen beigegebenen Räte und Assessoren nicht zusteht.

Nicht dagegen steht das Recht zu Warnungen und Verweisen zu den Oberregierungs- und Oberbauräten sowie den Ministerialdirektoren, soweit sie aus eigenem Recht, nicht in Vertretung des Präsidenten oder Ministers handeln. Denn sie sind keine disziplinaren „Dienstvorgesetzten" der übrigen Mitglieder der betreffenden Kollegien oder der Ministerialabteilung, sondern nur zu sachlichen Anordnungen und zur geschäftlichen Leitung befugt (vgl. Rheinbaben Bem. II Abs. 1 zu § 18, Bem. IV Abs. 3 zu § 19). **Wegen der abweichenden Stellung der Oberforstmeister s. Note 7 zum folgenden § 19.**

Auch den Vorstehern der Hauptzoll- und Hauptsteuerämter (Oberzoll- und Obersteuerinspektoren) hat die Praxis die Stellung als Dienstvorgesetzte gegenüber den übrigen Hauptamtsmitgliedern bisher versagt und ihnen nur geschäftliche Leitungsbefugnisse wie in dem eben erörterten Falle zuerkannt.

Dagegen kommt den Bürgermeistern der Städte, auch dort, wo Magistratsverfassung besteht, mithin in ganz Preußen, die Befugnis zu, gegen die Beigeordneten und Magistratsmitglieder (Stadträte) Warnungen und Verweise zu verhängen, da sie deren Dienstvorgesetzte im Sinne unseres § 18 sind. Dies ergibt sich aus § 58 Abs. 1 der östlichen Städteordnung, welcher lautet: „Der Bürgermeister leitet und beaufsichtigt den ganzen Geschäftsgang der städtischen Verwaltung.“ Ähnliche Bestimmungen finden sich in allen anderen Städteordnungen, namentlich in § 58 der westfälischen und in § 53 der rheinischen Städteordnung. Vom OVG. ist es demgemäß für die östlichen und die westfälischen Städte in dem eingangs dieser Note angeführten Erkenntnisse schon am 1. 12. 1888 (Bd. 17 S. 444ff.) anerkannt und neuerdings auch für die rheinischen Städte festgestellt worden.

Die Landbürgermeister in der Rheinprovinz und die Amtmänner in Westfalen ferner sind „Dienstvorgesetzte“ der dortigen Gemeindeeinnehmer und der Gemeindevorsteher. Dies ist für beide Beamtenkategorien in § 84 der Rheinischen Landgemeindeordnung ausdrücklich festgestellt, in Westfalen nur für die Gemeindevorsteher im § 41 der Westfälischen Landgemeindeordnung; für die westfälischen Einnehmer ergibt es sich jedoch gleichfalls aus § 74 derselben Landgemeindeordnung, wonach dem Amtmann die „Beaufsichtigung“ insbesondere auch des Etats- und Rechnungswesens der Gemeinden zusteht. Demgemäß sind die rheinischen Landbürgermeister und die westfälischen Amtmänner laut unseres § 18 befugt, gegen die dortigen Gemeindevorsteher und Gemeindeempfänger ebenso gegen alle niederen Gemeindebeamten Warnungen und Verweise zu verhängen. Der mehr erwähnte § 36 des Zuständigkeitsges.*) steht dem aus dem ebenfalls mehrfach erwähnten Grunde nicht entgegen, weil er sich nach den auch auf ihn zutreffenden Darlegungen des OVG. v. 1. XII. 1888 a. a. O. nur auf das Ordnungsstrafrecht im engeren Sinne (Geldbußen, Arrest) bezieht. Auch der Umstand,

*) Der Paragraph lautet:

§ 36. Bezüglich der Dienstvergehen der Gemeindevorsteher, Schöffen, Mitglieder des Gemeindevorstandes und sonstigen Gemeindebeamten sowie der Gutsvorsteher kommen die Bestimmungen des Gesetzes vom 21. Juli 1852 mit folgenden Maßgaben zur Anwendung:

1. Die Befugnis, gegen die Gemeindevorsteher (Amtmänner in Westfalen, Bürgermeister in der Rheinprovinz), Schöffen, Mitglieder des kollegialischen Gemeindevorstandes und sonstige Gemeindebeamten sowie gegen Gutsvorsteher Ordnungsstrafen zu verhängen, steht dem Landrate, und im Umfange des den Provinzialbehörden beigelegten Ordnungsstrafrechts dem Regierungspräsidenten zu.
   Gegen die Strafverfügungen des Landrats findet innerhalb zwei Wochen die Beschwerde an den Regierungspräsidenten, gegen die Strafverfügungen des Regierungspräsidenten innerhalb gleicher Frist die Beschwerde an den Oberpräsidenten statt.
2. Gegen die von dem Amtmann in Westfalen oder von dem Bürgermeister in der Rheinprovinz auf Grund des § 83 der Westfälischen Landgemeindeordnung vom 19. März 1856, beziehungsweise der §§ 83 und 104 der Rheinischen Gemeindeordnung vom 23. Juli 1845 gegen Unterbeamte der Gemeinden, Ämter oder Bürgermeistereien erlassenen Strafverfügungen findet innerhalb zwei Wochen die Beschwerde an den Landrat und gegen den auf die Beschwerde ergehenden Beschluß des Landrats innerhalb zwei Wochen die Beschwerde an den Regierungspräsidenten statt.
3. Gegen den auf die Beschwerde in den Fällen zu 1 und 2 in letzter Instanz ergehenden Beschluß des Regierungspräsidenten, beziehungsweise des Oberpräsidenten findet innerhalb zwei Wochen die Klage bei dem Oberverwaltungsgerichte statt.
   In den Hohenzollernschen Landen findet gegen die Strafverfügungen des Regierungspräsidenten innerhalb zwei Wochen unmittelbar die Klage bei dem Oberverwaltungsgerichte statt.
4. In dem Verfahren auf Entfernung aus dem Amte wird die Einleitung des Verfahrens von dem Landrate oder von dem Regierungspräsidenten verfügt und von denselben der Untersuchungskommissar und der Vertreter der Staatsanwaltschaft ernannt. Als entscheidende Disziplinarbehörde erster Instanz tritt an die Stelle der Bezirksregierung der Kreisausschuß; an die Stelle des Staatsministeriums tritt das Oberverwaltungsgericht. Der Vertreter der Staatsanwaltschaft bei dem Oberverwaltungsgerichte wird von dem Minister des Innern ernannt.

In dem vorstehend zu 4 vorgesehenen Verfahren ist entstehendenfalls auch über die Tatsache der Dienstunfähigkeit der ländlichen Gemeindebeamten Entscheidung zu treffen.

daß der Abs. 2 dieses § 36 nur den § 83, nicht aber auch den § 84 der Rheinischen Landgemeindeordnung anzieht, kann nicht etwa den Schluß rechtfertigen, daß damit das aus jenem § 84 sich für den Bürgermeister ergebende Recht zur Verhängung von Warnungen und Verweisen als Dienstvorgesetzter stillschweigend in Fortfall gekommen sei; diese Nichterwähnung ist vielmehr im Gegenteil nur ein weiterer Beweis dafür, daß der § 36 des Zuständigkeitsges. sich in der Tat auf jene allgemeinen Disziplinarbefugnisse gar nicht erstreckt.

Infolgedessen ist auch hier der Rechtszug unverändert geblieben, und es findet nur die Beschwerde an die Aufsichtsinstanzen gemäß § 21 unseres Ges., nicht aber die Beschwerde nach Abs. 2 des § 36 Zuständigkeitsges. mit nachfolgender Klage aus OVG. statt.

Daneben kann freilich auch der Landrat, wie er gemäß § 36 Abs. 1 a. a. O. gegen die Gemeindevorsteher und sonstigen höheren Gemeindebeamten Geldbußen festsetzen kann, natürlich auch als höherer Dienstvorgesetzter derselben „Warnungen" und „Verweise" verhängen. Tut er dies, so liegt formell eine „Strafverfügung des Landrats" vor, die nun allerdings nach § 36 a. a. O. den Rechtszug ans OVG. eröffnet.

Zweifelhafter kann endlich sein, ob die Amtsvorsteher im Osten in polizeilichen Angelegenheiten Dienstvorgesetzte der Gemeindevorsteher sind. Aus § 65 der Östlichen Kreisordnung vom 13. Dezember 1872 ist nämlich vom vormaligen Obertribunale (Bd. 73 S. 354) gelegentlich der Frage nach der Berechtigung zur Stellung des Strafantrags wegen Beleidigungen ausgeführt worden, daß die Amtsvorsteher kein „persönliches Aufsichtsrecht" über die Gemeindevorsteher hätten und keinerlei „Disziplinarmaßregeln", ja nicht einmal „Mahnungen" gegen jene verhängen durften, da § 65*) sie lediglich auf die all-

*) Der Paragraph lautet:

Dienstliche Stellung der Gemeinde- und Gutsvorstände sowie der Gendarmen zu dem Amtsvorsteher.

§ 65. Die Gemeinde- und Gutsvorstände sind verbunden, den Anweisungen und Aufträgen des Amtsvorstehers, welche derselbe in Gemäßheit seiner gesetzlichen Befugnisse in Dienstangelegenheiten an sie erläßt, nach-

gemeinen polizeilichen Zwangsbefugnisse beschränke. Indessen der Paragraph besagt nicht, daß die Amtsvorsteher „nur“ mit diesen Zwangsbefugnissen vorgehen müssen, sondern daß sie das „können“. Die Überschrift des Paragraphen „dienstliche Stellung“ usw. ergibt ferner, daß jedenfalls der Paragraph sich ex professo mit den dienstlichen Über- und Unterordnungsverhältnissen befaßt, und in diesem Zusammenhange wird die Verschiedenheit des Wortlauts zwischen Abs. 1 und Abs. 2 von entscheidender Bedeutung. Während nämlich der Abs. 1 insbesondere von „Anweisungen“ des Amtsvorstehers an die Gemeindevorsteher spricht, wie es bei dienstlichen Unterordnungsverhältnissen üblich ist, bedient der Abs. 2 sich gegenüber den Gendarmen des Ausdrucks „Requisitionen“, wie er für die Aufträge an nicht dienstliche unterstellte Behörden zutrifft. Während weiter den Amtsvorstehern in Abs. 1 den Gemeindevorstehern gegenüber nur das „Ordnungsstrafrecht“ abgesprochen wird, geschieht dies in Abs. 2 bei den Gendarmen für die gesamte „Dienstaufsicht“. Daraus ergibt sich, daß die Verschiedenheit der Behandlung der Gendarmen und der Gemeindevorsteher eine beabsichtigte ist, und daß sich demnach aus dem Schlußsatze des Abs. 2 doch entgegen den Ausführungen des OTr. durch zwingendes argumentum e contrario ergibt, daß gegenüber den Gemeindevorstehern den Amtsvorstehern die Dienstaufsicht zusteht, und daß demgemäß auch hier wie sonst der Ausdruck „Ordnungsstrafrecht“ im Abs. 1 nur das engere Ordnungsstrafrecht (Geldbuße, Arrest) umfaßt, nicht aber das mit der Dienstaufsicht stets verknüpfte Recht zu Warnungen und Verweisen. Zu diesen sind demgemäß die Amtsvorsteher gegenüber den Gemeinde-

---

zukommen, und können hierzu von ihm unter Anwendung der den Ortspolizeibehörden nach § 68 des Gesetzes über die Organisation der allgemeinen Landesverwaltung vom 26. Juli 1880 (GS. S. 291) zustehenden Zwangsmittel, mit Ausnahme der Haftstrafe, angehalten werden. Ein Ordnungsstrafrecht steht dem Amtsvorsteher gegen die Gemeinde- und Gutsvorsteher nicht zu.

Die Gendarmen haben den Requisitionen des Amtsvorstehers in polizeilichen Angelegenheiten zu genügen. Der Dienstaufsicht des Amtsvorstehers unterliegen sie nicht.

vorstehern befugt. Für die folgenden §§ 66—68 derselben Kreisordnung,*) die sich mit dem Verhältnis des Amtsvorstehers zum Landrat befassen, ist in analoger Weise schon nach der Fassung des § 67 a. a. O. unbestreitbar, daß der Landrat „Dienstvorgesetzter" des Amtsvorstehers ist, und mithin gegen diesen nach dem unberührt gebliebenen § 18 unseres Ges. Warnungen und Verweise verhängen kann. Auch der Rechtszug für diese Strafen ist unberührt geblieben und geht

---

*) Die Paragraphen lauten:

Dienstliche Stellung des Amtsvorstehers zu dem Landrate und dem Kreisausschusse.

§ 66. Der Landrat und der Kreisausschuß sind befugt, für die Geschäfte der allgemeinen Landes- und Kreiskommunalverwaltung sowie bei Beaufsichtigung der Kommunalangelegenheiten der zu dem Amtsbezirke gehörigen Gemeinden und Gutsbezirke die vermittelnde und begutachtende Tätigkeit des Amtsvorstehers in Anspruch zu nehmen.

§ 67. Abs. 1 . . . . . . (aufgehoben).

Die Aufsicht über die Geschäftsführung der Amtsvorsteher führt der Landrat als Vorsitzender des Kreisausschusses.

Dienstvergehen des Amtsvorstehers.

§ 68. Bezüglich der Dienstvergehen der Amtsvorsteher finden die Bestimmungen des Gesetzes vom 21. Juli 1852, betreffend die Dienstvergehen der nicht richterlichen Beamten (GS. S. 465), mit folgenden Maßgaben Anwendung:

1. Über die Verhängung von Ordnungsstrafen gegen die Amtsvorsteher beschließt im Umfange des den Provinzialbehörden beigelegten Ordnungsstrafrechtes der Kreisausschuß und im Umfange des dem Minister beigelegten Ordnungsstrafrechtes der Regierungspräsident. Dem Landrate steht das Recht zur Verhängung von Ordnungsstrafen gegen die Amtsvorsteher nicht zu.

   Gegen den Beschluß des Kreisausschusses findet innerhalb zwei Wochen die Beschwerde an den Bezirksausschuß, gegen die Strafverfügungen des Regierungspräsidenten innerhalb gleicher Frist die Beschwerde an den Oberpräsidenten statt.

   Gegen den auf die Beschwerde ergehenden Beschluß des Bezirksausschusses beziehungsweise des Oberpräsidenten findet innerhalb zwei Wochen die Klage bei dem Oberverwaltungsgerichte statt.

2. In dem auf Entfernung aus dem Amte gerichteten Verfahren wird die Einleitung des Disziplinarverfahrens von dem Landrate oder von dem Regierungspräsidenten verfügt und von denselben der Untersuchungskommissar sowie der Vertreter der Staatsanwaltschaft für die erste Instanz ernannt.

   Die entscheidende Behörde erster Instanz ist der Kreisausschuß, die entscheidende Behörde zweiter Instanz das Oberverwaltungsgericht. Der Vertreter der Staatsanwaltschaft bei dem Oberverwaltungsgerichte wird von dem Minister des Innern ernannt.

nach unserem § 21 lediglich an die höheren Vorgesetzten, nicht an das OVG. § 68 a. a. O. bezieht sich eben wieder nur auf das engere Ordnungsstrafrecht und regelt nur dieses unter Ausschaltung des Landrats.

Aus den gleichen Erwägungen wird man auch den § 24 der Westfälischen und den § 27 der Rheinischen Kreisordnung, die das „Ordnungsstrafrecht“ gegen Ehrenbürgermeister und Ehrenamtmänner an Stelle des Landrats und des Regierungspräsidenten den Kreis- und Bezirksausschüssen zuweisen, auf das engere Ordnungsstrafrecht beschränken und den Landräten und Regierungspräsidenten als Dienstvorgesetzten das Recht zu Warnungen und Verweisen lassen müssen.

Inwieweit die Landräte gegen städtische Bürgermeister und Beamte Warnungen, Verweise und Ordnungsstrafen im engeren Sinne verhängen können, siehe Note 3 zum folgenden § 19.

6. Für einige Beamten der Selbstverwaltung ist ausgesprochen, daß gegen sie Ordnungsstrafen entweder überhaupt nicht oder nur im förmlichen Disziplinarverfahren verhängt werden können.

Das gilt zunächst für die höheren Provinzialbeamten. Nach § 98 Ziff. 1 der Östlichen Provinzialordnung,*) der in allen anderen Provinzialordnungen gleichlautend wiederkehrt, ist nämlich

---

*) Der Paragraph lautet:

§ 98. In betreff der Dienstvergehen der Provinzialbeamten finden die Vorschriften des Gesetzes vom 21. Juli 1852 (GS. S. 465) mit folgenden Maßgaben Anwendung:

1. Gegen den Landesdirektor (Landeshauptmann) und die im § 41 gedachten Provinzialbeamten ist die Festsetzung von Ordnungsstrafen nur in dem auf Entfernung aus dem Amte gerichteten Verfahren zulässig.
2. Gegen die übrigen Provinzialbeamten steht die den Ministern und den Provinzialbehörden beigelegte Befugnis zur Verhängung von Ordnungsstrafen dem Landesdirektor zu; jedoch dürfen die von ihm festzusetzenden Geldbußen den Betrag von dreißig Mark nicht übersteigen.

   Außerdem steht

3. den Vorstehern von Provinzialanstalten die Befugnis zu, gegen die ihnen nachgeordneten Anstaltsbeamten, mit Ausnahme der oberen Anstaltsbeamten, Geldbußen bis zu zehn Mark festzusetzen.

die Festsetzung von „Ordnungsstrafen" gegen die Landeshauptleute, die Landesräte und -assessoren und die sonstigen leitenden Beamten selbständiger provinzieller Verwaltungszweige (Direktoren der Landesbanken, der Provinzialfeuerversicherungsanstalten usw.) nur im förmlichen Disziplinarverfahren zulässig. Es kann freilich, wie bisher, in Frage kommen, ob nicht auch hier unter „Ordnungsstrafen" nur die im engeren Sinne (hier allein Geldbuße) zu verstehen sind, und ob deshalb den Oberpräsidenten und Ministern das ihnen als „Dienstvorgesetzten" gebührende Recht zu Warnungen und Verweisen hat verschränkt werden sollen. Es kann dies jedoch dahingestellt bleiben, da jedenfalls von dem Rechte kaum Gebrauch gemacht werden wird.

Weiter greifen dagegen unzweifelhaft die Vorschriften, welche für die Mitglieder des Provinzialrats, des Provinzialausschusses und ähnlicher Selbstverwaltungsbehörden ergangen sind. Wenn §§ 14 u. 39 des Landesverwaltungsges.*) für

---

4. Gegen die Disziplinarverfügungen des Landesdirektors und der Vorsteher von Provinzialanstalten findet innerhalb zwei Wochen die Klage bei dem Bezirksausschusse statt.

5. In dem auf Entfernung aus dem Amte gerichteten Verfahren tritt an die Stelle des Regierungspräsidenten der Landesdirektor und, sofern das Verfahren gegen den letzteren selbst oder einen der im § 41 gedachten Provinzialbeamten gerichtet ist, der Minister des Innern, an die Stelle der Bezirksregierung beziehungsweise des Disziplinarhofes der Bezirksausschuß und an die Stelle des Staatsministeriums das Oberverwaltungsgericht.

Die Vertreter der Staatsanwaltschaft bei dem Bezirksausschusse und dem Oberverwaltungsgerichte werden vom Minister des Innern ernannt. Die Verhandlung vor dem Bezirksausschusse und dem Oberverwaltungsgerichte findet im mündlichen Verfahren statt. Das Gutachten des Disziplinarhofes ist nicht einzuholen.

Das Verfahren kann mit Rücksicht auf den Ausfall der Voruntersuchung durch Beschluß des Bezirksausschusses eingestellt werden.

6. Die Bestimmung des § 16 Nr. 1 des Gesetzes vom 21. Juli 1852 findet auch auf die Provinzialbeamten, mit Ausnahme der im § 41 gedachten, Anwendung.

*) Die Paragraphen lauten:

§ 14. Die gewählten Mitglieder und stellvertretenden Mitglieder des Provinzialrats werden von dem Oberpräsidenten vereidigt und in ihre Stellen eingeführt.

Sie können aus Gründen, welche die Entfernung eines Beamten aus

die gewählten Mitglieder der Provinzialräte und der Stadt- und Kreisausschüsse, § 51 der Östlichen Provinzialordnung,*) der wiederum ebenso in allen anderen Provinzialordnungen wiederkehrt, für sämtliche Mitglieder der Provinzialausschüsse als einzige mögliche Disziplinarmaßnahme der Entfernung aus dem Amte gedenken, so ist das nicht nur ein Beweis dafür, sondern eine Folge davon, daß diese Ehrenbeamten eigentliche „Dienstvorgesetzte" im Sinne der §§ 18 u. 19 des Disziplinarges. überhaupt nicht haben und demgemäß auch nicht in disziplinare Ordnungsstrafen irgendwelcher Art genommen werden können. Dasselbe muß auch für die gewählten Mitglieder des Bezirksausschusses gelten trotz des weiter-

seinem Amte rechtfertigen (§ 2 des Gesetzes vom 21. Juli 1852, betreffend die Dienstvergehen der nichtrichterlichen Beamten, GS. S. 465), im Wege des Disziplinarverfahrens ihrer Stellen enthoben werden.

Für das Disziplinarverfahren gelten die Vorschriften des genannten Gesetzes mit folgenden Maßgaben:

Die Einleitung des Verfahrens sowie die Ernennung des Untersuchungskommissars und des Vertreters der Staatsanwaltschaft erfolgt durch den Minister des Innern.

Disziplinargericht ist das Plenum des Oberverwaltungsgerichts.

§ 39. Die gewählten Mitglieder des Kreis- (Stadt-) Ausschusses können aus Gründen, welche die Entfernung eines Beamten aus seinem Amte rechtfertigen (§ 2 des Gesetzes vom 21. Juli 1852, betreffend die Dienstvergehen der nichtrichterlichen Beamten),' im Wege des Disziplinarverfahrens ihrer Stellen enthoben werden.

Für das Disziplinarverfahren gelten die Vorschriften des genannten Gesetzes mit folgenden Maßgaben:

Die Einleitung des Verfahrens sowie die Ernennung des Untersuchungskommissars erfolgt durch den Regierungspräsidenten.

Die entscheidende Behörde erster Instanz ist der Bezirksausschuß, die entscheidende Behörde zweiter Instanz das Plenum des Oberverwaltungsgerichts.

Der Vertreter der Staatsanwaltschaft wird für die erste Instanz von dem Regierungspräsidenten, für die zweite Instanz von dem Minister des Innern ernannt.

*) Der Paragraph lautet:

§ 51. Der Vorsitzende des Provinzialausschusses wird vom Oberpräsidenten, die Mitglieder des Provinzialausschusses werden von dem Vorsitzenden vereidigt und in ihre Stellen eingeführt. Sie können aus Gründen, welche die Entfernung eines Beamten aus seinem Amte rechtfertigen (§ 2 des Gesetzes vom 21. Juli 1852, GS. S. 465), im Wege des Disziplinarverfahrens ihrer Stellen enthoben werden.

Für das Disziplinarverfahren gelten die Vorschriften, welche nach Maßgabe des § 98 Nr. 5 gegen den Landesdirektor zur Anwendung kommen. (Dieser Paragraph ist auf der vorigen Seite soeben abgedruckt.)

greifenden Wortlautes des § 32 des Landesverwaltungsges.;*) denn was den gewählten Mitgliedern der unteren Instanz, der Stadt- und Kreisausschüsse recht ist, muß den gewählten Mitgliedern der höheren Instanz, der Bezirksausschüsse, billig sein, abgesehen davon, daß sich aus der gleichartigen Stellung auch der gewählten Provinzialratsmitglieder ergibt, daß es sich hier um ein allgemeines Prinzip für die Ehrenbeamten der Verwaltungsgerichts- und -beschlußbehörden handelt. Dasselbe Prinzip kehrt denn auch sonst im Rechte bei Ehrenbeamten ähnlicher Ausschüsse wieder, beispielsweise bei den Beisitzern der Versicherungsämter. Diese können zwar ihres Amtes entsetzt werden (§ 52 RVO.). Die Ordnungsstrafen, die nach § 53 RVO. gegen sie verhängt werden können, sind jedoch keine Disziplinar-, sondern bloße Zwangsstrafen.

Die weitere Fassung des § 32 des Landesverwaltungsges. erklärt sich demgegenüber daraus, daß er auch die ernannten Mitglieder der Bezirksausschüsse betrifft. Nur diesen gegenüber können die in § 15 des Richterdisziplinargesetzes zugelassenen Ordnungsstrafen (Warnung, Verweis mit oder ohne Verbindung mit Geldbuße) in Frage kommen; auch diesen gegenüber können sie aber nach § 16 desselben Ges. nur im förmlichen Disziplinarverfahren verhängt werden.

§ 19.

In Beziehung auf die Verhängung von Geldbußen ist die Befugnis der Dienstvorgesetzten begrenzt, wie folgt:

Die Vorsteher derjenigen Behörden, welche unter den

*) Der Paragraph lautet:

§ 32. Die gewählten Mitglieder und stellvertretenden Mitglieder werden durch den Vorsitzenden vereidigt. Alle Mitglieder und stellvertretenden Mitglieder unterliegen in dieser ihrer Eigenschaft den Vorschriften des Gesetzes, betreffend die Dienstvergehen der Richter usw., vom 7. Mai 1851 (GS. S. 218), beziehungsweise des Gesetzes vom 26. März 1856 (GS. S. 201).

Disziplinargericht ist das Plenum des Oberverwaltungsgerichts; der Vertreter der Staatsanwaltschaft wird von dem Präsidenten des Oberverwaltungsgerichts ernannt.

Provinzialbehörden stehen, einschließlich der Landräte, können gegen die ihnen selbst untergebenen Beamten sowie gegen die Beamten der ihnen untergeordneten Behörden Geldbußen bis zu neun Mark verfügen.*)

Andere Vorgesetzte der unteren Beamten dürfen solche Geldbußen nur insofern verfügen, als ihnen die Befugnis zur Verhängung von Geldbußen durch besondere Gesetze oder auf Grund solcher Gesetze erlassener Instruktionen beigelegt ist.

**) Den von der Staatsregierung eingesetzten Behörden der Eisenbahnverwaltung steht die Befugnis zu, gegen alle ihnen untergebenen Beamten Geldbußen bis zu dreißig Mark†) zu verhängen.

Die Provinzialbehörden sind ermächtigt, die ihnen untergeordneten Beamten mit Geldbuße bis zu neunzig Mark††) zu belegen, besoldete Beamten jedoch nicht über den Betrag des einmonatlichen Diensteinkommens hinaus.

Gleiche Befugnis haben die Vorsteher der Provinzialbehörden in Ansehung der bei letzteren angestellten unteren Beamten.

Die Minister haben die Befugnis, allen ihnen unmittelbar oder mittelbar untergebenen Beamten Geldbußen bis zum Betrage des monatlichen Diensteinkommens, unbesoldeten Beamten aber bis zur Summe von neunzig Mark††) aufzuerlegen.

---

*) Früher: „drei Taler". — Der hier folgende Satz über die „Vorsteher der Postanstalten" ist als für Preußen nunmehr gegenstandslos fortgelassen.

**) Die hier auch genannten „Oberpost- und die Telegraphendirektoren sind aus den gleichen Gründen wie eben gestrichen.

†) Im Gesetz: „zehn Taler".

††) Im Gesetz: „dreißig Taler".

Welche Beamten im Sinne dieses Paragraphen zu den unteren zu rechnen sind, wird durch das Staatsministerium bestimmt.

§ 20.

Nur diejenigen Dienstvorgesetzten, welche gegen die in § 15 Nr. 4 bezeichneten Beamten Geldbuße verhängen können, sind ermächtigt, gegen dieselben Arreststrafen zu verfügen.

Diejenigen Vorgesetzten, deren Strafgewalt auf Geldbuße bis zu neun Mark beschränkt ist, dürfen bei den Arreststrafen das Maß von drei Tagen nicht überschreiten.

Zu den §§ 19 u. 20.

1. Daß der Begriff des „Dienstvorgesetzten“ hier enger ist wie bei § 18, ist schon dort des weiteren erörtert worden. Nicht jeder Dienstvorgesetzte, der nach § 18 „Warnungen“ und „Verweise“ aussprechen darf, kann deshalb auch Geldbuße oder gar Arrest verhängen. Umgekehrt aber kann niemand, der nicht Dienstvorgesetzter nach § 18 ist, dies höhere Recht haben, wie sich zum Überfluß auch aus dem Wortlaut des § 19 (Recht der „Dienstvorgesetzten“) ergibt. Insofern sind also die dort gemachten Ausführungen darüber, wer überhaupt nicht „Dienstvorgesetzter“ ist, auch für unsere §§ 19 u. 20 von Bedeutung. Auch sonst aber hat dort schon vieles über das engere Ordnungsstrafrecht nach diesen Paragraphen vermerkt werden müssen.

2. Die am Schlusse unseres § 19 dem Staatsministerium vorbehaltene Bestimmung darüber, welche Beamten zu den „unteren“ im Sinne des Paragraphen zu rechnen sind, ist durch Beschluß des Staatsministeriums vom 7. April 1853 (MBl. f. d. i. V. S. 114) für die Befugnis der Vorsteher der Provinzialbehörden aus Abs. 5 unseres § 19 dahin getroffen worden, daß zu den „unteren“ Beamten insoweit alle bei der Provinzialbehörde angestellten und beschäftigten Beamten rechnen

mit alleiniger Ausnahme der Mitglieder der Behörde und der an Stelle von Mitgliedern beschäftigten Hilfsarbeiter (Assessoren), also jedenfalls auch die jetzt zu den „mittleren" Beamten gezählten Bureau- und Kanzleibeamten.

3. Die Befugnis der Landräte, gegen die ihnen „untergebenen" Beamten und die der Unterbehörden Geldbußen zu verhängen, ist nachträglich für Kommunalbeamte und Amtsvorsteher beschränkt worden durch die zum vorigen § 18 schon zitierten und teilweise auch abgedruckten Bestimmungen der neueren Verwaltungsgesetze.

Nach dem dort abgedruckten § 36 des Zuständigkeitsges. dürfen die Landräte zwar noch die Gemeindevorsteher im Osten, die Land-Bürgermeister in der Rheinprovinz, die Amtmänner in Westfalen wie die übrigen unteren Beamten der Landgemeinden in Ordnungsstrafen im engeren Sinne bis zu 9 Mk. bzw. bis zu drei Tagen Arrest (letzteren für Gemeindediener usw.) nehmen, nach § 24 der Westfälischen und § 27 der Rheinischen Kreisordnung aber nicht mehr die Ehrenamtmänner und Ehrenbürgermeister; gegen diese können nur die Kreisausschüsse bzw. die Regierungspräsidenten Geldbußen verhängen. Arrest kommt bei diesen schon nach § 15 unseres Ges. überhaupt nicht in Frage. In gleicher Weise dürfen die Amtsvorsteher im Osten nur vom Kreisausschuß oder vom Regierungspräsidenten in Geldstrafe genommen werden.

Was ferner die städtischen Beamten einschließlich der Bürgermeister auch in denjenigen Städten anbetrifft, die noch nicht kreisfrei sind (im Osten bis zu 25000, im Westen bis zu 40000 Einwohnern), so war hier die Rechtslage früher nicht einheitlich. Nach der Östlichen Städteordnung war in Gemeinde-, nicht in Polizeisachen jegliches Ordnungsstrafrecht dem Landrate versagt, und zwar sowohl nach § 18 wie nach § 19 u. 20 unseres Ges. Der Landrat war eben nicht „Dienstvorgesetzter" der Bürgermeister und Gemeindebeamten in Gemeindesachen, sondern auch kleine und kleinste „Städte" unterstanden nach § 76 der Östlichen Städteordnung direkt der Regierung. Dagegen unterstanden beispielsweise nach § 76 der Westfälischen Städteordnung die Städte unter 10 000 Einwohnern auch in städtischen Angelegenheiten der Aufsicht des Landrats; dieser war folgeweise auch insoweit „Dienstvorgesetzter" der Bürgermeister und der Beamten solcher Städte und deshalb nach Abs. 2 unseres § 19 zumal gegen die unteren und mittleren städtischen Beamten zweifellos auch zur Verhängung von Geldbußen und Arrest befugt.

Durch § 7 des Zuständigkeitsges. ist das System der Östlichen Städteordnung auf ganz Preußen ausgedehnt worden.*) Überall stehen deshalb in „städtischen Gemeindeangelegenheiten" die Städte direkt unter der Aufsicht des Regierungspräsidenten, und der Landrat ist insoweit nicht mehr „Dienstvorgesetzter" weder für die Bürgermeister noch für die übrigen städtischen Beamten.

Gegen die unteren und mittleren städtischen Gemeindebeamten übt vielmehr insoweit das allgemeine wie das engere Ordnungsstrafrecht gemäß §§ 18 u. 19 unseres Ges. der Bürgermeister aus, laut § 58 Abs. 3 der Östlichen Städteordnung,**) der ähnlich in den anderen Städteordnungen wiederkehrt (vgl. § 58 Abs. 3 der Westfälischen Städteordnung; in der Fassung abweichend, aber sachlich auf dasselbe hinauskommend: § 53 Ziff. 6 und § 87 der Rheinischen Städteordnung).

---

*) Der Paragraph lautet:

§ 7. Die Aufsicht des Staates über die Verwaltung der städtischen Gemeindeangelegenheiten wird in erster Instanz von dem Regierungspräsidenten geübt, unbeschadet der in den Gesetzen geordneten Mitwirkung des Bezirksausschusses und des Provinzialrats.

Für die Stadt Berlin tritt an die Stelle des Regierungspräsidenten der Oberpräsident, an die Stelle des Oberpräsidenten der Minister des Innern, für die Hohenzollernschen Lande tritt an die Stelle des Oberpräsidenten der Minister des Innern.

Beschwerden bei den Aufsichtsbehörden in städtischen Gemeindeangelegenheiten sind in allen Instanzen innerhalb zwei Wochen anzubringen.

**) Der Paragraph lautet:

§ 58. Abs. 1 u. 2 . . . . . .

Abs. 3: Zur Erhaltung der nötigen Disziplin steht dem Bürgermeister das Recht zu, den Gemeindebeamten Geldbußen bis zu drei Talern und außerdem den untern Beamten Arreststrafen bis zu drei Tagen aufzulegen (§§ 15, 19 und 20 des Gesetzes vom 21. Juli 1852, GS. S. 465).

Über die höheren Beamten (Beigeordnete, Stadträte) sowie über den Rechtszug für diese und für die unteren Gemeindebeamten bestimmt der schon mehrfach erwähnte § 20 des Zuständigkeitsges. folgendes:

§ 20. Bezüglich der Dienstvergehen der Bürgermeister, Beigeordneten, Magistratsmitglieder und sonstigen Gemeindebeamten kommen die Bestimmungen des Gesetzes vom 21. Juli 1852 mit folgenden Maßgaben zur Anwendung:

1. Gegen die Bürgermeister, Beigeordneten und Magistratsmitglieder sowie gegen die sonstigen Gemeindebeamten kann an Stelle der Bezirksregierung und innerhalb des derselben bisher zustehenden Ordnungsstrafrechts der Regierungspräsident Ordnungsstrafen festsetzen. Gegen die Strafverfügungen des Regierungspräsidenten findet innerhalb zwei Wochen die Beschwerde an den Oberpräsidenten, gegen den auf die Beschwerde ergehenden Beschluß des Oberpräsidenten findet innerhalb zwei Wochen die Klage bei dem Oberverwaltungsgerichte statt. In Berlin findet gegen die Strafverfügungen des Oberpräsidenten, in den Hohenzollernschen Landen findet gegen die Strafverfügungen des Regierungspräsidenten innerhalb zwei Wochen unmittelbar die Klage bei dem Oberverwaltungsgerichte statt.
2. Gegen die Strafverfügungen des Bürgermeisters findet innerhalb zwei Wochen die Beschwerde an den Regierungspräsidenten und gegen den auf die Beschwerde ergehenden Beschluß des Regierungspräsidenten innerhalb zwei Wochen die Klage bei dem Oberverwaltungsgerichte statt.
3. In dem Verfahren auf Entfernung aus dem Amte wird die Einleitung des Verfahrens von dem Regierungspräsidenten beziehungsweise dem Minister des Innern verfügt und von demselben der Untersuchungskommissar ernannt; an die Stelle der Bezirksregierung beziehungsweise des Disziplinarhofes tritt als entscheidende Disziplinarbehörde erster Instanz der Bezirksausschuß; an die Stelle des Staatsministeriums tritt das Oberverwaltungsgericht; den Vertreter der Staatsanwaltschaft ernennt bei dem Bezirksausschusse der Regierungspräsident, bei dem Oberverwaltungsgerichte der Minister des Innern.

In dem vorstehend bezüglich der Entfernung aus dem Amte vorgesehenen Verfahren ist entstehendenfalls auch über die Tatsache der Dienstunfähigkeit der Bürgermeister, Beigeordneten, Magistratsmitglieder und sonstigen Gemeindebeamten Entscheidung zu treffen.

Gegen Mitglieder der Gemeindevertretung findet ein Disziplinarverfahren nicht statt.

Hiernach hat gegen den Bürgermeister, die Beigeordneten, die Stadträte und sonstigen Gemeindebeamten in Kommunalsachen der Landrat jedenfalls Geldbußen nicht festzusetzen, sondern der Regierungspräsident. Es darf aber der Landrat, da er nach dem Obigen in städtischen Gemeindeangelegenheiten überhaupt nicht „Dienstvorgesetzter" ist, gegen die gedachten städtischen Beamten insoweit auch keine Warnungen und Verweise aussprechen. Daß dagegen die Bürgermeister dies schlechthin auch gegen Beigeordnete und Stadträte dürfen, und inwieweit die Minister und die Oberpräsidenten hierzu und zur Verhängung von Geldbußen befugt sind, haben wir schon zum vorigen § 18 gesehen.

4. Steht sonach den Landräten gegen die Bürgermeister und die sonstigen Beamten der Städte in „städtischen Gemeindeangelegenheiten" ein Ordnungsstrafrecht jeglicher Art nicht mehr zu, so haben wir ebenfalls beim vorigen § 18 bei Note 2 schon feststellen können, daß es ihnen in Polizeisachen, soweit die Städte ihnen dort überhaupt unterstehen, also bis zu 10000 Einwohnern, verblieben ist, und zwar sowohl das allgemeine aus § 18 wie dasjenige aus § 19 unseres Ges., da die §§ 7 u. 20 des Zuständigkeitsges. schon nach der Überschrift des Titels IV dieses Gesetzes, in dem sie stehen, ebenso wie nach dem klaren Wortlaute des § 7 sich nur mit städtischen Gemeindeangelegenheiten befassen und mithin die polizeilichen Ressortverhältnisse, die nicht gemeindlicher, sondern staatlicher Natur sind, und in denen die städtischen Beamten deshalb auch als u n mittelbare Staatsbeamte, nicht als „Gemeindebeamte" handeln und verantwortlich sind, gänzlich unberührt lassen (vgl. das oben zitierte Erkenntnis des OVG. Bd. 16 S. 404ff.).

Die gleichen Erwägungen müssen dahin führen, daß das den Landräten gegen Ehrenamtmänner in Westfalen und gegen Ehrenbürgermeister in der Rheinprovinz früher allgemein zustehende Ordnungsstrafrecht im engeren Sinne (Geldbuße) in Polizeisachen für unberührt zu erachten, da der im Eingange dieser Note besprochene § 24 der Westfälischen und der § 27 der Rheinischen Kreisordnung nur das „nach § 36 des Zuständigkeitsges." sich ergebende Ordnungsstrafrecht auf den

Kreisausschuß übertragen, § 36 a. a. O. aber ebenso wie § 20 desselben Ges. nach seiner Stellung im Systeme des Gesetzes lediglich Gemeindeangelegenheiten betrifft.

Anders liegt die Sache jedoch für die Amtsvorsteher im Osten. Diese sind von vornherein wesentlich nur für Polizeisachen geschaffen. Wenn gleichwohl der zum vorigen § 18 abgedruckte § 68 der Östlichen Kreisordnung den Landräten ein Ordnungsstrafrecht im engeren Sinne gegen die Amtsvorsteher versagt hat, so hat er dies schlechthin getan, auch, ja an erster Stelle für Polizeisachen. Gegen die „Kreisbeamten“ hat jedoch auch der Landrat dieses Recht nach § 134 Ziff. 3 der Östlichen Kreisordnung.*)

Wer gegen Provinzialbeamte Ordnungsstrafen verhängen kann, ergibt der bei Note 6 zum vorigen § 18 abgedruckte § 98 der Provinzialordnung.

5. Welche Beamten noch außer den Landräten „Vorsteher“ der „unter“, und zwar unmittelbar unter „den Provinzialbehörden“ stehenden „Behörden“ sind und darum gemäß Abs. 2 unseres § 19 Geldbußen bis zu 9 Mr. oder Arrest bis zu 3 Tagen vollstrecken dürfen, ist wohl in den mehr als

---

*) Der Paragraph lautet:

Der Kreisausschuß hat:

1. u. 2. . . . . . .

3. die Beamten des Kreises zu ernennen und deren Geschäftsführung zu leiten und zu beaufsichtigen.

Hinsichtlich der Besetzung der Kreisbeamtenstellen mit Militärinvaliden gelten die in Ansehung der Städte erlassenen Vorschriften; hinsichtlich der Dienstvergehen der Kreisbeamten finden die Bestimmungen des § 68 mit der Maßgabe Anwendung, daß das Recht zur Verhängung von Ordnungsstrafen auch dem Landrate zusteht.

Im übrigen handelt der Paragraph nur von den Kreiskommunalbeamten, den sog. „Kreisausschuß“-Sekretären und -Assistenten! — Die „Kreis-Sekretäre“ und „Kreis-Assistenten“ sind unmittelbare Staatsbeamte wie der Landrat selbst und werden vom Staate angestellt und besoldet. Sie unterstehen demnach allein den Vorschriften des § 18 u. 19 unseres Ges. und können vom Landrate auch in Geldbußen genommen werden.

60 Jahren seit Erlaß des Gesetzes für alle Ressorts gelegentlich entschieden worden und nirgends mehr zweifelhaft. Es bedarf deshalb hier kaum einer erschöpfenden Erörterung; doch sei folgendes hervorgehoben:

a) „Vorsteher“ einer „Behörde“ ist auch der Einzelbeamte, der allein die Behörde bildet, wie aus der vom Herrenhaus vorgenommenen Einschiebung der Landräte in den Gesetzestext bei deren damaliger Stellung zweifellos erhellt;

b) In der Verwaltung des Innern, und zwar der Gefängnisverwaltung, soweit sie vom Minister des Innern ressortiert, sind als Behördenvorsteher im Sinne des Gesetzes anerkannt die Strafanstalts- und Gefängnisdirektoren (§ 65 Nr. 4 der Strafanstaltsdienstordnung);

c) Im Ressort der Schulverwaltung gelten als solche Behördenvorsteher im Sinne des Abs. 2 unseres § 19 gemäß dem eben Gesagten, obwohl sie Einzelbeamte sind, die Kreisschulinspektoren. Die Ortsschulinspektoren und die ihnen rechtlich gleichstehenden Rektoren sind zwar „Dienstvorgesetzte“ der Lehrer und daher zu Warnungen und Verweisen gemäß dem § 18 unseres Ges. berechtigt, da sie aber nicht unmittelbar unter der Provinzialbehörde stehen, nicht zu Geldbußen nach § 19 Abs. 2. Die Schulvorstände, Schuldeputationen und Schulkommissionen usw. sind trotz ihrer durch die neuen Schulgesetze inzwischen erweiterten Zuständigkeit doch im wesentlichen nur für die äußere Schulverwaltung (Geldbeschaffung, Baufragen) bestimmt und daher ebensowenig wie die ihnen vorstehenden Kommunalbeamten „Dienstvorgesetzte“ der Lehrer und darum zu Warnungen und Verweisen nicht befugt, geschweige denn zu Geldbußen, und zwar selbst dann nicht, wenn etwa die Anstellung des Lehrers durch sie erfolgt ist (vgl. v. Bremen Volksschulwesen Bd. 1 § 7 Nr. 21; Erlaß des Kultusministers v. 24. 5. 1888; ZBl. f. UnterrVerw. S. 569). Die Direktoren der höheren Lehranstalten stehen zwar, nachdem durch § 24 Ziff. 2 unseres Ges. die Provinzialschulkollegien zu „Provinzialbehörden" im Sinne des Gesetzes erklärt sind, unmittelbar unter einer „Provinzialbehörde" auch im Sinne unseres Abs. 2 des § 19. Bei der eigenartigen Stellung der höheren Schulen in Preußen, wo auch die Königlichen Höheren Schulen besondere „Anstalten" mit Rechtspersönlichkeit sind, erscheint es aber zweifelhaft, ob sie „Behörden" im Sinne jenes Absatzes sind und ob ihre Direktoren deshalb ein Recht auf Verhängung von Geldbußen gegen die „untergebenen Beamten" in Anspruch nehmen können. Jedenfalls aber sind die Direktoren „Dienstvorgesetzte" der Anstaltslehrer und darum zu Warnungen und Verweisen nach § 18 befugt (vgl. des näheren sogleich noch Note 9);

d) Im Ressort der landwirtschaftlichen und Forstverwaltung sind, obwohl es sich auch hier um Einzelbeamte handelt, als „Vorsteher" im Sinne des Abs. 2 unseres § 19 anerkannt die Spezialkommissare (vgl. Erlaß des Landwirtschaftsministers v. 29. 3. 1889 (MBl. f. d. i. V. S. 55). Dasselbe muß gelten für die Vorsteher der Meliorationsbauämter und für die Oberförster;

e) Im Ressort der Finanzverwaltung sind anerkanntermaßen die Vorsteher der Hauptzoll- und Hauptsteuerämter (Oberzoll- und Obersteuerinspektoren), wenn sie nach dem zu § 18 Gesagten auch nicht Dienstvorgesetzte der übrigen Hauptamtsmitglieder sind, doch zweifellos Dienstvorgesetzte der dem Hauptamte untergebenen Beamten sowohl nach § 18 wie nach §§ 19 u. 20 unseres Ges. und können deshalb namentlich gegen alle Grenz- und Steueraufseher Geldbußen bis zu 9 Mk. und Arrest bis zu 3 Tagen verhängen. Ähnliches muß gelten für die Vorsteher der Katasterämter, die auch den Titel „Steuerinspektor" führen, und in verstärktem Maße für die Vorsteher der Stempel- und Erbschaftssteuerämter, die sog. „Stempelfiskale", die durchweg Regierungsräte oder

-assessoren sind. Die Oberzoll-, Obergrenz- und Obersteuerkontrolleure haben dagegen, da sie nicht unmittelbar unter den Provinzialbehörden stehen, dies engere Ordnungsstrafrecht aus unserem Abs. 2 des § 19 nicht; da sie jedoch zweifellos „Dienstvorgesetzte“ der Grenz- und Steueraufseher sind, können sie gegen diese Warnungen und Verweise nach dem vorigen § 18 aussprechen;

f) Im Ressort der Bau- und Eisenbahnverwaltung kommt die Befugnis aus Abs. 2 unseres Paragraphen und demgemäß nach § 20 auch die Befugnis zur Verhängung von Arreststrafen gegen die oben unter Note 4 zu § 15 genannten unteren Eisenbahnbeamten, den Vorstehern der Hoch- und Wasserbauämter, der Hauptwerkstätten, der Verkehrs- und der Betriebsinspektionen zu. Die Bahnhofs- und Oberbahnhofsvorsteher und die gleichstehenden Eisenbahnbeamten, zumal die Bahnmeister, stehen nicht unmittelbar unter den Provinzialbehörden (Eisenbahndirektionen) und haben deshalb das Ordnungsstrafrecht im engeren Sinne aus Abs. 2 unseres Paragraphen (namentlich das Arreststrafrecht gegen Schaffner usw.) nicht; ob sie das Recht zur Verhängung von „Warnungen“ und „Verweisen“ haben, hängt davon ab, inwieweit sie als „Dienstvorgesetzte“ der ihnen bei- und untergebenen Beamten zu erachten sind, was jedenfalls für die Bahnhofsvorsteher gegenüber den Stationsassistenten und den gleichstehenden mittleren Bahnbeamten aus ähnlichen Gründen wie für die Vorsteher der Hauptsteuerämter gegenüber den Hauptamtsmitgliedern kaum anzunehmen ist. Auch die Zug- und Lokomotivführer sind keine „Dienstvorgesetzten“ der Schaffner und Heizer im Sinne des Disziplinargesetzes, wenngleich sie jenen Befehle erteilen dürfen.

g) Im Ressort der Handels-, u. Gewerbe-, und zwar zunächst der Bergverwaltung sind Vorsteher einer unter den Provinzialbehörden stehenden Behörde im Sinne des Abs. 2 unseres Paragraphen die Bergrevierbeamten (Vorsteher der Berginspektionen). Soweit deshalb die ihnen unterstehenden Mannschaften Beamte sind, können sie gegen diese nach §§ 18, 19 u. 20 unseres Ges. Warnungen, Verweise, Geldbußen und eventuell auch Arrest verhängen. Die unter den Bergrevierbeamten stehenden staatlichen Bergbeamten sind für die ihnen weiter untergebenen Beamten im allgemeinen nicht Dienstvorgesetzte im Sinne des Disziplinargesetzes, zumal nicht die Obersteiger.

Die gleichfalls dem Ressort der Handels- und Gewerbeverwaltung angehörigen Eichungsinspektoren sind, da sie dem insoweit als „Provinzialbehörde" erklärten Oberpräsidenten unmittelbar unterstehen, Dienstvorgesetzte der staatlichen und der Gemeindeeichämter im Sinne der §§ 18 und 19 unseres Gesetzes und dürfen deshalb gegen Eichbeamte auch Geldbußen bis zu 9 Mk. festsetzen. Arrest gegen Eichmeister ist unzulässig. Die „geschäftsführenden" Eichmeister der staatlichen Eichämter sind dagegen, wie schon aus der Wahl dieses Ausdrucks anstatt „aufsichtführenden" erhellt, nicht „Dienstvorgesetzte" im Sinne des Disziplinargesetzes weder für die übrigen Eichamtsmitglieder, noch für die Gemeindeeichmeister, und dürfen daher auch bloße „Warnungen" und „Verweise" nicht erteilen, müssen vielmehr dieserhalb an den Eichungsinspektor berichten.

Die Gewerbeinspektoren haben im allgemeinen keine „untergebenen" Beamten; die Gewerbeinspektionsassistenten zählen jedenfalls nicht zu diesen. Wo die Gewerbeinspektoren „Untergebene" haben oder erhalten sollten, würden ihnen diesen gegenüber die Rechte aus Abs. 2 unseres Paragraphen nicht verweigert werden können.

6. Diese Befugnis, gegen die untergebenen Beamten Ordnungsstrafen im engeren Sinne zu verhängen, gebührt den Vorstehern der den Provinzialbehörden untergeordneten Behörden kraft Gesetzes und kann ihnen deshalb nur, wie dies für die Kommunalbeamten auch geschehen ist, durch Gesetz entzogen oder beschränkt werden. Für In-

struktionen ist hier kein Raum. Diese können nur insoweit Geltung beanspruchen, als sie mögliche Zweifel über die Stellung „unmittelbar unter" der Provinzialbehörde oder als „Dienstvorgesetzter" entscheiden. Ist für solche Zweifel nach den Organisationsgesetzen kein Raum, so kann eine Instruktion, welche den Behördenvorstehern gleichwohl ein Ordnungsstrafrecht abspricht, höchstens als Anweisung an den betreffenden Vorgesetzten betrachtet werden, sich seines Rechts nicht zu bedienen; tut er es aber doch, so sind seine Maßnahmen gültig.

Dagegen kann die Ausdehnung der Befugnis auf andere „Vorgesetzte" nach Abs. 3 unseres § 19 nicht nur durch Gesetz, sondern auch durch „Instruktionen" erfolgen, allerdings nur, wenn diese zur Ausführung von Gesetzen erlassen werden. Eine solche Instruktion ist insbesondere ergangen für die Deichhauptleute (Deichgrafen). Diese können nach § 33 des Allerhöchsten Erlasses, betreffend die Deichstatute, vom 14. Nov. 1853 (GS. S. 935) gegen die Unterbeamten der Deichverbände (Damm- oder Wallmeister) Disziplinarstrafen bis zu 9 Mk. festsetzen.

Daß wegen der Lotsenkommandeure ein gleiches geschehen sei, habe ich bisher nicht feststellen können. Den Lotsen können anscheinend nur die Regierungspräsidenten als „Provinzialbehörden" nach Abs. 5 § 19 Geldbußen und Arreststrafen erteilen.

Vgl. im übrigen sofort Note 10.

7. „Provinzialbehörden" im Sinne des Abs. 5 unseres § 19 sind ebenso wie im Sinne des Abs. 2 jedenfalls diejenigen Behörden, welche im § 24 Ziff. 2 unseres Gesetzes als „Provinzialbehörden" genannt oder diesen gleichgestellt sind, also auch die „Generallandschafts"- und „Hauptritterschaftsdirektionen", sowie die in den Etats als solche aufgeführten „unter den Ministern stehenden Zentralverwaltungsbehörden", für welche keine Provinzialbehörden bestehen, mithin insbesondere die „Hauptverwaltung der Staatsschulden" und die „Seehandlung". Zu letzteren ist später noch die „Preußische Zentralgenossenschaftskasse" hinzu-

gekommen*). Unter „den Ministern" stehen selbstverständlich auch die Behörden, die von der Gesamtheit der Minister, vom Staatsministerium ressortieren, also vor allem der Disziplinarhof selbst. Aus dem Ausdruck Zentral„verwaltungs"behörden braucht ein Grund gegen die Einreihung des Disziplinarhofes nicht entnommen zu werden, da der Ausdruck sich nicht auf die besondere Tätigkeit der Behörde, sondern nur auf ihre allgemeine Einreihung in die Behördenorganisation (Justiz oder Verwaltung) bezieht. Die Vorsteher („Präsidenten", „Dirigenten", „Direktoren") aller dieser Behörden sind berechtigt, gegen die bei diesen angestellten „unteren" Beamten, d. h. nach dem vorhin Gesagten gegen alle Beamten der Behörde mit Ausnahme der Mitglieder, Geldstrafen bis zu 90 Mk. zu verhängen. Gegen die Mitglieder können Ordnungsstrafen, soweit sie überhaupt zulässig sind, nur von den Ministern festgesetzt werden. Nicht zu den „unter den Ministern" stehenden Behörden rechnet dagegen die Archivverwaltung, obwohl sie direkt vom Staatsministerium und dessen Präsidenten ressortiert, weil für sie Provinzialbehörden wenigstens nach § 19 unseres Gesetzes bestehen, nämlich die Oberpräsidenten. Auch der Generaldirektor der Archive ist als solcher nach § 2 der Dienstanweisung für die Archivverwaltung v. 21. 1. 04**) nur

*) Vgl. Verordnung über die Rechtsverhältnisse der Beamten der Preuß. Zentralgenossenschaftskasse v. 2. August 1899 (GS. S. 397).

§ 3. Der Direktor der Preußischen Zentralgenossenschaftskasse ist für alle Beamten der Anstalt mit Ausnahme der Mitglieder des Direktoriums die unmittelbar vorgesetzte Dienstbehörde im Sinne des Gesetzes, betr. die Dienstvergehen der nichtrichterlichen Beamten usw., vom 21. Juli 1852 ...

§ 4. Für die Anwendung des im § 3 bezeichneten Gesetzes vom 21. Juli 1852 gelten noch folgende besondere Bestimmungen:

1. Der Direktor hat gegen alle ihm nach § 3 dieser Verordnung unterstellten Beamten die Strafbefugnisse des Vorstehers einer Provinzialbehörde (§ 18, § 19 Abs. 5 und 6 des angeführten Gesetzes).
2. Die entscheidende Disziplinarbehörde erster Instanz bestimmt sich nach § 24 Nr. 1, § 25 desselben Gesetzes.

**) § 2 der Dienstanweisung v. 21. 1. 04 (MBl. S. 34) lautet:

Die Beamten der Staatsarchive stehen unter der Oberaufsicht und Disziplinargewalt des Präsidenten des Kgl. Staatsministeriums, unter der unmittelbaren Aufsicht des bezüglichen Kgl. Oberpräsidenten, unter Leitung des Generaldirektors der Staatsarchive.

oberster „Leiter" des Archivwesens, also von sich aus selbst zu Warnungen und Verweisen nach § 18 unseres Gesetzes ebensowenig befugt wie die vorhin gedachten Ministerialdirektoren. Disziplinarstrafen aller Art einschließlich der Geldbußen können deshalb im Bereiche der Archivverwaltung nur die Oberpräsidenten im Umfange des Rechtes der Provinzialbehörden und das Staatsministerium bzw. dessen Präsident im Umfange der Ministerialinstanzen verhängen.

Haben diese „Provinzialbehörden" noch untergeordnete Beamte unterer Instanzen, was bei den eigentlichen Provinzialbehörden (Regierungen, Provinzialschulkollegien usw.) stets, bei den gleichgestellten (Generallandschaftsdirektionen, Seehandlung usw.) zumeist nicht der Fall ist, so können die „Behörden" diese sämtlichen „untergeordneten" Beamten, höhere wie niedere, Räte wie Bureau- und Exekutivbeamte, nach Abs. 5 unseres § 19 in Ordnungsstrafen bis zu 90 Mk. nehmen, d. h. wo die Behörde kollegialisch organisiert ist, was zurzeit bei den Regierungen nur noch bei Abteilung II und III der Fall ist, steht die Befugnis dem Kollegium (bei den Regierungen der Abteilung) zu (vgl. RundE. v. 31. I. 1831 bei v. Kamptz, Annalen Bd. 15 S. 14), wo die „Behörde" nicht mehr kollegialisch arbeitet, wie bei der früheren Abteilung des Innern der Regierungen, wieder dem Präsidenten, in Zukunft, da die Regierungsabteilungen ganz aufgehoben werden sollen, überall dem Präsidenten bei b e s c h l i e ß e n d e r Mitwirkung der Regierungsmitglieder des betreffenden „Geschäftskreises".

Auch hiernach haben die Oberregierungsräte der Abteilung II und III allein nicht die Strafbefugnisse aus Abs. 5 unseres § 19. Eine Ausnahme macht jedoch der O b e r f o r s t m e i s t e r. Nach § 43 der Regierungsinstruktion v. 23. 10. 1817 hat über die Forstbeamten des Bezirks er die Disziplinargewalt, nicht die Abteilung III und nicht der Oberregierungsrat dieser Abteilung, jedoch vorbehaltlich der Mitzeichnung des Präsidenten und Justitiars. Zu bemerken ist weiter, daß nur die „G e n e r a l l a n d s c h a f t s - d i r e k t i o n e n" den Provinzialbehörden gesetzlich gleichstehen, n i c h t die „L a n d s c h a f t e n". Wo nur diese bestehen, wie in Sachsen, Westfalen, Posen und Schleswig-Holstein, sind jedoch in den

Allerhöchst bestätigten, mit Gesetzeskraft ausgestatteten Statuten durchweg besondere Vorschriften über die Anwendbarkeit unseres Gesetzes auch für das Ordnungsstrafrecht getroffen. Die Einzelheiten, die hier zu weit führen würden, sind diesen Statuten zu entnehmen (vgl. auch sofort Note 10).

8. Den Provinzialbehörden nach unserem § 19 wie nach § 24 unseres Ges. eingefügt sind durch spätere Gesetze zunächst die Eisenbahndirektionen (vgl. das Ges. vom 17. Juni 1880, GS. S. 271). Mit diesen sind auch die „Eisenbahnkommissariate" vereinigt und damit ist Abs. 4 unseres § 19, der unter „Eisenbahnverwaltungen" diese Kommissariate sowie die früheren, kleineren, Direktionen der wenigen, einzelnen Staatseisenbahnen verstand, zwar nicht aufgehoben, aber gegenstandslos geworden.

Diese Provinzialbehörden gleichgestellt ist ferner der Präsident der Ansiedlungskommission für Westpreußen und Posen nach § 7 der V. v. 21. 6. 1886 (GS. S. 159). Ja, da die ihm beigegebenen „Oberbeamten" nicht Mitglieder der Behörde, sondern nur ihm bloß als „ständige Hilfskräfte" zugeordnet sind, kann er auch gegen diese Geldbußen verhängen.

Hierher gehört auch noch der § 45 des Landesverwaltungsges.:

§ 45. Die Geschäfte der direkten Steuerverwaltung werden an Stelle der Regierungsabteilung für direkte Steuern, Domänen und Forsten, für den Stadtkreis Berlin von der „Direktion für die Verwaltung der direkten Steuern" wahrgenommen.

Diese Behörde in wird betreff der Zuständigkeit in Disziplinarsachen den im § 24 Nr. 2 des Gesetzes vom 21. Juli 1852, betreffend die Dienstvergehen der nichtrichterlichen Beamten usw., bezeichneten Provinzialbehörden gleichgestellt.

Es ist ferner bereits oben berührt, daß neuerdings für die Eichverwaltung der Oberpräsident als „Provinzialbehörde", jedoch nur nach unserem § 19, bestimmt worden ist. Er kann deshalb gegen sämtliche staatlichen und Gemeindeeichbeamten einschließlich des Eichungsinspektors Warnungen, Verweise und Geldbußen bis zu 90 Mk. aussprechen.

In ähnlicher Weise sind als Provinzialbehörden nach § 19, nicht aber nach § 24 unseres Ges. die selbständigen Strombauverwaltungen anerkannt. Ihre Chefs (die Oberpräsidenten) haben deshalb gegen die unteren Beamten der Behörde die Rechte aus Abs. 6 unseres § 19, außerdem gegen die Mitglieder der Behörde als Dienstvorgesetzte die Rechte aus § 18. Gegen die Mitglieder der „Behörde" können Geldbußen nur die Minister verhängen, gegen alle übrigen der Behörde „untergeordneten" Beamten einschließlich der Vorsteher der Wasserbauämter darf dies die „Behörde". Die Strombaudirektoren stehen den Oberbauräten gleich oder sind solche; gemäß dem in Note 5 zu § 18 Gesagten sind sie deshalb nur in Vertretung der Oberpräsidenten, nicht aber selbständig zu irgendwelchen Disziplinarmaßnahmen befugt.

9. Besondere Behandlung erheischt zunächst noch die Stellung der Lehrer und Lehrerinnen.

Die Lehrkräfte an öffentlichen Schulen, und zwar gleichermaßen die höheren, die mittleren und die Volksschullehrer und -lehrerinnen sowie die Fortbildungsschul-, die Handels-, Gewerbe- und Haushaltungsschullehrer und -lehrerinnen sind im allgemeinen mittelbare Staatsbeamte, nämlich dann und insoweit, als ihre Gehälter von Gemeinden oder, wie es bei höheren Schulen auch vorkommt, von besonderen juristischen Personen (Korporationen) aufgebracht werden, weil sie dann rechtlich in deren Diensten und auf deren Etat stehen; gleichgültig ist dabei, wem das Anstellungsrecht zusteht; es kommt häufig vor, auch bei höheren „städtischen" Schulen, daß das Anstellungsrecht trotz der Unterhaltung der Schule durch die Kommune dem Staate zukommt, ja es ist dies jetzt bei allen Volksschulen, trotz deren Kommunalisierung hinsichtlich der rechtlichen Trägerschaft, die gesetzliche Regel. Unmittelbare Staatsbeamte sind Lehrer nur dann, wenn sie an den vom Staate unterhaltenen Anstalten wirken, also zumal an den „Königlichen" höheren Lehranstalten (Gymnasien usw., Seminare, Präparandenanstalten).

Trotzdem sonach die Lehrer in der erdrückenden Mehrzahl Kommunalbeamte im üblichen Wortsinne sind, sind sie gleichwohl auch dann nicht deren Rechtsregeln unterstellt worden, weder hinsichtlich ihrer Gehalts- und Ruhegehaltsbezüge, noch vor allem hinsichtlich der hier interessierenden Dienstaufsicht. Sie sind vielmehr durchweg in beiden Beziehungen den eigentlichen Staatsbeamten gleichgestellt. Diese gesonderte Behandlung fußt auf § 1 II 12 ALR., nach welchem „Schulen und Universitäten" „Veranstaltungen des Staates" sind und demgemäß unter alleiniger Staatsaufsicht auch dann stehen, wenn sie von Gemeinden oder Privaten gegründet und unterhalten werden, wie denn § 9 II 12 ALR. ausdrücklich bestimmt:

„Alle öffentlichen Schul- und Erziehungsanstalten stehen unter der Aufsicht des Staats und müssen sich den Prüfungen und Visitationen desselben zu allen Zeiten unterwerfen."

In dieser Stellung der Schulen und der Lehrer an ihnen ist durch die Verfassungsurkunde und die spätere Gesetzgebung nicht nur keine Änderung eingetreten, sondern die Stellung ist dadurch noch gefestigt worden. Art. 23 u. 24 der Preußischen Verfassungsurkunde bestimmen nämlich übereinstimmend dem mit Landrecht:

Art. 23. Alle öffentlichen und Privatunterrichts- und Erziehungsanstalten stehen unter der Aufsicht vom Staate ernannter Behörden.

Die öffentlichen Lehrer haben die Rechte und Pflichten der Staatsdiener.

Art. 24. Bei der Einrichtung der öffentlichen Volksschulen sind die konfessionellen Verhältnisse möglichst zu berücksichtigen.

Den religiösen Unterricht in der Volksschule leiten die betreffenden Religionsgesellschaften.

Die Leitung der äußeren Angelegenheiten der Volksschule steht der Gemeinde zu. Der Staat stellt unter gesetzlich geordneter Beteiligung der Gemeinden, aus der Zahl der Befähigten die Lehrer der öffentlichen Volksschulen an.

Allerdings waren diese Artikel früher durch Art. 112 der Verfassungsurkunde bis zum Erlaß eines entsprechenden Unterrichtsgesetzes suspendiert und sind dies auch nach Aufhebung des Art. 112 noch gemäß Art. 26 in der Fassung des Gesetzes vom 10. Juli 1906 (GS. S. 333); sie bilden aber eine Richtschnur für solche künftigen Gesetze und sind auch bei den bisherigen schon als solche behandelt worden. Vor allem ist dies geschehen durch das uns besonders interessierende Gesetz vom 11. März 1872, betreffend die Beaufsichtigung des Unterrichts- und Erziehungswesens (GS. S. 183), welches vorschreibt:

§ 1. Unter Aufhebung aller in einzelnen Landesteilen entgegenstehenden Bestimmungen steht die Aufsicht über alle öffentlichen und Privatunterrichts- und Erziehungsanstalten dem Staate zu.

Demgemäß handeln alle mit dieser Aufsicht betrauten Behörden und Beamten im Auftrage des Staates.

§ 2. Die Ernennung der Lokal- und Kreisschulinspektoren und die Abgrenzung ihrer Aufsichtsbezirke gebührt dem Staate allein.

Der vom Staate den Inspektoren der Volksschule erteilte Auftrag ist, sofern sie dies Amt als Neben- oder Ehrenamt verwalten, jederzeit widerruflich.

Alle entgegenstehenden Bestimmungen sind aufgehoben.

§ 3. Unberührt durch dieses Gesetz bleibt die den Gemeinden und deren Organen zustehende Teilnahme an der Schulaufsicht sowie der Art. 24 der Verfassungsurkunde vom 31. Januar 1850.

§ 4. Der Minister der geistlichen, Unterrichts- und Medizinalangelegenheiten wird mit der Ausführung dieses Gesetzes beauftragt.

Die am Schlusse dieses Gesetzes vorbehaltenen Ausführungsvorschriften sind für das allgemeine Schulwesen dann dahin ergangen, daß „Provinzialbehörden" auch im Sinne unseres Gesetzes für die höheren öffentlichen Schulen die Provinzialschulkollegien, für die mittleren Schulen („Bürger-", „Rektorats"schulen u. dgl.) ebenso wie für die Volksschulen die Regierungsabteilungen für Kirchen- und Schulwesen sind. Die im § 3 d. Ges. den „Gemeinden" und deren „Organen" vorbehaltene „Teilnahme" an der Schulaufsicht ist nirgends, wie wir schon oben bei Note 5c zu diesem Paragraphen sahen, zu einer wahren Dienstvorgesetztenstellung im Sinne unseres Disziplinargesetzes ausgestattet worden. Ebensowenig ist der Landrat disziplinarer Dienstvorgesetzter; ein disziplinares Einschreiten gegen Volksschullehrer hat er vielmehr dem Kreisschulinspektor zu überlassen. Über die Stellung der Direktoren der höheren Lehranstalten vgl. ebenfalls die vorhergehende Note 5 unter c. Für die Fortbildungs-, Gewerbeschullehrer u. dgl. ist deren Stellung als mittelbare Staats- und nicht Gemeindebeamte neuerdings vom OVG. mehrfach scharf betont worden. Dienstvorgesetzte für diese sind allein die Schuldirektoren, die Regierungspräsidenten und der Handels- bzw. Landwirtschaftsminister (vgl. OVG. am 6. I. 1913 Preuß. VBl. XXXIV, S. 452 und Erlaß des Handelsministers v. 20. III. 1903, HMinBl. S. 191 nebst dem daselbst als Anlage abgedruckten Erkenntnis des OVG. v. 6. I. 1913).

In der Stellung der Provinzialbehörden für Lehrer ist neuerdings zwischen den Regierungen und den Provinzialschulkollegien eine Verschiebung dadurch eingetreten, daß die meisten „höheren Mädchenschulen“, die früher rechtlich zu den „Mittelschulen“ zählten, jetzt als wahre „höhere“ Lehranstalten anerkannt sind. Während deshalb früher die Regierungen für die Lehrer und Oberlehrer an solchen Anstalten sowohl Ordnungsstrafbehörden nach Abs. 5 unseres Paragraphen wie erkennende Disziplinarbehörden nach §§ 24 u. 25 d. Ges. waren, sind dies jetzt fast durchweg die „Provinzialschulkollegien“.

Augenblicklich schweben Erwägungen wegen gänzlicher Umgestaltung der Schulaufsichtsbehörden in der Kreis- und Bezirksinstanz („Provinzialbehörde“). Die Änderungen werden sich jedoch voraussichtlich, wie schon gestreift, auf Aufhebung der Schulabteilungen an den Regierungen und Übertragung ihrer Befugnisse auf den Präsidenten bei beschließender Mitwirkung der mit Schulrecht befaßten „Regierungsmitglieder“ beschränken.

Die Lehrer an den nicht „öffentlichen“ Privatschulen sind naturgemäß weder mittelbare, geschweige denn unmittelbare Staatsbeamte. Sie unterliegen deshalb nicht unserem Gesetze. Da aber nach den eben wiedergegebenen Vorschriften auch sie der „Aufsicht“ des Staates, und zwar der Regierungsabteilungen für Schulwesen unterstehen, so ist in der zur Ausführung dieser Vorschriften ergangenen Staatsministerialinstruktion vom 31. Dezember 1839 den Schulbehörden doch das Recht zuerkannt, über sie Verweise und Geldstrafen bis zu 90 Mk. — nach der Instruktion, nicht nach dem Disziplinargesetz! — zu verhängen und eventuell ihre Entlassung zu verfügen.

10. Der § 69 II 10 ALR. rechnet zu den mittelbaren Staatsbeamten, welche unserem Gesetze gleichfalls nachzukommen haben, auch alle diejenigen, die im Dienste der dem „Staate“ „untergeordneten“ Korporationen stehen.*)

---

*) Die mehr erwähnten §§ 68 u. 69 II 10 ALR. lauten:

§ 68. Alle Beamte des Staates, welche zum Militärstande nicht gehören, sind unter der allgemeinen Benennung von Zivilbedienten begriffen.

Hieraus erhellt zunächst nur so viel, daß es sich um öffentlich-rechtliche, nicht um private Korporationen handeln muß. Welche der öffentlich-rechtlichen Korporationen aber dem Staate „untergeordnet“ in diesem Sinne sind, ist theoretisch nicht leicht zu sagen. Im allgemeinen wird angenommen, daß es sich nicht nur um eine „Unterordnung“, sondern um eine „Einordnung“ in den Staatsorganismus handeln muß, daß mithin die Korporation eigentlich Staatsaufgaben dient. Ob dies der Fall ist, kann im Einzelfalle oft zweifelhaft sein; auch hier wird aber meist schon die Praxis eine Entscheidung getroffen haben.

a) Anerkannt sind jedenfalls als solche Korporationen gesetzlich und durch gesetzgleiches Statut, wie schon zuvor berührt, die Landschaften, Generallandschaften und Ritterschaften.

b) Es sind ferner anerkannt die Haubergsgenossenschaften durch die Haubergsordnungen,*) die Deichgenossenschaften bzw. -verbände durch die Deichstatute.**) Nach Analogie dieser Vorschriften werden ferner anerkannt werden müssen die öffentlich-rechtlichen Waldgenossenschaften nach dem Gesetze vom 6. Juli 1875 (GS. S. 416), die öffentlich-rechtlichen Wassergenossenschaften nach den Gesetzen vom 1. April 1879 (GS. S. 297), vom 19. Mai 1891 (GS. S. 97) und vom 14. August 1893 (GS. S. 199) und endlich die durch Spezialgesetz gebildete Emschergenossenschaft. Wenn jedoch

---

§ 69. Dergleichen Beamte stehen entweder in unmittelbaren Diensten des Staates oder gewisser demselben untergeordneter Kollegien, Korporationen und Gemeinen.

*) Vgl. Haubergsordnung für den Kreis Altenkirchen vom 9. April 1890 (GS. S. 55).

§ 35. In betreff der Dienstvergehen der Mitglieder des Vorstandes und der sonstigen Genossenschaftsbeamten finden die auf die Gemeindebeamten bezüglichen Vorschriften des Gesetzes vom 21. Juli 1852 (GS. S. 465) in Verbindung mit den einschlagenden Bestimmungen des § 36 des Gesetzes, betr. die Zuständigkeit der Verwaltungs- und Verwaltungsgerichtsbehörden vom 1. August 1883 (GS. S. 237) sinngemäße Anwendung. Die erkannten Strafen fließen in die Genossenschaftskasse. (Gleichlautend § 33 der Haubergsordnung für den Dill- und Oberwesterwaldkreis vom 4. Juni 1887, GS. S. 289.)

**) Vgl. oben Note 6.

in den Statuten dieser Genossenschaften Abweichendes bestimmt ist, so hat es dabei sein Bewenden, da alle diese Statuten Gesetzeskraft haben (vgl. RG. i. Zivils. Bd. 31 S. 235).

Auch bei den Zuständigkeitsvorschriften, die in den meisten dieser Statute und Ordnungen enthalten und dort nachzusehen sind, hat es aus demselben Grunde sein Bewenden. Fehlen solche Vorschriften, so gilt für das Ordnungsstrafrecht nach unserem Gesetze folgendes:

Der Vorsteher der Genossenschaft ist „Dienstvorgesetzter" ihrer Beamten und deshalb zu Warnungen und Verweisen befugt. Da er aber nicht Vorsteher einer „Behörde" im Sinne des Abs. 2 unseres § 19 ist, so kann er nach Abs. 3 daselbst auch als „Vorgesetzter" ein Ordnungsstrafrecht im engeren Sinne (Geldbußen) gegen Untergebene nur in Anspruch nehmen, wenn es ihm durch das Gesetz oder „Instruktion" (hier das „Statut") ausdrücklich zugewiesen ist, wie dies nach Note 6 für die Deichhauptleute geschehen ist. Andernfalls ist zur Verhängung von Ordnungsstrafen jeder Art wie gegen den Vorsteher selbst so auch gegen die übrigen Beamten, falls die Korporationen auch den Landräten unterstehen, der Landrat, sonst die „Provinzialbehörde", d. h. nach § 24 unseres Ges. der Regierungspräsident, zuständig, in höherer Instanz der betreffende Ressortminister.

c) Es sind ferner in der Praxis als mittelbare Staatsbeamte anerkannt die Beamten der Handwerkskammern, der Handelskammern und ähnlicher kaufmännischer Korporationen, vor allem der „Börsen" und der „Ältesten der Kaufmannschaft von Berlin" (vgl. OVG. Bd. 16 S. 154, Bd. 19 S. 62 und Erlaß des Handelsministers v. 20. 6. 01; HandelsMBl. S. 116). Auch hier sind zunächst die Statuten maßgebend. Findet sich in diesen über die Zuständigkeit nichts, so gilt genau dasselbe, was vorstehend für die Wassergenossenschaften usw. entwickelt worden ist, nur daß hier die Landräte, da ihnen solche Korporation nie unterstehen, jedenfalls ausscheiden.

d) Durch die mit Gesetzeskraft ausgestatteten Satzungen sind ferner als mittelbare Staatsbeamte auch im Sinne des Disziplinargesetzes anerkannt die Beamten der Landwirtschaftskammern. „Dienstvorgesetzter" sämtlicher Kammerbeamten ist hier der Vorsitzende, der demgemäß Warnungen und Verweise erteilen darf. Geldbußen dagegen setzt der Gesamtvorstand der Kammer fest, und zwar, da die Kammern direkt unter dem Landwirtschaftsminister, also den Provinzialbehörden gleichstehen, im Umfange der den Provinzialbehörden gebührenden Rechte nach § 19 Abs. 5 unseres Ges. (vgl. §§ 10 u. 13 der Satzungen in der Fassung der Bekanntmachungen des Landwirtschaftsministers v. 5. 10. und 25. 11. 03, Staatsanzeiger Nr. 239ff., Nr. 281).

e) Durch gelegentliche Entscheidungen sind weiter anerkannt die Beamten des Militärwaisenhauses in Potsdam (OVG. im pr. VerwBl. Bd. 23 S. 689; Staatsministerium bei Rheinbaben S. 24).

f) Gesetzlich sind endlich als mittelbare Staatsbeamte anerkannt die Beamten der Landesversicherungsanstalten.

Sowohl nach dem früheren wie nach dem jetzigen Rechte sind nämlich die Landesversicherungsanstalten „bundesstaatliche öffentliche Behörden" (§ 1343 RVO.), und zwar nach der Regelung, die der Sache in Preußen angediehen ist, der Provinzialverbände. Infolgedessen bestellen gemäß § 1344 der RVO. die Provinzialverbände die beamteten Vorstandsmitglieder stets nach den „landesgesetzlichen" Vorschriften, d. h. nach den Provinzialordnungen. Die beamteten Vorstandsmitglieder jedenfalls sind demnach Provinzialbeamte und unterstehen disziplinar dem oben abgedruckten § 98 der Provinzialordnungen.

Anders liegt die Sache für die Bureau-, Kanzlei- und Unterbeamten. Diese brauchen nicht Provinzialbeamte zu sein. Werden sie wie die „Landesversicherungssekretäre" nicht als solche angestellt, so erfordern aber der § 1348 RVO. und der frühere § 98 des Invalidenversicherungsges. für sie eine ähnliche Regelung. Diese ist in disziplinarer Beziehung erfolgt durch das Gesetz, betr. die Dienstvergehen der Beamten der

Landesversicherungsanstalten, vom 17. Juni 1900 (GS. S. 251), welches bestimmt:

§ 1. Auf die Dienstvergehen der bei den Versicherungsanstalten und ihren Organen im Hauptamte beschäftigten Bureau-, Kanzlei- und Unterbeamten finden die Vorschriften des Gesetzes, betr. die Dienstvergehen der nichtrichterlichen Beamten usw., vom 21. Juli 1852 mit den aus den nachstehenden Bestimmungen sich ergebenden Maßgaben Anwendung.

§ 2. Die den Ministern und den Provinzialbehörden beigelegte Befugnis zur Verhängung von Ordnungsstrafen steht dem Vorsitzenden des Vorstandes der Versicherungsanstalt zu, jedoch dürfen die von ihm verhängten Geldbußen den Betrag von dreißig Mark nicht übersteigen.

Gegen die Disziplinarverfügungen findet innerhalb zwei Wochen die Klage bei dem Bezirksausschusse statt.

§ 3. In dem auf Entfernung aus dem Amte gerichteten Verfahren tritt an die Stelle des Regierungspräsidenten der Vorsitzende des Vorstandes der Versicherungsanstalt, an die Stelle der Bezirksregierung und des Disziplinarhofs der Bezirksausschuß und an die Stelle des Staatsministeriums das Oberverwaltungsgericht.

Die Vertreter der Staatsanwaltschaft bei dem Bezirksausschuß und dem Oberverwaltungsgerichte werden vom Minister für Handel und Gewerbe ernannt. Die Verhandlung vor dem Bezirksausschuß und dem Oberverwaltungsgerichte findet im mündlichen Verfahren statt. Das Gutachten des Disziplinarhofs ist nicht einzuholen.

Das Verfahren kann mit Rücksicht auf den Ausfall der Voruntersuchung durch Beschluß des Bezirksausschusses eingestellt werden.

§ 4. Auf die bei den Versicherungsanstalten und ihren Organen im Hauptamte beschäftigten Bureau-, Kanzlei- und Unterbeamten, welche Provinzialbeamte sind, findet das Gesetz keine Anwendung.

Eine Erläuterung erübrigt sich. Eine gleiche Regelung ist für die Beamten der Krankenkassen geplant.

11. Besonderer Erörterung bedarf weiter noch die Stellung der Standesbeamten.

Die Standesbeamten sind entweder unmittelbare Staatsbeamte — nämlich wenn sie gemäß § 4 Abs. 1 und § 6 des Personenstandsges. vom 6. Febr. 1875 (RGBl. S. 23) von der höheren Verwaltungsbehörde (in Preußen dem Oberpräsidenten) „bestellt" sind — oder als „Gemeindebeamte" mittelbare Staatsbeamte —, sofern nämlich gemäß § 4 desselben Ges. ein ohnehin vorhandener Gemeindebeamter, (der Gemeindevorsteher, sein gesetzlicher Stellvertreter oder ein von diesen „beauftragter" Gemeindebeamter) die Geschäfte des Standesbeamten für den Umfang der Gemeinde „wahrnimmt", oder sofern die Gemeindebehörde dafür einen „besonderen" Gemeindebeamten „ernannt" hat.*) In allen Fällen unterliegen die Standesbeamten nach dem bisher Gesagten an sich unserem Disziplinargesetze.

Durch die in § 5 des Personenstandsges. festgesetzte jederzeitige Widerruflichkeit der Bestellung oder der Bestätigung der Ernennung bzw. der Übernahme ist freilich ein förmliches Disziplinarverfahren mit dem Ziele der Dienstentlassung zumeist entbehrlich; es bleibt jedoch, wie wir oben (Note 3 zum vorigen § 18) für die übrigen widerruflich angestellten Beamten sahen, stets zulässig und kann unter Umständen angemessen sein.

Dagegen sind die Vorschriften über die Höhe der Ordnungsstrafen und die Zuständigkeit zu ihrer Verhängung, welche die §§ 18 u. 19 unseres Ges. geben, ersetzt durch die Abs. 1 u. 2 des § 11 des Personenstandsges. und den dazu ergangenen § 154 des Zuständigkeitsges. Diese Vorschriften lauten:

---

*) Die §§ 4—6 des Personenstandsges. soweit sie hier interessieren, lauten:

§ 4. In den Standesamtsbezirken, welche den Bezirk einer Gemeinde nicht überschreiten, hat der Vorsteher der Gemeinde (Bürgermeister, Schultheiß, Ortsvorsteher oder deren gesetzlicher Stellvertreter) die Geschäfte des Standesbeamten wahrzunehmen, sofern durch die höhere Verwaltungsbehörde nicht ein besonderer Beamter für dieselben bestellt ist. Der Vorsteher ist jedoch befugt, diese Geschäfte mit Genehmigung der höheren Verwaltungsbehörde anderen Gemeindebeamten widerruflich zu übertragen.

Die Gemeindebehörde kann die Anstellung besonderer Standesbeamten beschließen. Die Ernennung der Standesbeamten erfolgt in diesem Falle durch den Gemeindevorstand unter Genehmigung der höheren Verwaltungsbehörde.

In der gleichen Weise erfolgt die Bestellung der Stellvertreter.

Die durch den Gemeindevorstand ernannten besonderen Standesbeamten und deren Stellvertreter sind Gemeindebeamte.

§ 5. Die durch die höhere Verwaltungsbehörde erfolgte Bestellung und Genehmigung zur Bestellung ist jederzeit widerruflich.

§ 6. Ist ein Standesamtsbezirk aus mehreren Gemeinden gebildet, so werden der Standesbeamte und dessen Stellvertreter stets von der höheren Verwaltungsbehörde bestellt.

Abs. 2 und 3 . . . . . .

§ 11 des Personenstandsges.:

Die Aufsicht über die Amtsführung der Standesbeamten wird von der unteren Verwaltungsbehörde, in höherer Instanz von der höheren Verwaltungsbehörde geübt, insoweit die Landesgesetze nicht andere Aufsichtsbehörden bestimmen.

Die Aufsichtsbehörde ist befugt, gegen den Standesbeamten Warnungen, Verweise und Geldstrafen zu verhängen. Letztere dürfen für jeden einzelnen Fall den Betrag von einhundert Mark nicht übersteigen.

Abs. 3 . . . . . . (betrifft keine Disziplinarsachen).

§ 154 des Zuständigkeitsges.:

Die staatliche Aufsicht über die Amtsführung der Standesbeamten wird in den Landgemeinden und Gutsbezirken von dem Landrat als Vorsitzenden des Kreisausschusses, in höherer Instanz von dem Regierungspräsidenten und dem Minister des Innern, in den Stadtgemeinden von dem Regierungspräsidenten, in höherer Instanz von dem Oberpräsidenten und dem Minister des Innern, im Stadtkreise Berlin von dem Oberpräsidenten und in höherer Instanz von dem Minister des Innern geführt.

In dem Bezirke des Oberlandesgerichts zu Köln bewendet es bei den dieserhalb zurzeit bestehenden Vorschriften.

Abs. 3 . . . . . . (betrifft keine Disziplinarsachen).

Im übrigen aber verbleiben die Standesbeamten namentlich für die Frage, was ein Dienstvergehen ist, unter den Vorschriften unseres Gesetzes.

12. Ob die Beamten des Landtags mittelbare oder unmittelbare Staatsbeamte sind, kann dahingestellt bleiben; jedenfalls sind sie eines von beiden und unterliegen deshalb unserem Gesetze. Ihre Anstellung steht nach den Etatsgesetzen den Präsidenten der „Häuser" des Landtags zu, zwischen den Sessionen den bisherigen Präsidenten. Diese sind demnach „Dienstvorgesetzte" der Landtagsbeamten und demgemäß jedenfalls nach § 18 zu Warnungen und Verweisen befugt. Ob sie auch Geldstrafen verhängen können, ist zweifelhaft, da der Abs. 3 unseres § 19 auf sie zutreffen dürfte, und es an der nach diesem Paragraphen erforderlichen besonderen Ermächtigung mangelt. Nach Abs. 7 unseres § 19 werden deshalb, da überhaupt eine „Provinzialbehörde" für die Landtagsbeamten fehlt, nur die Minister, welche die Beamten früher ernannten, und ihnen deshalb noch immer vorgesetzt sind, dazu in der Lage sein.

13. Durch besondere Gesetze sind unserem Disziplinargesetz unterstellt die Bureau- und Unterbeamten der Oberrechnungskammer und des Oberverwaltungsgerichts. Die Mitglieder der Oberrechnungskammer unterstehen dem Richterdisziplinargesetze. Die Mitglieder des Oberverwaltungsgerichts unterstehen weder diesem noch unserem Gesetze, sondern einem materiell sehr beschränkten, formell unserem Gesetze nachgebildeten, aber abgekürzten Verfahren vor dem Plenum des Oberverwaltungsgerichts nach Maßgabe der §§ 21—25 des Verwaltungsgerichtsges. vom 2. Juli 1875.

Die Vorschriften wegen der mittleren und unteren Beamten der Oberrechnungskammer lauten:

§ 6 d. Ges. vom 27. März 1872, betreffend die Oberrechnungskammer (GS. S. 278):

§ 6. Alle Beamten der Oberrechnungskammer, mit Ausschluß der Mitglieder, ernennt der Präsident und übt über dieselben die Disziplin mit den Befugnissen aus, welche den Ministern rücksichtlich der ihnen untergeordneten Beamten zustehen.

Die entscheidende Disziplinarbehörde für dieselben ist die Oberrechnungskammer, welche im Plenum unter Teilnahme von mindestens sieben Mitgliedern, einschließlich des Vorsitzenden, und im übrigen nach dem für den Großen Disziplinarsenat beim Kammergerichte gültigen Disziplinarverfahren, in der Sache aber nach den Vorschriften des Gesetzes über die Dienstvergehen der nichtrichterlichen Beamten vom 21. Juli 1852 endgültig entscheidet.

Hiernach finden auf die Bureaubeamten usw. der Kammer alle Vorschriften unseres Gesetzes Anwendung mit Ausnahme der über das förmliche Disziplinarverfahren, jedoch einschließlich der über das nichtförmliche Verfahren nach §§ 18 u. 19 unseres Ges. Der Präsident der Kammer kann demnach gegen deren mittlere und untere Beamten zunächst nach § 18 Warnungen und Verweise festsetzen und, da ihm dies Recht ausdrücklich zugesprochen ist, auch nach § 19 Geldstrafen sogar in demselben Umfange wie die Minister.

Die Vorschriften über die mittleren (im Gesetzestext „Subaltern"-Beamten genannt) und die unteren Beamten des Oberverwaltungsgerichts sind dem Verwaltungsgerichtsges. vom

2. Juli 1875 erst eingefügt durch die Novelle vom 26. März 1893 (GS. S. 60), und zwar als § 30a, welcher lautet:

§ 30a. Die Disziplin über die bei dem Oberverwaltungsgerichte angestellten Subaltern- und Unterbeamten übt der Präsident mit denjenigen Befugnissen, welche nach dem Gesetze, betreffend die Dienstvergehen der nicht richterlichen Beamten usw., vom 21. Juli 1852 den Ministern in Ansehung der ihnen untergeordneten Beamten zustehen. Die Einleitung des Disziplinarverfahrens auf Entfernung aus dem Amte, die Ernennung des Untersuchungskommissars und des Vertreters der Staatsanwaltschaft erfolgt durch den Präsidenten; entscheidende Behörde erster und letzter Instanz ist das Oberverwaltungsgericht.

Die Stellung des Präsidenten ist hiernach hinsichtlich der Zuständigkeit und des Umfangs seiner Ordnungsstrafbefugnisse genau dieselbe wie die des Präsidenten der Oberrechnungskammer.

14. Über die Zuständigkeit für Ordnungsstrafen gegen nichtrichterliche Justizbeamte (Staatsanwälte, Bureau- und Unterbeamte der Staatsanwaltschaften und Gerichte, Ober- und Unterbeamte der Justizgefängnisse siehe die §§ 55ff. d. Ges.

15. Die Universitäten, die früher vielfach zu den „Korporationen" im Sinne des oben abgedruckten § 69 ALR. II 10 gerechnet wurden und ursprünglich auch waren, sind nach dem Gange, welchen die Rechtsentwicklung in Preußen genommen hat, jetzt zumeist direkte Staatsanstalten. Ihre Beamten sind deshalb unmittelbare Staatsbeamte; das gilt auch für die Professoren, nachdem die abweichende Stellung, welche ihnen die Kammern bei der Beratung unseres Gesetzes hatten geben wollen, mit einziger Ausnahme der Bestimmung des § 96 nicht Gesetz geworden ist (vgl. Rheinbaben Bem. II L zu § 1).

Auf die Universitätslehrer und Universitätsbeamten finden deshalb sonst alle Bestimmungen des Disziplinargesetzes Anwendung, insbesondere auch die über die Ordnungsstrafen und die Zuständigkeit zu ihrer Festsetzung; doch enthalten gerade hierüber die mit Gesetzeskraft ausgestatteten Universitätsstatuten zumeist besondere Vorschriften, zumal hinsichtlich der Betrauung der Universitätsrichter und -kuratoren mit der der Ausübung Disziplin. Ist nichts bestimmt, so ist zu Warnungen und Verweisen gegen die „unteren" Beamten der Universitäten der Rektor, zu Geldbußen dagegen nur der Minister befugt.

Die übrigen „Hochschulen" sind entweder staatliche oder kommunale, letzteres namentlich häufig die Handelshochschulen. Sind sie staatliche, so findet auf alle Beamten als unmittelbare Staatsbeamten unser Disziplinargesetz Anwendung. Sind sie kommunale, so sind die unteren Beamten Kommunalbeamte und unterstehen deshalb an sich dem Disziplinargesetze, und die Disziplin üben die Kommunalbehörden aus.

Die Lehrer auch der kommunalen Hochschulen sind dagegen Lehrer an öffentlichen, höheren Schulen und haben deshalb auf deren privilegierte Stellung im Sinne der Ausführungen der obigen Note 9 Anspruch, d. h. sie unterliegen als mittelbare Staatsbeamte auch dem Disziplinargesetze, die Disziplin üben aber aus nicht die kommunalen, sondern die staatlichen Behörden. Doch bestehen auch hier meist statutarische Vorschriften, die an erster Stelle maßgebend sind.

§ 21.

Gegen die Verfügung von Ordnungsstrafen findet nur Beschwerde im vorgeschriebenen Instanzenzuge statt.

1. Die Beschwerde ist an keine Frist gebunden. Ein Antrag der Kommission, der Ersten Kammer eine Frist von zehn Tagen festzusetzen, ist ausdrücklich abgelehnt worden (vgl. Rheinbaben Bem. I 2 und II zu § 21).

2. Für die Einlegung wie für die Erledigung der Beschwerde sind besondere Formvorschriften nicht gegeben. Auch die Ergänzung durch die StPO. wird nicht nötig sein, soweit Vorschriften über die Einlegung und Behandlung von Beschwerden in Verwaltungssachen bestehen, da das Gesetz mit den Worten „im vorgeschriebenen Instanzenzuge" wohl auch an diese Vorschriften gedacht hat. Andererseits aber steht der ergänzenden Heranziehung der §§ 348—351 StPO. nichts im Wege, soweit solche Vorschriften fehlen, was meist der Fall ist; denn die

Vorschriften enthalten eigentlich nur das, was für Beschwerden jeder Art angemessen ist.

Insbesondere wird man die Einlegung der Beschwerde sowohl bei der strafenden, wie bei der Beschwerdeinstanz, wie nach § 348 StPO. so auch im Disziplinarverfahren zulassen müssen und ebenso neben der schriftlichen auch die mündliche Einlegung zu Protokoll gleichwie im Strafverfahren nicht ausschließen können. Es besteht auch kein Grund, der strafenden Behörde, wenn sie schon aus der Beschwerde ersieht, daß die Strafe unbegründet ist, das Recht zu verweigern, die Strafe selbst zurückzunehmen, ohne die Aufhebung durch die höhere Instanz abzuwarten (vgl. auch Brand Note 3 u. 4 zu § 83 Reichsbeamtenges.).

Ebenso ist schon bei der Beratung des Gesetzes anerkannt worden, daß die angefochtene Entscheidung ungeachtet der Beschwerde vollstreckt werden „kann“, wie dies auch § 349 StPO. vorsieht. In den meisten Fällen, zumal bei Arreststrafe, wird sich jedoch Aussetzung der Entscheidung empfehlen. Für die Arreststrafen gegen Schutzleute ist dies durch einen Erlaß vom 3. Mai 1889 (MBl. f. d. i. V. S. 119) ausdrücklich angeordnet (vgl. auch Brand a. a. O.).*)

---

*) Die Paragraphen der Strafprozeßordnung, die hiernach herangezogen werden können, lauten unter Fortlassung der offenbar nicht in Betracht kommenden Bestimmungen:

§ 348. Die Beschwerde wird bei demjenigen Gerichte, von welchem oder von dessen Vorsitzenden die angefochtene Entscheidung erlassen ist, zu Protokoll des Gerichtsschreibers oder schriftlich eingelegt. So kann in dringenden Fällen auch bei dem Beschwerdegericht eingelegt werden.

Erachtet das Gericht oder der Vorsitzende, dessen Entscheidung angefochten wird, die Beschwerde für begründet, so haben sie derselben abzuhelfen; anderenfalls ist die Beschwerde sofort . . . . . . dem Beschwerdegericht vorzulegen.

Abs. 3 . . . . . .

§ 349. Durch Einlegung der Beschwerde wird der Vollzug der angefochtenen Entscheidung nicht gehemmt.

Jedoch kann das Gericht, der Vorsitzende oder der Richter, dessen Entscheidung angefochten wird sowie auch das Beschwerdegericht anordnen, daß die Vollziehung der angefochtenen Entscheidung auszusetzen sei.

§ 350. Das Beschwerdegericht kann . . . . . . etwa erforderliche Ermittelungen anordnen oder selbst vornehmen.

3. Aus dem Rechte der Dienstaufsicht und dem Rechte der übergeordneten Instanzen, die unteren mit Weisungen zu versehen, folgt das Recht der höheren Instanzen, die Strafe auch von Amts wegen aufzuheben, ohne daß Beschwerde eingelegt wird. Geschieht dies, so ist weiter die höhere Instanz nicht an die Beschränkungen des Rechtsmittelverfahrens gebunden, insbesondere nicht an den sonst auch im Disziplinarrechte geltenden Grundsatz, daß ein vom Angeschuldigten eingelegtes Rechtsmittel keine reformatio in pejus zur Folge haben kann. Die höhere Instanz darf bei Einschreiten von Amts wegen vielmehr die Vorentscheidung zuungunsten des Angeschuldigten abändern und deshalb auch, wenn sie glaubt, daß selbst die höchste Geldbuße oder Arreststrafe keine genügende Sühne für die vorgekommenen Vergehen bildet, unter Aufhebung der Strafe das Disziplinarverfahren auf Entfernung aus dem Amte einleiten (vgl. Brand Note 4 zu § 83 Reichsbeamtenges.; Rheinbaben Bem. IV zu § 21).

4. Bereits zu den vorigen Paragraphen ist darauf hingewiesen, daß für Kommunalbeamte ein anderes Rechtsmittelverfahren stattfindet, nämlich zwar auch die Beschwerde im Instanzenzuge, aber mit nachfolgender Klage an das Oberverwaltungsgericht. Die einschlägigen §§ 28 u. 36 des Zuständigkeitsges., der § 98 der Provinzialordnung, §§ 68 u. 134 der Östlichen Kreisordnung, §§ 33 bzw. 35 der Haubergsordnungen sowie das Gesetz über die Dienstvergehen der Landesversicherungsanstalten (§ 2) sind ebenda bereits abgedruckt.

Auf diese Vorschriften und das dazu schon Gesagte wird Bezug genommen; es wird jedoch nochmals betont, daß nach der ständigen und durch § 50 des Landesverwaltungsges. wohlbegründeten Praxis des Oberverwaltungsgerichts die Zulässigkeit des Verwaltungsstreitverfahrens auch in Disziplinarsachen nicht weiter

---

§ 351. Die Entscheidung über die Beschwerde erfolgt ohne vorgängige mündliche Verhandlung, in geeigneten Fällen nach Anhörung der Staatsanwaltschaft.

Wird die Beschwerde für begründet erachtet, so erläßt das Beschwerdegericht zugleich die in der Sache erforderliche Entscheidung.

reicht wie der genaue Wortlaut der es gewährenden Gesetze. Das Oberverwaltungsgericht wird deshalb entstehendenfalls kaum der bei Rheinbaben, Fußnote 3 auf S. 44, erwähnten Entscheidung des Staatsministeriums beipflichten, wonach der für Beamte der Haubergsgenossenschaften zugelassene Rechtszug aus § 36 des Zuständigkeitsges. auch auf die Beamten der Hauberge im Kreise Siegen Anwendung findet, obwohl in § 33 der Siegener Haubergsordnung*) jener § 36 Zuständigkeitsges. nicht angezogen ist. Die bloße auch in der Siegener Ordnung befindliche Vorschrift, daß die „für die Gemeindebeamten gültigen Bestimmungen" unseres Ges. Anwendung fänden, genügt ohne jene Bezugnahme nicht, weil zu diesen Bestimmungen an sich auch unser § 21 gehört. Ist doch das Oberverwaltungsgericht in seiner, mit Recht, genauen Auslegung der Zuständigkeitsvorschriften soweit gegangen (vgl. Entsch. v. 4. 2. 1891 im p. VerwBl. Bd. 12 S. 239), trotz einer gleichartigen Bezugnahme auf § 68 der Östlichen Kreisordnung, den östlichen Kreisausschußbeamten den Rechtszug gegen Ordnungsstrafen im Verwaltungsstreitverfahren zu versagen, wenn sie nach § 134 derselben Kreisordnung vom „Landrat" in Strafe genommen sind, weil § 68 a. a. O. jenes Verfahren nur für die Strafbeschlüsse des „Kreisausschusses" in erster und des „Regierungspräsidenten" in zweiter Instanz eröffnet; die „Gemeindebeamten" und die ihnen Gleichgestellten haben sonach keinesfalls ein allgemeines Recht auf den besonderen Rechtszug im Verwaltungsstreitverfahren, sondern nur, soweit dieses ganz ausdrücklich zugelassen ist. Sonst bewendet es auch für sie bei unserem § 21. Für die Siegener Haubergsbeamten insbesondere ist hiernach und nach dem in Note 8b zu § 19 Gesagten zuständig zur Festsetzung von Ordnungsstrafen: der Landrat, der Regierungspräsident und der Landwirtschaftsminister in

*) Der Paragraph lautet:

§ 33. In betreff der Dienstvergehen der Vorstandsmitglieder und der Genossenschaftsbeamten finden die in dem Gesetz vom 21. Juli 1852 (GS. S. 465) bezüglich der Gemeindebeamten enthaltenen Vorschriften Anwendung.

Die erkannten Strafen fließen in die Ortsarmenkasse.

den im § 19 angegebenen Umfange. Die Beschwerde folgt demselben Instanzenzuge.

Infolgedessen kann auch für Ordnungsstrafen gegen Lehrer niemals der Rechtszug aus Oberverwaltungsgericht in Frage kommen, weil wir vorhin sahen, die Lehrer selbst, wenn sie an sich Gemeindebeamte im gewöhnlichen Wortsinne sind, doch niemals derselben Disziplin wie diese durch Gemeindebehörden unterliegen.

Auch für Disziplinarordnungsstrafen in Polizeisachen ist, wie ebenfalls schon berührt, der Rechtszug an das Oberverwaltungsgericht im allgemeinen nicht zulässig, und zwar selbst dann nicht, wenn formell eine Verfügung einer der in §§ 20 u. 36 des Zuständigkeitsges. hierfür genannten Instanzen vorliegt, beispielsweise für ländliche Gemeindebeamte eine Strafverfügung des Landrats oder für städtische Beamte eine erstinstanzliche des Regierungspräsidenten. Denn wie wir ebenfalls schon erörtert haben, gewähren die §§ 20 u. 36 des Zuständigkeitsges. das Verwaltungsstreitverfahren nur für „Gemeinde"-Angelegenheiten, zu denen nach der zutreffenden Praxis des Oberverwaltungsgerichts und Reichsgerichts (in Zivilsachen bei Gruch. Bd. 44 S. 984) Polizeisachen niemals gehören, und betreffen überhaupt nur die Disziplin für das Hauptamt der Kommunalbeamten, nicht aber für ihr Nebenamt als Polizeiverwalter. Daß im Gegensatze hierzu der § 68 der Östlichen Kreisordnung, soweit er überhaupt ein Verwaltungsstreitverfahren eröffnet, dies auch für Polizeisachen zuläßt, ist ebenfalls schon eben zuvor dargelegt worden.

Auch auf die Standesbeamten endlich beziehen sich die Vorschriften über das Verwaltungsstreitverfahren aus demselben Grunde selbst dann nicht, wenn die Standesbeamten Gemeindebeamte sind, weil die Standesamtssachen gemäß § 1 des Personenstandsges. auch dann keine „Gemeindeangelegenheiten", sondern „staatliche" Geschäfte sind. Es hat demgemäß insbesondere für Ordnungsstrafen gegen Standesbeamte, was übrigens aus auch dem Wortlaute des § 11 („Aufsichtsbehörde") geschlossen werden kann, bei der Beschwerde an die Aufsichtsinstanzen, wie sie im § 154 des Zuständigkeitsges. benannt sind, sein Bewenden.

§ 22.

Der Entfernung aus dem Amte muß ein förmliches Disziplinarverfahren vorhergehen. Dasselbe besteht in der von einem Kommissar zu führenden schriftlichen Voruntersuchung und in einer mündlichen Verhandlung nach den folgenden näheren Bestimmungen.

1. Mit dem § 22 beginnen die Vorschriften über das förmliche Disziplinarverfahren, die bis § 47 reichen und äußerlich wie innerlich den Hauptgegenstand des Gesetzes bilden. Es seien deshalb hier folgende, allgemeine Vorbemerkungen gemacht:

Das förmliche Disziplinarverfahren ist erforderlich nur für die Strafversetzung und die Dienstentlassung; wenn es deshalb, wie schon oben bemerkt, auch nicht ausgeschlossen ist, in ihm auch Ordnungsstrafen zu verhängen, so erscheint es doch nicht angemessen, für diese allein den gewichtigen Apparat des förmlichen Verfahrens in Bewegung zu setzen. Regelmäßig ist deshalb zunächst im nichtförmlichen Verfahren bzw. mit Vorermittelungen nach der obigen Note 4 zu § 18 vorzugehen; ein förmliches Verfahren ist erst dann einzuleiten, wenn es nach dem Ergebnis dieser Vorermittelungen klar oder wenigstens nicht ausgeschlossen ist, daß eine Ordnungsstrafe zu gering erscheint. Da ferner, wie wir zu § 17 sahen, die Disziplinarbehörden an sich niemals einschreiten müssen, kann auch dann die Einleitung des förmlichen Verfahrens noch unterbleiben, wenn dies aus anderen Rücksichten zweckdienlich erscheint.

Diese Regeln erleiden eine Ausnahme in zwei Punkten:

a) In den Fällen der § 10 u. 11 unseres Ges. muß, wie schon zu § 17 berührt, das Disziplinarverfahren eingeleitet werden, ohne Rücksicht darauf, ob dies sonst angemessen erscheint oder nicht.

b) Gegen höhere Provinzialbeamte (Landeshauptleute, Landesräte, Direktoren der Provinzialinstitute) muß auch dann, wenn von vornherein höchstens eine Geldbuße in Aussicht steht, das förmliche Disziplinarverfahren eingeleitet werden, da diese Beamten überhaupt nur im förmlichen Verfahren disziplinarer Verantwortung unterliegen (vgl. oben Note 6 zu § 18).

2. Auch im Disziplinarstrafrecht gilt der Grundsatz „ne bis in idem" als allgemeines Rechtsprinzip für jede Art strafweisen Einschreitens. Eine frühere disziplinare Bestrafung schließt deshalb die spätere nochmalige disziplinare Ahndung aus (vgl. OVG. am 21. 5. 1894, Entsch. Bd. 26 S. 420). Dabei kommt es nach den Grundsätzen für die Anwendung dieser Rechtsregel nur darauf an, ob eine disziplinare Strafe verhängt ist und wofür. Gleichgültig ist also die Höhe der Strafe, auch eine bloße Warnung reicht aus. Gleichgültig ist ferner, ob die Strafe im förmlichen oder nichtförmlichen Verfahren ausgesprochen ist. Allerdings aber muß es eine Disziplinarstrafe sein, sonst liegt kein „bis" vor. Nicht haltbar ist deshalb das Erkenntnis des vormaligen Obertribunals vom 27. Juni 1853 (Entsch. Bd. 25 S. 368), laut dessen nach Androhung einer Zwangsstrafe bei Nichtbefolgung der Anordnung nur diese Zwangsstrafe soll festgesetzt, nicht aber daneben auch disziplinarisch wegen Ungehorsams eingeschritten werden können. Diese Entscheidung verkennt überhaupt den Unterschied zwischen Zwangs- und Disziplinarstrafen (vgl. auch Rheinbaben Bem. III b zu § 14).

Dasselbe gilt an sich auch für Stempelstrafen. Auch neben diesen ist eine Disziplinarbestrafung prinzipiell noch zulässig. Der Verhängung einer disziplinaren Ordnungsstrafe für Stempelkontraventionen stand aber früher die positive Anweisung der Minister der Finanzen und des Innern vom 28. Febr. 1863 (MBl. S. 227) und steht jetzt die Vorschrift des § 19 des Stempelsteuergesetzes vom 31. Juli 1895 (GS. S. 413) entgegen, wonach im allgemeinen nur die Stempelstrafe zu verhängen ist. Nur wenn die Verletzung der Amtspflicht so schwer ist, daß sie mehr als die Stempelstrafe erfordert, so ist nach § 19 a. a. O. umgekehrt von der Stempelstrafe abzusehen und disziplinarisch einzuschreiben.

„Wofür" die Strafe verhängt ist, ist wichtig für die Feststellung des „idem". Bei den Sammeldelikten (Schuldenmachen, Trunkenheit, unsittlicher Lebenswandel) kann deshalb ein neues förmliches oder nichtförmliches Verfahren nicht gestützt werden auf einzelne Fälle, die vor der letzten Bestrafung liegen.

So haben der Disziplinarhof und das Staatsministerium gelegentlich für Trunkenheit und unsittlichen Wandel übereinstimmend entschieden, und auch das Oberverwaltungsgericht hat bei einem wegen Schuldenmachens bestraften Beamten ein neues Disziplinarverfahren dieserhalb nur für zulässig erachtet, wenn der Beamte in der Zwischenzeit um die Abtragung sich nicht bemüht oder gar leichtfertig neue Schulden gemacht hat (vgl. Rheinbaben Bem. IV zu § 23 und die daselbst benannte Entscheidung des OVG. vom 28. 2. 1891 sowie S. 179 Fußnote 1 und die zitierten Entscheidungen des OVG. v. 26. 9. 02 und des Staatm. v. 21. 12. 09). Bei einem Einzeldelikt dagegen ist ein nochmaliges Einschreiten nur wegen dieses unzulässig, nicht aber wegen eines anderen Einzeldelikts, möge dieses auch vor der letzten Bestrafung liegen (siehe auch oben Note 2 zu § 17). Auch wegen desselben Einzeldelikts aber sowie wegen eines Sammeldelikts wird endlich ein nochmaliges förmliches Verfahren trotz vorangegangener Bestrafung im nichtförmlichen Verfahren mit Ordnungsstrafe zulässig, wenn nach Note 3 a. E. zum vorigen § 21 diese Bestrafung von der höheren Instanz wegen zu geringer Schwere zuvor von Amts wegen aufgehoben wird. Geschieht dies nicht, so können solche Einzeldelikte in einem späteren Verfahren nur als Vorstrafen strafschärfend oder zur Illustration der „sonstigen Führung" herangezogen werden (vgl. auch Brand Note 2 zu § 76 Reichsbeamtenges. und die daselbst zitierten Entscheidungen des Reichsdisziplinarhofs).

Daß nur eine Bestrafung, aber nicht ein Absehen von Bestrafung ein neues Verfahren ausschließt, erhellt von selbst.

3. Wie ein förmliches Disziplinarverfahren nicht mehr zulässig ist, nachdem eine Ordnungsstrafe wegen derselben Sache rechtskräftig verhängt ist, so darf umgekehrt eine solche nicht mehr verhängt werden, sobald wegen derselben Sache ein förmliches Verfahren eingeleitet ist. Dies folgt per argumentum e contrario aus § 33 unseres Ges. Mit der Einleitung des förmlichen Verfahrens erlischt also das Ordnungsstrafrecht der Vorgesetzten (vgl. die schon zitierte Entsch. des OVG. Bd. 26 S. 420 f. und Rheinbaben Bem. III zu § 22).

§ 23.

Die Einleitung des Disziplinarverfahrens wird verfügt und der Untersuchungskommissar ernannt:

1. wenn die Entscheidung der Sache vor den Disziplinarhof gehört (§ 24 Nr. 1), von dem Minister, welcher dem Angeschuldigten vorgesetzt ist.

   Ist jedoch Gefahr im Verzuge, so kann diese Verfügung und Ernennung vorläufig von dem Vorsteher der Provinzialbehörde des Ressorts ausgehen. Es ist alsdann die Genehmigung des Ministers einzuholen und, sofern dieselbe versagt wird, das Verfahren einzustellen;
2. in allen anderen Fällen von dem Vorsteher der Behörde, welche die entscheidende Disziplinarbehörde bildet (§ 24 Nr. 2), oder von dem vorgesetzten Minister.

§ 24.

Die entscheidenden Disziplinarbehörden erster Instanz sind:

1. der Disziplinarhof zu Berlin (§ 29) in Ansehung derjenigen Beamten, zu deren Anstellung nach den Bestimmungen, welche zur Zeit der verfügten Einleitung der Untersuchung gelten, eine von dem Könige oder den Ministern ausgehende Ernennung, Bestätigung oder Genehmigung erforderlich ist;
2. die Provinzialbehörden, als:

   die Regierungen,
   die Provinzialschulkollegien,
   die Oberzolldirektionen,*)

---

*) So heißen sie jetzt anstatt des im Gesetzestext befindlichen Namens Provinzialsteuerdirektionen.

die Oberbergämter,
die Generalkommissionen,*)
das Polizeipräsidium zu Berlin,
die Eisenbahndirektionen**)

in Ansehung aller Beamten, die bei ihnen angestellt oder ihnen untergeordnet und nicht vorstehend unter 1 begriffen sind.

Den Provinzialbehörden werden in dieser Beziehung gleichgestellt die unter den Ministern stehenden Zentralverwaltungsbehörden in Dienstzweigen, für welche keine Provinzialbehörden bestehen, sowie die Generallandschafts- und Hauptritterschaftsdirektionen.***)

§ 25.

Für diejenigen Kategorien von Beamten, welche nicht unter den in § 24 bezeichneten begriffen sind, ist die ent-

*) Hier folgten zunächst die Militärintendanturen, welche jetzt Reichsbehörden und darum weggelassen sind.

**) An die Stelle der hier im Gesetzestext genannten „Eisenbahnkommissariate" sind, wie schon oben Note 8 zu § 19 erwähnt ist, durch das Ges. vom 17. Juni 1880 (GS. S. 271) „die Eisenbahndirektionen" getreten.

***) Durch die Einführung des Landesverwaltungsges. auch in Hannover und Schleswig-Holstein und die damit verknüpfte Gleichstellung der Verwaltungsorganisation dieser Provinzen mit der sonstigen in Preußen ist wohl gegenstandslos geworden das folgende Gesetz:

Verordnung, betreffend die Ausdehnung der Preußischen Disziplinargesetze auf die Beamten in den neu erworbenen Landesteilen, vom 23. Septbr. 1867 (GS. S. 1613):

Art. 4. Zu den Provinzialbehörden gehören im Sinne des § 24 Nr. 2 des Ges. v. 21. Juli 1852 im Gebiete des vormaligen Königreichs Hannover und in den Herzogtümern Holstein und Schleswig auch diejenigen unmittelbar unter den Ministerien bzw. unter den Oberpräsidenten stehenden Behörden, denen die in den älteren Provinzen den Regierungen übertragenen Geschäfte ganz oder zum Teil obliegen.

scheidende Disziplinarbehörde die Regierung, in deren Bezirk sie fungieren, und für die in Berlin oder im Auslande fungierenden die Regierung in Potsdam.

§ 26.

Die Zuständigkeit der Provinzialbehörden kann von dem Staatsministerium auf einzelne Kategorien solcher Beamten ausgedehnt werden, welche von den Ministern ernannt oder bestätigt werden, aber nicht zu den etatsmäßigen Mitgliedern einer Provinzialbehörde gehören.

Zu den §§ 23–26.

1. Die Paragraphen regeln die Zuständigkeiten für das förmliche Disziplinarverfahren in erster Instanz; sie bedürfen deshalb einheitlicher Behandlung, und zwar ist zunächst die Zuständigkeit der erkennenden Instanzen zu erörtern, weil sich dann die Zuständigkeit zur Einleitung des Verfahrens im allgemeinen aus § 23 von selbst ergibt.

2. Zuständigkeitsvorschriften für die erkennenden Instanzen finden sich nicht nur in den §§ 24 u. 25 unseres Ges., sondern, zumal für die unmittelbaren Staatsbeamten, weiter in den in Gemäßheit des § 26 ergangenen umfangreichen Staatsministerialbeschlüssen, und ferner für den größten Teil der Kommunalbeamten in den zu § 18 u. 19 abgedruckten Bestimmungen der neueren Verwaltungsgesetze sowie endlich noch in einigen Spezialgesetzen.

Um zunächst mit den gedachten Staatsministerialbeschlüssen zu beginnen, so sind folgende ergangen:

A. Beschluß des Staatsministeriums vom 23. August 1853, betr. die Zuständigkeit der Provinzialbehörden als entscheidende Disziplinarbehörden erster Instanz (MBl. f. d. i. V. S. 227).

„Das Königliche Staatsministerium hat ... beschlossen, daß die Zuständigkeit der Provinzialbehörden als entscheidende

Disziplinarbehörde erster Instanz (vgl. § 24 Nr. 2 d. Ges. v. 21. 7. 1852) ausgedehnt bleibe:

I. auf alle bei dem Königlichen Polizeipräsidium zu Berlin oder den Polizeidirektionen in Charlottenburg, Schöneberg und Neukölln*) angestellten oder demselben untergeordneten Beamten, welche von dem Minister des Innern ernannt oder bestätigt worden, mit Ausnahme der Assessoren, Inspektoren und der Polizeihauptleute;

II. auf alle von dem Königlichen Finanzministerium ernannten oder bestätigten, aber nicht zu den etatsmäßigen Mitgliedern der Provinzialbehörden gehörigen Beamten der Königlichen Domänen-, Forst-**) und Steuerverwaltung, jedoch mit Ausnahme: 1. der Forstinspektionsbeamten, 2. der Oberzoll-, der Obersteuer- . . . . . .***) Inspektoren, 3. der Bureauvorsteher bei den Provinzialsteuerverwaltungen,†) 4. bis 6. . . . . . ,††) indem es übrigens bei der Anordnung, durch welche für die Beamten der Hauptsteuerämter für ausländische Gegenstände, für inländische Gegenstände . . . . . .†††) in Berlin,

---

*) Die Zuständigkeit des Königlichen Polizeipräsidiums zu Berlin ist jetzt ausgedehnt durch § 2 d. Ges. vom 13. Juni 00, betr. die Polizeiverwaltung in Charlottenburg, Schöneberg und Rixdorf (GS. S. 247) auf die Beamten der Polizeidirektionen dieser Städte. Rixdorf heißt jetzt Neukölln.

**) Die Domänen- und Forstverwaltung ist 1878 auf den Landwirtschaftsminister übertragen; für die Zuständigkeit der unteren Instanzen ist das ohne Einfluß.

***) Die hier genannt gewesenen Ober-Salzmagazininspektoren sind 1868 mit der Salzmonopolverwaltung aufgehoben.

†) Heißen jetzt „Oberzolldirektionen".

††) Hier waren Beamte genannt, die es jetzt nicht mehr gibt.

†††) Hier waren die Beamten der direkten Steuerverwaltung in Berlin genannt, die jetzt nach dem oben abgedruckten § 45 des Landesverwaltungsges. der Berliner „Direktion für die Verwaltung der direkten Steuern" unterstehen.

die Dirigenten dieser Ämter ausgenommen, ...[a]) die Königliche Regierung zu Potsdam als entscheidende Disziplinorbehörde bestimmt worden, in Gemäßheit des § 25 d. Ges. vom 21. Juli 1852 auch ferner sein Bewenden behält;

III. u. IV. ......[b])

V. auf alle von dem Minister für Handel, Gewerbe und öffentliche Arbeiten[c]) im Ressort der Bau- sowie der Berg-, Hütten- und Salinenverwaltung ernannten oder bestätigten Beamten, jedoch mit Ausnahme: 1. ...... und 2. (fällt weg, da es Oberbauinspektoren und Bergämter nicht mehr gibt), 3. der Betriebsdirigenten der Hüttenwerke und Salinen, nämlich der ...... Hütten ......[d]), Salinen- und Salzamtsdirektoren und 4. der Oberbergamts- ...... Kassenrendanten."

B. Beschluß des Staatsministeriums vom 16. März 1854 (MBl. f. d. i. V. S. 75).

„Zur Ergänzung des Beschlusses des Staatsministeriums vom 23. Aug. 1853 (vgl. A) wird die Zuständigkeit der Provinzialbehörden als entscheidende Disziplinarbehörden erster Instanz auch auf folgende Beamtenkategorien im Ressort des Ministers für landwirtschaftliche Angelegenheiten: 1. auf die bei den Auseinandersetzungsbehörden angestellten pensionsberechtigten Feldmesser[e]), 2. auf die Beamten der höheren landwirt-

---

[a]) Hier waren die Beamten der „Provinzialsteuerkasse" in Berlin genannt, die aufgehoben ist.

[b]) Hier waren Beamte der Militärverwaltung genannt, die jetzt Reichsbeamte sind.

[c]) Die Ministerien für Handel und Gewerbe und für öffentliche Arbeiten sind getrennt. Auf die Zuständigkeit der unteren Instanzen ist dies wieder ohne Einfluß.

[d]) Hier stand der frühere Titel „Oberhütteninspektoren"; jetzt heißen auch diese Beamten: „Hüttendirektoren".

[e]) Diese Bestimmung ist jetzt überflüssig, da diese Beamten jetzt von den Generalkommissionspräsidenten, nicht mehr von den Ministern, angestellt werden, also nach § 24 ohnehin die Generalkommissionen entscheidende Instanzen sind.

schaftlichen Lehranstalten des Staats, mit Ausschluß der Lehrer an diesen Instituten, 3. auf alle bei den Staatsgestüten angestellten Beamten, mit Ausschluß der Landstallmeister und selbständigen Gestütsvorsteher, auf Grund des § 26 d. Ges. vom 21. Juli 1852 hiermit ausgedehnt."

C. Beschluß des Staatsministeriums vom 30. Mai 1864 (MBl. S. 137).

„Das Staatsministerium beschließt ....., daß die Zuständigkeit der Provinzialbehörden als entscheidende Disziplinarbehörden erster Instanz . . . auf alle im Bereiche der Strafanstalts- und Gefängnisverwaltung angestellten Inspektoren, Verwalter, Rendanten und Bureaugehilfen, zu deren Anstellung eine von dem Minister des Innern ausgehende Ernennung, Bestätigung oder Genehmigung erforderlich ist, — mit Ausnahme der Direktoren und Oberinspektoren — ausgedehnt werden soll."

D. Beschluß des Staatsministeriums vom 5. Nov. 1877 (MBl. de 78 S. 24).

„Zur Ergänzung der Staatsministerialbeschlüsse v. 23. 8. 1853 und 16. 3. 1854 (vgl. a, b) wird die Zuständigkeit der Provinzialbehörden und der in Art. 4 der V. v. 23. 9. 1867 (GS. S. 1613) den letzteren gleichgestellten Behörden auf die der landwirtschaftlichen Verwaltung angehörigen Fischmeister und Fischkieper auf Grund des § 26 des Ges. vom 21. Juli 1852 hierdurch ausgedehnt."

E. Der Beschluß des Staatsministeriums vom 5. Okt. 1894 (ZBl. f. d. UnterrVerw. S. 730) hat die Zuständigkeit der Provinzialbehörden (Provinzialschulkollegien) endlich noch ausgedehnt auf:

1. alle an Schullehrer- und Lehrerinnen-Seminaren angestellten Lehrer und Lehrerinnen einschließlich der Seminaroberlehrer;
2. die Vorsteher und Lehrer an öffentlichen Präparandenanstalten,

auch wenn zu ihrer Anstellung eine von dem Minister der Unterrichtsangelegenheiten ausgehende Ernennung, Bestätigung oder Genehmigung erforderlich ist.

F. Durch Beschluß des Staatsministeriums vom 16. März 1905 (MBl. für Landw. S. 107) endlich ist die Zuständigkeit der Provinzialbehörden ausgedehnt auf die neuerdings auch bei der landwirtschaftlichen Verwaltung beschäftigten Reg.-Bausekretäre, die Meliorationsbauwarte und die Moorvögte.

Durch diese Beschlüsse ist die Zuständigkeit der Provinzialbehörden für alle Ressorts ausgedehnt, soweit es nach § 26 des Disziplinargesetzes überhaupt nur möglich ist.

Eine weitere Ausdehnung ist dadurch eingetreten, daß in den letzten Jahren das Ernennungsrecht auch für höhere Beamte in immer größerem Umfange seitens der Minister den Provinzialbehörden delegiert ist, ohne daß sich die Minister die Genehmigung vorbehalten haben. Damit treten die betreffenden Beamten nach § 24 Abs. 2 unseres Ges. ohne weiteres unter die Disziplin der Provinzialbehörden auch bei der Urteilsfällung.

Der Disziplinarhof zu Berlin ist deshalb in erster Instanz fast durchweg nur noch zuständig

für die vom König ernannten oder bestätigten Beamten und

für die etatsmäßigen Mitglieder einer Provinzialbehörde.

3. Welche der „Provinzialbehörden" zuständig ist, ergibt sich im allgemeinen ohne weiteres aus der Aufzählung im § 24.

Für die Beamten der inneren Verwaltung, die überhaupt vor die Provinzialbehörde kommen, sind es die Regierungen,

für die Beamten der Berg-, Hütten- und Salinenverwaltung, soweit sie nicht vom König ernannt sind, die Oberbergämter,

für die gleichartigen Beamten der Eisenbahnverwaltung die Eisenbahndirektionen.

Für die abgesehen von der Bergverwaltung dem Handelsministerium noch unterstehenden gleichartigen Beamten ist, da für diesen Teil der Handels- und Gewerbeverwaltung keine eigenen Provinzialbehörden wie die Oberbergämter bestehen, entscheidende Disziplinarbehörden erster Instanz gemäß § 25 unseres

Ges. diejenige Regierung, in deren Bezirk die Beamten fungieren, für die in Berlin fungierenden die Regierung in Potsdam. Das gilt namentlich auch für die Lehrer an Handels-, Gewerbe-, gewerblichen Haushaltungs- und Fortbildungsschulen sowie für die Beamten der Handwerkskammern, der Handelskammern und der kaufmännischen Korporationen, wie sie Note 10c zu § 19 genannt sind, und für die staatlichen Lotsen.

Für die neben der Eisenbahnverwaltung dem Minister der öffentlichen Arbeiten unterstehende Hoch- und Wasserbauverwaltung bestehen ebenfalls keine besonderen Provinzialbehörden. Soweit deshalb nach dem obigen Staatsministerialbeschlusse v. 23. 8. 1853 die Beamten dieser Ressorts vor eine Provinzialbehörde als erkennende Instanz gehören, d. h. soweit sie nicht vom König ernannt oder bestätigt oder Mitglieder einer Provinzialbehörde sind, ist das wieder die nach § 25 unseres Ges. zu bestimmende Regierung, insbesondere also für die Strom- und Wegebau-Aufseher und -Meister, die Bauwarte, die Bausekretäre und die Regierungsbaumeister, soweit sie nicht bei den Eisenbahndirektionen angestellt sind, sowie für die Beamten der Hoch- und Wasserbauämter, die nicht vom König ernannt sind.

Auch die Generalkommissionen sind nur für einen Teil der landwirtschaftlichen Verwaltung zuständig. Für diejenigen landwirtschaftlichen Beamten, die unter den Regierungen oder den Oberpräsidenten stehen, wie zumal die Meliorationsbaubeamten, die Gestütsbeamten, die Beamten der landwirtschaftlichen Lehr- und Versuchsanstalten und die Lehrer an den ländlichen Fortbildungs- und Haushaltungsschulen sowie an den landwirtschaftlichen Winterschulen und die Beamten der Domänen- und Forstverwaltung — alle, soweit sie nicht vom König ernannt sind oder an der Regierung selbst wirken, wie neuerdings einige Meliorationsbauräte —, ist wiederum die nach unserem § 25 zu ermittelnde Regierung die erkennende Disziplinarbehörde erster Instanz.

In gleicher Weise untersteht den früheren Provinzialsteuer-, jetzigen Oberzolldirektionen nur ein Teil der Finanz- und Steuerverwaltung, nämlich diejenige der indirekten Steuern und der Zollverwaltung. Die Oberzolldirektionen sind deshalb — mit den im Staatsministerialbeschlusse v. 23. 8. 1853 gemachten Ausnahmen ihrer eigenen Bureauvorsteher und der Oberzoll- und Obersteuerinspektoren — nur für die nicht vom König ernannten, ihnen unterstellten Beamten der Steuer- und Zollämter und der Stempel- und Erbschaftssteuerämter zuständig. Für die gleichartigen Beamten der Verwaltung der direkten Steuern und der Katasterverwaltung sind es dagegen die Regierungen, in deren Bezirk die Beamten fungieren, für die Beamten der direkten Steuerverwaltung in Berlin jedoch nicht mehr gemäß unserem § 25 die Regierung zu Potsdam, sondern laut des mehrerwähnten § 45 des Landesverwaltungsgesetzes die Direktion der direkten Steuern in Berlin.

Für das Ressort der Unterrichtsverwaltung bestehen, wie schon zu § 19 berührt ist, zwei Provinzialbehörden, die Regierungen für die Volks- und die mittleren Schulen und die Lehrer an ihnen, und die Provinzialschulkollegien für die höheren Lehranstalten, einschließlich der Seminare und der Präparandenanstalten, und die Lehrer und Oberlehrer derselben. Für die Verteilung der Zuständigkeit zwischen beiden ist, sofern nicht — was nur für höhere Lehrer in Frage kommt — nach § 24 Ziff. 1 der Disziplinarhof zuständig ist, nach unserem § 24 maßgebend, wem die Schule und damit der Lehrer zur Zeit der Einleitung des Verfahrens „untergeordnet" ist. Gleichgültig ist dagegen, wie wir zum Teil schon sahen und noch weiter sehen werden, ob die Schulen staatliche oder, wie jetzt fast alle Volksschulen und viele der höheren, kommunal sind. Da sämtliche Seminare und Präparandenanstalten den Provinzialschulkollegien unterstehen, und da weiter diese nach dem oben wiedergegebenen Staatsministerialbeschlusse v. 5. 10. 1894 Provinzialbehörden auch für die von den Ministern ernannten oder bestätigten Lehrer jener

Anstalten — aber auch nur jener Anstalten! — sind, so gehören hiernach disziplinarisch vor die Provinzialschulkollegien sämtliche Lehrer und Oberlehrer der städtischen wie staatlichen Seminare und Präparandenanstalten einschließlich der Präparandenanstaltsvorsteher, aber ausschließlich der Seminardirektoren. Für Volksschulen, ihre Lehrer und Rektoren, sind dagegen stets in erster Instanz zuständig die Regierungen. Inwieweit hinsichtlich der Zuständigkeit der Regierungen und der Provinzialschulkollegien, zumal für das höhere Mädchenschulwesen, in letzter Zeit sich Verschiebungen vollzogen haben, ist ebenfalls schon zu § 19 (Note 9) dargelegt.

Wegen der Stellung der Lehrer und Beamten an den Universitäten und Hochschulen ist gleichfalls das Grundlegende schon zu § 19 in Note 15 gesagt. Aus den dortigen Darlegungen ergibt sich, daß auch für die Bestimmung der erkennenden Disziplinarbehörde erster Instanz zunächst die Statuten maßgebend sind. Ist in diesen nichts abweichendes bestimmt, so gehören die Lehrer der Universitäten und der Hochschulen, da zu ihrer Anstellung stets mindestens ministerielle Genehmigung erforderlich und in dieser Beziehung abweichendes nach § 26 nicht vorgeschrieben ist, gemäß § 24 Ziff. 1 in erster Instanz vor den Disziplinarhof, und zwar gleichviel, ob die Universität oder die Hochschule staatlich oder städtisch ist. Nur für die übrigen Beamten der Universität oder der Hochschule ist diese rechtliche Trägerschaft von Bedeutung. Ist die hohe Schule nämlich staatlich, so unterstehen ihre Verwaltungs-, Bureau- und Unterbeamten, sofern zu ihrer Anstellung wenigstens ministerielle Genehmigung erforderlich ist, und soweit die Statuten nichts anderes besagen, nach § 24 ebenfalls dem Disziplinarhof, soweit dagegen ministerielle Genehmigung nicht zur Anstellung gehört, beim Mangel einer einschlägigen Statutenvorschrift der nach § 25 zu ermittelnden Regierung. Soweit die hohe Schule städtisch ist, unterliegen deren Verwaltungs-, Bureau- und Unterbeamten dem Rechtsgange des förmlichen Disziplinarverfahrens für städtische Gemeinde-Beamte.

4. Wenn auch, wie in Note 7 zu § 19 dargetan worden ist, jede Behörde, die nach § 24ff. „Provinzialbehörde“ ist, als solche auch für § 19 gilt, so trifft nicht das Umgekehrte zu; es gibt „Provinzialbehörden“, die hierzu wohl im Sinne des § 19, aber nicht im Sinne des § 24 erklärt worden sind. Vor allem sind dies die Oberpräsidenten.

Die Oberpräsidenten sind, wie wir zu § 19 (Note 8) gesehen haben, als Chefs der Strombauverwaltungen zwar Dienstvorgesetzte der Beamten dieser Verwaltungen nach § 19; erkennende Behörde erster Instanz für diese ist aber gleichwohl, soweit die Beamten vom Könige ernannt werden oder zu einer Provinzialbehörde (Regierung, Strombauverwaltung) gehören, nach § 24 Ziff. 1 der Disziplinarhof, soweit sie von den Ministern oder unteren Instanzen ernannt oder bestätigt sind und nicht — was meist dasselbe ist — zu den Mitgliedern einer Provinzialbehörde gehören, nach Ziff. 5 des oben abgedruckten Staatsministerialbeschlusses vom 23. Aug. 1853 die nach unserem § 25 zu bestimmende Regierung.

Genau dasselbe gilt für die Beamten der Eichverwaltung, für welche die Oberpräsidenten Disziplinarbehörde nach § 19 (s. Note 8 zu diesem Paragraphen), aber nicht nach § 24 unseres Ges. sind.

Es trifft im allgemeinen auch zu auf die Beamten der Archivverwaltung (vgl. Note 7 zu § 19). Da für diese Beamten jedoch ein Beschluß des Staatsministeriums nach § 26 nicht ergangen ist, so gehören hier vor den Disziplinarhof nach § 24 Ziff. 1 nicht nur die vom Könige, sondern auch die von den Ministern oder mit deren Genehmigung ernannten Beamten; den Regierungen verbleiben deshalb nur die Urteile gegen die unteren Beamten.

Auch der Präsident der Ansiedelungskommission ist nach der oben (Note 8 zu § 19) erwähnten Verordnung vom 21. Juni 1886 nur Provinzialbehörde für die ihm bei- und untergebenen Beamten nach § 19 unseres Ges., nicht auch nach den §§ 24ff. Entscheidende Disziplinarbehörde erster Instanz ist deshalb für diese Beamten, soweit sie vom Könige ernannt sind, der Disziplinarhof,*) im übrigen wieder die nach § 25 zu ermittelnde Regierung.

Ebenso ist der Vorstand der Landwirtschaftskammer nur zur Provinzialbehörde im Sinne des § 19, nicht auch der §§ 24 ff. unseres Ges. erklärt worden. Entscheidende Provinzialbehörde ist demnach für die nicht nach § 24 Ziff. 1 vor den Disziplinarhof gehörigen Beamten nach dem oft erwähnten § 25 die Regierung, in deren Bezirk die Landwirtschaftskammer ihren Sitz hat.

In derselben Weise ist durch das oben abgedruckte Gesetz vom 2. August 1899 der Direktor der Zentralgenossenschaftskasse nur als Vorsteher einer Provinzialbehörde nach § 19 bezeichnet worden, für die Zuständigkeit der erkennenden Instanzen ist dagegen ausdrücklich neben § 24 Nr. 1 auf § 25 unseres Ges. verwiesen.

Die Hauptverwaltung der Staatsschulden und die Seehandlung sind dagegen gemäß § 24 Abs. 2 auch erkennende Provinzialbehörden erster Instanz für die nicht vom Könige oder den Ministern ernannten oder bestätigten und daher nicht nach Abs. 1 des § 24 vom Disziplinarhof ressortierenden, ihnen untergeordneten Beamten.

Schon zu § 19 (Note 7 a. E.) ist endlich darauf aufmerksam gemacht, daß durch denselben Abs. 2 des § 24 nur die Generallandschafts- und Hauptritterschaftsdirektionen zu erkennenden Provinzialbehörden erster Instanz erklärt sind, nicht aber die Landschaften. Wo dies also nicht noch, was mehrfach der Fall ist, durch die mit Gesetzeskraft ausgestatteten Statuten geschehen ist, oder wo nicht durch diese andere Behörden bestimmt sind — worüber das Nähere in den Statuten nachzusehen ist —,

*) Nur insoweit, nicht auch soweit die Beamten vom Minister ernannt oder bestätigt sind, da die Beamten zum Domänenressort des Landwirtschaftsministers gehören und deshalb Ziff. II des Staatsministerialbeschlusses vom 23. August 1853 auf sie Anwendung findet.

so kommt wiederum § 25 zur Anwendung, und erste Instanz im förmlichen Disziplinarverfahren bei den Beamten, für die nicht der Disziplinarhof zuständig ist, ist demnach die Regierung, in deren Bezirk diese Landschaftsbeamten fungieren (vgl. auch Rheinbaben Bem. V zu § 24).

5. Die Beamten des Landtags wurden, wie wir schon zu § 19 sahen, früher von den Ministern ernannt. Gemäß § 24 Ziff. 1 war deshalb der Disziplinarhof für sie zuständig, und man wird annehmen müssen, daß er dies noch geblieben ist, obwohl die Ernennung inzwischen auf die Präsidenten der Häuser des Landtags übergegangen ist, da man in der dies anordnenden, schon oben erwähnten Bemerkung der Etatsgesetze eine jährlich wiederkehrende Ermächtigung des Königs oder der Minister zu der Ernennung im Sinne der Ziff. 1 des § 24 wird erblicken können. Andernfalls würde nach § 25 die Regierung in Potsdam zuständig sein.

6. Für die Kommunalbeamten sind, wie schon gestreift, die Regeln unserer §§ 24—26 durch die oben zu den §§ 18 u. 19 abgedruckten Vorschriften der neueren Verwaltungsges. ersetzt worden. Nach diesen, insbesondere nach den §§ 20 u. 36 des Zuständigkeitsges. ergeben sich folgende Zuständigkeiten für die erkennenden Disziplinarbehörden erster Instanz:

a) Der Kreisausschuß ist zuständig für Gemeindevorsteher, Amtmänner in Westfalen, Landbürgermeister in der Rheinprovinz, für Gemeindeschöffen und Gutsvorsteher sowie für die sonstigen Beamten der Landgemeinden, für etwaige Verbandsvorsteher, die östlichen Amtsvorsteher, alle Kreisausschußbeamten*) und die Beamten der Haubergsgenossen-

*) Daß trotz des Ausdrucks „Kreisbeamten" in § 134 der Östlichen Kreisordnung und der übrigen Kreisordnungen die Vorschriften des § 68 derselben Kreisordnung nur für die Kreisausschußbeamten gelten, darüber vgl. oben die Fußnote auf S. 131. Die „Kreissekretäre" und „Kreisassistenten" sind Staatsbeamte und gehören deshalb vor die in § 24 unseres Ges. genannten Behörden.

schaften im Kreise Altenkirchen und im Dill- und Oberwesterwaldkreise.

b) Der Bezirksausschuß ist zuständig für die städtischen Bürgermeister, Beigeordneten, Magistratsmitglieder und für sonstige städtische Gemeindebeamte, für die gewählten Mitglieder der Kreis- und Stadtausschüsse, für Landesdirektoren, sonstige Provinzialbeamte und für die nicht zu diesen gehörigen Beamten der Landesversicherungsanstalten, sowie endlich für die Mitglieder der Provinzialausschüsse.

c) Das Oberverwaltungsgericht ist zuständig für gewählte Mitglieder des Provinzialrats und für alle Mitglieder und stellvertretende Mitglieder der Bezirksausschüsse in dieser ihrer Eigenschaft.

In den Hohenzollernschen Landen tritt an die Stelle des Kreisausschusses der „Amtsausschuß" für die dortigen, den Kreisen gleichstehenden Oberämter.

Diese Zuständigkeitsvorschriften sind, wie dies in Note 4 zu § 21 bereits erörtert worden ist, genau auf ihren Wortlaut und, abgesehen von den Amtsvorstehern, auch auf ihren Gegenstand, nämlich auf städtische oder ländliche „Gemeindeangelegenheiten" und die in diesen tätigen Beamten zu beschränken. Aus dem letzteren Grunde finden sie, wie schon mehrfach berührt (Note 4 zu § 21, Note 3 zu diesem Paragraphen) keine Anwendung auf Lehrer aller Art*) und können auch für gemeindliche Standesbeamte keine Geltung beanspruchen, wie in Note 4 zu § 21 ebenfalls schon dargetan ist. Für Lehrer sind vielmehr nach dem a. a. O. Gesagten erkennende Disziplinarbehörden erster Instanz die Provinzialschulkollegien, die Regierungen oder der Disziplinarhof. Für Standesbeamte würde, soweit nach den Darlegungen

---

*) Vgl. auch die ausdrückliche Vorschrift des § 148 der Östlichen Landgemeindeordnung vom 3. Juli 1891:

§ 148. Soweit den Volksschulen die Eigenschaft von Gemeindeanstalten beiwohnt, kommen in Ansehung derselben die Bestimmungen dieses Gesetzes nur unter den aus den besonderen Gesetzen über die Volksschule sich ergebenden Einschränkungen zur Anwendung.

der Note 11 zu § 19 gegen sie ein förmliches Disziplinarverfahren überhaupt angezeigt ist, da der Disziplinarhof nach den Anstellungsvorschriften nicht in Frage kommt, erkennende Disziplinarbehörde gemäß § 25 unseres Ges. die Regierung sein, in deren Bezirk die Beamten fungieren, für die Standesbeamten in Berlin die Regierung in Potsdam, gleichviel ob die Beamten als staatliche vom Oberpräsidenten oder als gemeindliche vom Gemeindevorstande ernannt sind. Die gegenteilige Ansicht von Hinschius, Personenstandsgesetz Anm. 30 Abs. 3, erklärt sich aus seiner mangelnden Vertrautheit mit dem von seinen sonstigen Studien weit abliegenden Disziplinarrechte und ist nicht zu halten.

In der mehrgedachten Note 4 zu § 21 ist ferner bereits entwickelt worden, warum die Vorschriften des § 36 des Zuständigkeitsges. zwar auf die Beamten der Haubergsgenossenschaften im Kreise Altenkirchen und im Dill- und im Oberwesterwaldkreise Anwendung finden, aber nicht im Siegkreise. Für die ersteren sind sonach zwar die betreffenden Kreisausschüsse zuständig, für die letzteren aber bewendet es wieder nach der alten, oft zitierten Vorschrift des § 25 unseres Ges. bei der Zuständigkeit der Regierung in Köln (abweichend die bereits oben zitierte und besprochene Staatsministerialentscheidung v. 23. 6. 1896).

7. Für die Beamten der Oberrechnungskammer mit Ausschluß der Mitglieder ist nach dem oben Note 13 zu § 19 abgedruckten § 6 des Ges. v. 27. 3. 1872, betreffend die Oberrechnungskammer, entscheidende Disziplinarbehörde erster und letzter Instanz die Kammer selbst.

Ebenso ist für die Bureau- und Unterbeamten des Oberverwaltungsgerichts nach dem ebenda abgedruckten § 30a des Verwaltungsgerichtsges. entscheidende Disziplinarbehörde erster und letzter Instanz das Oberverwaltungsgericht selbst.

Über die Disziplinarverhältnisse der Mitglieder beider Behörden ist in Note 13 zu § 19 schon das Nötige mitgeteilt.

8. Über die für die nichtrichterlichen Justizbeamten zuständigen erkennenden Instanzen vgl. wieder die §§ 55ff. unseres Ges.

9. Für die Zuständigkeit zur Einleitung und Durchführung des förmlichen Verfahrens gegen Beamte, die mehrere Ämter bekleiden, sind die maßgebenden Grundsätze ebenfalls bereits oben (in Note 2 zu § 18) entwickelt worden. Hiernach sind, abgesehen von den kraft Gesetzes organisatorisch miteinander verbundenen Ämtern, formell sowohl die Behörden des Hauptamts wie die des Nebenamtes zuständig, wenn letztere auch bei außeramtlichem, unwürdigem Verhalten regelmäßig das Einschreiten den hauptamtlichen Behörden zu überlassen haben, wie wiederum diese bei speziell nebenamtlichen Vergehen den Vorgesetzten des Nebenamtes den Vortritt lassen werden, und überhaupt ein gegenseitiges Benehmen beider Behörden vor einer so wichtigen Maßregel angemessen erscheint (vgl. Rheinbaben Bem. VIII zu § 23).

Dasselbe muß aus grundsätzlichen Erwägungen, wie schon oben bemerkt, auch gelten für die organisatorische oder, wie die Volksschulgesetze sagen, „organische" Verbindung von Schul- und Kirchenämtern. Diese liegt allerdings, wie überhaupt, so auch für Schul- und Kirchenämter nur dann vor, wenn durch die Ernennung im Hauptamte (Lehramte) der Beamte ohne weiteres auch in das Nebenamt (Kirchenamt) eintritt, ohne daß ihm dieses noch von dessen Behörden förmlich übertragen zu werden brauchte. Wie die Übertragung des Hauptamtes diesen Erwerb, zieht dann auch die disziplinare Entfernung aus ihm (hier: dem Lehramte) den Verlust des Nebenamtes (hier: des Kirchenamtes) ohne weiteres von Rechts wegen nach sich, ohne daß es dieserhalb noch eines nebenamtlichen (kirchlichen) Disziplinarverfahrens bedürfte. Keine „organische" Verbindung liegt dagegen vor, wenn der Beamte durch den Eintritt in das Hauptamt (Schulamt) zwar einen Rechtsanspruch auf die Übertragung des Nebenamtes (Kirchenamtes) gewinnt, dies ihm aber doch seitens der nebenamtlichen Behörden erst noch ausdrücklich übertragen werden muß, ehe er formell in dessen Rechte und Pflichten eintritt. Dann hat auch der disziplinare Verlust des Hauptamtes (hier: des Lehramtes) ebensowenig ohne weiteres den Verlust des Nebenamtes (hier: des Kirchenamtes) zur Folge, und es bedarf für diesen formell noch eines zweiten Verfahrens im Nebenamte (hier: vor den Kirchenbehörden). Nur auf solche nicht eigentlich „organisch" verbundene Ämter können bezogen werden die auch für andere derartigen Ämter angemessenen Bestimmungen der Ministerialerlasse vom 17. Juni 1850 (MBl. S. 203) und vom 20. Juni 1871 (ZBl. f. d. UnterrVerw. S. 403), über das förmliche Disziplinarverfahren bei vereinigten Schul- und Kirchenämtern und über die Einleitung des Verfahrens sowohl durch die Schul- wie die Kirchenbehörden, die Ernennung eines gemeinschaftlichen Untersuchungskommissars und die Abgabe der Sache an die Kirchenbehörden nach Fällung des ersten Urteils behufs Beschlußfassung auch wegen des Kirchenamtes. Das übersieht anscheinend Rheinbaben Bem. IX zu § 23, wie er dort überhaupt nicht zwischen organisatorisch verbundenen und anderen Ämtern unterscheidet.

10. Aus der gemäß den bisherigen Ausführungen bestimmten Zuständigkeit der Disziplinarbehörden erster Instanz ergibt sich, wie oben schon gestreift, bei Staatsbeamten gemäß § 23 ohne weiteres die Zuständigkeit zur Einleitung des Verfahrens dahin, daß der Minister sie stets verfügen kann und allein endgültig verfügen darf, wenn die erkennende erste Instanz der Disziplinarhof ist; ist dies aber eine andere Provinzialbehörde, so darf auch deren „Vorsteher" das förmliche Verfahren einleiten.

Für Kommunalbeamte in der zuvor erörterten Begrenzung, also ausschließlich der Lehrer an niederen, mittleren, höheren oder Hochschulen jeder Art, ausschließlich aller, auch der kommunalen Standesbeamten und der Siegener Haubergsbeamten, aber einschließlich der Amtsvorsteher im Osten, gilt dagegen der § 23 unseres Ges. nicht, sondern ist ersetzt durch die oben zu §§ 18 u. 19 abgedruckten Bestimmungen der neueren Verwaltungsgesetze. Nach diesen ergeben sich für die Einleitung des Disziplinarverfahrens folgende Zuständigkeiten:

Das förmliche Disziplinarverfahren leiten ein:

a) gegen die städtischen Bürgermeister, die Beigeordneten und Magistratsmitglieder sowie gegen sonstige städtische Gemeindebeamte der Regierungspräsident oder der Minister des Innern;

b) gegen Gemeindevorsteher, Amtmänner in der Provinz Westfalen, Landbürgermeister in der Rheinprovinz, Gemeindeschöffen, Mitglieder des kollegialischen Gemeindevorstandes und sonstige ländliche Gemeindebeamte sowie gegen etwaige Verbandsvorsteher, gegen Amtsvorsteher, Kreisausschußbeamte und Beamte der Haubergsgenossenschaften im Kreise Altenkirchen und im Dill- und Oberwesterwaldkreise der Landrat oder der Regierungspräsident;

c) gegen die Mitglieder der Kreis- und Stadtausschüsse der Regierungspräsident;

d) gegen Provinzialbeamte, mit Ausschluß des Landesdirektors und der ihm zugeordneten oberen sowie der sonstigen im Provinzialstatute bezeichneten „leitenden" Beamten einzelner Verwaltungszweige, der Landesdirektor, gegen die nicht zu den Provinzialbeamten gehörigen Beamten der Landesversicherungsanstalten der Vorsitzende des Vorstandes dieser Anstalten;

e) gegen den Landesdirektor und die oberen sowie die ihnen gleichgestellten „leitenden" Provinzialbeamten, gegen die Mitglieder der Provinzialausschüsse und die gewählten Mitglieder der Provinzialräte der Minister des Innern.

Gegen die Beamten der Siegener Haubergsgenossenschaften leiten dagegen das förmliche Disziplinarverfahren nach §§ 23 u. 24 unseres Ges. der Regierungspräsident zu Köln oder der Landwirtschaftsminister ein, und gegen Standesbeamte, sowohl staatliche wie kommunale, gemäß dem oben über die erkennende erste Instanz Gesagten der Präsident der Regierung, in dessen Bezirk die Beamten fungieren, oder der Minister des Innern, sofern ein solches Verfahren überhaupt angemessen erscheint.

Für die Bureaubeamten usw. der Oberrechnungskammer und des Oberverwaltungsgerichts leiten das Verfahren ein die Präsidenten dieser Behörden.

11. Die Einleitung des förmlichen Verfahrens und die Ernennung des Untersuchungskommissars gehören nach § 23 gesetzlich zusammen. Zugleich mit der Einleitung des Verfahrens muß deshalb von derselben Behörde der Untersuchungskommissar bestellt werden; es kann gleichzeitig auch der Vertreter der Staatsanwaltschaft nach § 32 Abs. 2 ernannt werden, insbesondere wenn, was meist der Fall ist, diese Ernennung auch derselben Behörde zusteht. Ist der Vertreter der Staatsanwaltschaft nicht gleichzeitig bezeichnet worden, so muß diese Ernennung besonders nachgeholt werden, bevor es zu Beweiserhebungen kommt, weil nach § 32 der Vertreter der Staatsanwaltschaft auf deren Umfang Einfluß nehmen kann und soll und ihnen beizuwohnen berechtigt ist. (So auch Brand Note 7 zu § 94 Reichsbeamtenges. — abweichend Rheinbaben [Bem. V 1 zu § 32], der in Übereinstimmung mit einer daselbst zitierten Staatsministerialentscheidung, aber im Widerspruche mit dem Wortlaut des § 32 und mit dem als Beleg und Vorbild für die preußische Praxis dienenden § 94 des Reichsbeamtenges. lehrt, daß die Ernennung des Staatsanwalts regelmäßig erst nach Schluß der Voruntersuchung erfolge.)

In dem Verfahren gegen Justizbeamte ist die Bestellung eines besonderen Vertreters der Staatsanwaltschaft unnötig, da die gerichtliche Staatsanwaltschaft (der Oberstaatsanwalt) auch für das Disziplinarverfahren als solche fungiert (vgl. § 64 Ziff. 3 unseres Ges.).

Den Vertreter der Staatsanwaltschaft ernennt, soweit dies hiernach noch nötig ist, nach § 32, wie eben berührt, im allgemeinen dieselbe Behörde, die das Verfahren einleitet und darum auch den Untersuchungskommissar bestellt. Abweichendes ist jedoch auch hier durch die oben abgedruckten neueren Verwaltungsgesetze für die Kommunalbeamten in der mehrfach erörterten Begrenzung, also ausschließlich der Lehrer aller Art, aller Standesbeamten und der Siegener Haubergsbeamten, aber einschließlich der östlichen Amtsvorsteher bestimmt. Bei diesen Kommunalbeamten ist entscheidend für die Ernennung des Staatsanwalts nicht, wer das Verfahren einleitet, sondern vor welcher Instanz dieses schwebt; demgemäß wird auch nicht ein Vertreter der Staatsanwaltschaft, wie bei Staatsbeamten, für alle Instanzen ernannt, sondern für jede Instanz ein besonderer.

Vor dem Oberverwaltungsgericht ernennt den Vertreter der Staatsanwaltschaft stets der Minister des Innern.

Vor dem Bezirksausschusse ernennt den Vertreter der Staatsanwaltschaft im allgemeinen der Regierungspräsident; nur bei dem Verfahren gegen obere und untere Provinzialbeamte, einschließlich der Landesdirektoren, und gegen Provinzialausschußmitglieder ernennt den Vertreter der Staatsanwaltschaft auch vor dem Bezirksausschusse der Minister des Innern.

Vor dem Kreisausschusse ernennt den Vertreter der Staatsanwaltschaft entweder der Landrat oder der Regierungspräsident, je nachdem, welcher von beiden das Verfahren eingeleitet hat.

In dem Verfahren endlich gegen die nicht zu den Provinzialbeamten rechnenden Beamten der Landesversicherungsanstalten ernennt den Vertreter der Staatsanwaltschaft sowohl für die erste wie die zweite Instanz der Handelsminister.

Bei der Auswahl sowohl des Untersuchungskommissars wie des Staatsanwalts sind die Vorgesetzten nicht nur auf die ihnen unterstellte Beamtenschaft angewiesen, sie können vielmehr auch Beamte anderer Ressorts — selbstverständlich nach Benehmen mit diesen — bestellen; vor allem können die Verwaltungsbehörden auch Justizbeamte und Richter heranziehen. Tun sie dies nicht, so soll der Untersuchungskommissar tunlichst Justitiar oder wenigstens für den höheren Verwaltungsdienst qualifiziert sein (vgl. MErl. v. 7. 4. 1854 [MBl. S. 109]; Erl. d. Min. d. öff. Arbeiten v. 25. 6. 1880 [EisenbahnVBl. S. 284/285 unter I]; Brand, Note 2 zu § 85 Reichsbeamtenges.).

Dem Angeschuldigten steht ein formales, strafprozessuales Recht, sich über die Einleitung und die Personen des Kommissars und Staatsanwalts zu beschweren, nicht zu. Das schließt jedoch nicht aus, daß er im allgemeinen Dienstaufsichtswege dagegen Vorstellungen erheben kann. Gegen die Entscheidungen des Ministers sind diese natürlich bei einer anderen Instanz ausgeschlossen, namentlich ist nicht etwa das Staatsministerium hierfür Instanz, da dies nicht Vorgesetzter der Minister ist. Es bleiben deshalb in diesem Falle dem Angeschuldigten nur Vorstellungen bei dem Minister selbst übrig (vgl. Staatsministerialentscheidung, mitgeteilt durch Erlaß des Kultusministers v. 6. 12. 1870 [ZBl. f. d. UnterrVerw. de 1871 S. 4]; Brand, Note 2 zu § 85 Reichsbeamtenges. und die daselbst zitierten Entscheidungen es Reichsdisziplinarhofes).

12. In § 23 ist über den Inhalt des Einleitungsbeschlusses, abgesehen davon, daß er auch den Untersuchungskommissar benennen muß, weiteres nicht bestimmt. Aus § 32 ergibt sich jedoch, daß er die „Anschuldigungspunkte" enthalten soll. Äußerlich wird dadurch der Beschluß dem Eröffnungsbeschlusse im Strafprozeß ähnlich; rechtlich steht er ihm aber nicht gleich, wie sich weiter unten noch erweisen wird. Das Verfahren kann deshalb vom Untersuchungskommissar jederzeit auf Punkte ausgedehnt werden, die nicht im Einleitungsbeschlusse genannt sind.

§ 27.

Für den Fall, daß bei der zuständigen Disziplinarbehörde die beschlußfähige Anzahl von Mitgliedern nicht vorhanden ist, oder wenn auf den Antrag des Beamten der Staatsanwaltschaft oder des Angeschuldigten der Disziplinarhof das Vorhandensein von Gründen anerkennt, aus welchen die Unbefangenheit der zuständigen Disziplinarbehörde bezweifelt werden kann, tritt eine andere durch das Staatsministerium substituierte Disziplinarbehörde an deren Stelle.

1. Der Paragraph faßt zwei verschiedenartige Fälle zusammen, nämlich a) daß die erkennende Disziplinarbehörde

nicht beschlußfähig ist und auch zurzeit nicht über so viele Mitglieder und Stellvertreter verfügt, um durch deren Einberufung beschlußfähig zu werden; b) daß dieselbe Behörde befangen ist. In beiden Fällen bestimmt das Staatsministerium die neue Disziplinarbehörde.

Der erste Fall ist einfach und bedarf keiner weiteren Erläuterung, im zweiten Falle ist dagegen zu prüfen, wer über die Befangenheit entscheidet, wie sie begründet werden muß und wie weit das Ablehnungsrecht dieserhalb greift.

2. Über die Ablehnung einer ganzen Behörde wegen Befangenheit entscheidet der Disziplinarhof.

Hieraus ergibt sich einmal, daß zunächst nicht das Staatsministerium in dieser Weise abgelehnt werden kann, weil selbstverständlich der Disziplinarhof nicht über diese ihm vorgesetzte Instanz auch nur insoweit urteilen darf; dasselbe gilt aber für den Disziplinarhof, da er nicht über sich selbst zu Gericht sitzen kann, und es an einer Zuständigkeitsvorschrift, durch welche in solchem Falle das Staatsministerium auch über die Befangenheit entscheidet, fehlt. § 27 StPO. findet auch insoweit keine entsprechende Anwendung, da er sich nur mit der Ablehnung einzelner Gerichtspersonen befaßt, aber nicht mit der hier in Rede stehenden Ablehnung einer ganzen Behörde, welche dem Strafprozeß fremd ist und ihren eigenen Regeln folgt. Die Ablehnung des Staatsministeriums und Disziplinarhofs als Ganzes ist demnach unzulässig. Die Vorschrift unseres § 27 bezieht sich sonach nur auf die Ablehnung der „Provinzialbehörden" im Sinne des § 24 Ziff. 2 und Abs. 2 und der §§ 25 u. 26 (so auch Rheinbaben, Bem. III zu § 27).

3. Aus dem Rechte des „Disziplinarhofs", über die Ablehnung zu entscheiden, ergibt sich weiter, daß der abgelehnten Behörde jede Beurteilung des Gesuches untersagt ist, auch nur darüber, ob es ernst gemeint oder etwa bloß zur Verschleppung vorgebracht ist, was gelegentlich eine Provinzialbehörde beurteilen zu dürfen geglaubt hat. Die Provinzialbehörde hat vielmehr nach der Ablehnung sofort die Verhandlung abzu-

brechen und die Akten mittels Berichts dem Ressortchef behufs Vorlage an den Disziplinarhof einzureichen.

Geschieht dies nicht, so hat der Angeschuldigte das Recht, die weitere Verhandlung vor dem abgelehnten Gerichtshofe zu verweigern. Verhandelt und urteilt der Gerichtshof gleichwohl weiter, so hat er damit den Angeschuldigten so schwer in seinen Rechten gekränkt, daß dies die Vernichtung des ersten Urteils um so mehr zur Folge haben muß, als aus solchem Verhalten fast unausweichlich geschlossen werden muß, daß der Gerichtshof erster Instanz in der Tat nicht „unbefangen" war, sondern von vornherein den Angeschuldigten unter allen Umständen verurteilen wollte. Die gleiche Bedeutung muß aber der vorschriftswidrigen Beurteilung des Ablehnungsgesuches durch die abgelehnte Behörde schlechthin beigelegt werden, auch dann, wenn der Angeschuldigte von seinem Rechte, die Verhandlung zu verweigern, keinen Gebrauch gemacht hat, etwa wohl gar nur aus Unkenntnis dieses Rechts. Die gegenteiligen älteren Entscheidungen des Staatsministeriums v. 25. 7. 1891 und v. 10. 4. 1893 bei Rheinbaben, Bem. IV zu § 27, welche die Aufhebung des ersten Urteils in demselben Falle dann für entbehrlich halten, wenn der Disziplinarhof bei nachträglicher Prüfung die Ablehnung als unbegründet bezeichnet hat, übersehen, daß das Disziplinarverfahren, wie mehrfach betont, nicht nur den Interessen des Dienstes nach Ausmerzung ungeeigneter Beamter zu dienen hat, sondern auch eine Schutzwehr des Beamten selbst gegen willkürliche und ungesetzliche Behandlung sein soll, und daß deshalb die Schutzrechte des Angeschuldigten peinlichst gewahrt werden müssen. Wenn deshalb auch der § 377 Ziff. 3 der StPO. nach den zuvor gemachten Darlegungen, weil er einen anderen Gegenstand betrifft, formal keine entsprechende Anwendung findet, so muß doch sein Prinzip auch hier durchgreifen, daß ein „mit Unrecht" verworfenes Ablehnungsgesuch stets die Vernichtung des ersten Urteils zur Folge haben muß; denn sehr „mit Unrecht verworfen" ist jedenfalls das Gesuch, das die unzuständige Provinzialbehörde erster Instanz abgelehnt hat (vgl. Reichsgericht in Strafsachen Bd. 19 S. 332ff., bes. S. 339); die nachträgliche Prüfung des Disziplinarhofs bei Gelegenheit der Begutachtung in zweiter Instanz kann diese Entscheidung in der ersten Instanz, in die sie gehört, weder ersetzen noch ungeschehen machen.

4. Die Ablehnung aus unserem § 27 betrifft, wie schon mehrfach betont, stets eine ganze Behörde. Sie muß deshalb so begründet sein, daß die Unbefangenheit der ganzen Behörde bezweifelt wird, nicht bloß die einzelner Mitglieder. Dies trifft aber, wie der Disziplinarhof gelegentlich entschieden hat, auch dann zu, wenn bei formeller Anzweiflung der Unbefangenheit der ganzen Behörde gleichwohl zur Begründung einzelne Tatsachen nur gegen die Unbefangenheit des Vorsitzenden vorgebracht werden, sofern es sich um eine kleine Behörde handelt, in welcher zudem der Präsident eine so überragende Stellung einnimmt, daß seine etwaige Befangenheit leicht die übrigen Mitglieder beeinflussen kann.

Im übrigen werden an die Begründung wie bei der Nachprüfung der Begründung überhaupt keine besonders strengen Anforderungen zu stellen sein, da das Gesetz selbst nur verlangt, daß die Unbefangenheit „bezweifelt" werden „kann", Befangenheit mithin jedenfalls bloß entfernt möglich, aber nicht wirklich vorhanden, ja nicht einmal „glaubhaft" zu sein braucht, wie es im Strafprozeß erforderlich ist. Da das Disziplinarverfahren — wie soeben noch wiederum betont — auch zur Schutzwehr des Angeschuldigten bestimmt ist, wird man eben die gesetzlich erforderte Möglichkeit von „Zweifeln" an der Unbefangenheit schon da bejahen, wo diese auch nur ganz entfernt denkbar ist, zumal andererseits der Staat kaum ein besonderes Interesse daran hat, ob die eine oder die andere Provinzialbehörde entscheidet. Erwägungen, wie sie gelegentlich vom Disziplinarhof angestellt sind und wie sie auch dessen Entscheidungen v. 14. 10. 1854 und v. 17. 11. 1855, bei Rheinbaben Fußnote 1 auf S. 232 durchblicken lassen, daß die Befangenheit einer der schwersten Vorwürfe sei, der sorgfältiger Begründung bedürfe, sind deshalb, wie bei allem Respekt vor dem Disziplinarhofe gesagt werden muß, mit dem Gesetzesinhalt nicht vereinbar.

5. Die Ablehnung der ganzen Behörde nach unserem § 27 ist an eine Frist nicht gebunden. § 25 StPO. betrifft, wie mehrfach berührt, sie nicht. Sie ist deshalb — soweit sie überhaupt in erster Instanz zulässig ist, also nicht vor dem Disziplinarhofe —, angängig bis zum Schlusse der Hauptverhandlung.

6. Es hätte wohl in Frage kommen können — mehr als bei anderen dieserhalb angezweifelten Bestimmungen der Strafprozeßordnung —, ob für deren Vorschriften über die Ausschließung und Ablehnung einzelner Gerichtspersonen noch neben unserem § 27 Platz ist; die Praxis aber hat sich konstant für diese nebenhergehende Anwendbarkeit der strafprozessualen Regeln über die Ablehnung ausgesprochen, falls diese eben nicht die ganze Behörde nach unserem § 27, sondern nur einzelne Mitglieder betrifft (vgl. Rheinbaben, Bem. V zu § 27 und das daselbst zitierte Erkenntnis des Reichs-DiszHofes zu dem entsprechenden § 90 RBeaGes.; Brand, Note 2 zu diesem Paragraphen und die daselbst benannten übrigen, zahlreichen Entsch. des Reichs-DiszHofes). Konsequent ist es dann nur, wenn auch die strafprozessualen Vorschriften über die kraft Gesetzes eintretende Ausschließung von Gerichtspersonen für anwendbar erklärt sind. Dies ist sogar durch Gesetz geschehen, nämlich durch den § 12 des schon eingangs erwähnten Ges. vom 9. April 1879 betr. die Abänderung der Disziplinargesetze (GS. S. 345).*) Denn wenn im Abs. 2 dieses Paragraphen die Bestimmungen des zweiten und dritten Absatzes des § 23 StPO. ausdrücklich ausgeschlossen werden, so folgt daraus per argumentum e contrario, daß die übrigen strafprozessualen Regeln über die Ausschließung der Gerichtspersonen an sich Geltung haben,

---

*) Der Paragraph, der auch sonst noch von Bedeutung ist, lautet:

§ 12. Hilfsrichter sind von der Teilnahme an den Entscheidungen über Disziplinarsachen ausgeschlossen.

Die mit der Voruntersuchung beauftragten Richter sind von der Teilnahme an den Entscheidungen, die Richter, welche an Beschlüssen außerhalb der Hauptverhandlung mitgewirkt haben, von der Teilnahme an dem Hauptverfahren nicht ausgeschlossen.

Die Entscheidungen erfolgen nach der absoluten Mehrheit der Stimmen.

wie man denn überhaupt bei Erlaß jenes Gesetzes schließlich darüber einig war, daß die Strafprozeßordnung im Disziplinarverfahren ergänzende Anwendung finde, soweit nicht Gegenteiliges bestimmt sei (vgl. Einleitung).

Die Vorschriften der StPO., soweit sie hiernach zu beachten sind, lauten:

§ 22. Ein Richter ist von der Ausübung des Richteramts kraft Gesetzes ausgeschlossen:

1. wenn er selbst durch die strafbare Handlung verletzt ist;
2. wenn er Ehemann oder Vormund der beschuldigten oder der verletzten Person ist oder gewesen ist;
3. wenn er mit dem Beschuldigten oder mit dem Verletzten in gerader Linie verwandt, verschwägert oder durch Adoption verbunden, in der Seitenlinie bis zum dritten Grade verwandt oder bis zum zweiten Grade verschwägert ist, auch wenn die Ehe, durch welche die Schwägerschaft begründet ist, nicht mehr besteht;
4. wenn er in der Sache als Beamter der Staatsanwaltschaft, als Polizeibeamter, als Anwalt des Verletzten oder als Verteidiger tätig gewesen ist;
5. wenn er in der Sache als Zeuge oder Sachverständiger vernommen ist.

§ 23. Ein Richter, welcher bei einer durch ein Rechtsmittel angefochtenen Entscheidung mitgewirkt hat, ist von der Mitwirkung bei der Entscheidung in höherer Instanz kraft Gesetzes ausgeschlossen.

Abs. 2 und 3 . . . . . . (gesetzlich für unanwendbar erklärt).

§ 24. Ein Richter kann sowohl in den Fällen, in denen er von der Ausübung des Richteramts kraft Gesetzes ausgeschlossen ist, als auch wegen Besorgnis der Befangenheit abgelehnt werden.

Wegen Besorgnis der Befangenheit findet die Ablehnung statt, wenn ein Grund vorliegt, welcher geeignet ist, Mißtrauen gegen die Unparteilichkeit eines Richters zu rechtfertigen.

Das Ablehnungsrecht steht der Staatsanwaltschaft, ... und dem Beschuldigten zu. Den zur Ablehnung Berechtigten sind auf Verlangen die zur Mitwirkung bei der Entscheidung berufenen Gerichtspersonen namhaft zu machen.

§ 25. Die Ablehnung eines Richters wegen Besorgnis der Befangenheit ist in der Hauptverhandlung erster Instanz nur bis zur Verlesung des Beschlusses über die Eröffnung des Hauptverfahrens, in der Hauptverhandlung über die Berufung und die Revision nur bis zum Beginne der Berichterstattung zulässig.

§ 26. Das Ablehnungsgesuch ist bei dem Gerichte, welchem der Richter angehört, anzubringen; es kann vor dem Gerichtsschreiber zu Protokoll erklärt werden.

Der Ablehnungsgrund ist glaubhaft zu machen; der Eid ist als Mittel der Glaubhaftmachung ausgeschlossen. Zur Glaubhaftmachung kann auf das Zeugnis des abgelehnten Richters Bezug genommen werden.

Der abgelehnte Richter hat sich über den Ablehnungsgrund dienstlich zu äußern.

§ 27. Über das Ablehnungsgesuch entscheidet das Gericht, welchem der Abgelehnte angehört; wenn dasselbe durch Ausscheiden des abgelehnten Mitglieds beschlußunfähig wird, das im Instanzenzuge zunächst höhere Gericht.

Abs. 2 . . . . . .*)

§ 28. Gegen den Beschluß, durch welchen das Ablehnungsgesuch für begründet erklärt wird, findet kein Rechtsmittel; gegen den Beschluß, durch welchen das Gesuch für unbegründet erklärt wird, findet sofortige Beschwerde statt.

Der Beschluß, durch welchen ein gegen einen erkennenden Richter angebrachtes Ablehnungsgesuch für unbegründet erklärt wird, kann nicht für sich allein, sondern nur mit dem Urteil angefochten werden.

§ 29. Ein abgelehnter Richter hat vor Erledigung des Ablehnungsgesuchs nur solche Handlungen vorzunehmen, welche keinen Aufschub gestatten.**)

§ 30. Das für die Erledigung eines Ablehnungsgesuchs zuständige Gericht hat auch dann zu entscheiden, wenn ein solches Gesuch nicht angebracht ist, ein Richter aber von einem Verhältnisse Anzeige macht, welches seine Ablehnung rechtfertigen könnte, oder wenn aus anderer Veranlassung Zweifel darüber entstehen, ob ein Richter kraft Gesetzes ausgeschlossen sei.

§ 31. Die Bestimmungen dieses Abschnitts finden auf . . . . . .***) Gerichtsschreiber entsprechende Anwendung . . . .***) Über die Ausschließung oder Ablehnung eines Gerichtsschreibers entscheidet das Gericht oder der Richter, welchem derselbe beigegeben ist.

Aus diesen Bestimmungen ergeben sich für die Ablehnung einzelner Gerichtspersonen gegenüber der zuvor behandelten Ab-

---

*) Hier ist vorgeschrieben, daß über Ablehnung des Untersuchungsrichters das Landgericht entscheidet. Diese Zuständigkeitsvorschrift ist für das Disziplinarverfahren ohne Bedeutung; wird der Untersuchungskommissar als solcher abgelehnt, was der Ablehnung des Untersuchungsrichters im Strafverfahren entspricht, so entscheidet die den Kommissar ernennende Behörde.

**) Bedeutungsvoll für Handlungen des abgelehnten Untersuchungskommissars.

***) Die Auslassungen betreffen Schöffen, kommen also für das Disziplinarverfahren nicht in Frage.

lehnung ganzer Behörden neben diesem grundlegenden Unterschiede folgende Einzelabweichungen:

Die Ablehnung und Ausschließung findet statt auch bei Mitgliedern des Disziplinarhofs und Staatsministeriums. Wird der Disziplinarhof dadurch beschlußunfähig, so entscheidet gemäß § 27 StPO. das Staatsministerium. Wird das Staatsministerium durch eine Ablehnung beschlußunfähig, so ist nach der für letzte Instanzen gültigen Gerichtspraxis die Ablehnung jedoch unzulässig.

Die Ablehnung und Ausschließung betrifft nach dem vorhin zu § 12 d. Ges. v. 9. April 1879 Gesagten auch den Untersuchungskommissar, nicht nur, wie die Gesamtablehnung, lediglich erkennende „Disziplinarbehörden“, jedoch mit der Ausnahme, daß § 23 Abs. 2 StPO. ausgeschlossen bleibt, und der Untersuchungskommissar in der erkennenden Instanz auch beim Urteil mitwirken darf. Wird der Kommissar als Mitglied der erkennenden Behörde abgelehnt, so entscheidet nach § 27 StPO. diese, ev. das Staatsministerium; wird er als Kommissar schon in der Voruntersuchung abgelehnt, so entscheidet nach der zu § 27 Abs. 2 StPO. soeben gegebenen Fußnote die Instanz, die ihn ernannt hat.

Die Ablehnungs- und Ausschließungsgründe müssen „glaubhaft“ gemacht werden; es genügt nicht, daß „Zweifel“ bloß „möglich“ sind (§ 26 Abs. 2 StPO.).

Die Ablehnung einzelner Personen kann nicht noch bis zum Schluß der Hauptverhandlung, sondern muß in erster Instanz spätestens vor der, der Verlesung des Eröffnungsbeschlusses entsprechenden, Wiedergabe der Anschuldigungsschrift durch den Berichterstatter, in zweiter Instanz vor Beginn der Berichterstattung geltend gemacht werden (§ 25 StPO.).

Die Ausschließung kann ihrer Natur nach in jeder Lage des Verfahrens in erster oder in zweiter Instanz gerügt werden.

7. Weder die Bestimmungen unseres § 27 noch die abgedruckten der StPO. finden Anwendung auf diejenigen Disziplinarverfahren, in welchen die Verwaltungsgerichte zu erkennen haben. Für § 27, der dem für die Verwaltungsgerichte ganz ausgeschalteten Disziplinarhof die Entscheidung zuweist, erhellt

dies von selbst. Für die Ausschließung und Ablehnung einzelner Personen sind, da auch Disziplinarsachen vor den Verwaltungsgerichten gesetzlich zum „Verwaltungsstreitverfahren" rechnen, die §§ 61 u. 62 des Landesverwaltungsges. maßgebend, welche für die Voraussetzungen der Ablehnung und Ausschließung auf die Bestimmungen der „bürgerlichen Prozeßgesetze", d. h. der ZPO. verweisen (vgl. OVG. Entsch. Bd. 16 S. 397, Rheinbaben Bem. VI zu § 27 und die daselbst zitierten weiteren Entscheidungen des OVG. vom 30. XI. 97 und 20. IX. 01). Formell sind also von den Verwaltungsgerichten hierfür die §§ 41 ff. ZPO. zu beachten, nicht die abgedruckten §§ 22 ff. StPO.; materiell aber decken sich beide Vorschriften zumeist sogar wörtlich. Für das Verfahren wegen der Ablehnung bestimmt § 62 des Landesverwaltungsges. folgendes:

§ 62. Über das Ablehnungsgesuch beschließt das Gericht, welchem der Abgelehnte angehört, und wenn der Vorsitzende des Kreis- (Stadt-) oder Bezirksausschusses abgelehnt werden soll, das nächst höhere Gericht.

Der Beschluß, durch welchen das Gesuch für begründet erklärt wird, ist endgültig. Wird das Gesuch für unbegründet erklärt, so steht der mit demselben zurückgewiesenen Partei innerhalb zwei Wochen die Beschwerde an das im Instanzenzuge zunächst höhere Gericht zu. Das letztere entscheidet endgültig. Die Verhandlung über die Ablehnung erfolgt in nicht öffentlicher Sitzung.

Das im Instanzenzuge zunächst vorgesetzte Gericht entscheidet desgleichen endgültig und bestimmt das zuständige Gericht, wenn das Gericht, dem das ausgeschlossene oder abgelehnte Mitglied angehört, bei dessen Ausscheiden beschlußunfähig wird.

§ 28.

Streitigkeiten über die Kompetenz der Disziplinarbehörden als solcher werden von dem Staatsministerium, nach Vernehmung des Gutachtens des Disziplinarhofes, entschieden.

1. „Streitigkeiten" über die Zuständigkeit sind im Disziplinarverfahren im wesentlichen nur als sachliche möglich, kaum auch als örtliche. Im Disziplinarverfahren gibt es nämlich örtlich nur den einen Gerichtsstand des dienstlichen Wohnsitzes des An-

geschuldigten, der kaum jemals zweifelhaft sein wird, nicht auch daneben, wie im Strafverfahren, den Gerichtsstand der begangenen Tat.

Dies ist für die Reichsbeamten durch § 88 Abs. 2 des Reichsbeamtenges. ausdrücklich festgelegte, ebenso für diejenigen preußischen Beamten, die disziplinar von den Verwaltungsgerichten ressortieren durch § 57 Ziff. 2 des Landesverwaltungsges., ergibt sich aber auch für die übrigen preußischen Beamten aus der Struktur des Disziplinarverfahrens und namentlich aus § 25 unseres Ges., der für die Zuständigkeit das „Fungieren", d. h. den dienstlichen Wohnsitz, als maßgebend behandelt.

Die §§ 7—21 StPO., welche die verschiedenen strafrechtlichen örtlichen Zuständigkeiten gegeneinander abgrenzen, sind demnach für das Disziplinarverfahren im allgemeinen bedeutungslos.

2. Streitigkeiten über die sachliche Zuständigkeit sind dagegen bei den nicht einfachen Vorschriften über die Disziplinarbehörden erster Instanz recht wohl möglich. Es kommt hinzu, daß kein Grund vorhanden ist, die Vorschriften der §§ 2ff. StPO. über den Zusammenhang von Strafsachen nicht auch auf das Disziplinarverfahren entsprechend anzuwenden.*) Von diesen Vor-

---

*) Die Paragraphen lauten, soweit sie in Frage kommen:

§ 2. Zusammenhängende Strafsachen, welche einzeln zur Zuständigkeit von Gerichten verschiedener Ordnung gehören würden, können verbunden bei demjenigen Gerichte anhängig gemacht werden, welchem die höhere Zuständigkeit beiwohnt.

Aus Gründen der Zweckmäßigkeit kann durch Beschluß dieses Gerichts die Trennung der verbundenen Strafsachen angeordnet werden.

§ 3. Ein Zusammenhang ist vorhanden, wenn eine Person mehrerer strafbarer Handlungen beschuldigt wird, oder wenn bei einer strafbaren Handlung mehrere Personen als Täter, Teilnehmer, Begünstiger oder Hehler beschuldigt werden.

§ 4. Eine Verbindung zusammenhängender oder eine Trennung verbundener Strafsachen kann auch nach Eröffnung der Untersuchung auf Antrag der Staatsanwaltschaft oder des Angeschuldigten oder von Amts wegen durch gerichtlichen Beschluß angeordnet werden.

Abs. 2 . . . . . . (die Zuständigkeitsvorschrift dieses Absatzes ist durch unseren § 28 ersetzt).

§ 5. Für die Dauer der Verbindung ist der Straffall, welcher zur Zuständigkeit des Gerichts höherer Ordnung gehört, für das Verfahren maßgebend.

schriften kommt freilich der Fall, daß eine und dieselbe Person mehrere verschieden schwere Straftaten begangen hat, für das Disziplinarverfahren nicht in Frage, da die verschiedene Schwere der Dienstvergehen für die Zuständigkeit bedeutungslos ist. Dagegen kann der andere Fall vorkommen und ist vorgekommen, daß mehrere Personen an einem Dienstvergehen beteiligt waren, beispielsweise zahlreiche Eisenbahnbeamte an Fahrkartenbetrügereien, die als einheitliche, fortgesetzte Handlung anzusehen waren. Hier können die verschiedenen Beamten nach § 2 StPO., selbst wenn an sich unter ihnen einige vor den Disziplinarhof, einige vor Provinzialbehörden gehören, dennoch sämtlich ohne weiteres schon vom Beamten der Staatsanwaltschaft vor den Disziplinarhof gezogen werden. Hat letzterer jedoch Bedenken, oder will der Staatsanwalt die einheitliche Anklage nicht ohne förmlichen Verbindungsbeschluß erheben, oder wird die Verbindung erst nachträglich gemäß § 4 StPO. angeregt, so entscheidet nach unserem § 28 diese „Streitigkeit" das Staatsministerium nach Begutachtung durch den Disziplinarhof. Die Zuständigkeitsvorschriften des Abs. 2 des § 4 der StPO. sind dadurch gegenstandslos gemacht. Gehört von den verschiedenen Teilnehmern eines Dienstvergehens keiner vor den Disziplinarhof, sondern nur vor verschiedene Provinzialbehörden, so kann § 2 StPO., der die Beteiligung eines Gerichts mit „höherer" Zuständigkeit voraussetzt, freilich nicht herangezogen werden. Es besteht aber kein Bedenken, insoweit aus den — nach dem vorhin Gesagten im allgemeinen unanwendbaren — strafprozessualen Vorschriften über die örtliche Zuständigkeit den ergänzenden Abs. 2 und 3 des § 13 StPO.*) zu verwerten,

*) Der Paragraph lautet:

§ 13. Abs. 1 . . . .

Sind mehrere zusammenhängende Strafsachen bei verschiedenen Gerichten anhängig gemacht worden, so können dieselben sämtlich oder zum Teil durch eine den Anträgen der Staatsanwaltschaft entsprechende Vereinbarung dieser Gerichte bei einem unter ihnen verbunden werden. Kommt eine solche Vereinbarung nicht zustande, so entscheidet, wenn die Staatsanwaltschaft oder ein Angeschuldigter hierauf anträgt, das gemeinschaftliche obere Gericht darüber, ob und bei welchem der Gerichte die Verbindung einzutreten habe.

In gleicher Weise kann die Verbindung wieder aufgehoben werden.

wiederum mit der Maßgabe, daß an die Stelle der dort gegebenen Zuständigkeitsvorschrift diejenige unseres § 28 tritt und das Staatsministerium nach Begutachtung durch den Disziplinarhof entscheidet.

3. Die Ansicht von Rheinbaben (Bem. II zu § 28), daß unser § 28 nur Anwendung finde auf Streitigkeiten „zwischen" Disziplinarbehörden und nicht auf die vom Angeschuldigten oder Staatsanwalt erhobenen Zweifel und Anträge übersieht, daß Streitigkeiten „über" die Kompetenz der Disziplinarbehörden, nicht bloß solche „zwischen" Disziplinarbehörden sind, und daß im übrigen unser § 28 kein Gewicht darauf legt, von wem die Streitigkeiten veranlaßt sind.

Freilich gilt neben dem § 28 wie neben den gleichartigen besprochenen Vorschriften der Straf- und Zivilprozeßordnung der § 6 der StPO., welcher besagt:

§ 6. Das Gericht hat seine sachliche Zuständigkeit in jeder Lage des Verfahrens von Amts wegen zu prüfen.

Wenn deshalb über diese Zuständigkeit nicht eine besondere Entscheidung nach unserem § 28 noch in erster Instanz herbeigeführt worden ist, so werden die betreffenden Beschlüsse der ersten Instanz allerdings in zweiter Instanz nicht zum besonderen Verfahren nach unserem § 28 verwiesen, sondern durch die Entscheidung in der Hauptsache mit erledigt, wie Rheinbaben es auch in der ersten Instanz hinsichtlich der bezüglichen Anträge des Angeschuldigten und der Staatsanwaltschaft stets gehalten wissen will.

In dieser Instanz ist das jedoch jedenfalls nur möglich, falls die Bedenken des Staatsanwalts oder des Angeschuldigten für unbegründet gehalten werden. Erscheinen sie begründet, so weist unser § 28 für das weitere Verfahren der „Provinzialbehörden" dann den einzig möglichen Weg, da das Disziplinarverfahren vor diesen Behörden wegen Unzuständigkeit einstellende oder gemäß § 270 StPO. verweisende Entscheidungen nicht kennt. Für das Disziplinarverfahren vor den Verwaltungsgerichten gilt überhaupt Abweichendes, wie wir gleich sehen werden.

4. Die Vorschrift des § 28 ist ihrer Natur nach nur auf diejenigen Verfahren anwendbar, in denen der Disziplinarhof und das Staatsministerium für alle in Frage kommenden Behörden höhere Instanz sind, also zunächst einmal nicht auf Disziplinarverfahren, die nur vor den Verwaltungsgerichten schweben. In solchen Verfahren ist es zwar auch möglich, die abgedruckten Vorschriften der Strafprozeßordnung über die Verbindung zusammenhängender Strafsachen heranzuziehen. Sind an diesen verschiedenen Sachen in erster Instanz Gerichte verschiedener „Ordnung" (Kreisausschüsse, Bezirksausschüsse, Oberverwaltungsgericht) beteiligt, so gilt jedoch an Stelle unseres § 28 die oben seinetwegen fortgelassene Zuständigkeitsregel des zweiten Absatzes des § 4 StPO.:

> Zuständig für den Beschluß ist dasjenige Gericht, zu dessen Bezirk die übrigen Gerichte gehören. In Ermangelung eines hiernach zuständigen Gerichts erfolgt die Beschlußfassung durch das gemeinschaftliche obere Gericht.

Sind nur Gerichte gleicher Ordnung beteiligt, liegen also nur örtliche Verschiedenheiten vor, so gilt die für derartige Fälle des Verwaltungsstreitverfahrens allgemein gegebene Bestimmung des § 58 Abs. 2 des Landesverwaltungsgesetzes, wonach dann, wenn mehrere Kreisausschüsse desselben Regierungsbezirks beteiligt sind, der Bezirksausschuß die erkennende Behörde bestimmt, falls aber Kreisausschüsse verschiedener Regierungsbezirke oder verschiedene Bezirksausschüsse in Frage kommen, das Oberverwaltungsgericht. Im übrigen sind hier die Zuständigkeitsfragen in der Tat zugleich mit der sachlichen Entscheidung zu erledigen. Da jedoch auch dem Verwaltungsstreitverfahren Entscheidungen, welche die Sache an die zuständige Instanz verweisen, wie sie nach § 270 StPO. ergehen können, fremd sind, so bleibt hier nichts übrig, als auch die etwaige Unzuständigkeit durch Erkenntnis gemäß § 113 LVG. auszusprechen.

Die Vorschrift unseres § 28 ist dann weiter nicht anwendbar, wenn Provinzialbehörden nach §§ 24 ff. unseres Ges. und Verwaltungsgerichte konkurrieren. Für diesen Fall gelten die

Vorschriften des zweiten und fünften Absatzes des § 113 LVG.*) Nach diesen positiven Vorschriften entscheidet in solchem Falle das Oberverwaltungsgericht, nicht das Staatsministerium, wenngleich das Oberverwaltungsgericht aus gebotenen Rücksichten vorher auch dessen Stellungnahme gemäß Abs. 5 a. a. O. zu erbitten haben wird.

(So auch Seydel Anm. 2 zu § 28. Rheinbaben Fußnote 2 auf S. 182 bekämpft diese Ansicht unter Hinweis auf ein älteres Erkenntnis des Oberverwaltungsgerichts, wonach § 113 a. a. O. ebenso wie der gleichartige § 83 des Verwaltungsgerichtsgesetzes nur „streitige" Verwaltungssachen betreffen soll. Jenes Erkenntnis des Oberverwaltungsgerichts hat indessen mit diesen Worten nur einen anderen Ausdruck für „Verwaltungsstreitverfahren" gebrauchen, keineswegs aber feststellen wollen, daß zu diesem die Disziplinarsachen nicht rechnen. Wie vielmehr schon oben berührt, ist dies vom Oberverwaltungsgericht anderweit ausdrücklich festgestellt worden und ergibt sich wenigstens teilweis auch aus § 54 Abs. 2 Landesverwaltungsges., wonach dann, wenn die Gesetze, wie bei der Anfechtung von Disziplinarstrafverfügungen, von der „Klage" vor den Verwaltungsgerichten sprechen, ein „Verwaltungsstreitverfahren" vorliegt.)

§ 29.

Der Disziplinarhof besteht aus einem Präsidenten und zehn anderen Mitgliedern, von denen wenigstens vier zu

---

*) Der Paragraph, der auch sonst von Interesse ist, lautet:

§ 113. Die Zentral- und die Provinzialverwaltungsbehörden sind auch für die im Verwaltungsstreitverfahren zu verhandelnden Angelegenheiten zur Erhebung des Kompetenzkonflikts befugt.

Die Erhebung des Kompetenzkonflikts auf Grund der Behauptung, daß in einer im Verwaltungsstreitverfahren anhängig gemachten Sache eine andere Verwaltungsbehörde zuständig sei, findet nicht statt.

Die zur Entscheidung im Verwaltungsstreitverfahren berufenen Behörden haben ihre Zuständigkeit von Amts wegen wahrzunehmen.

Wird von einer Partei in erster Instanz die Einrede der Unzuständigkeit erhoben, so kann über dieselbe vorab entschieden werden.

Haben sich in derselben Sache die zur Entscheidung im Verwaltungsstreitverfahren berufene Behörde und eine andere Verwaltungsbehörde für zuständig erklärt, so entscheidet auf Grund der schriftlichen Erklärungen der über ihre Kompetenz streitenden Behörden und nach Anhörung der Parteien in mündlicher Verhandlung das Oberverwaltungsgericht. Das gleiche gilt in dem Falle, wenn beide Teile sich in der Sache für unzuständig erklärt haben. In beiden Fällen werden weder ein Kostenpauschquantum noch bare Auslagen erhoben. Ebensowenig findet eine Erstattung der den Parteien erwachsenden Kosten statt.

den Mitgliedern des Kammergerichts in Berlin*) gehören müssen.

Die Mitglieder des Disziplinarhofes werden von dem Könige auf drei Jahre ernannt.

Ein Mitglied, welches im Laufe dieser Periode ernannt wird, bleibt nur bis zum Ende derselben in Tätigkeit.

Die ausscheidenden Mitglieder können wieder ernannt werden.

§ 30.

Zur Erledigung der Disziplinarsachen ist bei dem Disziplinarhofe die Teilnahme von wenigstens 7 Mitgliedern mit Einschluß des Vorsitzenden erforderlich, von denen wenigstens 2 zu den Mitgliedern des Kammergerichts in Berlin*) gehören müssen.

§ 31.

Bei den Provinzialbehörden werden die Disziplinarsachen in besonderen Plenarsitzungen erledigt, an welchen mindestens 3 stimmberechtigte Mitglieder teilnehmen müssen. In diesen Plenarsitzungen steht, bei den Regierungen, den Mitgliedern derselben nur dasjenige Stimmrecht zu, welches ihnen durch die allgemeinen Vorschriften für Verhandlung im Plenum beigelegt ist. Bei den übrigen Provinzialbehörden nehmen an den zur Er-

*) Im ursprünglichen Gesetzestext steht „Obertribunals". Nach dessen Aufhebung ist an dessen Stelle durch § 13 des mehrerwähnten Gesetzes vom 9. April 1879 das „Oberlandesgericht in Berlin" gesetzt. Dieses hat später den Titel „Kammergericht" erhalten.

ledigung der Disziplinarsachen bestimmten Plenarsitzungen nur die etatsmäßigen Mitglieder und diejenigen teil, welche eine etatsmäßige Stelle versehen. . . . .*) Alle in dieser Weise zur Teilnahme Berufenen haben ein volles Stimmrecht, auch wenn die Behörde sonst keine kollegialische Einrichtung hat.

Zu den §§ 29—31.

1. Aus der Vorschrift, daß bei den Regierungen den Mitgliedern „nur" das sich aus den „allgemeinen" Vorschriften für Plenarversammlungen ergebende Stimmrecht zusteht, erhellt, daß im Disziplinarverfahren die besonderen Bestimmungen des § 262 StPO., wonach zur Bejahung der Schuldfrage eine Mehrheit von $^{2}/_{3}$ der Stimmen erforderlich ist, entsprechender Anwendung nicht fähig sind, und zwar nicht nur nicht bei den Regierungen, sondern überhaupt nicht, auch nicht beim Disziplinarhof und Staatsministerium, da in einer so wichtigen Frage Einheitliches gelten muß und zwischen den einzelnen Disziplinarbehörden keine Unterschiede möglich sind. Die einfache Mehrheit entscheidet deshalb in der Schuldfrage insbesondere auch bei den Verwaltungsgerichten und den Gerichten, soweit diese Disziplinarbehörden sind. Bei Stimmengleichheit gibt die Stimme des Vorsitzenden den Ausschlag (vgl. Staatsministerialbeschluß v. 24 .5. 1865, mitgeteilt durch Runderlaß der Disziplinarminister v. 28. 7. 1865 [MBl. S. 177]). Für die Gerichte als Disziplinarbehörden, also für das Disziplinarverfahren gegen nichtrichterliche Justizbeamte, ist dies gesetzlich noch ausdrücklich anerkannt durch Abs. 3 des oben (bei Note 6 zu § 27) abgedruckten § 12 d. Ges. vom 9. April 1879 (vgl. auch Brand, Note 5 zu § 108 Reichsbeamtenges. und die daselbst zitierten Geschäftsordnungen für die Reichsdisziplinarbehörden).

*) Hier waren Bestimmungen über die Eisenbahnkommissariate getroffen, die jetzt gegenstandslos sind.

2. Die „allgemeinen" Vorschriften über das Stimmrecht der Regierungsmitglieder waren früher allein und sind zum Teil noch jetzt enthalten in der schon öfter erwähnten Kabinettsorder vom 31. Dez. 1825 über Veränderungen in der Organisation der Provinzialverwaltungsbehörden (GS. de 1826 S. 5).

Nach dieser (Ziff. V) bilden die Regierungsplenarversammlungen unter dem Vorsitz des Präsidenten

a) die Oberregierungsräte mit Einschluß des Oberforstmeisters;
b) die Regierungsräte;
c) die technischen Mitglieder der Regierung;
d) die Regierungsassessoren.

Von diesen Mitgliedern der Versammlung hatten nach der Order stets ein volles Votum nur die zu a und b genannten; die technischen Mitglieder hatten dagegen ein Votum nur in Sachen „ihres Geschäftskreises", also die Schulräte nur in Disziplinarsachen gegen Lehrer und sonstige Schulbeamte, die Forsträte nur gegenüber Forstbeamten usw.; die Regierungsassessoren endlich hatten ein Votum nur in den von ihnen „selbst bearbeiteten" Sachen.

Diese komplizierten Vorschriften sind vereinfacht durch den nachstehenden Allerhöchsten Erlaß vom 21. Sept. 05 (GS. S. 403).

„Auf den Bericht des Staatsministeriums vom 18. September d. J. genehmige Ich, daß unter Aufhebung aller entgegenstehenden Bestimmungen einheitlich den bei den Regierungen beschäftigten Regierungs- und Forsträten, den Regierungs- und Bauräten, den Regierungs- und Gewerberäten, den Regierungs- und Gewerbeschulräten, den Regierungs- und Schulräten sowie den Regierungs- und Medizinalräten; ferner den Regierungsassessoren und denjenigen technischen höheren Beamten, die bei den Regierungen beschäftigt sind und die den Rang der Räte 4. Klasse haben, das Stimmrecht in den Plenarversammlungen der Regierungen in dem Umfange beigelegt werde, in dem es jetzt die für den höheren Verwaltungsdienst oder das Richteramt befähigten, unter V zu a und b der Kabinettsorder vom 31. Dezember 1825 aufgeführten Mitglieder haben, und den technischen Hilfsarbeitern bei den Regierungen, die den Rang der Räte 4. Klasse nicht haben, das Stimmrecht in dem Umfange beigelegt werde, in dem es die Regierungsassessoren auf Grund der Kabinettsorder vom 31. Dezember 1825 a. a. O. jetzt haben."

Hiernach haben also jetzt alle Regierungsmitglieder, einschließlich der Assessoren, in allen Disziplinarsachen volles Stimmrecht, mögen sie von ihnen bearbeitet sein oder nicht, allein abgesehen von den technischen Hilfsarbeitern, die nicht den Rang der Räte 4. Klasse haben, also den bei den Regierungen etwa beschäftigten Kreisärzten, Gewerbeinspektoren, Versicherungsrevisoren usw. Diese haben dasselbe Stimmrecht, wie es früher die Regierungsassessoren hatten, haben also überhaupt nur mitzustimmen, wenn die Sache von ihnen „selbst bearbeitet" ist, d. h. nach der eingehenden Erläuterung dieses Begriffs in der Zirkularverfügung der Disziplinarminister v. 29. 7. 1859 (MBl. f. d. i. V. S. 195) nur dann, wenn sie Untersuchungskommissar gewesen oder Referent sind.*)

---

*) Durch die jetzt vorgelegte Novelle zum Landesverwaltungsgesetz soll das so zusammengesetzte Plenum der Regierungen ersetzt werden durch ein „Disziplinargericht". Es soll nämlich in das Landesverwaltungsgesetz eingefügt werden ein § 35a folgenden Wortlauts:

„Zur Entscheidung im förmlichen Disziplinarverfahren (§ 24 Abs. 1 Nr. 2 des Disziplinargesetzes vom 21. Juli 1852, GS. S. 465) wird bei der Regierung ein Disziplinargericht gebildet.

Dieses besteht aus sieben Mitgliedern, nämlich dem Regierungspräsidenten oder seinem Stellvertreter als Vorsitzendem, den beiden dienstältesten ernannten Mitgliedern des Bezirksausschusses, dem Oberregierungsrat oder sonstigen Leiter des Geschäftsbereichs, zu dem der Angeschuldigte gehört, und drei weiteren Mitgliedern, die der Regierungspräsident, für verschiedene Beamtenklassen besonders, aus der Zahl der Regierungsmitglieder bei Beginn jedes Geschäftsjahres für dessen

3. Für die übrigen Provinzialbehörden ist die Vorschrift unseres § 31, wonach nur die schon etatsmäßigen oder wenigstens bereits kommissarisch in einer etatsmäßigen Stelle tätigen Mitglieder mitstimmen dürfen, noch unverändert gültig. Assessoren und Hilfsarbeiter haben sich deshalb hier im allgemeinen der Stimme zu enthalten (vgl. für die Eisenbahndirektion des EisenbVerBl. de 1880 S. 285 unter II). Das schließt jedoch nicht aus, daß sie der Verhandlung beiwohnen und sich auch an der Diskussion beteiligen können. Denn § 195 des deutschen Gerichtsverfassungsgesetzes findet im Disziplinarverfahren ebensowenig entsprechende Anwendung wie der vorhin gedachte § 262 der StPO. (vgl. auch Runderlaß der Disziplinarminister v. 12. 3. 1853 [MBl. f. d. i. V. S. 73] und Erk. des OVG. v. 11. I. 1888 [MinBl. S. 34 Abs. 3]).

4. Für die Verwaltungsgerichte gelten, wie bereits berührt, diese Vorschriften der Reichsjustizgesetze gleichfalls nicht, aber auch nicht die Vorschriften unseres § 31, wie keiner Darlegung bedarf. Da vielmehr, wie mehrfach betont, die Disziplinarsachen bei den Verwaltungsgerichten hinsichtlich solcher Grundregeln des

---

Dauer im voraus bestimmt. In gleicher Weise sind für jede Gruppe dieser Mitglieder Stellvertreter zu bestimmen.

Ergibt sich eine unvollständige Besetzung des Disziplinargerichts dadurch, daß ein Mitglied oder mehrere nach den vorstehenden Vorschriften in mehrfacher Eigenschaft zur Mitgliedschaft berufen sind, so treten als weitere Mitglieder nach der Reihenfolge des Dienstalters die nächsten, noch nicht aus anderen Gründen berufenen Oberregierungsräte oder Regierungsmitglieder ein.

Untersteht der Angeschuldigte geschäftlich nicht der Regierung oder ist es zweifelhaft, zu welchem Geschäftsbereich er gehört, so tritt an Stelle des Leiters des Geschäftsbereichs der dienstälteste, noch nicht aus anderen Gründen berufene Oberregierungsrat in das Disziplinargericht ein.

Bei der Regierung in Sigmaringen bilden sämtliche stimmberechtigte Mitglieder das Disziplinargericht."

Verfahrens zum Verwaltungsstreitverfahren rechnen, so sind auch disziplinarisch die hierfür gültigen §§ 33 und 40 LVG. maßgebend, welche lauten:

§ 33. Der Bezirksausschuß ist bei Anwesenheit von fünf Mitgliedern, in Streitsachen unter Armenverbänden bei Anwesenheit von drei Mitgliedern beschlußfähig, unter denen sich in allen Fällen mit Einschluß des Vorsitzenden mindestens zwei ernannte, darunter ein zum Richteramte befähigtes und ein gewähltes Mitglied befinden muß.

Die Beschlüsse werden nach Stimmenmehrheit gefaßt. Bei gerader Stimmenzahl scheidet, wenn außer dem Vorsitzenden zwei ernannte Mitglieder anwesend sind, das dem Dienstalter nach jüngste ernannte, wenn außer dem Vorsitzenden nur ein ernanntes Mitglied anwesend ist, das dem Lebensalter nach jüngste gewählte Mitglied mit der Maßgabe aus, daß das Stimmrecht vorzugsweise

1. unter den ernannten Mitgliedern einem zum Richteramte befähigten, sofern es dessen zur Beschlußfähigkeit bedarf,
2. im übrigen dem Berichterstatter

verbleibt.

§ 40. Der Kreis- (Stadt-) Ausschuß ist beschlußfähig, wenn mit Einschluß des Vorsitzenden drei Mitglieder anwesend sind. Die Beschlüsse werden nach Stimmenmehrheit gefaßt. Ist eine gerade Zahl von Mitgliedern anwesend, so nimmt das dem Lebensalter nach jüngste gewählte Mitglied an der Abstimmung nicht teil. Dem Berichterstatter steht jedoch in allen Fällen Stimmrecht zu.

Die Stimme des Vorsitzenden gibt also hier *nicht* den Ausschlag (vgl. auch Rheinbaben, Bem. VI zu § 31).

Bei den *Gerichten als Disziplinarbehörden* ist diese Frage gegenstandslos, da diese stets nur in ungerader Zahl beschlußfähig sind (vgl. hierüber weiter unten bei § 64).

§ 32.

In der Voruntersuchung wird der Angeschuldigte unter Mitteilung der Anschuldigungspunkte vorgeladen und, wenn er erscheint, gehört; es werden die Zeugen eidlich vernommen und die zur Aufklärung der Sache dienenden sonstigen Beweise herbeigeschafft.

Die Verrichtungen der Staatsanwaltschaft werden durch einen Beamten wahrgenommen, welchen die Behörde er=

nennt, von der die Einleitung des Disziplinarverfahrens verfügt wird.

Bei der Vernehmung des Angeschuldigten und dem Verhöre der Zeugen ist ein vereideter Protokollführer zuzuziehen.

1. Inwieweit sich aus dem Paragraphen ergibt, daß der Einleitungsbeschluß die Anschuldigungspunkte angeben soll, und daß regelmäßig schon zugleich mit seinem Erlaß wie der Untersuchungskommissar, so auch der Staatsanwalt ernannt werden muß, ist schon zu den §§ 23—26 (Note 11) behandelt worden.

2. Der Untersuchungskommissar hat eine ähnliche Stellung wie der Untersuchungsrichter im Strafverfahren. Da jedoch im Disziplinarverfahren umgekehrt wie im Strafverfahren der Schwerpunkt der Beweisaufnahme in der Voruntersuchung ruht und im Hauptverfahren weitere Beweise gemäß § 36 unseres Ges. nur erhoben werden können, niemals aber — wie selbst in dem, dem preußischen Verfahren sonst nachgebildeten Disziplinarverfahren gegen Reichsbeamte (§ 106 Reichsbeamtenges.) — müssen, so hat der Untersuchungskommissar nicht wie der Untersuchungsrichter im Strafverfahren die Sache nur soweit aufzuklären, daß die Entscheidung über die Eröffnung der Hauptverhandlung möglich ist, sondern vollständig nach allen Richtungen, so daß dem Disziplinarrichter nur noch die Beurteilung verbleibt. § 188 StPO. ist sonach nicht entsprechend anwendbar.

3. In höherem Maße noch als der Strafprozeß ist das Disziplinarverfahren, wie mehrfach betont, auch zur Schutzwehr der Angeschuldigten bestimmt. Derjenige Untersuchungskommissar würde deshalb seine Stellung gänzlich verkennen, der zur Erhebung von Entlastungsbeweisen stets einen Antrag des Angeschuldigten abwarten wollte. Die ihm nach unserem § 32 von Amts wegen obliegende „Aufklärung der Sache" hat vielmehr umgekehrt stets nach beiden Seiten zu erfolgen, sowohl nach der belastenden, wie nach der entlastenden; weder

seitens der Staatsanwaltschaft, noch seitens des Angeschuldigten sind hierzu Anträge erforderlich (vgl. auch Rheinbaben Bem. I, 2 zu § 32).

4. Der Untersuchungskommissar hat die zur Aufklärung „der Sache" dienenden Beweise herbeizuschaffen. Aus dieser allgemeinen Ausdrucksweise des Gesetzes, deren Bedeutung durch den Gegensatz gegen das in demselben Absatze gebrauchte Wort „Anschuldigungspunkte" erhöht wird, erhellt meines Erachtens, daß der Untersuchungskommissar nicht an die einzelnen im Einleitungsbeschlusse aufgezählten Anschuldigungspunkte gebunden ist, sondern seine Ermittelungen ohne weiteres auch auf andere Tatsachen ausdehnen kann, wenn sie für die „Sache", d. h. für die Frage, ob „das Disziplinarverfahren gegen den betreffenden Angeschuldigten" begründet ist, erheblich sind. Eine förmliche nachträgliche Ausdehnung des Einleitungsbeschlusses auf solche in ihm nicht genannte Tatsachen, mag zweckmäßig sein und ist vielfach üblich, erscheint aber nicht unbedingt erforderlich. Der Einleitungsbeschluß hat überhaupt nur formale, aber keine materielle Bedeutung; nicht er begrenzt den Gegenstand des Verfahrens, sondern erst die Anschuldigungsschrift, wie sich aus § 38 Abs. 1 und § 43 Abs. 3 unseres Ges. ergibt, und wie wir dort sehen werden (anderer Ansicht anscheinend Rheinbaben Bem. III zu § 23 und Bem. I, 1 zu § 32).

5. Der „Untersuchungskommissar" steht, wie schon mehrfach bemerkt, dem Untersuchungs„richter" im Strafverfahren gleich. Er genießt deshalb richterliche Unabhängigkeit und ist nicht, wie der Beamte der Staatsanwaltschaft, an die Anweisungen der vorgesetzten Behörde gebunden. Diese kann ihm demnach nicht befehlen, diese oder jene Beweise zu erheben oder nicht zu erheben oder dergleichen; ist vielmehr die ernennende Behörde mit Maßnahmen des Kommissars nicht einverstanden, so bleibt ihr zur Abhilfe, falls der Kommissar nicht freiwillig Folge leistet, nur der Weg der Rücknahme der Ernennung unter Bestellung eines anderen Kommissars.

6. Da die gesamte Beweisaufnahme im preußischen Disziplinarverfahren sich schon in der Voruntersuchung und nicht erst in der Hauptverhandlung abspielen soll, so ist für dieses in bewußtem Gegensatze gegen die Vorschriften sowohl des Abs. 1 u. 2 des § 65 der StPO. wie des § 94 des Reichsbeamtenges. ausdrücklich bestimmt, daß die Vernehmung der Zeugen **„eidlich"** zu erfolgen hat. Die Formen der Beeidigung richten sich nach der StPO., zurzeit also nach deren §§ 56ff.; diese bestimmen auch darüber, wann von der gesetzlichen Regel der Beeidigung abgesehen werden kann oder muß. Die bloße Versicherung auf den Diensteid ist jedenfalls der heutigen Strafprozeßordnung unbekannt und darum nicht mehr zulässig (vgl. RG. i. Strafs. Bd. 25 S. 97 u. 99; Runderlaß der Ressortminister vom 20. 7. 1894, MBl. S. 118).

Was von der Beeidigung der Zeugen gilt, findet nach § 72 StPO. auch auf die Sachverständigen Anwendung (vgl. auch Rheinbaben Bem. III 1 zu § 32).

7. Da im preußischen Disziplinarverfahren die Beweisaufnahme aus der Hauptverhandlung in die Voruntersuchung verlegt ist, so sind bereits in dieser neben den Vorschriften über die Vereidigung der Zeugen und Sachverständigen auch alle die Vorschriften der Strafprozeßordnung zu **beachten**, welche in deren §§ 248ff. über die Beweisaufnahme in der Hauptverhandlung gegeben sind. Insbesondere findet der § 249 StPO. entsprechende Anwendung, wonach die Wissenschaft eines Zeugen nur durch dessen **erneute persönliche** Vernehmung, nicht aber durch Benutzung seiner Aussage in einem früheren Verfahren oder gar mittels bloßer schriftlicher Äußerungen verwertet werden darf. Das gilt nach dem Wortlaut des § 249 StPO. auch gegenüber den Zeugenaussagen in einem vorangegangenen Strafverfahren. Ein Widerspruch in sich selbst ist es deshalb, wenn Rheinbaben zwar einerseits an mehreren Stellen (Bem. III 1 zu § 32, Bem. I 1 zu § 38) dafür eintritt, daß § 249 StPO. entsprechende Anwendung finde, andererseits aber lehrt, daß der Untersuchungskommissar nicht unbedingt

die in einem vorangegangenen Strafverfahren vernommenen Zeugen nochmals zu vernehmen brauche, sondern deren Vernehmungsprotokolle dem Angeschuldigten vorlesen dürfe und dann abwarten könne, ob der Angeschuldigte die Neuvernehmung wünsche und begründe.

Selbst wenn es sich nämlich, was Rheinbaben nicht genügend hervorhebt, um eidliche Vernehmungen in der oder zur Vorbereitung der gerichtlichen Hauptverhandlung handeln sollte — die allein in Frage kommen könnten, da sonst ihre Verwertung schon für das gerichtliche Urteil unzulässig gewesen wäre —, und selbst wenn sachliche Protokolle über solche Vernehmungen vorlägen, was regelmäßig nur in Schöffensachen der Fall ist, so könnten sie in der Hauptverhandlung im Disziplinarverfahren nach §§ 249 u. 250 StPO. nur verlesen werden, wenn die Zeugen inzwischen verstorben, in Geisteskrankheit verfallen oder verschollen sind; die Wünsche oder Anträge des Angeschuldigten sind auf diese gesetzliche Regel ohne Einfluß. Was in der Hauptverhandlung im Disziplinarverfahren ebenso wie im Strafverfahren verlesen werden kann, ist vielmehr, abgesehen von diesen Ausnahmefällen, nach § 248 StPO. allein das Urteil im vorangegangenen Strafverfahren, nicht ein früheres Vernehmungsprotokoll. Was durch solche Verlesung festgestellt wird, ist darum auch nur die Tatsache, daß ein Strafurteil des Inhalts ergangen ist. Da nun der Disziplinarrichter nach der diesseitigen, auch durch Rheinbaben verfochtenen Ansicht hierdurch niemals gebunden wird, so kann er zwar bei der ihm zustehenden freien Beweiswürdigung aus dieser bloßen Tatsache der gerichtlichen Verurteilung in Verbindung etwa noch damit, daß der Angeschuldigte gegen sie nichts Schlüssiges vorgebracht habe, erneut folgern, daß der Angeschuldigte die Tat begangen habe; genügt ihm das aber nicht, glaubt der Disziplinarrichter daneben vielmehr auf die Aussagen auch nur einiger Hauptzeugen zurückgreifen zu müssen, so müssen diese erneut vernommen werden. Da nun der Untersuchungskommissar, wie mehrfach betont, dieselben

Feststellungen zu treffen hat wie der Disziplinarrichter in der Hauptverhandlung, so darf er zwar dem Angeschuldigten ein früheres Strafurteil vorhalten. Erkennt dieser aber dabei das Urteil nicht als richtig an, und bleibt es deshalb nur im geringsten zweifelhaft, ob der Disziplinarrichter neben der bloßen Tatsache der gerichtlichen Verurteilung nicht auch noch wenigstens einige Hauptzeugenaussagen werde verwerten müssen, so hat der Untersuchungskommissar diese zu vernehmen, es sei denn, daß die seltenen, vorhin gedachten Ausnahmen des § 250 StPO. vorliegen.

8. Unanwendbar sind dagegen aus den strafprozessualen Vorschriften über die Hauptverhandlung diejenigen, wonach Vernehmungen regelmäßig in Anwesenheit des Angeschuldigten erfolgen müssen. Das folgt weniger daraus, daß diese Vorschriften auch auf die gerichtliche Voruntersuchung gemäß § 191 StPO. im allgemeinen keine Anwendung finden; denn die Stellung der gerichtlichen Voruntersuchung zur Gestaltung der Beweisaufnahme ist eben, wie wir wiederholt sahen, eine ganz andere. Es folgt vielmehr daraus, daß nach § 37 unseres Ges. die Anwesenheit des Angeschuldigten selbst in der Hauptverhandlung nicht nötig ist, und daß für die Voruntersuchung übrigens unser § 32 offenbar zwischen der Vernehmung des Angeschuldigten und der Beweisaufnahme unterscheidet und deshalb schon nach seinem Wortlaut bei letzterer die Anwesenheit des Angeschuldigten nicht notwendig voraussetzt. Andererseits aber ist es, entgegen der ganz positiven und nicht irgendwie für preußische Verhältnisse verwertbaren Vorschrift des § 94 des Reichsbeamtenges., nach den für das Disziplinarverfahren schon in der Voruntersuchung maßgebenden Grundsätzen über die Beweisaufnahme in der Hauptverhandlung stets zulässig, den Angeschuldigten und den Beamten der Staatsanwaltschaft zu den Zeugenvernehmungen zuzuziehen, und wird, im Falle des § 191 Abs. 1 StPO., wenn auch nicht nötig, so doch jedenfalls stets angemessen sein. Ist diese Zuziehung nicht erfolgt, so ist es angemessen und üblich, dem Angeschuldigten nach Schluß der Beweisaufnahme in einer Schlußvernehmung Kenntnis von dem Zu-

halte der Zeugenaussagen und dem Ergebnisse der sonstigen Beweise zu geben. Für Reichsbeamte ist dies entsprechend der damaligen preußischen Praxis vorgeschrieben (§ 27 des Reichsbeamtengef.).

9. Da das preußische Disziplinarverfahren die Beweisaufnahme grundsätzlich aus der Hauptverhandlung in die Voruntersuchung verlegt, so sind in ihm alle die Vorschriften der Strafprozeßordnung unanwendbar, welche auf deren gegenteiligem Prinzipe beruhen, daß die Beweisaufnahme erst in der Hauptverhandlung vor dem erkennenden Gerichte selbst zu erfolgen hat; unanwendbar sind also neben dem schon soeben Note 2 u. 6 vorhin genannten §§ 65 u. 188 StPO. insbesondere noch die §§ 222 u. 223 StPO. Für diese Paragraphen folgt die gänzliche Unanwendbarkeit auch aus § 36 unseres Ges., der es auch für die Hauptverhandlung ins freie Ermessen des Disziplinargerichts stellt, ob es die Zeugen selbst oder durch einen Kommissar abhören will. Die Vorschriften der §§ 222 f. StPO. gelten demgemäß auch nicht für den Untersuchungskommissar. Dieser ist ebensowenig verpflichtet, die Zeugen selbst abzuhören, darf sie vielmehr in allen Fällen durch ersuchte Amtsrichter vernehmen lassen, wenn er auch im Interesse der richtigen Ausgestaltung und Würdigung der Aussagen von dieser Befugnis im allgemeinen nur einen sparsamen Gebrauch machen und praktisch sich im allgemeinen auf die Fälle des § 222 StPO. beschränken wird. Die etwaige Ersparnis an Reisekosten darf jedenfalls niemals gegenüber dem etwaigen Interesse des Staates und des Angeschuldigten an einer wirksameren und besser zu würdigenden unmittelbaren Vernehmung in Frage kommen.

10. Diese wichtigen Aufgaben des Untersuchungskommissars, die über diejenigen des Untersuchungsrichters im Strafverfahren weit hinausgreifen, erfordern es, daß ihm mindestens dieselben Machtmittel zustehen wie jenem.

Schon 1884 hat deshalb das Reichsgericht gelegentlich der Prüfung der Frage nach den Rechten des Untersuchungsrichters in den verwandten ehrengerichtlichen Verfahren gegen Rechtsanwälte ausdrücklich betont, daß auch im preußischen Disziplinarverfahren wie im Disziplinarverfahren gegen Reichsbeamte der Untersuchungskommissar zu Beschlagnahmen und Durchsuchungen nach den §§ 94 ff. der StPO. befugt sei (RG. i. Strafs. Bd. 10 S. 429).

Gegenüber gelegentlichen Schwankungen der Praxis und Theorie ist ferner jetzt allgemein anerkannt, daß der Untersuchungskommissar auch den Vernehmungszwang nach §§ 50 ff. StPO. selbst ausüben darf (Runderlaß der Ressortminister vom 30. April 1895, MBl. S. 110, und der daselbst zitierte Beschluß des Oberlandesgerichts in Naumburg vom 17. November 1894).

Es versteht sich endlich von selbst, daß auch § 187 StPO. Anwendung findet, und daß die Gerichte, die Polizei- und Verwaltungsbehörden dem Ersuchen des Untersuchungskommissars zu entsprechen haben. Auch abgesehen von diesem § 187 würde sich diese Verpflichtung namentlich der preußischen Gerichte zur Rechtshilfe aus der staatsrechtlichen Stellung der Behörden zueinander ergeben. Zu beachten bleibt jedoch dabei, daß zu eidlichen Vernehmungen außer dem Untersuchungskommissar selbst in der Regel nur die Gerichte befugt sind. Kommt deshalb eine eidliche Vernehmung in Frage, so ist, wenn der Untersuchungskommissar sie nicht selbst erledigen kann, in der Regel nur ein Gericht darum zu ersuchen, und zwar nach § 158 des Gerichtsverfassungsges. das Amtsgericht, in dessen Bezirk die zu vernehmende Person wohnt. Diesem Gerichte steht dann gemäß § 50 Abs. 3 und § 69 Abs. 3 StPO. auch der Ladungs- und Vernehmungszwang zu. Will deshalb der Untersuchungskommissar diesen nicht selbst ausüben, so steht ihm auch der Weg des Ersuchens eines Gerichts um die Vernehmung offen.

Um Beschlagnahmen und Durchsuchungen kann der Untersuchungskommissar, der sie nicht selbst vornehmen will, gemäß § 98 StPO. sowohl die Gerichte wie die Polizeibehörden ersuchen. Die Beamten der Staatsanwaltschaft, und zwar auch diejenigen bei den Gerichten, sind dagegen im Disziplinarverfahren hierzu, nicht befugt, da ihnen in diesem, abweichend vom Strafverfahren, keinerlei tätige Mitwirkung an der Beweiserhebung in der Voruntersuchung gewährt ist; sie können deshalb auch nicht nach § 98 a. a. O. um Beschlagnahmen oder Durchsuchungen ersucht werden. Der § 98 ist insoweit nicht anwendbar.

11. Dagegen ist der Untersuchungskommissar, wie schon oben berührt, zur Verhaftung und Vorführung des Angeschuldigten nicht befugt. Denn dessen Anwesenheit ist im Disziplinarverfahren nach unserem § 32 weder in der Voruntersuchung — („wenn er erscheint") — noch, laut § 37, in der Hauptverhandlung — („der erscheint") —, noch endlich, wie von selbst erhellt, zur Vollstreckung des Urteils nötig und braucht deshalb auch in keiner Weise gesichert zu werden; auch etwaige Verdunkelungsgefahr ist bei dem erheblich geringeren Gewicht der Disziplinarvergehen gegenüber gemeinen Vergehen und Verbrechen nicht ebenso wie bei diesen geeignet, die schwerwiegende Maßnahme der Verhaftung zu begründen.

Erscheint vielmehr der Angeschuldigte zur Vernehmung nicht, so wird, wie schon oben Note 4 zu § 18 unseres Ges. bemerkt, angenommen, daß er seine Schuld bestreitet und das Verfahren gegen ihn dementsprechend weitergeführt. Unser § 32 erfordert demnach nur, daß der Angeschuldigte geladen und ihm Gelegenheit zur Verantwortung gegeben wird. Auch bloß dies ist jedoch nicht möglich, wenn der Angeschuldigte verhandlungs- und vernehmungsunfähig ist. In diesem Falle mangelt es an einer Prozeßvoraussetzung, und das Verfahren ist deshalb auf dem in § 33 unseres Ges. gewiesenen Wege wieder einzustellen (so auch Rheinbaben Bem. II 3 zu § 32).

12. Wenn der Angeschuldigte überhaupt nicht zu erscheinen braucht, so folgt schon daraus, daß er sich auch nicht zu äußern braucht. Es bedürfte deshalb nicht der entsprechenden Heranziehung des schon oben zu § 18 abgedruckten § 136 StPO., dessen entsprechende Anwendung ist aber darum unbedenklich. Äußert sich der Angeschuldigte, so muß er jedoch nach der ihm obliegenden Pflicht der Wahrhaftigkeit die volle Wahrheit sagen, sonst macht er sich disziplinarisch strafbar, wie dies gleichfalls schon oben (Note 12a zu § 2) dargetan ist.

13. Über jede Vernehmung des Angeschuldigten und des Zeugen ist schon nach unserem § 32 ein Protokoll aufzunehmen. Die hiernach unbedenkliche, entsprechende Anwendung der §§ 185 f. StPO. führt dahin, daß dies auch bei der Einnahme des Augenscheins und überhaupt bei jeder „Untersuchungshandlung" zu geschehen hat.

„Vereideter" Protokollführer im Sinne unseres § 32 ist sowohl, wer als solcher vom Untersuchungskommissar, dessen Befugnis hierzu sich damit ergibt, besonders vereidet ist, wie derjenige Beamte, der den allgemeinen Diensteid geleistet hat. Einer nochmaligen Verpflichtung als Protokollführer durch den Untersuchungskommissar, etwa durch Verweisung auf den Diensteid und Handschlag bedarf es bei solchen Beamten nicht. Der dies erfordernde ältere Erlaß der Disziplinarminister vom 2. November 1852 (MBl. S. 285) beruht auf den Vorschriften der damaligen Strafprozeßordnung und ist gegenüber der jetzigen und den dazu ergangenen Ausführungsvorschriften, die auch für die gerichtlichen Protokollführer den Diensteid genügen lassen, nicht mehr maßgebend (vgl. OVG. am 11. 1. 1888 MBl. S. 34 Abs. 3).

14. Die Vorschriften der Strafprozeßordnung, die nach alledem vom Untersuchungskommissar neben unserem § 32 zu beachten sind, lauten:

§ 190. Der Angeschuldigte ist in der Voruntersuchung zu vernehmen, auch wenn er schon vor deren Eröffnung vernommen worden ist. Demselben ist hiebei die Verfügung, durch welche die Voruntersuchung eröffnet worden, bekanntzumachen.

Abs. 2 . . . . .*)

---

*) Hier ist vorgeschrieben, daß die Vernehmung in Abwesenheit des Staatsanwaltes und Verteidigers stattfindet. Letzterer darf im Disziplinarverfahren überhaupt erst zur Hauptverhandlung benannt werden. Insoweit ist also die Bestimmung gegenstandslos. Den Staatsanwalt im Disziplinarverfahren bei der Ver-

(Über den sonstigen Inhalt der Vernehmung siehe § 136 StPO. [oben abgedruckt in der Fußnote zu § 18].)

§ 191. Findet die Einnahme eines Augenscheins statt, so ist der Staatsanwaltschaft, dem Angeschuldigten und ......*) die Anwesenheit bei der Verhandlung zu gestatten.

Abs. 2—5 ......**)

§ 249. Beruht der Beweis einer Tatsache auf der Wahrnehmung einer Person, so ist die letztere ...... zu vernehmen. Die Vernehmung darf nicht durch Verlesung des über eine frühere Vernehmung aufgenommenen Protokolls oder einer schriftlichen Erklärung ersetzt werden.

§ 250. Ist ein Zeuge, Sachverständiger oder Mitbeschuldigter verstorben oder in Geisteskrankheit verfallen, oder ist sein Aufenthalt nicht zu ermitteln gewesen, so kann das Protokoll über seine frühere richterliche Vernehmung verlesen werden. Dasselbe gilt von dem bereits verurteilten Mitschuldigen.

Abs. 2 u. 3 ......***)

§ 255. Die ein Zeugnis oder ein Gutachten enthaltenden Erklärungen öffentlicher Behörden, mit Ausschluß von Leumundszeugnissen, desgleichen ärztliche Atteste über Körperverletzungen, welche nicht zu den schweren gehören, können verlesen werden.

Abs. 2 ...... (bezieht sich nur auf die Hauptverhandlung).

§ 48. Die Ladung der Zeugen geschieht unter Hinweis auf die gesetzlichen Folgen des Ausbleibens.

Die Ladung einer dem aktiven Heere oder der aktiven Marine an-

---

nehmung des Angeschuldigten auszuschließen, liegt kein Grund vor. Die Fassung des § 32 unseres Ges. macht vielmehr keinen Unterschied zwischen Vernehmung des Angeschuldigten und der Zeugen und gestattet deshalb auch dort dem Beamten, der dazu schon ernannt ist, die Verrichtungen der Staatsanwaltschaft wahrzunehmen. Insoweit ist mithin Abs. 2 des § 190 StPO. unanwendbar.

*) Den hier genannten „Verteidiger" gibt es für das Disziplinarverfahren in der Voruntersuchung noch nicht.

**) Die hier erörterten weiteren Ansprüche des Angeschuldigten und der Staatsanwaltschaft auf Zuziehung zu Beweiserhebungen existieren im Disziplinarverfahren nicht, wie vorhin bei Note 8 dargetan. Auch in dem Falle des abgedruckten Abs. 1 ist die Zuziehung nur angemessen, aber nicht unbedingt nötig.

***) Beziehen sich nur auf die Hauptverhandlung bzw. auf § 222 StPO., der, wie wir sahen, unanwendbar ist.

gehörenden Person des Soldatenstandes als Zeugen erfolgt durch Ersuchen der Militärbehörde.

§ 49. Der Reichskanzler, die Minister eines Bundesstaates, die Mitglieder der Senate der freien Hansestädte, die Vorstände der obersten Reichsbehörden und die Vorstände der Ministerien sind an ihrem Amtssitze oder, wenn sie sich außerhalb desselben aufhalten, an ihrem Aufenthaltsorte zu vernehmen.

Die Mitglieder des Bundesrats sind während ihres Aufenthalts am Sitze des Bundesrats an diesem Sitze, und die Mitglieder einer deutschen gesetzgebenden Versammlung während der Sitzungsperiode und ihres Aufenthalts am Orte der Versammlung an diesem Orte zu vernehmen.

Zu einer Abweichung von den vorstehenden Bestimmungen bedarf es:
in betreff des Reichskanzlers der Genehmigung des Kaisers,
in betreff der Minister und der Mitglieder des Bundesrats der Genehmigung des Landesherrn,
in betreff der Mitglieder der Senate der freien Hansestädte der Genehmigung des Senats,
in betreff der übrigen vorbezeichneten Beamten der Genehmigung ihres unmittelbaren Vorgesetzten,
in betreff der Mitglieder einer gesetzgebenden Versammlung der Genehmigung der letzteren.

§ 50. Ein ordnungsmäßig geladener Zeuge, welcher nicht erscheint, ist in die durch das Ausbleiben verursachten Kosten sowie zu einer Geldstrafe bis zu dreihundert Mark, und für den Fall, daß diese nicht beigetrieben werden kann, zur Strafe der Haft bis zu sechs Wochen zu verurteilen. Auch ist die zwangsweise Vorführung des Zeugen zulässig. Im Falle wiederholten Ausbleibens kann die Strafe noch einmal erkannt werden.

Die Verurteilung in Strafe und Kosten unterbleibt, wenn das Ausbleiben des Zeugen genügend entschuldigt ist. Erfolgt nachträglich genügende Entschuldigung, so werden die gegen den Zeugen getroffenen Anordnungen wieder aufgehoben.

Die Befugnis zu diesen Maßregeln steht auch dem Untersuchungsrichter, dem Amtsrichter im Vorverfahren, sowie dem beauftragten und ersuchten Richter zu.

Die Festsetzung und die Vollstreckung der Strafe gegen eine dem aktiven Heere oder der aktiven Marine angehörende Militärperson erfolgt auf Ersuchen durch das Militärgericht, die Vorführung einer solchen Person durch Ersuchen der Militärbehörde.

§ 51. Zur Verweigerung des Zeugnisses sind berechtigt:
1. der Verlobte des Beschuldigten;
2. der Ehegatte des Beschuldigten, auch wenn die Ehe nicht mehr besteht;
3. diejenigen, welche mit dem Beschuldigten in gerader Linie verwandt, verschwägert oder durch Adoption verbunden, oder in der Seiten-

linie bis zum dritten Grade verwandt oder bis zum zweiten Grade verschwägert sind, auch wenn die Ehe, durch welche die Schwägerschaft begründet ist, nicht mehr besteht.

Die bezeichneten Personen sind vor jeder Vernehmung über ihr Recht zur Verweigerung des Zeugnisses zu belehren. Sie können den Verzicht auf dieses Recht auch während der Vernehmung widerrufen.

§ 52. Zur Verweigerung des Zeugnisses sind ferner berechtigt:

1. Geistliche in Ansehung desjenigen, was ihnen bei Ausübung der Seelsorge anvertraut ist;
2. Verteidiger des Beschuldigten in Ansehung desjenigen, was ihnen in dieser ihrer Eigenschaft anvertraut ist;
3. Rechtsanwälte und Ärzte in Ansehung desjenigen, was ihnen bei Ausübung ihres Berufs anvertraut ist.

Die unter Nr. 2, 3 bezeichneten Personen dürfen das Zeugnis nicht verweigern, wenn sie von der Verpflichtung zur Verschwiegenheit entbunden sind.

§ 53. Öffentliche Beamte, auch wenn sie nicht mehr im Dienste sind, dürfen über Umstände, auf welche sich ihre Pflicht zur Amtsverschwiegenheit bezieht, als Zeugen nur mit Genehmigung ihrer vorgesetzten Dienstbehörde oder der ihnen zuletzt vorgesetzt gewesenen Dienstbehörde vernommen werden. Für den Reichskanzler bedarf es der Genehmigung des Kaisers, für die Minister der Genehmigung des Landesherrn, für die Mitglieder der Senate der freien Hansestädte der Genehmigung des Senats.

Die Genehmigung darf nur versagt werden, wenn die Ablegung des Zeugnisses dem Wohle des Reichs oder eines Bundesstaates Nachteil bereiten würde.

§ 54. Jeder Zeuge kann die Auskunft auf solche Fragen verweigern, deren Beantwortung ihm selbst oder einem der im § 51 Nr. 1—3 bezeichneten Angehörigen die Gefahr strafgerichtlicher Verfolgung zuziehen würde.

§ 55. Die Tatsache, auf welche der Zeuge die Verweigerung des Zeugnisses in den Fällen der §§ 51, 52, 54 stützt, ist auf Verlangen glaubhaft zu machen. Es genügt die eidliche Versicherung des Zeugen.

§ 56. Unbeeidigt sind zu vernehmen:

1. Personen, welche zur Zeit der Vernehmung das sechzehnte Lebensjahr noch nicht vollendet oder wegen mangelnder Verstandesreife oder wegen Verstandesschwäche von dem Wesen und der Bedeutung des Eides keine genügende Vorstellung haben;
2. Personen, welche nach den Bestimmungen der Strafgesetze unfähig sind, als Zeugen eidlich vernommen zu werden;
3. Personen, welche hinsichtlich der den Gegenstand der Untersuchung bildenden Tat als Teilnehmer, Begünstiger oder Hehler verdächtig oder bereits verurteilt sind.

§ 57. Stehen Personen zu dem Beschuldigten in einem Verhältnisse, welches sie nach § 51 zur Verweigerung des Zeugnisses berechtigt, so hängt es von dem richterlichen Ermessen ab, ob sie unbeeidigt zu vernehmen oder zu beeidigen sind.

Dieselben können auch nach der Vernehmung die Beeidigung des Zeugnisses verweigern und sind über dieses Recht zu belehren.

§ 58. Jeder Zeuge ist einzeln und in Abwesenheit der später abzuhörenden Zeugen zu vernehmen.

Eine Gegenüberstellung mit anderen Zeugen oder mit dem Beschuldigten findet im Vorverfahren nur dann statt, wenn sie ohne Nachteil für die Sache nicht bis zur Hauptverhandlung ausgesetzt bleiben kann.

§ 59. Vor der Leistung des Eides hat der Richter den Zeugen in angemessener Weise auf die Bedeutung des Eides hinzuweisen.

§ 60. Jeder Zeuge ist einzeln und vor seiner Vernehmung zu beeidigen. Die Beeidigung kann jedoch aus besonderen Gründen, namentlich wenn Bedenken gegen ihre Zulässigkeit obwalten, bis nach Abschluß der Vernehmung ausgesetzt werden.

§ 61. Der vor der Vernehmung zu leistende Eid lautet:

daß Zeuge nach bestem Wissen die reine Wahrheit sagen, nichts verschweigen und nichts hinzusetzen werde;

der nach der Vernehmung zu leistende Eid lautet:

daß Zeuge nach bestem Wissen die reine Wahrheit gesagt, nichts verschwiegen und nichts hinzugesetzt habe.

§ 62. Der Eid beginnt mit den Worten:

„Ich schwöre bei Gott dem Allmächtigen und Allwissenden"

und schließt mit den Worten:

„So wahr mir Gott helfe."

§ 63. Der Eid wird mittels Nachsprechens oder Ablesens der die Eidesnorm enthaltenden Eidesformel geleistet. Der Schwörende soll bei der Eidesleistung die rechte Hand erheben.

Stumme, welche schreiben können, leisten den Eid mittels Abschreibens und Unterschreibens der die Eidesnorm enthaltenden Eidesformel.

Stumme, welche nicht schreiben können, leisten den Eid mit Hilfe eines Dolmetschers durch Zeichen.

§ 64. Der Eidesleistung wird gleichgeachtet, wenn ein Mitglied einer Religionsgesellschaft, welcher das Gesetz den Gebrauch gewisser Beteuerungsformeln an Stelle des Eides gestattet, eine Erklärung unter der Beteuerungsformel dieser Religionsgesellschaft abgibt.

§ 65 Abs. 1 u. 2 ...... (unanwendbar).

Abs. 3 u. 4 ...... (nur für das nichtförmliche Disziplinarverfahren von Bedeutung. Siehe oben zu § 18).

§ 66. Wird der Zeuge, nachdem er eidlich vernommen worden ist, in demselben Vorverfahren oder in demselben Hauptverfahren nochmals vernommen, so kann der Richter statt der nochmaligen Beeidigung den Zeugen die Richtigkeit seiner Aussage unter Berufung auf den früher geleisteten Eid versichern lassen.

§ 67. Die Vernehmung beginnt damit, daß der Zeuge über Vornamen und Zunamen, Alter, Religionsbekenntnis, Stand oder Gewerbe und Wohnort befragt wird. Erforderlichenfalls sind dem Zeugen Fragen über solche Umstände, welche seine Glaubwürdigkeit in der vorliegenden Sache betreffen, insbesondere über seine Beziehungen zu dem Beschuldigten oder dem Verletzten, vorzulegen.

§ 68. Der Zeuge ist zu veranlassen, dasjenige, was ihm von dem Gegenstande seiner Vernehmung bekannt ist, im Zusammenhange anzugeben. Vor seiner Vernehmung ist dem Zeugen der Gegenstand der Untersuchung und die Person des Beschuldigten, sofern ein solcher vorhanden ist, zu bezeichnen.

Zur Aufklärung und zur Vervollständigung der Aussage sowie zur Erforschung des Grundes, auf welchem die Wissenschaft des Zeugen beruht, sind nötigenfalls weitere Fragen zu stellen.

§ 69. Wird das Zeugnis oder die Eidesleistung ohne gesetzlichen Grund verweigert, so ist der Zeuge in die durch die Weigerung verursachten Kosten sowie zu einer Geldstrafe bis zu dreihundert Mark und für den Fall, daß diese nicht beigetrieben werden kann, zur Strafe der Haft bis zu sechs Wochen zu verurteilen.

Auch kann zur Erzwingung des Zeugnisses die Haft angeordnet werden, jedoch nicht über die Zeit der Beendigung des Verfahrens in der Instanz, auch nicht über die Zeit von sechs Monaten, und bei Übertretungen nicht über die Zeit von sechs Wochen hinaus.

Die Befugnis zu diesen Maßregeln steht auch dem Untersuchungsrichter, ..., sowie dem beauftragten und ersuchten Richter zu.

Sind die Maßregeln erschöpft, so können sie in demselben oder in einem anderen Verfahren, welches dieselbe Tat zum Gegenstande hat, nicht wiederholt werden.

Die Festsetzung und die Vollstreckung der Strafe gegen eine dem aktiven Heere oder der aktiven Marine angehörende Militärperson erfolgt auf Ersuchen durch das Militärgericht.

§ 70. Jeder von dem Richter oder der Staatsanwaltschaft geladene Zeuge hat nach Maßgabe der Gebührenordnung Anspruch auf Entschädigung aus der Staatskasse für Zeitversäumnis und, wenn sein Erscheinen eine Reise erforderlich macht, auf Erstattung der Kosten, welche durch die Reise und den Aufenthalt am Orte der Vernehmung verursacht werden.

§ 71. Die Landesherren und die Mitglieder der landesherrlichen Familien sowie die Mitglieder der Fürstlichen Familie Hohenzollern sind in ihrer Wohnung zu vernehmen.

Das gleiche gilt in Ansehung der Mitglieder des vormaligen Hannoverschen Königshauses, des vormaligen Kurhessischen und des vormaligen Herzoglich Nassauischen Fürstenhauses.

Den Eid leisten dieselben mittels Unterschreibens der die Eidesnorm enthaltenden Eidesformel.

Zur Hauptverhandlung werden sie nicht geladen. Das Protokoll über ihre gerichtliche Vernehmung ist in der Hauptverhandlung zu verlesen.

§ 72. Auf Sachverständige finden die Vorschriften des sechsten Abschnitts über Zeugen entsprechende Anwendung, insoweit nicht in den nachfolgenden Paragraphen abweichende Bestimmungen getroffen sind.

§ 73. Die Auswahl der zuzuziehenden Sachverständigen und die Bestimmung ihrer Anzahl erfolgt durch den Richter.

Sind für gewisse Arten von Gutachten Sachverständige öffentlich bestellt, so sollen andere Personen nur dann gewählt werden, wenn besondere Umstände es erfordern.

§ 74. Ein Sachverständiger kann aus denselben Gründen, welche zur Ablehnung eines Richters berechtigen, abgelehnt werden. Ein Ablehnungsgrund kann jedoch nicht daraus entnommen werden, daß der Sachverständige als Zeuge vernommen worden ist.

Das Ablehnungsrecht steht der Staatsanwaltschaft, ... und dem Beschuldigten zu. Die ernannten Sachverständigen sind den zur Ablehnung Berechtigten namhaft zu machen, wenn nicht besondere Umstände entgegenstehen.

Der Ablehnungsgrund ist glaubhaft zu machen; der Eid ist als Mittel der Glaubhaftmachung ausgeschlossen.

§ 75. Der zum Sachverständigen Ernannte hat der Ernennung Folge zu leisten, wenn er zur Erstattung von Gutachten der erforderten Art öffentlich bestellt ist, oder wenn er die Wissenschaft, die Kunst oder das Gewerbe, deren Kenntnis Voraussetzung der Begutachtung ist, öffentlich zum Erwerbe ausübt, oder wenn er zur Ausübung derselben öffentlich bestellt oder ermächtigt ist.

Zur Erstattung des Gutachtens ist auch derjenige verpflichtet, welcher sich zu derselben vor Gericht bereit erklärt hat.

§ 76. Dieselben Gründe, welche einen Zeugen berechtigen, das Zeugnis zu verweigern, berechtigen einen Sachverständigen zur Verweigerung des Gutachtens. Auch aus anderen Gründen kann ein Sachverständiger von der Verpflichtung zur Erstattung des Gutachtens entbunden werden.

Die Vernehmung eines öffentlichen Beamten als Sachverständigen findet nicht statt, wenn die vorgesetzte Behörde des Beamten erklärt, daß die Vernehmung den dienstlichen Interessen Nachteil bereiten würde.

§ 77. Im Falle des Nichterscheinens oder der Weigerung eines zur Erstattung des Gutachtens verpflichteten Sachverständigen wird dieser zum Ersatze der Kosten und zu einer Geldstrafe bis zu dreihundert Mark verurteilt. Im Falle wiederholten Ungehorsams kann noch einmal eine Geldstrafe bis zu sechshundert Mark erkannt werden.

Die Festsetzung und die Vollstreckung der Strafe gegen eine dem aktiven Heere oder der aktiven Marine angehörende Militärperson erfolgt auf Ersuchen durch das Militärgericht.

§ 78. Der Richter hat, soweit ihm dies erforderlich erscheint, die Tätigkeit der Sachverständigen zu leiten.

§ 79. Der Sachverständige hat vor Erstattung des Gutachtens einen Eid dahin zu leisten:

daß er das von ihm erforderte Gutachten unparteiisch und nach bestem Wissen und Gewissen erstatten werde.

Ist der Sachverständige für die Erstattung von Gutachten der betreffenden Art im allgemeinen beeidigt, so genügt die Berufung auf den geleisteten Eid.

§ 80. Dem Sachverständigen kann auf sein Verlangen zur Vorbereitung des Gutachtens durch Vernehmung von Zeugen oder des Beschuldigten weitere Aufklärung verschafft werden.

Zu demselben Zwecke kann ihm gestattet werden, die Akten einzusehen, der Vernehmung von Zeugen oder des Beschuldigten beizuwohnen und an dieselben unmittelbar Fragen zu stellen.

§ 81. ..... (unanwendbar. Die hier gedachte Verbringung eines Angeschuldigten in eine Irrenanstalt gegen seinen Willen zur Beobachtung seines Geisteszustandes findet im Disziplinarverfahren nicht statt).

§§ 82—85 (siehe oben Fußnote zu § 18).

§ 86. Findet die Einnahme eines richterlichen Augenscheins statt, so ist im Protokolle der vorgefundene Sachbestand festzustellen und darüber Auskunft zu geben, welche Spuren oder Merkmale, deren Vorhandensein nach der besonderen Beschaffenheit des Falles vermutet werden konnte, gefehlt haben.

§§ 87—91 ...... (handeln von Leichenschau und Leichenöffnung, sind also für das Disziplinarverfahren bedeutungslos).

§ 92. Bei Münzverbrechen und Münzvergehen sind die Münzen oder Papiere erforderlichenfalls derjenigen Behörde vorzulegen, von welcher echte Münzen oder Papiere dieser Art in Umlauf gesetzt werden. Das Gutachten dieser Behörde ist über die Unechtheit oder Verfälschung sowie darüber einzuholen, in welcher Art die Fälschung mutmaßlich begangen worden sei.

Handelt es sich um ausländische Münzen oder Papiere, so kann an Stelle des Gutachtens der ausländischen Behörde dasjenige einer deutschen erfordert werden.

§ 93. Zur Ermittelung der Echtheit oder Unechtheit eines Schriftstücks, sowie zur Ermittelung des Urhebers desselben kann eine Schriftvergleichung unter Zuziehung von Sachverständigen vorgenommen werden.

§ 94. Gegenstände, welche als Beweismittel für die Untersuchung von Bedeutung sein können, ...,*) sind in Verwahrung zu nehmen oder in anderer Weise sicher zu stellen.

Befinden sich die Gegenstände in dem Gewahrsam einer Person, und werden dieselben nicht freiwillig herausgegeben, so bedarf es der Beschlagnahme.

---

*) Die hier behandelte Einziehung ist für das Disziplinarverfahren ohne Bedeutung.

§ 95. Wer einen Gegenstand der vorbezeichneten Art in seinem Gewahrsam hat, ist verpflichtet, denselben auf Erfordern vorzulegen und auszuliefern.

Er kann im Falle der Weigerung durch die im § 69 bestimmten Zwangsmittel hierzu angehalten werden. Gegen Personen, welche zur Verweigerung des Zeugnisses berechtigt sind, finden diese Zwangsmittel keine Anwendung.

§ 96. Die Vorlegung oder Auslieferung von Akten oder anderen in amtlicher Verwahrung befindlichen Schriftstücken durch Behörden und öffentliche Beamte darf nicht gefordert werden, wenn deren oberste Dienstbehörde erklärt, daß das Bekanntwerden des Inhalts dieser Akten oder Schriftstücke dem Wohle des Reichs oder eines Bundesstaates Nachteil bereiten würde.

§ 97. Schriftliche Mitteilungen zwischen dem Beschuldigten und denjenigen Personen, die wegen ihres Verhältnisses zu ihm nach §§ 51, 52 zur Verweigerung des Zeugnisses berechtigt sind, unterliegen der Beschlagnahme nicht, falls sie sich in den Händen der letzteren Personen befinden und diese nicht einer Teilnahme, Begünstigung oder Hehlerei verdächtig sind.

§ 98. Die Anordnung von Beschlagnahmen steht dem Richter, ... zu ......*)

Abs. 2 u. 3 ......*)

Beschlagnahmen in militärischen Dienstgebäuden, zu welchen auch Kriegsfahrzeuge gehören, erfolgen durch Ersuchen der Militärbehörde, und auf Verlangen der Zivilbehörde (Richter, ...) unter deren Mitwirkung. Des Ersuchens der Militärbehörde bedarf es jedoch nicht, wenn die Beschlagnahme in Räumen vorzunehmen ist, welche in militärischen Dienstgebäuden ausschließlich von Zivilpersonen bewohnt werden.

§ 99. Zulässig ist die Beschlagnahme der an den Beschuldigten gerichteten Briefe und Sendungen auf der Post sowie der an ihn gerichteten Telegramme auf den Telegraphenanstalten; desgleichen ist zulässig an den bezeichneten Orten die Beschlagnahme solcher Briefe, Sendungen und Telegramme, in betreff derer Tatsachen vorliegen, aus welchen zu schließen ist, daß sie von dem Beschuldigten herrühren oder für ihn bestimmt sind und daß ihr Inhalt für die Untersuchung Bedeutung habe.

---

*) Die ausgelassenen Stellen sowie die Absätze 2 u. 3 betreffen vorläufige Beschlagnahmen durch die Staatsanwaltschaft und die Polizei bei Gefahr im Verzuge. Die Staatsanwaltschaft ist jedoch, wie wir sahen, im Disziplinarverfahren niemals dazu befugt und auch die Polizei nur auf Ersuchen des Untersuchungskommissars, also nie selbständig und vorläufig. Die ausgelassenen Stellen sind also für das Disziplinarverfahren gegenstandslos.

§ 100. Zu der Beschlagnahme (§ 99) ist nur der Richter, ... befugt ......*)

Abs. 2 u. 3 ......*)

§ 101. Von den getroffenen Maßregeln (§§ 99; 100) sind die Beteiligten zu benachrichtigen, sobald dies ohne Gefährdung des Untersuchungszweckes geschehen kann.

Sendungen, deren Eröffnung nicht angeordnet worden, sind den Beteiligten sofort auszuantworten. Dasselbe gilt, soweit nach der Eröffnung die Zurückbehaltung nicht erforderlich ist.

Derjenige Teil eines zurückbehaltenen Briefes, dessen Vorenthaltung nicht durch die Rücksicht auf die Untersuchung geboten erscheint, ist dem Empfangsberechtigten abschriftlich mitzuteilen.

§ 102. Bei demjenigen, welcher als Täter oder Teilnehmer einer strafbaren Handlung oder als Begünstiger oder Hehler verdächtig ist, kann eine Durchsuchung der Wohnung und anderer Räume, sowie seiner Person und der ihm gehörigen Sachen, ...**) dann vorgenommen werden, wenn zu vermuten ist, daß die Durchsuchung zur Auffindung von Beweismitteln führen werde.

§ 103. Bei anderen Personen sind Durchsuchungen nur behufs der Ergreifung des Beschuldigten oder behufs der Verfolgung von Spuren einer strafbaren Handlung oder behufs der Beschlagnahme bestimmter Gegenstände und nur dann zulässig, wenn Tatsachen vorliegen, aus denen zu schließen ist, daß die gesuchte ......**) Spur oder Sache sich in den zu durchsuchenden Räumen befinde.

Diese Beschränkung findet keine Anwendung auf die Räume, in welchen der Beschuldigte ergriffen worden ist, oder welche er während der Verfolgung betreten hat, oder in welchen eine unter Polizeiaufsicht stehende Person wohnt oder sich aufhält.

§ 104. Zur Nachtzeit dürfen die Wohnung, die Geschäftsräume und das befriedete Besitztum nur ...... bei Gefahr im Verzug ...... durchsucht werden ....**)

Diese Beschränkung findet keine Anwendung auf Wohnungen von Personen, welche unter Polizeiaufsicht stehen, sowie auf Räume, welche zur Nachtzeit jedermann zugänglich oder welche der Polizei als Herbergen oder Versammlungsorte bestrafter Personen, als Niederlagen von Sachen, welche mittels strafbarer Handlungen erlangt sind, oder als Schlupfwinkel des Glückspiels oder gewerbsmäßiger Unzucht bekannt sind.

---

*) Das Ausgelassene und die Absätze 2 u. 3 betreffen Beschlagnahmen durch die Staatsanwaltschaft, die hierzu, wie mehrfach betont, im Disziplinarverfahren nicht befugt ist.

**) Das Ausgelassene betrifft die Durchsuchung zwecks Verhaftung oder Wiederverhaftung des Beschuldigten, die im Disziplinarverfahren, wie wir sahen, nicht statthat.

Die Nachtzeit umfaßt in dem Zeitraume vom 1. April bis 30. September die Stunden von 9 Uhr abends bis 4 Uhr morgens und in dem Zeitraume vom 1. Oktober bis 31. März die Stunden von 9 Uhr abends bis 6 Uhr morgens.

§ 105. Die Anordnung von Durchsuchungen steht dem Richter ...... zu ....*)

Wenn eine Durchsuchung der Wohnung, der Geschäftsräume oder des befriedeten Besitztums ohne Beisein des Richters ...... stattfindet,**) so sind, wenn dies möglich, ein Gemeindebeamter oder zwei Mitglieder der Gemeinde, in deren Bezirk die Durchsuchung erfolgt, zuzuziehen. Die als Gemeindemitglieder zugezogenen Personen dürfen nicht Polizei- oder Sicherheitsbeamte sein.

Die in den vorstehenden Absätzen angeordneten Beschränkungen der Durchsuchung finden keine Anwendung auf die im § 104 Abs. 2 bezeichneten Wohnungen und Räume.

Durchsuchungen in militärischen Dienstgebäuden erfolgen durch Ersuchen der Militärbehörde, und auf Verlangen der Zivilbehörde (Richter, Staatsanwaltschaft) unter deren Mitwirkung. Des Ersuchens der Militärbehörde bedarf es jedoch nicht, wenn die Durchsuchung von Räumen vorzunehmen ist, welche in militärischen Dienstgebäuden ausschließlich von Zivilpersonen bewohnt werden.

§ 106. Der Inhaber der zu durchsuchenden Räume oder Gegenstände darf der Durchsuchung beiwohnen. Ist er abwesend, so ist, wenn dies möglich, sein Vertreter oder ein erwachsener Angehöriger, Hausgenosse oder Nachbar zuzuziehen.

Dem Inhaber oder der in dessen Abwesenheit zugezogenen Person ist in den Fällen des § 103 Abs. 1 der Zweck der Durchsuchung vor deren Beginn bekanntzumachen. Diese Vorschrift findet keine Anwendung auf die Inhaber der im § 104 Abs. 2 bezeichneten Räume.

§ 107. Dem von der Durchsuchung Betroffenen ist nach deren Beendigung auf Verlangen eine schriftliche Mitteilung zu machen, welche den Grund der Durchsuchung (§§ 102, 103) sowie im Falle des § 102 die strafbare Handlung bezeichnen muß. Auch ist demselben auf Verlangen ein Verzeichnis der in Verwahrung oder in Beschlag genommenen Gegenstände, falls aber nichts Verdächtiges gefunden wird, eine Bescheinigung hierüber zu geben.

§ 108. Werden bei Gelegenheit einer Durchsuchung Gegenstände gefunden, welche zwar in keiner Beziehung zu der Untersuchung stehen, aber auf die erfolgte Verübung einer anderen strafbaren Handlung hindeuten

*) Das Fortgelassene betrifft die Durchsuchung auf Anordnung der Staatsanwaltschaft oder der Polizei. Hier gilt dasselbe, was soeben wegen der Beschlagnahme zu § 98 angemerkt ist.

**) Etwa durch ersuchte Polizeibehörden.

so sind dieselben einstweilen in Beschlag zu nehmen. Der Staatsanwaltschaft ist hiervon Kenntnis zu geben.

§ 109. Die in Verwahrung oder in Beschlag genommenen Gegenstände sind genau zu verzeichnen und zur Verhütung von Verwechselungen durch amtliche Siegel oder in sonst geeigneter Weise kenntlich zu machen.

§ 110. Eine Durchsicht der Papiere des von der Durchsuchung Betroffenen steht nur dem Richter zu.

Andere Beamte sind zur Durchsicht der aufgefundenen Papiere nur dann befugt, wenn der Inhaber derselben die Durchsicht genehmigt. Anderenfalls haben sie die Papiere, deren Durchsicht sie für geboten erachten, in einem Umschlage, welcher in Gegenwart des Inhabers mit dem Amtssiegel zu verschließen ist, an den Richter abzuliefern.

Dem Inhaber der Papiere oder dessen Vertreter ist die Beidrückung seines Siegels gestattet; auch ist er, falls demnächst die Entsiegelung und Durchsicht der Papiere angeordnet wird, wenn dies möglich, aufzufordern derselben beizuwohnen.

Der Richter hat die zu einer strafbaren Handlung in Beziehung stehenden Papiere der Staatsanwaltschaft mitzuteilen.

§ 185. Bei der Vernehmung des Angeschuldigten, der Zeugen und Sachverständigen sowie bei der Einnahme des Augenscheins hat der Untersuchungsrichter einen Gerichtsschreiber zuzuziehen. In dringenden Fällen kann der Untersuchungsrichter eine von ihm zu beeidigende Person als Gerichtsschreiber zuziehen.

§ 186. Über jede Untersuchungshandlung ist ein Protokoll aufzunehmen. Dasselbe ist von dem Untersuchungsrichter und dem zugezogenen Gerichtsschreiber zu unterschreiben.

Das Protokoll muß Ort und Tag der Verhandlung sowie die Namen der mitwirkenden oder beteiligten Personen angeben und ersehen lassen, ob die wesentlichen Förmlichkeiten des Verfahrens beobachtet sind.

Das Protokoll ist den bei der Verhandlung beteiligten Personen, soweit es dieselben betrifft, behufs der Genehmigung vorzulesen oder zur eigenen Durchlesung vorzulegen. Die erfolgte Genehmigung ist zu vermerken, und das Protokoll von den Beteiligten entweder zu unterschreiben, oder in demselben anzugeben, weshalb die Unterschrift unterblieben ist.

§ 187. Die Behörden und Beamten des Polizei- und Sicherheitsdienstes sind verpflichtet, Ersuchen oder Aufträgen des Untersuchungsrichters um Ausführung einzelner Maßregeln oder um Vornahme von Ermittelungen zu genügen.

15. Alles bisher Gesagte sowie die mitgeteilten Vorschriften der Strafprozeßordnung gelten auch für diejenigen Disziplinarverfahren gegen Kommunalbeamte, in denen die Verwaltungsgerichte zu erkennen haben. Mit einer einzigen Ausnahme. Für die Pflicht, sich als Zeuge und Sachverständiger vernehmen zu lassen, gelten nämlich nicht die eben abgedruckten Paragraphen der Strafprozeßordnung, sondern diejenigen der Zivilprozeßordnung. In § 78 des Landesverwaltungsges.*) ist dies allerdings an sich nur vorgeschrieben für die Vernehmungen vor den Verwaltungsgerichten selbst bzw. vor einem Mitgliede dieser Gerichte. Da indessen der Untersuchungskommissar ganz ähnlich steht wie ein solches mit der Beweiserhebung betrautes Mitglied der Verwaltungsgerichte, und da in solchen Prozeßfragen das Disziplinarverfahren vor den Verwaltungsgerichten, wie wir mehrfach sahen, den Regeln des Verwaltungsstreitverfahrens folgt, so wird man die Vorschrift auch auf ihn anwenden müssen (vgl. auch Rheinbaben Bem. III 2 zu § 32).

Das ist nicht nur von formaler, sondern auch von sachlicher Bedeutung; einmal greift das Zeugnisverweigerungsrecht nach den maßgebenden §§ 383—385 ZPO. erheblich weiter als nach den mitgeteilten §§ 51—54 der StPO.; namentlich kann das Zeugnis nicht nur wegen der Gefahr einer strafgerichtlichen Verfolgung, sondern auch wegen drohenden vermögensrechtlichen Schadens oder wegen Gefährdung eines Kunst- oder Gewerbegeheimnisses oder endlich schon dann verweigert werden, wenn die Aussage dem Zeugen auch nur zur Unehre gereichen würde (vgl. § 384 ZPO.).

Ferner aber entscheidet im Disziplinarverfahren vor den Verwaltungsgerichten über die Weigerung nicht wie sonst der dem Untersuchungsrichter gleichstehende Untersuchungskommissar oder der ersuchte Amtsrichter (vgl. § 69 Abs. 3 StPO.), sondern stets das Verwaltungsgericht. Im Zivilprozeß ist nämlich nach

---

*) Der Paragraph lautet:

§ 78. Hinsichtlich der Verpflichtung, sich als Zeuge oder Sachverständiger vernehmen zu lassen, sowie hinsichtlich der im Falle des Ungehorsams zu verhängenden Strafen kommen die Bestimmungen der bürgerlichen Prozeßgesetze mit der Maßgabe zur Anwendung, daß im Falle des Ungehorsams die zu erkennende Geldbuße den Betrag von Einhundertfünfzig Mark nicht übersteigen darf.

Gegen die eine Strafe oder die Nichtverpflichtung des Zeugen oder Sachverständigen aussprechende Entscheidung steht den Beteiligten innerhalb zwei Wochen die Beschwerde an das im Instanzenzuge zunächst vorgesetzte Gericht, gegen die in zweiter Instanz ergangene Entscheidung des Bezirksausschusses die weitere Beschwerde an das Oberverwaltungsgericht zu.

§ 387 u. 389 ZPO. ein beauftragtes Mitglied des Prozeßgerichts, dem, wie wir sahen, der verwaltungsgerichtliche Untersuchungskommissar gleichsteht, ebensowenig wie ein ersuchter Richter zur Anwendung des Zeugniszwanges berechtigt, hat vielmehr lediglich die Gründe der Weigerung schriftlich oder zu Protokoll entgegenzunehmen und dann die Sache zur Entscheidung dem „Prozeßgerichte" zu unterbreiten. Dies entscheidet dann nach Ladung der Parteien (Angeschuldigter, Staatsanwalt, weigerlicher Zeuge oder Sachverständiger) auf Grund mündlicher Verhandlung vorbehaltlich des Rechtszuges nach Abs. 2 des soeben abgedruckten § 78 LVG.

16. Der Rechtszug gegen Entscheidungen über Zeugniszwang bestimmt sich sonst und der gegen Entscheidungen über Beschlagnahmen und Durchsuchungen allgemein (auch in den Disziplinarverfahren vor den Verwaltungsgerichten) nach § 346 StPO., wenn die gedachten Maßnahmen von ersuchten Amtsrichtern getroffen sind; es findet also dann Beschwerde an das übergeordnete Landgericht statt; eine weitere Beschwerde gibt es nicht (§ 351 Abs. 2 StPO.).

Dagegen läßt sich, wenn dieselben Entscheidungen vom Untersuchungskommissar getroffen sind, der § 346 StPO. mangels einer ausdrücklichen Bezugnahme nicht anwenden, da ohne eine solche Zuständigkeits- und Rechtsmittelvorschriften wie die des § 346 wegen ihrer streng positiven Natur keine analoge Anwendbarkeit besitzen. Gegen die betreffenden Entscheidungen des Untersuchungskommissars findet deshalb nicht die strafprozessuale Beschwerde an das Disziplinargericht statt, sondern wie gegen alle anderen Maßnahmen desselben lediglich die allgemeine Dienstaufsichtsbeschwerde an die den Kommissar bestellende Behörde, die, wie oben (Note 5 zu unserem Paragraphen) dargetan, dessen Entscheidungen zwar nicht eigentlich aufheben, wohl aber ihn abberufen kann. Gegen die Entscheidung der bestellenden Behörde ist nach den Regeln der allgemeinen Aufsichtsbeschwerde die weitere Beschwerde bis an den betreffenden Ressortminister zulässig, der aber auch kein anderes Mittel zur Abhilfe wie die Abberufung des Kommissars hat.

§ 33.

Der dem Angeschuldigten vorgesetzte Minister ist ermächtigt, mit Rücksicht auf den Ausfall der Voruntersuchung, das fernere Verfahren einzustellen und geeigneten Falles nur eine Ordnungsstrafe zu verhängen.

Ist eine sonstige Behörde, welche die Einleitung der Untersuchung verfügt hat, der Ansicht, daß das fernere Verfahren einzustellen sei, so muß sie darüber an den Minister zu dessen Beschlußnahme berichten.

In beiden Fällen erhält der Angeschuldigte Ausfertigung des darauf bezüglichen, mit Gründen zu unterstützenden Beschlusses.

1. Die Bedeutung der Vorschrift liegt nicht darin, daß die Einstellung erst nach Einleitung der Voruntersuchung erfolgen kann, sondern daß sie danach nur durch den Ressortminister geschehen darf. An sich müßte nämlich sonst die Behörde, welche das Verfahren einleiten darf, auch zu dessen Wiedereinstellung befugt und zuständig erscheinen, wie sie zur Abberufung des Untersuchungskommissars befugt ist. (Vgl. überdies § 23 des Ges. Ziff. 1 Abs. 2). Gleichwie aber im gerichtlichen Verfahren dem Untersuchungsrichter nur die Einleitung der gerichtlichen Untersuchung zusteht, während zu ihrer Wiederaufhebung bzw. dazu, den Angeschuldigten außer Verfolgung zu setzen, eines Gerichtsbeschlusses bedarf, so sind auch zur Wiederaufhebung eines Disziplinarverfahrens größere Förmlichkeiten zu beachten als bei der Einleitung; die Wiederaufhebung kann in allen Fällen, abgesehen von dem eben zitierten § 23, nur vom Minister verfügt werden und nur mittels eines förmlichen, mit Gründen versehenen „Beschlusses".

2. Die Entscheidung des Ministers steht sonach in gewissem Sinne der gerichtlichen Entscheidung über das Ergebnis der gerichtlichen Voruntersuchung gleich, aber eben nur insoweit, als es sich um die Einstellung des Verfahrens handelt, nicht um die in der Strafprozeßordnung ebenfalls einem besonderen Verfahren vor den Gerichten zu-

gewiesene umgekehrte Entscheidung, daß die Sache zur Hauptverhandlung zu bringen sei. Einen besonderen Beschluß hierüber kennt das Disziplinarverfahren nicht. Wird vielmehr nicht eingestellt, so muß der Beamte der Staatsanwaltschaft die Anschuldigungsschrift einreichen, und es wird dann ohne besonderen Beschluß über die Eröffnung des Hauptverfahrens, wie ihn die Strafprozeßordnung fordert, zur Hauptverhandlung geschritten (§ 34 unseres Ges.). Die §§ 195—211 StPO. über den gerichtlichen Eröffnungsbeschluß sind deshalb, abgesehen von §§ 202, 203 u. 210, StPO., die von der Einstellung handeln, auf das Disziplinarverfahren nicht anwendbar.

3. Auch die Einstellung nach unserem § 33 unterscheidet sich aber von der strafprozessualen insofern wesentlich, als sie nicht nur zulässig ist, wenn der Verdacht gegen den Angeschuldigten sich nicht als begründet erwiesen hat (§ 202 StPO.), oder wenn eine Prozeßvoraussetzung fehlt (§ 203 StPO.), sondern auch im umgekehrten Falle, wo der Angeschuldigte zwar verdächtig, ja überführt erscheint, seine Tat aber entweder zu unbedeutend ist, um überhaupt eine Disziplinarstrafe zu verdienen oder doch mit einer Ordnungsstrafe (Geldbuße, Arrest) hinreichend gesühnt erscheint. Dies ergibt sich aus den Worten unseres Paragraphen: „und geeignetenfalls nur eine Ordnungsstrafe zu verhängen", und ist eine notwendige Konsequenz des das Disziplinarverfahren im Gegensatz zum strafrechtlichen Legalitätsprinzipe beherrschenden Opportunitätsprinzips (vgl. oben zu § 17). Wie mithin gemäß diesem Prinzipe trotz zweifellos vorhandenen Dienstvergehens ein Disziplinarverfahren, abgesehen von den Fällen der §§ 8 u. 9 unseres Ges., niemals eingeleitet zu werden braucht, so braucht es eben auch nicht durchgeführt zu werden, trotz erwiesenen Dienstvergehens. § 17 unseres Ges. findet auch in diesem Falle Anwendung.

Diesem Prinzipe des Gesetzes gegenüber haben die Worte unseres Paragraphen „mit Rücksicht auf den Ausfall der Voruntersuchung" kaum eine andere Bedeutung als „nach Eröffnung der

Voruntersuchung"; denn bei solcher Würdigung des „Ausfalls" der Voruntersuchung waltet eben die durch § 17 a. a. O. gewährte souveräne Freiheit vor, die es gestattet, trotz erwiesener Dienstvergehen gleichwohl diese für nicht „erheblich" genug zur Bestrafung anzusehen. Nicht haltbar sind deshalb die Entscheidungen des Oberverwaltungsgerichts vom 11. 5. und 5. 10. 1894 (Bd. 26 S. 417ff. u. 428), welche im Disziplinarverfahren vor Verwaltungsgerichten trotz des klaren Wortlauts unseres § 34 („geeignetenfalls") und trotz § 17 unseres Ges. die Einstellung nur für zulässig halten, wenn dem Angeschuldigten kein Dienstvergehen hat nachgewiesen werden können (vgl. hierüber auch noch Note 7 zu diesem Paragraphen).

Immerhin behält die Einstellung trotz ganz oder teilweis erwiesener Dienstvergehen den Charakter einer Ausnahmemaßregel, zumal dann, wenn sie mit Verhängung einer Ordnungsstrafe verbunden wird. Ist es deshalb nicht ganz klar, daß gar keine oder nur eine solche Strafe zu verhängen ist, erscheint es vielmehr umgekehrt aus tatsächlichen oder rechtlichen Gründen nur zweifelhaft, ob das Disziplinargericht auf Entfernung aus dem Amte wird erkennen können, so ist die Entscheidung dieser Zweifel besser den erkennenden Instanzen zu überlassen (Erlasse des Kultusministers vom 8. Juni 1866 und vom 30. Juli 1874, ZBl. f. d. UnterrVerw. de 1866 S. 387, de 1874 S. 539).

4. Dagegen wird die Einstellung nach Analogie der Strafprozeßordnung (§§ 202 u. 203) stets zu erfolgen haben,

a) wenn überhaupt kein Dienstvergehen erwiesen ist;

b) wenn es an einer Prozeßvoraussetzung mangelt.

Zu den Prozeßvoraussetzungen gehört nicht die geistige Gesundheit, wohl aber die Verhandlungsfähigkeit. Denn § 203 StPO., welcher Einstellung für den Fall vorsieht, daß der Angeschuldigte nach der Tat in Geisteskrankheit verfallen ist, hat nach der zutreffenden Praxis der Gerichte (vgl. Reichsgericht in Strafsachen Bd. 1 S. 151, Bd. 29 S. 32) nur solche Geisteskrankheit im Auge, die den Angeschuldigten hindert, der Verhandlung zu folgen, zu verstehen, was ihm zur Last gelegt wird, und sich zusammenhängend zu verteidigen (so auch Rheinbaben Bem. I 3 zu § 38).

War der Angeschuldigte schon zur Zeit der Tat geisteskrank, so ist er nichtschuldig (vgl. oben Note 17 zu § 2 des Ges.) und das Verfahren demgemäß nach Ziff. a dieser Note einzustellen.

Prozeßvoraussetzung ist ferner, daß der Angeschuldigte noch aktiver Beamter und nicht etwa inzwischen verstorben oder mit oder ohne Pension ausgeschieden ist. Inwieweit in diesem Falle das Verfahren einzustellen, inwieweit es wegen des Titels und Pensionsanspruches dagegen noch fortzusetzen ist, ist oben in Note 13—17 zu § 16 des Ges. eingehend erörtert worden.

5. Die Wirkung der Einstellung bestimmt sich nach § 210 StPO., gegen dessen analoge Anwendbarkeit keine Bedenken bestehen. Die Einstellung steht demnach in ihrer Wirkung zwar nicht dem rechtskräftigen Urteile gleich; sie schließt deshalb ein neues Disziplinarverfahren wegen derselben Tat gegen denselben Beamten nicht schlechthin aus; immerhin ist dies doch nur zulässig auf Grund neuer Tatsachen oder neuer Beweismittel (so auch Rheinbaben Bem. III zu § 33 und der § 99 des Reichsbeamtenges., der noch eine Zeitbeschränkung [binnen fünf Jahren] hinzufügt).

6. Eine Anfechtung der Einstellung gibt es nicht, insbesondere nicht etwa eine Beschwerde an das Staatsministerium. Denn dieses ist nur Instanz für die Disziplinargerichte, nicht aber für die Minister (vgl. auch Rheinbaben Bem. I, 4 zu § 33; Beschluß des Staatsmin. von 1870, mitgeteilt vom Kultusminister am 6. 12. 1870; ZBl. f. d. UnterrVerw. de 1871 S. 4).

7. Diese Regeln gelten im allgemeinen auch für das Verfahren vor den Verwaltungsgerichten. Nach § 157 Ziff. 2 des LVG. erfolgt jedoch die Einstellung hier nicht durch die Minister, sondern „durch Beschluß der in erster Instanz zuständigen Behörde", und zwar der Spruchbehörde, also des Kreis- oder Bezirksausschusses.

Das Oberverwaltungsgericht (Bd. 26 S. 424ff.) hat aus dem Wortlaut der Bestimmung weiter gefolgert, daß die Befugnis, „geeignetenfalls" eine Ordnungsstrafe zu verhängen, wovon unser § 33 spricht, auf die Verwaltungsgerichte nicht mit übergegangen sei. Schon dies erscheint recht zweifelhaft; nach seiner sonst geübten, gewiß zutreffenden Praxis, wonach solche Abänderungsvorschriften nur soweit greifen wie ihr genauer Wortlaut, hätte das Oberverwaltungsgericht ebensogut zu dem Ergebnisse kommen können, daß § 157 Ziff. 2 LVG. nur die Zuständigkeit von den Ministern auf die Spruchbehörden verschoben, im übrigen aber an unserem § 33 nichts geändert habe, so daß auch die Befugnis zur Verhängung einer Ordnungsstrafe den Verwaltungsgerichten um so mehr zustände, als sie ihnen auch sonst gebührt. Im übrigen soll bei der Novelle zum Landesverwaltungsgesetz die Richtigkeit dieser Auffassung gesetzlich klargestellt werden.

Keinesfalls aber kann man dem Oberverwaltungsgericht so weit folgen, daß man wegen des angeblichen Mangels der Befugnis zur Verhängung von Ordnungsstrafen den Verwaltungsgerichten auch das Recht versagt, das Verfahren einzustellen, wenn zwar ein Dienstvergehen erwiesen ist, dies aber keiner Disziplinarstrafe würdig erscheint (vgl. OVG. a. a. O. S. 428). Denn das Recht, auch im Falle des Nachweises eines Dienstvergehens das Verfahren gleichwohl einzustellen, kann doch von dem etwaigen Mangel der Befugnis zur Verhängung einer Ordnungsstrafe nur dann betroffen werden, wenn es hieran geknüpft ist, mit anderen Worten, wenn die Einstellung in diesem Falle nur angängig wäre unter Verhängung einer Ordnungsstrafe. Das ist aber, wie vorhin bei Note 3 dargelegt, keineswegs der Fall. Die zitierten Entscheidungen des Oberverwaltungsgerichts sind deshalb, wie ebenfalls bei Note 3 betont, nicht haltbar.

§ 34.

Wird das Verfahren nicht eingestellt, so wird nach Eingang einer von dem Beamten der Staatsanwaltschaft anzufertigenden Anschuldigungsschrift der Angeschuldigte unter abschriftlicher Mitteilung dieser Anschuldigungsschrift zu einer, von dem Vorsitzenden der Disziplinarbehörde zu bestimmenden Sitzung zur mündlichen Verhandlung vorgeladen.

§ 35.

Bei der mündlichen Verhandlung, welche in nicht öffentlicher Sitzung stattfindet, gibt zuerst ein von dem Vorsitzenden der Behörde aus der Zahl ihrer Mitglieder ernannter Referent eine Darstellung der Sache, wie sie aus den bisherigen Verhandlungen hervorgeht.

Der Angeschuldigte wird vernommen.

Es wird darauf der Beamte der Staatsanwaltschaft mit seinem Vor- und Antrage, und der Angeschuldigte in seiner Verteidigung gehört.

Dem Angeschuldigten steht das letzte Wort zu.

§ 36.

Wenn die Behörde auf den Antrag des Angeschuldigten oder des Beamten der Staatsanwaltschaft, oder auch von Amts wegen die Vernehmung eines oder mehrerer Zeugen, sei es durch einen Kommissar, oder mündlich vor der Behörde selbst, oder die Herbeischaffung anderer Mittel zur Aufklärung der Sache für angemessen erachtet, so erläßt sie die erforderliche Verfügung und verlegt nötigenfalls die Fortsetzung der Sache auf einen anderen Tag, welcher dem Angeschuldigten bekanntzumachen ist.

§ 37.

Der Angeschuldigte, welcher erscheint, kann sich des Beistandes eines*) Rechtsanwalts als Verteidigers bedienen. Der nicht erscheinende Angeschuldigte kann sich durch einen*) Rechtsanwalt vertreten lassen. Der Diszi-

*) Hier stehen im ursprünglichen Gesetzestexte noch die Worte: „Advokaten oder“. Diese fallen fort, da es nach der Justizreorganisation von 1878/79 keine „Advokaten“ mehr gibt.

plinarbehörde steht es jedoch jederzeit zu, das persönliche Erscheinen des Angeschuldigten unter der Warnung zu verordnen, daß bei seinem Ausbleiben ein Verteidiger zu seiner Vertretung nicht werde zugelassen werden.

§ 38.

Bei der Entscheidung hat die Disziplinarbehörde, ohne an positive Beweisregeln gebunden zu sein, nach ihrer freien, aus dem ganzen Inbegriffe der Verhandlungen und Beweise geschöpften Überzeugung zu beurteilen, inwieweit die Anschuldigung für begründet zu erachten.

Die Entscheidung kann auch auf eine bloße Ordnungsstrafe lauten.

Die Entscheidung, welche mit Gründen versehen sein muß, wird in der Sitzung, in welcher die mündliche Verhandlung beendigt worden ist, oder in einer der nächsten Sitzungen verkündigt und eine Ausfertigung derselben dem Angeschuldigten auf sein Verlangen erteilt.

§ 39.

Über die mündliche Verhandlung wird ein Protokoll aufgenommen, welches die Namen der Anwesenden und die wesentlichen Momente der Verhandlung enthalten muß. Das Protokoll wird von dem Vorsitzenden und dem Protokollführer unterzeichnet.

Zu den §§ 34—39:

Die §§ 34 – 39 regeln die Hauptverhandlung im Disziplinarverfahren.

1. Wie bereits zu § 33 bemerkt, kennt das Disziplinarverfahren einen Eröffnungsbeschluß nicht; den strafrechtlichen Eröffnungsbeschluß ersetzt vielmehr nach § 34 die Anschuldigungsschrift.

Daraus folgt einmal, daß im Disziplinarverfahren dem Staatsanwalte die Entschließungen darüber zufallen, welche Beschuldigungen zur Hauptverhandluug zu bringen und welche als unerwiesen oder unerheblich fallen zu lassen sind, Entschließungen, die im geltenden Strafprozesse den Gerichten zugewiesen sind. Es folgt weiter daraus, daß diese Entschließungen gültig durch die Anfertigung und Einreichung der Anschuldigungsschrift erfolgen, und daß es deshalb für die ausgeschiedenen Beschuldigungen ebensowenig eines teilweisen Einstellungsbeschlusses bedarf wie für die aufrechterhaltenen eines teilweisen Eröffnungsbeschlusses oder für Punkte, die im disziplinaren Einleitungsbeschlusse nicht genannt, aber später zutage getreten und in der Voruntersuchung erörtert sind, etwa noch eines nachträglichen Einleitungsbeschlusses (vgl. über das letztere auch Note 12 zu § 26 und Note 4 zu § 32). Der im § 33 gedachte Einstellungsbeschluß ist ein gänzlicher, aber kein teilweiser (hierin zustimmend Rheinbaben Bem. II zu § 34).

Steht sonach die Anschuldigungsschrift dem strafprozessualen Eröffnungsbeschlusse gleich, und gibt es ferner, wie in Note 2 zu § 17 unseres Ges. nachgewiesen, im Disziplinarverfahren nicht nur die einheitliche Beschuldigung des dienstwidrigen Verhaltens, sondern einzelne, konkrete Anschuldigungspunkte, so folgt daraus endlich, daß die §§ 263 u. 265 der StPO. entsprechend anwendbar sind, wenn im § 263 an Stelle der Worte „dem Beschlusse über die Eröffnung des Hauptverfahrens" die „Anschuldigungsschrift" supponiert und im § 265 die Worte: „als wegen welcher das Hauptverfahren wider ihn eröffnet worden" etwa ersetzt werden durch die Wendung: „als in der Anschuldigungsschrift erwähnt ist".*) Ohne Einwilligung des Angeschuldigten und des Staatsanwalts dürfen deshalb Anschuldi-

---

*) Die Bestimmungen lauten, soweit sie in Frage kommen:

§ 263. Gegenstand der Urteilsfindung ist die in der Anklage bezeichnete Tat, wie sich dieselbe nach dem Ergebnisse der Verhandlung darstellt.

Das Gericht ist an diejenige Beurteilung der Tat, welche dem Beschlusse über die Eröffnung des Hauptverfahrens zugrunde liegt, nicht gebunden.

gungspunkte, die in der Anschuldigungsschrift nicht erwähnt sind, nicht zum Gegenstande der Urteilsfindung gemacht werden (so OVG. am 29. 10. 1890 im pr. Verw.-Bl. Bd. 12 S. 582; ME. v. 4. 3. 1871 (MBl. S. 97); Staatsministerialbeschluß v. 8. 11. 02 bei Rheinbaben Fußnote 1 bei Bem. I zu § 35; Rheinbaben a. a. O. und Bem. I, 4 zu § 38; Brand Note 2 zu §§ 101 u. 108, Note 4 zu § 104 Reichsbeamtenges., sowie den Schlußsatz des Abs. 2 des § 104 Reichsbeamtenges.). Dagegen ist § 264 StPO. offensichtlich unanwendbar, da es im Disziplinarrecht nur ein Strafgesetz gibt.

Nicht ebenso unbeschränkt wie in der Fortlassung von Anschuldigungspunkten ist der Staatsanwalt bei der Aufnahme neuer in die Anschuldigungsschrift. Allerdings ist er, wie wir soeben noch und schon mehrfach sahen, an den Inhalt des disziplinaren Einleitungsbeschlusses nicht gebunden, wohl aber, wie gleichfalls soeben gestreift, daran, daß die Tatsache, wenn auch ohne solchen, überhaupt in der Voruntersuchung schon zur Sprache gebracht und der Angeschuldigte dort darüber gehört ist. Andernfalls dürfte das erkennende Gericht die Tatsache nicht berücksichtigen, hier zwar nicht um deswillen, weil sie nicht in der Anschuldigungsschrift erwähnt wird, wohl aber deshalb, weil über sie keine Voruntersuchung stattgefunden hat, was eine unbedingte Voraussetzung der disziplinaren Beurteilung ist (vgl. Rheinbaben Bem. II 1 zu § 32, Bem. I, 2 zu § 38 und die daselbst zitierten Entscheidungen).

2. Die Stellung des Staatsanwalts im Disziplinarverfahren entspricht im übrigen derjenigen im Strafverfahren.

Der Staatsanwalt hat sonach der objektiven Gerechtigkeit zu dienen und demnach keineswegs nur das zur Belastung, sondern auch das zur Entlastung des Angeschuldigten

---

§ 265. Wird der Angeklagte im Laufe der Hauptverhandlung noch einer anderen Tat beschuldigt, als wegen welcher das Hauptverfahren wider ihn eröffnet worden, so kann dieselbe auf Antrag der Staatsanwaltschaft und mit Zustimmung des Angeklagten zum Gegenstande derselben Aburteilung gemacht werden.

Abs. 2 . . . . . . (**kommt für das Disziplinarverfahren nicht in Frage**).

Dienende zu ermitteln und zu betonen. Von ihm eingelegte Rechtsmittel wirken deshalb, wie wir noch zu §§ 41ff. sehen werden, stets auch zugunsten des Angeschuldigten (vgl. auch Rheinbaben Bem. IV, 1 u. 2 zu § 41 und die daselbst genannte Staatsministerialentscheidung vom 23. 4. 09).

Andererseits ist der Staatsanwalt im Disziplinarverfahren ebenso wie der gerichtliche Staatsanwalt an die Weisungen der vorgesetzten Instanzen gebunden, im Disziplinarverfahren also an die Weisungen der Instanz, die ihn ernannt hat. Besonders ist in dieser Richtung verordnet, daß der Staatsanwalt in der Hauptverhandlung von den Anträgen, die er in der Anschuldigungsschrift gestellt hat, nur mit Genehmigung der ernennenden Instanz abweichen soll (vgl. Runderlaß des damals auch noch für das Ressort der „öffentlichen Arbeiten" zuständigen Handelsministers v. 28. 3. 1854, MBl. S. 83; Erlaß des Arbeitsministers v. 25. 6. 1880, EisenbahnVBl. S. 284). Des weiteren ist bestimmt, daß der Staatsanwalt in gewissen Fällen Berufung einlegen muß (vgl. hierüber unten zu §§ 41ff.). Es ist nicht überflüssig zu betonen, daß diese Regeln gleichermaßen für das Verfahren gegen Staats- wie gegen Kommunalbeamte gelten.

3. Nach dem Wortlaut des § 37 ist eine Verteidigung im Disziplinarverfahren, wie schon mehrfach berührt, erst zulässig nach der Ladung zur Hauptverhandlung.

Nach demselben Wortlaute kann ferner nur „ein" Rechtsanwalt, gleichviel bei welchem Gerichte, zum Verteidiger gewählt werden, nicht auch eine der in §§ 138 u. 139 StPO. gedachten Personen (vgl. auch Rheinbaben Bem. V zu § 37; Brand Note 6 zu § 101 Reichsbeamtenges.). Diese Paragraphen der Strafprozeßordnung sind demnach unanwendbar, und das Gleiche gilt von dem ganzen Abschnitt der Strafprozeßordnung über die „Verteidigung", abgesehen etwa von den §§ 141 u. 150 über die Offizialverteidigung und dem § 147 Abs. 1 u. 4 sowie dem § 148 Abs. 1 über die Akteneinsicht und den Verkehr des Verteidigers mit dem verhafteten Beschuldigten.

Die Akteneinsicht nämlich würde dem Verteidiger aus allgemeinen Erwägungen auch ohne den § 147 StPO. nicht verweigert werden können (vgl. auch § 101 Reichsbeamtengeſ.); andererseits aber folgt aus der besonderen Natur des Disziplinarverfahrens, daß das Recht der Akteneinsicht sich nicht wie im Strafprozeß auf alle, dem „Gerichte vorliegenden" Akten erstreckt, sondern daß die Personalakten wie gegenüber dem Angeschuldigten selbst, so auch gegenüber dem Verteidiger als geheim behandelt werden können.

Die Offizialverteidigung endlich wird man, da § 140 StPO. wegen seines Zuschnitts auf rein strafrechtliche Verhältnisse sicher außer Anwendung bleiben muß, zwar niemals für notwendig, wohl aber für zulässig halten müssen. Die Art der Bestellung würde sich, da hierüber im Disziplinargesetze nichts bestimmt ist, nach § 144 StPO. richten können, so daß hier auch gemäß Abs. 2 dieses Paragraphen alle Rechtskundigen, welche die Referendarprüfung bestanden haben, genommen werden dürften. Tatsächlich wird freilich fast nie ein Offizialverteidiger im Disziplinarverfahren bestellt.

4. Über die Form der Ladung zur Hauptverhandlung ist allgemein nur vorgeschrieben, daß sie „unter abschriftlicher Mitteilung der Anschuldigungsschrift" und „zur mündlichen Verhandlung" erfolgen müsse. Es ist üblich und zweckmäßig, gesetzlich aber nicht notwendig, für den Fall, daß das Disziplinargericht nicht nach dem Schlußsatze des § 37 das persönliche Erscheinen des Angeschuldigten anordnen will, in die Ladung gemäß § 37 die Bemerkung aufzunehmen, daß der Angeschuldigte, anstatt selbst zu erscheinen, sich auch vertreten lassen könne, daß aber auch bei Nichtbestellung eines Vertreters trotz des Ausbleibens des Angeschuldigten eine Entscheidung gefällt werden würde. Ordnet das Gericht das persönliche Erscheinen an, so muß dies dem Angeschuldigten bei der Ladung oder später besonders mitgeteilt werden unter der Verwarnung, daß ein Vertreter für ihn nicht werde zugelassen werden. Ein weiterer Zwang zum Erscheinen als diese Androhung, etwa eine Vorführung oder gar Verhaftung

des Angeschuldigten, ist unstatthaft, wie wir dies schon oben gesehen haben.

Für die Zustellung der Ladung gilt das bei § 13 dieses Gesetzes Gesagte.

5. Über eine Ladungs- oder Einlassungsfrist ist ebenfalls nichts vorgesehen. § 216 StPO. ist streng positiver Natur und darum nicht analog anwendbar. Aus dem Rechte des Angeschuldigten, gemäß § 37 unseres Gesetzes entweder selbst zu erscheinen oder sich vertreten zu lassen, folgt jedoch, daß dem Angeschuldigten, zumal wenn er sich nicht auf freiem Fuße befindet, so viel Zeit gelassen werden muß, um für das eine oder das andere Vorsorge zu treffen. Wählt er die Vertretung, so muß dem Verteidiger Zeit bleiben, sich vorzubereiten. In der Regel wird daher auch im Disziplinarverfahren eine Frist von mindestens einer Woche einzuhalten sein (vgl. auch § 22 Nr. 1 der Geschäftsordnung für die Reichsdisziplinarbehörden v. 18. 4. 1880); die Nichteinhaltung begründet aber nicht ohne weiteres ein Vertagungsgesuch wie nach § 216 StPO., es bedarf vielmehr noch der besonderen Darlegung, inwieweit der Angeschuldigte oder sein Vertreter dadurch in den ihnen soeben zugesprochenen Rechten gekränkt worden ist. Ist dies aber dargetan, so muß auch im Disziplinarverfahren Vertagung erfolgen, widrigenfalls später nach den analog anwendbaren §§ 377 Ziff. 8 und 369 Abs. 2 StPO. die Vernichtung des Urteils und die Rückverweisung in die erste Instanz erfolgen müßte (vgl. auch Rheinbaben Bem. III zu § 34 und die daselbst zitierte, in Übereinstimmung mit dem Gutachten des preußischen Disziplinarhofs gefällte Entscheidung des Staatsministeriums).

6. Eine besondere Ladung des Verteidigers ist im Disziplinarverfahren nicht erforderlich, da wegen der abweichenden Stellung der Verteidigung im Disziplinarverfahren der § 217 StPO. der analogen Anwendung nicht fähig ist. Sie erscheint aber angemessen (vgl. auch Rheinbaben Bem. IV zu § 34; Brand Note 4 zu § 101 Reichsbeamtenges., sowie die eben zitierte Geschäftsordnung für die Reichsdisziplinarbehörden).

Diese wie alle anderen Ladungen und Verfügungen vor der Hauptverhandlung bewirkt nach § 34 der Vorsitzende des Gerichts. § 213 StPO. ist mithin unanwendbar.

7. Eine weitere Vorbereitung der Hauptverhandlung ist im Disziplinarverfahren unnötig. Das schließt jedoch nicht aus, daß sie erfolgen kann, und daß der Vorsitzende deshalb, in Voraussicht eines Beschlusses des Disziplinargerichts aus § 36 unseres Gesetzes, schon von sich aus Zeugen und Gutachter lädt. Infolgedessen kann auch der Angeschuldigte ebenso wie nach § 36 in der Verhandlung dies auch schon vor der Verhandlung beantragen. §§ 218 u. 220 StPO. können deshalb unbedenklich analog angewendet werden (vgl. auch Rheinbaben Bem. III zu § 36 und die entsprechende ausdrückliche Vorschrift in § 105 Reichsbeamtenges.).

Dagegen hat der Angeschuldigte nicht das Recht der unmittelbaren Ladung von Zeugen; § 219 StPO., der dies Recht gewährt, ist eine durchaus singuläre Vorschrift, die über den Bereich des Strafprozesses nicht ausgedehnt werden kann.

Die Einnahme eines Augenscheins wird bei der Wichtigkeit dieser Maßregel dem Gerichte selbst vorzubehalten und nicht bloß vom Vorsitzenden anzuordnen sein.

8. Die Hauptverhandlung im preußischen Disziplinarverfahren unterscheidet sich, wie dies zum Teil schon mehrfach betont ist, von derjenigen im heutigen Strafprozeß in drei Fundamentalpunkten:

a) Sie ist nicht öffentlich, wie dies § 35 unseres Gesetzes ausdrücklich vorschreibt.

b) Weder die Anwesenheit des Angeschuldigten noch seines Verteidigers ist erforderlich, wie dies aus § 37 erhellt.

c) Die Beweisaufnahme erfolgt grundsätzlich nicht in der Hauptverhandlung, sondern schon in der Voruntersuchung. Die Hauptverhandlung hat deshalb wie im alten preußischen Strafprozeß nur die Aufgabe einer mündlichen Schlußverhandlung nach voraufgegangener Beweisaufnahme vor einem Kommissar. Beweiserhebungen in oder nach der Verhandlung sind eine

Ausnahme, wie sie denn § 36 auch nur zuläßt. In der Regel beschränkt sich die Beweisaufnahme in der Hauptverhandlung auf die Berichterstattung eines Referenten über die Verhandlungen der Voruntersuchung gemäß § 35 unseres Gesetzes, wobei die Verlesung der Protokolle über die dortigen Zeugenaussagen stets zulässig und bei wichtigen Aussagen auch angemessen ist.

Die entgegenstehenden Vorschriften der Strafprozeßordnung über die Hauptverhandlung, die auf deren gegenteiligen Prinzipien beruhen, sind danach, wie dies zum Teil schon oben (Note 9 zu § 32) betont ist, unanwendbar, insbesondere die §§ 222, 223, 229, 230, 231, 232, 234, 235, 244, 250 Abs. 2 u. 3, 251, 252 StPO. Dabei haben wir ebenfalls schon oben in Note 7 zu § 32 eingehend nachgewiesen, daß die Vorschriften der §§ 249 u. 250 Abs. 1 StPO. über die Verlesung früherer Zeugenaussagen in der Hauptverhandlung des Disziplinarverfahrens wegen deren abweichender Gestaltung, nur für die Zeugenaussagen aus der disziplinaren Voruntersuchung selbst außer Anwendung bleiben, nicht aber für die Aussagen aus früheren anderen, gerichtlichen oder außergerichtlichen Verfahren. Insoweit ist die Ansicht von Brand (Note 4 zu § 104 und Note 3 zu § 105 Reichsbeamtenges.), daß § 249 StPO. keine entsprechende Anwendung finde, einzuschränken. Ist deshalb ein in einem früheren Verfahren vernommener Zeuge oder Sachverständiger vom Untersuchungskommissar nicht nochmals wenigstens über die Aufrechterhaltung seiner früheren Aussage gehört, oder ist er zwar gehört, aber entgegen der Vorschrift des § 32 unseres Gesetzes nicht vereidigt worden, so darf in der Hauptverhandlung die ältere Bekundung nicht verwertet werden, sondern es muß die nochmalige Abhörung nach § 36 angeordnet werden, falls das Gericht nicht ohne die Aussage auszukommen glaubt.

9. Die Leitung der Hauptverhandlung steht dem Vorsitzenden zu. §§ 237, 239—241 StPO. sind entsprechend anwendbar, § 238 nur mit der Maßgabe, daß die Vernehmung

etwa geladener Zeugen und Sachverständigen dem Staatsanwalt und dem Angeschuldigten auch bei übereinstimmenden Anträgen derselben nur überlassen werden kann, aber niemals muß (vgl. Brand, Note 3 zu § 105 Reichsbeamtenges. und die daselbst zitierte Entscheidung des Reichsdisziplinarhofes v. 4. 2. 1884).

Über die Vertagung der Verhandlung entscheidet nach § 36 unseres Gesetzes das Disziplinargericht, ohne an eine Zeitgrenze gebunden zu sein. § 228 StPO., der eine höchstens dreitägige Vertagungsfrist zuläßt, ist demnach unanwendbar. Dagegen steht § 227 Abs. 1 StPO. mit § 36 unseres Gesetzes nicht in Widerspruch; ihm entsprechend wird deshalb kürzere Pausen der Vorsitzende anordnen können. Die Abs. 2 u. 3 desselben Paragraphen passen auf das Disziplinarverfahren nicht.

10. Der Gang der Hauptverhandlung ist durch unseren § 35 abweichend von §§ 242ff. StPO. dahin geregelt worden, daß nicht mit dem Aufrufe der Zeugen und Sachverständigen und danach mit der Vernehmung des Angeschuldigten begonnen wird, sondern mit dem Vortrage des Referenten über die bisherigen Verhandlungen. Hiermit beginnt also die sachliche Verhandlung. Einreden, die vor Eintritt in die sachliche Verhandlung vorgebracht werden müssen, — im Disziplinarverfahren eigentlich nur die Ablehnung einzelner Gerichtspersonen und ein Vertagungsgesuch wegen unzureichender Einlassungsfrist (vgl. Note 6 zu § 27 und Note 5 zu diesem Paragraphen), nicht auch die Ablehnung des gesamten Gerichtshofes, — müssen deshalb vor dieser Berichterstattung gestellt werden.

Die Berichterstattung umfaßt, wie wir sahen, auch die Wiedergabe der bisherigen Beweisverhandlungen; wenn also, wie es nach dem Obigen die Regel ist, die Beweisaufnahme in der Hauptverhandlung sich auf diese Wiedergabe beschränkt, so erfolgt sie in der disziplinaren Hauptverhandlung noch vor der Vernehmung des Angeschuldigten. Daraus folgt aber nicht, daß auch eine weitere Beweisaufnahme durch Zeugenabhörung u. dgl. nach § 36 an derselben Stelle erfolgen müsse. Im Gegenteil aus der äußeren Stellung des § 36 und aus der regelmäßigen

Abhängigkeit der Beweisaufnahme nach § 36 von Anträgen des Angeschuldigten oder Staatsanwalts ergibt sich vielmehr, daß diese erst, nachdem Angeschuldigter und Staatsanwalt sich geäußert haben, erfolgen kann und soll.

Nach der Berichterstattung beginnt deshalb zunächst stets die Vernehmung des Angeschuldigten. Auch hier gilt das für die Vernehmung im nichtförmlichen Verfahren und in der Voruntersuchung Entwickelte (vgl. Note 4 zu § 18, Note 11 zu § 32), daß der Angeschuldigte die Äußerung ablehnen kann, aber dann, wenn er sich äußert, kraft seiner Beamtenehre nicht mit Lügen vorgehen darf, sondern die Wahrheit sagen muß.

Nach der Vernehmung des Angeschuldigten wird der Staatsanwalt mit seinen Ausführungen und Anträgen gehört. Wenn noch eine weitere Beweisaufnahme von ihm gewünscht wird oder sonst in Aussicht steht, so wird er zweckmäßig seine Anträge hierauf beschränken, andernfalls sich abschließend zur Sache äußern.

Hierauf haben unter allen Umständen der Verteidiger und der Angeschuldigte nochmals das Wort; auch diese beiden werden zweckmäßig, falls Beweisanträge gestellt oder zu stellen sind, sich vorerst nur zu ihnen äußern.

Wird dann noch eine weitere Beweisaufnahme beliebt, so erfolgt sie nunmehr, und zwar, wenn sie schon vorbereitet ist, in derselben Sitzung, anderenfalls in einer späteren oder in der Zwischenzeit bis zu einer späteren.

Bei der Anberaumung der neuen Sitzung ist das Disziplinargericht, wie schon betont, nicht an die Frist von drei Tagen des § 228 StPO. gebunden; in der neuen Sitzung braucht deshalb, auch wenn sie nach längerer Pause abgehalten wird, nicht wieder von vorn mit der Berichterstattung über die Voruntersuchung begonnen zu werden, sondern die Verhandlung wird an dem Punkte wieder aufgenommen, an dem sie abgebrochen worden ist. Es wird deshalb entweder, wenn die Beweisaufnahme vor dem Disziplinargerichte selbst erledigt wird, sofort in diese eingetreten, oder es wird Bericht über ihr Ergebnis erstattet, falls sie inzwischen durch einen Kommissar oder durch ersuchte Richter vorgenommen worden ist.

Bei der nachträglichen Beweisaufnahme, gleichviel ob sie vor dem Disziplinargerichte oder außerhalb stattfindet, bleiben die §§ 246 u. 256 StPO. ebenso, wie wir es oben für die Voruntersuchung sahen, außer Anwendung, weil sie auf dem Prinzipe der ununterbrochenen Anwesenheit des Angeschuldigten in der Hauptverhandlung beruhen, das im Disziplinarverfahren nicht gilt. Das Gericht kann deshalb den Angeschuldigten bei der Vernehmung von Zeugen und Sachverständigen auch aus anderen Gründen entfernen lassen, als wegen ordnungswidrigen Benehmens, oder weil sonst ein Zeuge usw. nicht die Wahrheit sagen könnte; selbstverständlich muß aus allgemeinen Erwägungen in allen Fällen nachher dem Angeschuldigten der Inhalt der Aussagen mitgeteilt werden, obwohl § 246 StPO. auch in dem betreffenden Satze keine Anwendung findet. Es ist ferner wohl an sich zweckmäßig, schon nach jeder Vernehmung oder jeder Verlesung von Schriftstücken den Angeklagten zu befragen, ob er etwas zu erklären habe, es ist dies aber im Disziplinarverfahren nicht wie für den Strafprozeß durch § 256 a. a. O. unbedingt vorgeschrieben; es genügt vielmehr, wenn der Angeschuldigte vor Schluß der Beweisaufnahme — also wenn in der Hauptverhandlung über sie lediglich berichtet wird, nach dieser Berichterstattung —, insgesamt zu allen Aussagen und Schriftstücken gehört wird.

Alsdann folgen die Schlußvorträge und Anträge, und zwar zuerst des Staatsanwalts, dann des Verteidigers und endlich des Angeschuldigten, dem nach unserem § 35 ebenso wie nach § 257 StPO. das „letzte Wort" gebührt.

Hierauf kommt es zur Beratung und Abstimmung in Abwesenheit des Staatsanwalts, des Angeschuldigten und der Zeugen und Sachverständigen; entweder haben sich diese deshalb aus dem Sitzungssaale zu entfernen, oder das Disziplinargericht zieht sich in einen besonderen Beratungsraum zurück. Für das Stimmverhältnis bei der Abstimmung gelten nicht die Vorschriften des § 262 StPO., sondern die oben bei § 31 entwickelten Grundsätze.

11. Über den Inhalt des Urteils ist im Disziplinargesetze nichts bestimmt. Es ist mithin hierfür die entsprechende Anwendung des § 259 StPO. um so weniger bedenklich, als dessen Inhalt sich auch aus der Natur der Sache ergibt. Hiernach kann das Urteil nur auf Einstellung, Freisprechung oder Verurteilung lauten.

a) Die Einstellung ist, wie sich aus § 259 Abs. 2 StPO. ergibt, auszusprechen, wenn es an einer Prozeßvoraussetzung fehlt; denn der im § 259 Abs. 2 angeführte Fall, daß es an dem erforderlichen Strafantrage mangelt, ist nur ein Beispiel hierfür und auch im Strafprozeß keineswegs der einzige Fall der Einstellung durch Urteil; dort wie im Disziplinarverfahren tritt vielmehr namenttlich der Fall der Einstellung wegen Verhandlungsunfähigkeit des Angeschuldigten hinzu. Denn wenn der Angeschuldigte hier auch nicht die Pflicht dazu hat, so hat er doch, ebenso wie wir es oben (Note 11 zu § 32) für die Voruntersuchung gesehen haben, auch in der Hauptverhandlung nach unserem § 37 das unantastbare Recht, zu erscheinen und sich zu verteidigen, und durch Verhandlungsunfähigkeit ist ihm dieses Recht verschränkt.

An einer Prozeßvoraussetzung mangelt es ferner, wenn der Angeschuldigte bei der Urteilsfällung nicht mehr Beamter, sondern inzwischen verstorben oder mit oder ohne Pension ausgeschieden ist (vgl. oben Note 12 zu § 16, Note 3 zu § 18). In diesem Falle ist deshalb das Verfahren in der Regel einzustellen. Inwieweit bei einem Beamten, der bei der Einleitung des Verfahrens noch Beamter war und erst nachher, aber vor dem Urteil ausgeschieden ist, nicht auf Einstellung, sondern auf Verlust des Titels und Pensionsanspruches erkannt werden kann, ist schon oben Note 13—16 zu § 16 eingehend behandelt worden. Hinzuzusetzen bleibt hier nur, daß auch in den dort besprochenen Fällen der Verlust des Titels und Pensionsanspruches ausweislich des § 16 nur dann verhängt werden darf, wenn nach dem

„Ergebnis" des Disziplinarverfahrens sonst auf „Dienstentlassung" zu erkennen gewesen wäre. Ist dies nicht der Fall, würden vielmehr sonst nur Strafversetzung oder gar nur eine Ordnungsstrafe angemessen erscheinen, so bleibt, da diese Strafen gegen pensionierte oder sonst ausgeschiedene Beamte nicht mehr verhängt werden können, nur die Einstellung des Verfahrens übrig (vgl. auch Rheinbaben Bem. I, 7 zu § 38 und die daselbst mitgeteilte, sonst nicht abgedruckte Entsch. des OVG. v. 1. 10. 1895).

Eine Prozeßvoraussetzung fehlt ferner, und auf Einstellung ist deshalb zu erkennen, wenn der Grundsatz „ne bis in idem" verletzt ist. Inwieweit dieser im Disziplinarverfahren gilt, darüber siehe im übrigen Note 2 zu § 22.

b) Nicht zu den Prozeßvoraussetzungen gehört dagegen die Nichtverjährung, weil die Verjährung, wie oben zu § 2 bei Note 21 erörtert, im Disziplinarverfahren keine formale, jede Strafverfolgung ohne weiteres ausschließende Bedeutung hat. Liegt vielmehr ein Vergehen im Amte so weit zurück, daß es keiner Strafe mehr würdig erscheint, oder ist ein außerdienstliches Verhalten bereits so vergessen, daß es die Ehre des Beamten nicht mehr berühren kann, so erfolgt Freisprechung und nicht Einstellung. Denn während vor der Hauptverhandlung nach § 34 und dem dort Gesagten auch dann Einstellung erfolgen kann, wenn ein Dienstvergehen nicht festzustellen ist oder es für disziplinare Bestrafung zu geringfügig erscheint, so ist in der Hauptverhandlung in diesen Fällen mit Freisprechung und nicht mit Einstellung vorzugehen.

Im übrigen ist über den materiellen Inhalt des Urteils, zunächst also über die Voraussetzungen des Dienstvergehens, insbesondere auch über die Wirkungen von Geisteskrankheit und Geistesschwäche, schon oben zu § 2 und zu § 8ff. und weiter über die Strafabmessung zu den §§ 14ff. und zumal zu § 17 das Erforderliche gesagt.

12. Die Beweiswürdigung bei der Urteilsfällung erfolgt nach „freier Überzeugung" ohne Bindung an „positive Beweisregeln" (§ 38). Daraus folgt aber nicht, daß die Disziplinar-

behörden auch bei der Erhebung der Beweise an keine Beweisregeln gebunden sind, ebensowenig wie dies für die Strafgerichte aus dem fast gleichlautenden § 260 StPO. folgt. Wir haben vielmehr sowohl für die Voruntersuchung wie soeben in Note 8 für die Hauptverhandlung feststellen müssen, daß gewisse strafprozessuale Grundsätze über die Beweiserhebung auch im Disziplinarverfahren zu beachten sind, und daß hiernach vorschriftswidrig erhobene Beweise der Verurteilung überhaupt nicht zugrunde gelegt werden dürfen. Die freie Beweiswürdigung ergreift hiernach nur die zulässig erhobenen Beweise (vgl. auch Rheinbaben Bem. I 1 zu § 38).

13. Über die Form der Urteilsfällung ist im § 38 nur vorgeschrieben, daß das Urteil „mit Gründen" versehen, daß es „verkündigt" werden, und daß eine „Ausfertigung" dem Angeschuldigten „auf Verlangen" erteilt werden muß. Aus § 42 ergibt sich weiter, daß dem Angeschuldigten, der in der Verhandlung nicht „zugegen" war, mochte er sich auch haben vertreten lassen, die Ausfertigung auch ohne sein Verlangen von Amts wegen zugestellt werden muß.

Zur Ausfüllung dieser lückenhaften Vorschriften sind nach allgemeinen Grundsätzen die Bestimmungen der §§ 266, 267 u. 275 StPO. heranzuziehen. Der Staatsministerialbeschluß vom 11. Okt. 1850 (MBl. S. 320), den Rheinbaben und andere Kommentatoren zu dieser Ausfüllung verwerten wollen, ist unter der Herrschaft einer anderen Strafprozeßordnung ergangen und daher, da dem Staatsministerium nicht die Befugnis zu allezeit bindenden Ausführungsvorschriften beigelegt ist, heute nur noch maßgebend, soweit er sich mit der jetzigen Strafprozeßordnung deckt. Dies ist übrigens der Fall bis auf die Frist zur schriftlichen Abfassung der Entscheidungsgründe, die heute anstatt acht nur noch drei Tage beträgt, und bis auf die Vorschrift, daß „der Vorsitzende" die Ausfertigungen unterschreiben müsse, während heute die Unterschrift des „Gerichtsschreibers" genügt.

14. Über die Verhandlung ist ein „Protokoll" aufzunehmen. Der „Protokollführer" muß deshalb während der ganzen Verhandlung ebenso wie der Staatsanwalt und die Mitglieder des Gerichts anwesend sein. § 225 StPO. findet sonach Anwendung.

Über den Inhalt des Protokolls ist in unserem § 39 bestimmt, daß es neben den Namen der Anwesenden die „wesentlichen Momente der Verhandlung" angeben muß. Die Vorschrift deckt sich sonach mit dem § 272 Ziff. 1—4 und dem § 273 StPO. Die entsprechende Anwendung dieser Paragraphen und der damit zusammenhängenden §§ 271 u. 274 StPO. ist somit unbedenklich.

Über die Person des Protokollführers gilt dasselbe, was oben Note 13 zu § 32 darüber für die Voruntersuchung gesagt ist.

15. Die nachträgliche Berichtigung offenbarer Schreibfehler, Rechenfehler und ähnlicher offenbarer Irrtümer wird ebenso wie im Strafverfahren, wo sie gleichfalls nicht ausdrücklich vorgesehen ist, aus allgemeinen Erwägungen zugelassen werden müssen, auch ohne Erneuerung der Hauptverhandlung. Handelt es sich aber um wirkliche Ergänzung des Urteils, etwa um die nachträgliche Festsetzung der versehentlich unterbliebener Gehaltsminderung bei der Strafversetzung, so muß nochmals zur Hauptverhandlung geladen und ein Ergänzungsurteil erlassen werden (vgl. Rheinbaben Bem. III 3 zu § 38 und die daselbst zitierte Entscheidung des Großen Disziplinarsenats v. 9. 4. 1895; Rundverfügung des Min. d. Inn. v. 1. 3. 1881, MBl. S. 46).

16. Ursprünglich wurden in Disziplinarverfahren keine Kosten erhoben, auch keine baren Auslagen. Aus §§ 51 u. 53 unseres Ges. ergibt sich jedoch nebenher, daß der nicht freigesprochene Beamte die Kosten der Untersuchung zu tragen hat. Diese Grundsätze decken sich also mit denjenigen der Strafprozeßordnung; die entsprechende Anwendung der §§ 496 ff. StPO. ist mithin unbedenklich (hierfür Rheinbaben Bem. IV 2 zu § 38). Hiernach muß jedes Urteil einen Ausspruch über die Kostenpflicht enthalten. Die Kosten des Verfahrens verbleiben nach diesen Vorschriften nur dann ganz der Staatskasse, wenn der Angeschuldigte völlig freigesprochen ist, und er die Kosten nicht gleichwohl durch schuldhafte Versäumnis vermehrt hat. Denn auch ein völlig

freigesprochener Angeklagter muß nach § 499 StPO. solche Kosten tragen, welche er durch schuldbare Versäumnis verursacht hat, was allerdings im Disziplinarverfahren, das die Anwesenheit des Angeschuldigten nicht erfordert, selten vorkommen wird. Ist der Angeschuldigte nur teilweis freigesprochen, so ist § 498 StPO. maßgebend, wonach der Angeschuldigte gleichwohl im allgemeinen die Kosten zu tragen hat und nur insoweit „besondere" Kosten durch die Verhandlung der nicht festgestellten „Straffälle" entstanden sind, von diesen Kosten freizulassen ist.

Früher hatte das Oberverwaltungsgericht in einem bei Rheinbaben 1. Aufl. Bem. IV 2c zu 38, mitgeteilten Erkenntnisse vom 10. Mai 1898 die Anwendbarkeit des § 498 StPO. verneint. Diese Entscheidung fußte aber auf der schon oben (Note 2 zu § 17) als irrig gekennzeichneten Auffassung des Oberverwaltungsgerichts, daß es im Disziplinarverfahren nur die einheitliche Beschuldigung des dienstwidrigen Verhaltens gäbe, für das die einzelnen Anschuldigungspunkte nur als unselbständige Begründung in Frage kämen. Mit Recht hat deshalb Rheinbaben a. a. O. diese Ansicht verworfen, und das Königliche Staatsministerium hat sich in Übereinstimmung mit dem preußischen Disziplinarhofe dem angeschlossen (Entsch. v. 15. 2. 02 bei Rheinbaben a. a. O.), und auch das OVG. ist dem jetzt beigetreten. (Entsch. v. 10. I. 08 bei Rheinbaben, 2. Aufl., Fußnote 2 bei Bem. IV, 2c zu § 38.)

An Kosten werden nach § 123 des preußischen Gerichtskostenges. (GS. de 1899 S. 326), in allen Disziplinarsachen nur „bare Auslagen" erhoben; auch vor den Verwaltungsgerichten findet hiernach die Erhebung eines Kostenpauschquantums, wie es sonst § 106 des Landesverwaltungsges. vorsieht, nicht statt. Das Oberverwaltungsgericht Bd. 16 S. 398 will allerdings zu diesen „Disziplinarsachen" die „Klagen" der Kommunalbeamten gegen Ordnungsstrafen nicht gerechnet wissen; diese Ansicht dürfte jedoch gegenüber dem Wortlaute des Gerichtskostengesetzes um so weniger haltbar sein, als für die entsprechenden Beschwerden unmittelbarer Staatsbeamten gegen Ordnungsstrafen überhaupt keinerlei Kosten, nicht einmal bare Auslagen, erhoben werden,

Die baren Auslagen umfassen Schreibgebühren und Porti und bestehen sonst zumeist in Zeugen- und Sachverständigengebühren und den etwaigen Reisekosten des Untersuchungskommissars, des Protokollführers und Staatsanwalts.

Die Berechnung und Einziehung der Kosten gehört zur Vollstreckung. Sie erfolgt deshalb durch die vorgesetzte Dienstbehörde des Beamten, nicht durch das Disziplinargericht. Beschwerden über den Kostenansatz entscheiden deshalb im allgemeinen nicht die disziplinargerichtlichen Instanzen, sondern die sonstigen Aufsichtsinstanzen, im allgemeinen also die betreffenden Ressortminister.

In den bei den Gerichten anhängigen Disziplinarsachen gelten hierfür die §§ 26 u. 27 des pr. Gerichtskostenges., in den vor den Verwaltungsgerichten verhandelten Disziplinarsachen der § 108 des Landesverwaltungsges., welcher lautet:

§ 108. Die Kosten und baren Auslagen des Verfahrens werden für jede Instanz von dem Gerichte festgesetzt, bei dem die Sache selbst anhängig gewesen ist.

Die von der obsiegenden Partei zur Erstattung seitens des unterliegenden Teils liquidierten Auslagen*) werden für alle Instanzen von demjenigen Gerichte festgesetzt, bei dem die Sache in erster Instanz anhängig gewesen ist.

Gegen den Festsetzungsbeschluß des Kreisausschusses findet innerhalb zwei Wochen die Beschwerde an den Bezirksausschuß, gegen den in erster Instanz ergangenen Festsetzungsbeschluß des Bezirksausschusses findet innerhalb gleicher Frist die Beschwerde an das Oberverwaltungsgericht statt.

Die Kosten des dem förmlichen Verfahren etwa vorangegangenen Vorermittlungsverfahrens gehören nicht zu den Kosten des Verfahrens in dem erörterten Sinne und verbleiben stets der Staatskasse (vgl. Rheinbaben Bem. IV, 3 zu § 38).

17. Die Vorschriften der Strafprozeßordnung, die nach alledem neben unserem Ges. beachtet werden müssen, sind folgende:

§ 212. Der Termin zur Hauptverhandlung wird von dem Vorsitzenden des Gerichts anberaumt.

---

*) Im Disziplinarverfahren nur die Kosten der Verteidigung, wenn sie gemäß § 499 Abs. 2 StPO. der Staatskasse auferlegt sind.

§ 218. Verlangt der Angeklagte die Ladung von Zeugen oder Sachverständigen oder die Herbeischaffung anderer Beweismittel zur Hauptverhandlung, so hat er unter Angabe der Tatsachen, über welche der Beweis erhoben werden soll, seine Anträge bei dem Vorsitzenden des Gerichts zu stellen. Die hierauf ergehende Verfügung ist ihm bekanntzumachen.

Beweisanträge des Angeklagten sind, soweit ihnen stattgegeben ist, der Staatsanwaltschaft mitzuteilen.

§ 220. Der Vorsitzende des Gerichts kann auch von Amts wegen die Ladung von Zeugen und Sachverständigen sowie die Herbeischaffung anderer Beweismittel anordnen.

§ 225. Die Hauptverhandlung erfolgt in ununterbrochener Gegenwart der zur Urteilsfindung berufenen Personen sowie der Staatsanwaltschaft und eines Gerichtsschreibers.

§ 227. Über Anträge auf Aussetzung einer Hauptverhandlung entscheidet das Gericht. Kürzere Unterbrechungen ordnet der Vorsitzende an.

Abs. 2 und 3 . . . . . . (unanwendbar).

§ 236. Das Gericht kann im Falle eines Zusammenhangs zwischen mehreren bei ihm anhängigen Strafsachen die Verbindung derselben zum Zwecke gleichzeitiger Verhandlung anordnen, auch wenn dieser Zusammenhang nicht der im § 3 bezeichnete ist.

§ 237. Die Leitung der Verhandlung, die Vernehmung des Angeklagten und die Aufnahme des Beweises erfolgt durch den Vorsitzenden.

Wird eine auf die Sachleitung bezügliche Anordnung des Vorsitzenden von einer bei der Verhandlung beteiligten Person als unzulässig beanstandet, so entscheidet das Gericht.

§ 239. Der Vorsitzende hat den beisitzenden Richtern auf Verlangen zu gestatten, Fragen an die Zeugen und Sachverständigen zu stellen.

Dasselbe hat der Vorsitzende der Staatsanwaltschaft, dem Angeklagten und dem Verteidiger . . . . . . zu gestatten.

§ 240. Abs. 1 . . . . . . (unanwendbar).

In den Fällen . . . . . . .des § 239 Abs. 2 kann der Vorsitzende ungeeignete oder nicht zur Sache gehörige Fragen zurückweisen.

§ 241. Zweifel über die Zulässigkeit einer Frage entscheidet in allen Fällen das Gericht.

§ 247. Die vernommenen Zeugen und Sachverständigen dürfen sich nur mit Genehmigung oder auf Anweisung des Vorsitzenden von der Gerichtsstelle entfernen. Die Staatsanwaltschaft und der Angeklagte sind vorher zu hören.

§ 248. Urkunden und andere als Beweismittel dienende Schriftstücke werden in der Hauptverhandlung verlesen. Dies gilt insbesondere von früher ergangenen Strafurteilen, von Straflisten und von Auszügen aus Kirchenbüchern und Personenstandsregistern und findet auch Anwendung auf Protokolle über die Einnahme des richterlichen Augenscheins.

§§ 249, 250 Abs. 1 bereits oben Note 14 zu § 32 abgedruckt.

§ 253. Erklärungen des Angeklagten, welche in einem richterlichen Protokolle enthalten sind,*) können zum Zwecke der Beweisaufnahme über ein Geständnis verlesen werden.

Dasselbe kann geschehen, wenn ein in der Vernehmung hervortretender Widerspruch mit der früheren Aussage nicht auf andere Weise ohne Unterbrechung der Hauptverhandlung festgestellt oder gehoben werden kann.

§ 254. In den Fällen der §§ ..., 253 ist die Verlesung und der Grund derselben auf Antrag der Staatsanwaltschaft oder des Angeklagten im Protokolle zu erwähnen.

§ 255. Die ein Zeugnis oder ein Gutachten enthaltenden Erklärungen öffentlicher Behörden, mit Ausschluß von Leumundszeugnissen, desgleichen ärztliche Atteste über Körperverletzungen, welche nicht zu den schweren gehören, können verlesen werden.

Ist das Gutachten einer kollegialen Fachbehörde eingeholt worden, so kann das Gericht die Behörde ersuchen, eines ihrer Mitglieder mit der Vertretung des Gutachtens in der Hauptverhandlung zu beauftragen und dem Gerichte zu bezeichnen.

§ 257. Nach dem Schlusse der Beweisaufnahme erhalten die Staatsanwaltschaft und sodann der Angeklagte zu ihren Ausführungen und Anträgen das Wort.

Der Staatsanwaltschaft steht das Recht der Erwiderung zu; dem Angeklagten gebührt das letzte Wort.

Der Angklagte ist, auch wenn ein Verteidiger für ihn gesprochen hat, zu befragen, ob er selbst noch etwas zu seiner Verteidigung anzuführen habe.

§ 258. (Gegenstandslos.**)

§ 259. Die Hauptverhandlung schließt mit der Erlassung des Urteils. Das Urteil kann nur auf Freisprechung, Verurteilung oder Einstellung des Verfahrens lauten.

Die Einstellung des Verfahrens ist auszusprechen, wenn bei einer nur auf Antrag zu verfolgenden strafbaren Handlung sich ergibt, daß der erforderliche Antrag nicht vorliegt, oder wenn der Antrag rechtzeitig zurückgenommen ist.***)

§ 260. Über das Ergebnis der Beweisaufnahme entscheidet das Gericht nach seiner freien, aus dem Inbegriffe der Verhandlung geschöpften Überzeugung.

---

*) Neben denjenigen aus der Voruntersuchung und dem Vorverfahren, die im Disziplinarverfahren immer verlesen werden können.

**) Handelt von einem der Gerichtssprache nicht mächtigen Angeschuldigten, kann also, da Beamte stets diese Sprache — Deutsch — kennen müssen, nicht in Frage kommen.

***) D. h. also: „wenn eine Prozeßvoraussetzung fehlt". Siehe hierüber vorige Note 11 bei a.

§ 261. Hängt die Strafbarkeit einer Handlung von der Beurteilung eines bürgerlichen Rechtsverhältnisses ab, so entscheidet das Strafgericht auch über dieses nach den für das Verfahren und den Beweis in Strafsachen geltenden Vorschriften.

Das Gericht ist jedoch befugt, die Untersuchung auszusetzen und einem der Beteiligten zur Erhebung der Zivilklage eine Frist zu bestimmen oder das Urteil des Zivilgerichts abzuwarten.

§§ 263, 265 oben am Fuße der Note 1 zu § 34 abgedruckt.

§ 266. Wird der Angeklagte verurteilt, so müssen die Urteilsgründe die für erwiesen erachteten Tatsachen angeben, in welchen die gesetzlichen Merkmale der strafbaren Handlung gefunden werden. Insoweit der Beweis aus anderen Tatsachen gefolgert wird, sollen auch diese Tatsachen angegeben werden.

Waren in der Verhandluug solche vom Strafgesetze besonders vorgesehene Umstände behauptet worden, welche die Strafbarkeit ausschließen,†) vermindern oder erhöhen, so müssen die Urteilsgründe sich darüber aussprechen, ob diese Umstände für festgestellt oder für nicht festgestellt erachtet werden.

Die Gründe des Strafurteils müssen ferner das zur Anwendung gebrachte Strafgesetz bezeichnen und sollen die Umstände anführen, welche für die Zumessung der Strafe bestimmend gewesen sind. Macht das Strafgesetz die Anwendung einer geringeren Strafe von dem Vorhandensein mildernder Umstände im allgemeinen abhängig, so müssen die Urteilsgründe die hierüber getroffene Entscheidung ergeben, sofern das Vorhandensein solcher Umstände angenommen oder einem in der Verhandlung gestellten Antrag entgegen verneint wird.

Wird der Angeklagte freigesprochen, so müssen die Urteilsgründe ergeben, ob der Angeklagte für nicht überführt, oder ob und aus welchen Gründen die für erwiesen angenommene Tat für nicht strafbar erachtet worden ist.

§ 267. Die Verkündung des Urteils erfolgt durch Verlesung der Urteilsformel und Eröffnung der Urteilsgründe am Schlusse der Verhandlung oder spätestens mit Ablauf einer Woche nach dem Schlusse der Verhandlung. Die Eröffnung der Urteilsgründe geschieht durch Verlesung oder durch mündliche Mitteilung ihres wesentlichen Inhalts.

War die Verkündung des Urteils ausgesetzt, so sind die Urteilsgründe vor derselben schriftlich festzustellen.

§ 271. Über die Hauptverhandlung ist ein Protokoll aufzunehmen und von dem Vorsitzenden und dem Gerichtsschreiber zu unterschreiben.

Ist der Vorsitzende verhindert, so unterschreibt für ihn der älteste beisitzende Richter. Im Falle der Verhinderung des Amtsrichters genügt die Unterschrift des Gerichtsschreibers.

---

†) Etwa Geisteskrankheit.

§ 272. Das Protokoll über die Hauptverhandlung enthält
1. den Ort und den Tag der Verhandlung;
2. die Namen der Richter, ..., des Beamten der Staatsanwaltschaft, des Gerichtsschreibers ......;
3. die Bezeichnung der strafbaren Handlung nach der Anklage;
4. die Namen der Angeklagten, ihrer Verteidiger, der ...... gesetzlichen Vertreter, Bevollmächtigten und Beistände;
5. ......

§ 273. Das Protokoll muß den Gang und die Ergebnisse der Hauptverhandlung im wesentlichen wiedergeben und die Beobachtung aller wesentlichen Förmlichkeiten ersichtlich machen, auch die Bezeichnung der verlesenen Schriftstücke, sowie die im Laufe der Verhandlung gestellten Anträge, die ergangenen Entscheidungen und die Urteilsformel enthalten.

Abs. 2 .... *)

Kommt es auf die Feststellung eines Vorgangs in der Hauptverhandlung oder des Wortlauts einer Aussage oder einer Äußerung an, so hat der Vorsitzende die vollständige Niederschreibung und Verlesung anzuordnen. In dem Protokoll ist zu bemerken, daß die Verlesung geschehen und die Genehmigung erfolgt ist, oder welche Einwendungen erhoben sind.

§ 274. Die Beobachtung der für die Hauptverhandlung vorgeschriebenen Förmlichkeiten kann nur durch das Protokoll bewiesen werden. Gegen den diese Förmlichkeiten betreffenden Inhalt desselben ist nur der Nachweis der Fälschung zulässig.

§ 275. Das Urteil mit den Gründen ist binnen drei Tagen nach der Verkündung zu den Akten zu bringen, falls es nicht bereits vollständig in das Protokoll aufgenommen worden ist.

Es ist von den Richtern, welche bei der Entscheidung mitgewirkt haben, zu unterschreiben. Ist ein Richter verhindert, seine Unterschrift beizufügen, so wird dies unter Angabe des Verhinderungsgrundes von dem Vorsitzenden und bei dessen Verhinderung von dem ältesten beisitzenden Richter unter dem Urteile bemerkt. .... *)

Die Bezeichnung des Tages der Sitzung sowie die Namen der Richter, ...,*) des Beamten der Staatsanwaltschaft und des Gerichtsschreibers, welche an der Sitzung teilgenommen haben, sind in das Urteil aufzunehmen.

Die Ausfertigungen und Auszüge der Urteile sind von dem Gerichtsschreiber zu unterschreiben und mit dem Gerichtssiegel zu versehen.

§ 496. Jedes Urteil .... muß darüber Bestimmung treffen, von wem die Kosten des Verfahrens zu tragen sind.

Wenn über die Höhe der Kosten oder über die Notwendigkeit der unter ihnen begriffenen Auslagen Streit entsteht, so erfolgt hierüber besondere Entscheidung.

---

*) Handelt von den Protokollen bzw. Urteilen der Schöffengerichte, kommt also nicht in Frage.

§ 497. Die Kosten, mit Einschluß der durch die Vorbereitung der öffentlichen Klage und die Strafvollstreckung entstandenen, hat der Angeklagte zu tragen, wenn er zu Strafe verurteilt wird.

Stirbt ein Verurteilter vor eingetretener Rechtskraft des Urteils, so haftet sein Nachlaß nicht für die Kosten.

§ 498. Wenn ein Angeklagter in einer Untersuchung, welche mehrere strafbare Handlungen umfaßt, nur in Ansehung eines Teils derselben verurteilt wird, durch die Verhandlung der übrigen Straffälle aber besondere Kosten entstanden sind, so ist er von deren Tragung zu entbinden.

Mitangeklagte, welche in bezug auf dieselbe Tat zu Strafe verurteilt sind, haften für die Auslagen als Gesamtschuldner. Dies gilt nicht von den durch die Strafvollstreckung oder die Untersuchungshaft entstandenen Kosten.

§ 499. Einem freigesprochenen oder außer Verfolgung gesetzten Angeschuldigten sind nur solche Kosten aufzuerlegen, welche er durch eine schuldbare Versäumnis verursacht hat.

Die dem Angeschuldigten erwachsenen notwendigen Auslagen können der Staatskasse auferlegt werden.

§ 40.

Das Rechtsmittel des Einspruches (Restitution oder Opposition) findet nicht statt.

Mit dem § 4 beginnen die Vorschriften über die Rechtsmittel im Disziplinarverfahren. Zunächst wird negativ der Einspruch ausgeschlossen.

Der „Einspruch", der in einzelnen Fällen „Restitution" bzw. „Opposition" genannt wurde, war ein Rechtsmittel der früheren preußischen Strafprozeßordnung gegen gewisse in Abwesenheit des Angeschuldigten ergangene Urteile, ähnlich wie die Wiedereinsetzung des nicht erschienenen Angeschuldigten nach § 234 der jetzigen StPO. Ebenso wie jene, jetzt ohnehin abgeschafften Rechtsmittel ist deshalb auch die Wiedereinsetzung aus § 234 StPO. im Disziplinarverfahren ausgeschlossen.

Die Wiederaufnahme des Verfahrens, wie sie die §§ 399ff. der StPO. regeln, war auch der früheren preußischen Strafprozeßordnung nicht unbekannt und von der in unserem § 40 gedachten „Restitution" verschieden, wenngleich sie ebenfalls als „außerordentliches Rechtsmittel der Restitution" bezeichnet wurde.

Infolgedessen ist sie durch unseren § 40 nicht ausgeschlossen. Ihr Ausschluß ergibt sich aber aus der Erwägung, daß das Disziplinargesetz in den §§ 41ff. die Rechtsmittel gegen Urteile erschöpfend regelt, und daß deshalb die Wiederaufnahme als nicht genanntes Rechtsmittel ebenso ausgeschlossen ist wie zweifellos die Revision. Für die Wiederaufnahme ergibt sich dieser Ausschluß durch Nichterwähnung noch besonders aus der Entstehungsgeschichte des Richterdisziplinargesetzes; dieses hatte im Entwurf ebenso wie unser Gesetz die Wiederaufnahme des Verfahrens unter den Rechtsmitteln nicht aufgezählt; es herrschte deshalb unter den gesetzgebenden Faktoren Einstimmigkeit darüber, daß damit, wenn dies nicht geändert würde, die damals „Restitution" genannte Wiederaufnahme auch für Richter nicht zulässig sei. Da aber die Zweite Kammer dieses Rechtsmittel für die Richter wünschte, so wurde der Entwurf geändert und im § 43 des Richterdisziplinarges. diese „Restitution" ausdrücklich zugelassen. In unserem Ges. dagegen ist es bei dem Ausschluß des Rechtsmittels durch Nichterwähnung geblieben (so die ständige Praxis des preußischen Disziplinarhofes und des Staatsministeriums, sowie die übereinstimmende Ansicht sämtlicher Kommentatoren, insbesondere auch die Rheinbabens Bem. II zu § 40; vgl. auch Beschluß des Obertribunals v. 17. 4. 1868 bei Oppenhoff Rechtspr. Bd. 9 S. 282). Diese preußische Rechtslage ist von § 117 des Reichsbeamtenges. übernommen und dabei anerkannt worden.

Seit langem sind Bestrebungen im Gange, diese Rechtslage zu ändern und das Rechtsmittel der Wiederaufnahme sowohl den preußischen wie den Reichsbeamten zu erwirken; welcher Erfolg diesen Bestrebungen in Preußen beschieden sein wird, läßt sich noch nicht übersehen. Ein entsprechender Entwurf für Reichsbeamte ist schon vorgelegt.

§ 41.

Gegen die Entscheidung steht die Berufung an das Staatsministerium, sowohl dem Beamten der Staatsanwaltschaft, als dem Angeschuldigten offen.

§ 42.

Die Anmeldung der Berufung geschieht zu Protokoll oder schriftlich bei der Behörde, welche die anzugreifende Entscheidung erlassen hat. Von seiten des Angeschuldigten kann sie auch durch einen Bevollmächtigten geschehen.

Die Frist zu dieser Anmeldung ist eine vierwöchentliche, welche mit dem Ablaufe des Tages, an welchem die Entscheidung verkündigt worden ist, und für den Angeschuldigten, welcher hierbei nicht zugegen war, mit dem Ablaufe des Tages beginnt, an welchem ihm die Entscheidung zugestellt worden ist.

§ 43.

Zur schriftlichen Rechtfertigung der Berufung steht demjenigen, der dieselbe rechtzeitig angemeldet hat, eine fernere vierzehntägige Frist offen.

Diese Frist kann auf den Antrag des Appellanten angemessen verlängert werden.

Neue Tatsachen, welche die Grundlagen einer andern Beschuldigung bilden, dürfen in zweiter Instanz nicht vorgebracht werden.

§ 44.

Die Anmeldung der Berufung und die etwa eingegangene Appellationsschrift wird dem Appellaten in Abschrift zugestellt, oder dem Beamten der Staatsanwaltschaft, falls er Appellat ist, in Urschrift vorgelegt.

Innerhalb vierzehn Tagen nach erfolgter Zustellung oder Vorlegung kann der Appellat eine Gegenschrift einreichen.

Diese Frist kann auf den Antrag des Appellaten angemessen verlängert werden.

§ 45.

Nach Ablauf der in dem § 44 bestimmten Frist werden die Akten an das Staatsministerium eingesandt.

Das Staatsministerium beschließt auf den Vortrag eines von dem Vorsitzenden ernannten Referenten; in Sachen jedoch, in welchen der Disziplinarhof in erster Instanz geurteilt hat, auf den Vortrag zweier von dem Vorsitzenden ernannten Referenten, von denen einer dem Justizministerium angehören muß.

Ist die Berufung von der Entscheidung einer Provinzialbehörde eingelegt, so kann das Staatsministerium keinen Beschluß fassen, bevor das Gutachten des Disziplinarhofes eingeholt worden ist.

Der Disziplinarhof kann die zur Aufklärung der Sache etwa erforderlichen Verfügungen erlassen. Er kann auch eine mündliche Verhandlung anordnen, zu welcher der Angeschuldigte vorzuladen und ein Beamter der Staatsanwaltschaft zuzuziehen ist. Der letztere wird in diesem Falle vom Minister des Ressorts bezeichnet.

§ 46.

Lautet die Entscheidung oder das Gutachten des Disziplinarhofes auf Freisprechung des Angeschuldigten oder nur auf Warnung oder Verweis, so kann das Staatsministerium, wenn es den Angeschuldigten strafbar findet, nicht die Strafe der Dienstentlassung, sondern nur eine geringere Disziplinarstrafe verhängen oder die einstweilige Versetzung in den Ruhestand mit Wartegeld verfügen.

Zu den §§ 41—46:

1. Die Bestimmungen der §§ 41—46, welche gegen Disziplinarurteile das Rechtsmittel der Berufung gewähren, sind

besonders lückenhaft und bedürfen, zumal hinsichtlich der Wirkung und der Förmlichkeiten des Rechtsmittels, durchaus der Ergänzung aus der Strafprozeßordnung. Gerade hier ist deshalb auch die ergänzende Heranziehung der Strafprozeßordnung eine Jahrzehnte alte Praxis des preußischen Disziplinarhofs und Staatsministeriums, der sich — freilich mit erheblichen Schwankungen — auch das Oberverwaltungsgericht, in letzter Zeit recht erfreulich entschieden (vgl. Bd. 54 S. 457 ff.), angeschlossen hat. Die ergänzende Anwendbarkeit der Strafprozeßordnung ist hier auch besonders zweifelsfrei um deswillen, weil in der den Entwurf des Disziplinarges. bildenden Verordnung vom 11. Juli 1849 die fehlenden Bestimmungen zum größten Teile getroffen waren, und zwar in bewußter Abweichung von den damaligen gerichtlichen prozessualen Vorschriften. Die Kammern haben diese Bestimmungen gerade zu dem Zwecke gestrichen, um dadurch die Anwendung der allgemeinen Prozeßregeln auch für die Berufung im Disziplinarverfahren herbeizuführen. Der Natur der Sache nach können dies nur diejenigen des Strafprozesses sein; dabei verschlägt es nichts, daß bei den Kammerverhandlungen unzweifelhaft einzelne Redner an den Ersatz der gestrichenen durch zivilprozessuale Regeln gedacht haben; da dies im Gesetze keinen Ausdruck gefunden hat, ist es ein ganz unerheblicher Irrtum in den Motiven einzelner Faktoren der Gesetzgebung geblieben.

Die Vorschriften der Strafprozeßordnung, die hiernach ergänzend eingreifen, lauten wie folgt:

§ 338. Die zulässigen Rechtsmittel gegen gerichtliche Entscheidungen stehen sowohl der Staatsanwaltschaft als dem Beschuldigten zu.

Die Staatsanwaltschaft kann von denselben auch zugunsten des Beschuldigten Gebrauch machen.*)

---

*) Vgl. über die Anwendbarkeit dieser Bestimmung die Entscheidungen des Staatsministeriums v. 23. 1. 04, 9. 3. 06 u. 6. 5. 08 bei Rheinbaben Bem. IV zu § 41. Mit Unrecht hat im Gegensatz hierzu das Oberverwaltungsgericht in einer älteren Entscheidung v. 20. 12. 1884 (Bd. 12 S. 432) im Anschlusse an ein Erkenntnis

§ 339. Für den Beschuldigten kann der Verteidiger, jedoch nicht gegen dessen ausdrücklichen Willen, Rechtsmittel einlegen.*)

§ 340. Der gesetzliche Vertreter eines Beschuldigten, desgleichen der Ehemann einer beschuldigten Frau können binnen der für den Beschuldigten laufenden Frist selbständig von den zulässigen Rechtsmitteln Gebrauch machen.

---

des OTr. v. 5. 12. 1859 (Bd. 42 S. 133) aus der Streichung der Vorschrift der Verordnung vom 11. Juli 1849, wonach sowohl die Berufung des Angeschuldigten wie die des Staatsanwalts, die Sache stets nach beiden Richtungen der Nachprüfung unterwarf, folgern zu sollen geglaubt, daß damit der Grundsatz des § 11 Titel 14 Teil I der Allgemeinen Gerichtsordnung habe durchgeführt werden sollen, wonach die „Appellation" niemals ein „beneficium commune" war. Denn diese Bestimmung der Allgemeinen Gerichtsordnung betraf, wie das Staatsministerium a. a. O. zutreffend ausführt, nur den Zivilprozeß; die Folge der Streichung der gedachten und anderer Vorschriften der vorläufigen Verordnung vom 11. Juli 1849 war aber, wie wir soeben sahen, nicht die Anwendbarkeit solcher zivil-, sondern der strafprozessualen Bestimmungen, und diese kannten damals schon den jetzt in § 343 niedergelegten Grundsatz. Mit Recht stützt dagegen das Staatsministerium seine Ansicht über die Anwendbarkeit des § 343 StPO. auch auf die allgemeine Stellung der Staatsanwaltschaft, der auch das Staatsministerium ebenso wie oben die Note 2 zu §§ 34—39 unseres Ges. keineswegs lediglich eine Parteirolle, sondern die Wahrung des „öffentlichen Interesses", d. h. der objektiven Gerechtigkeit zugewiesen wissen will.

Mit dieser Auffassung ist aber auch die weitere Entscheidung des OVG. v. 16. 9. 1891 (bei Rheinbaben 1. Aufl. Bem. IV 2 zu § 41, sonst nicht veröffentlicht) unvereinbar, daß die Staatsanwaltschaft gemäß ihrer „Parteirolle" Rechtsmittel nicht ausdrücklich „zugunsten" des Angeschuldigten einlegen dürfe, und daß deshalb § 338 Abs. 2 StPO., der dies vorsieht, unanwendbar sei. Das OVG. hat denn auch erfreulicherweise seine Ansicht geändert und ist dem zutreffenden Standpunkte des Staatsministeriums jetzt beigetreten (vgl. OVG. Entsch. Bd. 54 S. 457).

*) Die Anwendbarkeit dieses Paragraphen folgt noch besonders aus § 42 Abs. 1 Satz 2 unseres Ges.

Auf ein solches Rechtsmittel und auf das Verfahren finden die über die Rechtsmittel des Beschuldigten geltenden Vorschriften entsprechende Anwendung.*)

§ 341. Der nicht auf freiem Fuße befindliche Beschuldigte kann die Erklärungen, welche sich auf Rechtsmittel beziehen, zu Protokoll des Gerichtsschreibers desjenigen Gerichts geben, in dessen Gefängnis er sich befindet, und falls das Gefängnis kein gerichtliches ist, desjenigen Amtsgerichts, in dessen Bezirke das Gefängnis liegt.

Zur Wahrung einer Frist genügt es, wenn innerhalb derselben das Protokoll aufgenommen wird.**)

§ 342. Ein Irrtum in der Bezeichnung des zulässigen Rechtsmittels ist unschädlich.***)

§ 343. Jedes von der Staatsanwaltschaft eingelegte Rechtsmittel hat die Wirkung, daß die angefochtene Entscheidung auch zugunsten des Beschuldigten abgeändert oder aufgehoben werden kann.†)

---

*) Über die Anwendbarkeit dieser Vorschrift vgl. auch Rheinbaben Bem. II zu § 42 und die daselbst zitierte Entscheidungen des Staatsministeriums v. 4. 11. 1899 u. 11. 11. 1910.

**) Da nach § 42 unseres Ges. die Frist zur Anmeldung erst mit dem Ablaufe des Tages „beginnt“, an dem das Urteil verkündet ist, kann eine Anmeldung schon in der Sitzung des Disziplinargerichts, auch wenn diese Erklärung ins Protokoll aufgenommen wäre, nicht als protokollarische Anmeldung „innerhalb“ der Frist angesehen werden; sie kann vielmehr als vorzeitig nicht das Rechtsmittel wahren und wird deshalb auch zumeist als ungehörig mit Recht zurückgewiesen (übereinstimmend Brand Note 2 zu § 111 Reichsbeamtenges.; abweichend jedoch Rheinbaben Bem. I Abs. 3 zu § 42).

***) Es bedarf also im Disziplinarverfahren überhaupt nicht der Bezeichnung als „Berufung“. Jeder Schriftsatz, aus dem erhellt, daß die Abänderung des Urteils sofort begehrt wird, gilt als das zulässige Rechtsmittel; Ausdrücke der bloßen Unzufriedenheit ohne dieses irgendwie erkennbare Ziel, vielleicht mit der ausdrücklichen gegenteiligen Erklärung, sich den Gebrauch eines Rechtsmittels noch überlegen zu wollen oder ihn erwägen zu müssen, sind keine Rechtsmittel (vgl. Rheinbaben Bem. I Abs. 2 zu § 42 und die in Fußnote 2 u. 3 dazu zitierten, in Übereinstimmung mit dem Gutachten des preuß. Disziplinarhofs ergangenen Entscheidungen des Staatsministeriums v. 30. 12. 1896, 21. 4. 00, 28. 6. 01.

†) Vgl. die Fußnote auf S. 253 f.

§ 344. Die Zurücknahme eines Rechtsmittels sowie der Verzicht auf die Einlegung eines Rechtsmittels kann auch vor Ablauf der Frist zur Einlegung desselben wirksam erfolgen. Ein von der Staatsanwaltschaft zugunsten des Beschuldigten eingelegtes Rechtsmittel kann jedoch ohne dessen Zustimmung nicht zurückgenommen werden.

Der Verteidiger bedarf zur Zurücknahme einer ausdrücklichen Ermächtigung.*)

§ 355. Die Berufung muß bei dem Gerichte erster Instanz ......**) zu Protokoll des Gerichtsschreibers oder schriftlich eingelegt werden.

Abs. 2 ....**)

§ 357. Durch rechtzeitige Einlegung der Berufung wird die Rechtskraft des Urteils, soweit dasselbe angefochten ist,***) gehemmt.

Dem Beschwerdeführer, welchem das Urteil mit den Gründen noch nicht zugestellt war, ist dasselbe nach Einlegung der Berufung sofort zuzustellen.

---

*) Über die Anwendbarkeit dieses Paragraphen vgl. Rheinbaben Bem. V zu § 41 und die daselbst zitierte Entscheidung des Oberverwaltungsgerichts vom 30. 5. 99, ferner Brand Note 4 zu § 110 und Note 8 zu § 111, sowie die daselbst zitierte Entscheidung des Reichsdisziplinarhofes vom 5. Novbr. 1883. — Angesichts der Vorschrift des § 344 StPO. ist die ältere Entscheidung des Staatsministeriums vom 3. Dezbr. 1869 (bei Rheinbaben a. a. O.) nicht mehr haltbar, daß die trotz Verzichtes später, aber innerhalb der Berufungsfrist noch eingehende Berufungsanmeldung wirksam sei; denn dann wäre eben der Verzicht nicht „wirksam", wie es § 344 vorschreibt. Es ist vielmehr der angeführten gegenteiligen Entscheidung des Reichsdisziplinarhofes beizupflichten.

**) Das Ausgelassene sowie Abs. 2 geben Fristvorschriften, die neben § 42 Abs. 2 unseres Ges. nicht zur Anwendung kommen können.

***) Rheinbaben Bem. IV zu § 45 lehrt, daß die zweite Instanz stets das ganze Urteil nachzuprüfen habe, auch wenn bloß „einzelne Punkte" die Berufung „veranlaßt" haben oder „nur wegen des Strafmaßes" Berufung eingelegt sei. Diese Ansicht scheint sich aber weniger auf die Annahme der Unanwendbarkeit der gegenteiligen §§ 357, 359 u. 368 StPO. zu stützen, als auf das Mißverständnis einer Anmerkung von Löwe zu § 368 StPO., der dabei ausdrücklich zitiert wird. Jedenfalls ist die Unanwendbarkeit dieses Paragraphen und der §§ 357 u. 359 von Rheinbaben in keiner Weise begründet worden.

§ 359. Die Berufung kann auf bestimmte Beschwerdepunkte beschränkt werden. Ist dies nicht geschehen oder eine Rechtfertigung überhaupt nicht erfolgt, so gilt der ganze Inhalt des Urteils als angefochten.*)

§ 360. Ist die Berufung verspätet eingelegt, so hat das Gericht erster Instanz das Rechtsmittel als unzulässig zu verwerfen.

Der Beschwerdeführer kann binnen einer Woche nach Zustellung des Beschlusses auf die Entscheidung des Berufungsgerichts antragen. In diesem Falle sind die Akten an das Berufungsgericht einzusenden; die Vollstreckung des Urteils wird jedoch hierdurch nicht gehemmt.**)

§ 363. Erachtet das Berufungsgericht die Bestimmungen über die Einlegung der Berufung nicht für beobachtet, so kann es das Rechtsmittel durch Beschluß als unzulässig verwerfen.**) Anderenfalls entscheidet es über dasselbe durch Urteil.

Abs. 2 . . . . . .

§§ 364—367 . . . . . . (unanwendbar; setzen eine obligatorische „Hauptverhandlung" voraus, die es im Disziplinarverfahren in zweiter Instanz nicht gibt).

§ 368. Der Prüfung des Gerichts unterliegt das Urteil nur, soweit dasselbe angefochten ist.*)

§ 369. Insoweit die Berufung für begründet befunden wird, hat das Berufungsgericht unter Aufhebung des Urteils in der Sache selbst zu erkennen.

Leidet das Urteil an einem Mangel, welcher die Revision wegen Verletzung einer Rechtsnorm über das Verfahren begründen würde, so kann das Berufungsgericht unter Aufhebung des Urteils die Sache, wenn die Umstände des Falles es erfordern, zur Entscheidung an die erste Instanz zurückverweisen.***)

---

*) Vgl. die dritte Fußnote auf S. 256.

**) Die Anwendbarkeit dieser Vorschriften ist vom Staatsministerium am 11. Oktbr. 1895 in Übereinstimmung mit den Gutachten des Disziplinarhofes generell festgestellt worden (vgl. Runderlaß der Disziplinarminister v. 26. 2. 1896, Reichsanzeiger Nr. 63 v. 12. 3. 1896).

***) Die Vorschriften über die Revision wegen Verletzung von Verfahrensnormen finden sich insbesondere in §§ 377 f. StPO., welcher, soweit er interessiert, lautet:

§ 377. Ein Urteil ist stets als auf einer Verletzung des Gesetzes beruhend anzusehen:

1. wenn das erkennende Gericht . . . . . . nicht vorschriftsmäßig besetzt war;
2. wenn bei dem Urteile ein Richter, ... mitgewirkt hat, welcher von der Ausübung des Richteramts kraft des Gesetzes ausgeschlossen war;

Hat das Gericht erster Instanz mit Unrecht seine Zuständigkeit angenommen, so hat das Berufungsgericht unter Aufhebung des Urteils die Sache an das zuständige Gericht zu verweisen oder, wenn es selbst in erster Instanz zuständig ist, zu erkennen.

§ 372. War das Urteil nur von dem Angeklagten oder zugunsten desselben von der Staatsanwaltschaft oder von einer der im § 340 bezeichneten Personen angefochten worden, so darf das Urteil nicht zum Nachteile des Angeklagten abgeändert werden.

2. Abgesehen von diesen Vorschriften der Strafprozeßordnung ergibt sich hinsichtlich der Formalien der Berufung aus unserem Gesetze (§ 42), daß sie „schriftlich oder zu Protokoll“ beim „judex a quo“ einzulegen ist, und zwar binnen vier Wochen seit der Verkündung des Urteils, für den Angeschuldigten, der in Hauptverhandlung fehlte, jedoch binnen vier Wochen erst seit der Zustellung der Entscheidung an ihn, und zwar nach dem zwingenden Wortlaute unseres § 42 gleichviel, ob er in der Hauptverhandlung vertreten war oder nicht (vgl. auch Rheinbaben Bem. IV 3 zu § 42).

Zur „schriftlichen“ Einlegung gehört notwendig die Unterschrift. Nicht haltbar ist deshalb die Ansicht von Rheinbaben (Bem. I Abs. 4 zu § 42), daß auch eine ununterschriebene Eingabe dann eine wirksame Berufungsanmeldung sein könne, wenn über die Verfasserschaft kein Zweifel bestehe. Dagegen wird die

---

3. wenn bei dem Urteile ein Richter ...... mitgewirkt hat, nachdem derselbe wegen Besorgnis der Befangenheit abgelehnt war, und das Ablehnungsgesuch entweder für begründet erklärt war oder mit Unrecht verworfen worden ist;
4. ...... (ist in § 369 Abs. 3 StPO. für die Berufung abweichend geregelt);
5. wenn die Hauptverhandlung in Abwesenheit der Staatsanwaltschaft oder einer Person, deren Anwesenheit das Gesetz vorschreibt, stattgefunden hat;
6. ...... (handelt von der Verletzung der Vorschriften über die Öffentlichkeit, die im preußischen Disziplinarverfahren nicht gelten);
7. wenn das Urteil keine Entscheidungsgründe enthält;
8. wenn die Verteidigung in einem für die Entscheidung wesentlichen Punkte durch einen Beschluß des Gerichts unzulässig beschränkt worden ist.

§ 378. Die Verletzung von Rechtsnormen, welche lediglich zugunsten des Angeklagten gegeben sind, kann von der Staatsanwaltschaft nicht zu dem Zwecke geltend gemacht werden, um eine Aufhebung des Urteils zum Nachteile des Angeklagten herbeizuführen.

telegraphische Anmeldung von ihm (a. a. O. Abs. 5) wie von den Strafgerichten mit Recht der schriftlichen gleichgestellt, da hier die Urschrift der Depesche unterschrieben wird. Nicht haltbar ist aber wieder die weitere Ansicht von Rheinbaben a. a. O Abs. 3., daß die Anmeldung „zu Protokoll" auch schon zum Protokoll der Hauptverhandlung erster Instanz an ihrem Schlusse erfolgen könne, weil an diesem Tage die Berufungsfrist noch gar nicht zu laufen begonnen hat (vgl. vorhin die Fußnote zu § 341 StPO.).

Die Einlegung beim „judex ad quem", also beim Königlichen Staatsministerium oder in Fällen, in denen die Provinzialbehörden erkannt haben, bei dem in zweiter Instanz dann mitbeteiligten preußischen Disziplinarhofe wahrt die Frist dann nicht, wenn die von jenen Instanzen an die erste Instanz abzugebende Berufungsschrift dort nicht mehr innerhalb der Frist eingeht (vgl. Rheinbaben Bem. III zu § 42).

Für die Berechnung der Frist gilt der § 43 der StPO., welcher lautet:

§ 43. Eine Frist, welche nach Wochen oder Monaten bestimmt ist, endigt mit Ablauf desjenigen Tages der letzten Woche oder des letzten Monats, welcher durch seine Benennung oder Zahl dem Tage entspricht, an welchem die Frist begonnen hat; fehlt dieser Tag in dem letzten Monate, so endigt die Frist mit Ablauf des letzten Tages dieses Monats.

Fällt das Ende einer Frist auf einen Sonntag oder allgemeinen Feiertag, so endigt die Frist mit Ablauf des nächstfolgenden Werktages.

Bei einem etwa am Donnerstag, dem 2. Januar, verkündeten Urteile beginnt also die Frist am Freitag, dem 3. Januar und endet als eine nach Wochen bemessene Frist an dem gleich benannten Tage, d. h. wieder am „Freitag" über vier Wochen, d. h. dem 31. Januar. Man kommt zu dem gleichen Ergebnisse,

---

*) Der § 44 lautet:

§ 44. Gegen die Versäumung einer Frist kann die Wiedereinsetzung in den vorigen Stand beansprucht werden, wenn der Antragsteller durch Naturereignisse oder andere unabwendbare Zufälle an der Einhaltung der Frist verhindert worden ist. Als unabwendbarer Zufall ist es anzusehen wenn der Antragsteller von einer Zustellung ohne sein Verschulden keine Kenntnis erlangt hat.

wenn man zu dem Anfangstage der Frist genau 28 Tage zuzählt.

Gegen die Versäumnis der Frist findet Wiedereinsetzung in den vorigen Stand nach § 44 StPO.*) statt. Dies hat schon für das frühere Strafprozeßrecht ein Staatsministerialbeschluß aus dem Jahre 1869 (ZBl. f. U. V. de 1870 S. 4) festgestellt, und es ist seitdem die ständige Praxis des Reichs- und des preußischen Disziplinarhofes und des preußischen Staatsministeriums geblieben (vgl. Brand Note 6 zu § 111 Reichsbeamtenges.; Entscheidungen des Staatsministeriums v. 27. 8. 00, v. 19. 1. 01 und v. 9. 7. 02 bei Rheinbaben Bem. V zu § 42 Abs. 3 unter a—c). Der hiergegen in der Entscheidung vom 20. XII. 1884 vom OVG. (Bd. 12 S. 432) gelegentlich ohne Begründung erhobene Widerspruch muß mit diesem Erkenntnisse durch die neue Entscheidung v. 15. XII. 1908 (Bd. 54 S. 457ff.) als zurückgenommen gelten. Hiernach kann die Wiedereinsetzung dann gewährt werden, wenn der Antragsteller durch „unabwendbare Zufälle" an der Einhaltung der Frist verhindert worden ist.

Als unabwendbarer Zufall ist insbesondere von den Disziplinar- wie den Strafgerichten stets eine Verzögerung im inneren Geschäftsgange der Behörden und zumal der Post angesehen worden, gelegentlich zumal auch der Fall, daß eine falsch adressierte Berufungsschrift bei der unzuständigen Behörde ungebührlich lange gelegen hatte, bis sie an die zuständige Instanz abgegeben worden war. Dagegen haben die Gerichte sonst für Zivil- und Strafprozeß und das Oberverwaltungsgericht (bei Rheinbaben a. a. O. Fußnote 5) auch für das Disziplinarverfahren eine falsche Rechtsbelehrung, die etwa falsche Adressierung und damit verspäteten Eingang der Berufung bei der richtigen Stelle verursacht hatte, stets nicht als Grund für die Wiedereinsetzung anerkannt, da es Pflicht sei, selbst die Gesetze zu kennen. Das Staatsministerium hat jedoch in der soeben angeführten Entscheidung vom 19. Jan. 01 im Disziplinarverfahren auch dies als Wiedereinsetzungsgrund behandelt, und für mittlere und Unterbeamte, von denen besondere Rechtskenntnisse nicht verlangt werden können, wird man dieser milderen Praxis beipflichten können.

Für die Förmlichkeiten der Wiedereinsetzung können unbedenklich die §§ 45—47 StPO.*) herangezogen werden. Die Ansicht von Rheinbaben (Bem. V zu § 42), daß dies nicht angängig sei, weil das Disziplinarverfahren die „Rechtsmittel“ abweichend geregelt habe, übersieht, daß die Wiedereinsetzung aus § 44 StPO. gar kein „Rechtsmittel“ in diesem Sinne ist. Seine Ansicht steht überdies im Widerspruch sowohl mit dem eben genannten Staatsministerialbeschlusse vom 7. Juli 1869, der für die Wiedereinsetzung ausdrücklich auf die „allgemeinen Strafprozeßgesetze“ verweist, wie mit dem Staatsministerialbeschlusse vom 11. Oktbr. 1895 (vgl. oben Fußnote zu § 360 StPO.), der unter 4 die Grundsätze des § 47 StPO. ausdrücklich für für anwendbar erklärt.

Hiernach ist die Wiedereinsetzung unter Wiederholung der Berufungsanmeldung bei dem Gerichte erster Instanz zu erbitten (§ 45 StPO.). Über ihre Gewährung entscheidet dagegen die zweite Instanz (§ 46 StPO.). Das Gericht erster Instanz hat jedoch vor der Vorlage der Akten an die zweite Instanz gemäß § 47 StPO. zu prüfen, ob mit Rücksicht auf das Wiedereinsetzungsgesuch eine

---

*) Die Paragraphen lauten:

§ 45. Das Gesuch um Wiedereinsetzung in den vorigen Stand muß binnen einer Woche nach Beseitigung des Hindernisses bei demjenigen Gerichte, bei welchem die Frist wahrzunehmen gewesen wäre, unter Angabe und Glaubhaftmachung der Versäumungsgründe angebracht werden.

Mit dem Gesuche ist zugleich die versäumte Handlung selbst nachzuholen.

§ 46. Über das Gesuch entscheidet dasjenige Gericht, welches bei rechtzeitig erfolgter Handlung zur Entscheidung in der Sache selbst berufen gewesen wäre.

Die dem Gesuche stattgebende Entscheidung unterliegt keiner Anfechtung.

Abs. 3 . . . . . . (sieht gegen die ablehnende Entscheidung Beschwerde vor, kann also für das Disziplinarverfahren, wo die Entscheidung nach Abs. 1 dem Staatsministerium zusteht, nicht in Frage kommen, da das Staatsministerium stets letzte Instanz ist).

§ 47. Durch das Gesuch um Wiedereinsetzung in den vorigen Stand wird die Vollstreckung einer gerichtlichen Entscheidung nicht gehemmt.

Das Gericht kann jedoch einen Aufschub der Vollstreckung anordnen.

Aussetzung der Vollstreckung der Entscheidung geboten erscheint, was dann der Fall ist, wenn die Wiedereinsetzung voraussichtlich bewilligt werden muß (vgl. auch den eben erwähnten Staatsministerialbeschluß v. 11. 10. 1895). Für die Bewilligung bedarf es keines besonderen Beschlusses. Die zweite Instanz läßt vielmehr im Falle der Bewilligung einfach die Berufung zu und entscheidet sachlich über sie. Der Bewilligung ist dann nur in den Gründen des Urteils zu gedenken. Die Ablehnung ist dagegen durch besonderen, begründeten Beschluß auszusprechen.

3. Berechtigt zur Einlegung der Berufung ist der Staatsanwalt in allen Fällen, sowohl zugunsten wie zuungunsten des Angeschuldigten (vgl. vorhin §§ 338 u. 343 StPO. und die Fußnote dazu).

Wie schon bemerkt, ist der Vertreter der Staatsanwaltschaft von den Anweisungen seiner Vorgesetzten bei seinen Maßnahmen abhängig, auch hinsichtlich der Einlegung und der eventuellen Rücknahme der Berufung. Durch wiederholte Runderlasse der Disziplinarminister ist insbesondere den Vertretern der Staatsanwaltschaft ein für allemal zur Pflicht gemacht, in allen Disziplinarsachen, die nicht mit Dienstentlassung enden, selbst dann, wenn sich der Vertreter der Staatsanwaltschaft von der Berufung keinen Erfolg verspricht, doch vorsorglich Berufung einzulegen und wegen deren Rücknahme durch die sie bestellende Behörde an den Ressortminister zu berichten (vgl. Runderlaß v. 28. 2. 1858, MBl. S. 34, und v. 23. 2. 1871, MBl. S. 57). Schon der letztgedachte Runderlaß dehnt diese Verpflichtungen des Staatsanwalts auch auf den Fall aus, daß zwar auf Dienstentlassung erkannt ist, aber unter Belassung eines Teils der Pension. Durch den Runderlaß der Disziplinarminister vom 18. Novbr. 1898 (MBl. de 1899 S. 2) ist insbesondere diese Verpflichtung, auch hier vorsorglich Berufung einzulegen, nochmals eingeschärft, und sind die Behörden, welche die Vertreter der Staatsanwaltschaft ernennen, wiederholt beauftragt worden, in diesem Sinne die Staatsanwälte in jedem Einzelfalle nochmals ausdrücklich von vornherein anzuweisen. Nach der Rundverfügung des Ministers des Innern vom 10. März 02 (MBl. S. 66) soll diese Anweisung schriftlich erfolgen und ihre Beachtung kontrolliert werden. Diese Bestimmungen gelten, wie hier nochmals betont werden soll und wie sich schon aus ihrer Entstehungszeit ergibt, auch für Kommunalbeamte und das Verfahren vor den Verwaltungsgerichten. Für die Eisenbahnbeamten ebenso Eisenb.-VerwBl. de 1880 S. 285 unter V.

Alle diese Vorschriften gelten jedoch nur für das interne Verhältnis des Staatsanwalts zu seiner ernennenden Behörde; nach außen bleiben dessen Handlungen auch gültig, wenn sie im Widerspruch mit jenen Bestimmungen erfolgen. Hat der Staatsanwalt also die Einlegung der Berufung vorschriftswidrig unterlassen, oder hat er sie ohne Zustimmung des Ressortministers zurückgenommen, so ist das erste Urteil gleichwohl damit rechtskräftig geworden.

4. Der Angeschuldigte ist zu der Einlegung der Berufung nur berechtigt, soweit er durch das Urteil beschwert ist. Als beschwert gilt er nach allgemeinen Prozeßgrundsätzen nur durch die Entscheidung selbst, niemals durch ihre Begründung. Ein freigesprochener Angeschuldigter kann deshalb nicht um deswillen Berufung einlegen, weil er das Urteil anders begründet wissen will, beispielsweise mit seiner Unschuld an Stelle des angenommenen Mangels an Beweisen oder nicht mit Geisteskrankheit oder Geistesschwäche.

5. Als Inhalt der Berufungsschrift ist nur erforderlich der unzweideutige Wunsch, das Urteil nachgeprüft und abgeändert zu wissen.

Nicht nötig ist das Wort „Berufung" (vgl. vorhin § 342 StPO. und die Fußnote dazu).

Nicht nötig ist die Angabe, wieweit das Urteil angefochten, und in welcher Richtung Abänderung begehrt werde. Ist in dieser Richtung nichts gesagt, so gilt das ganze Urteil als angefochten. Dagegen sind derartige Angaben natürlich zulässig (vgl. vorhin § 359 StPO.).

Nicht nötig ist ferner eine Begründung der Berufung. Zwar hat nach § 43 unseres Ges. der Appellant zu solcher Begründung ein Recht, und er kann die Begründung sogar noch nachträglich binnen einer Nachfrist von 14 Tagen bewirken; er hat aber ebenso wie im Strafprozesse keine Pflicht dazu. Dies folgt aus den Worten des § 44: „Die ‚etwa' eingegangene Appellationsschrift", d. h. Berufungsbegründung (vgl. auch Erlaß des Kultusministers v. 18. 3. 1874 [MBl. S. 153]; Rheinbaben Bem. II zu § 43; Brand Note 1 zu § 112 Reichsbeamtenges.).

6. Das Verfahren nach eingelegter Berufung bis zur Einsendung der Akten an die zweite Instanz gestaltet sich also wie folgt:

Zunächst prüft der Vorsitzende des Gerichtes erster Instanz, ob die Berufung rechtzeitig angemeldet ist; verneinendenfalls verwirft er gemäß § 360 StPO. das Rechtsmittel durch Beschluß als unzulässig, und zwar er allein, unter Mitzeichnung des Justitiars und des Referenten, nicht das gesamte Gericht. Denn der § 31 unseres Ges., nach welchem „Disziplinarsachen" in „Plenarsitzungen" zu erledigen sind, bezieht sich, da er nur eine Ergänzung zu den Vorschriften der §§ 24 ff. bildet, wie diese nur auf die „Entscheidung", d. h. das Urteil „erster Instanz" (vgl. auch §§ 18, 86 Abs. 4 LVG.). In dem Verwerfungsbeschlusse ist gemäß der oben (Fußnote zu § 360 StPO.) gedachten Anweisung des Staatsministeriums v. 11. 10. 1895 der Angeschuldigte dahin zu belehren, daß er gegen den Beschluß binnen einer Woche nach der Zustellung auf die Entscheidung der Berufungsinstanz antragen könne (§ 360 Abs. 2 StPO.; ebenso bis auf die Frist: § 86 Abs. 4 LVG.).

Ist die Berufung rechtzeitig eingelegt, so kann die Berufungsanmeldung sofort gemäß § 44 unseres Ges. dem Gegner zugefertigt werden; es wird sich dies dann empfehlen, wenn für den Gegner die Berufungsfrist noch nicht abgelaufen ist, damit er prüfen kann, ob er nunmehr auch seinerseits Berufung einlegen wolle. Es kann nach dem Wortlaute unseres § 44 aber auch gewartet werden, bis eine Berufungsrechtfertigung eingegangen oder die Frist für deren Einreichung verstrichen ist, d. h. bis der etwaige Rest der Berufungsfrist des Appellanten und dann noch 14 Tage verlaufen sind. Dann muß die Berufungsanmeldung dem Gegner zugestellt werden und ebenso die „etwa" eingegangene Berufungsrechtfertigung („Appellationsschrift").

Nach diesen Zustellungen, gleichviel ob eine Berufungsrechtfertigung darunter war oder nicht, hat der Berufungsgegner das Recht, binnen 14 Tagen eine Gegenschrift einzureichen. Diese Frist ebenso wie die Rechtfertigungsfrist können auf Antrag verlängert werden, nicht aber die Anmeldungsfrist.

Sind alle diese Fristen verstrichen, so werden die Akten gemäß unserem § 45 Abs. 1 an die zweite Instanz eingeschickt; nach dem Wortlaute dieser Bestimmung könnte das direkt geschehen; schon durch ältere Erlasse (vgl. insbesondere Erlaß der Disziplinarminister v. 31. 1. 1853, MBl. S. 41) ist jedoch angeordnet, daß die Akten von den Provinzialbehörden an den Ressortminister zu senden sind, der sie dann seinerseits der zweiten Instanz weiter gibt. Es ist ferner angeordnet, daß den Akten stets beizufügen sind: eine gedrängte Darstellung des Sachverhalts, die Personalakten und ein sog. „Personalbogen", d. h. eine Nachweisung der dienstlichen und persönlichen Verhältnisse des Angeschuldigten, zumal auch über Religion, Alter, Verheiratung, Besoldung und etwa früher erworbene Pensionsansprüche (vgl. zumal den Erlaß des M. d. J. v. 23. 2. 1898, MBl. S. 40, und den nicht abgedruckten Runderlaß der Disziplinarminister v. 4. 3. 02 — $\frac{\text{JM. I 1033}}{\text{M. d. J. Ia 3362}}$, die auch für die anderen Ressorts, und zumal auch für die Justiz, eingeschärft sind.

7. Das Verfahren in der zweiten Instanz unterscheidet sich dadurch wesentlich von dem in der ersten, daß eine Hauptverhandlung in ihr nicht nötig ist. In den Sachen, die

in erster Instanz vor dem Disziplinarhofe verhandelt sind, ist sie auch nicht einmal zulässig; in denjenigen, die in erster Instanz vor einer Provinzialbehörde geschwebt haben, ist sie zwar möglich, aber nicht vor der eigentlich entscheidenden Instanz, sondern nur vor dem Disziplinarhofe zur Vorbereitung des von diesem in solchen Fällen zu erstattenden Gutachtens (§ 45 unseres Ges.).

In diesen Fällen ist der Schwerpunkt auch der Beweisaufnahme der zweiten Instanz vor den Disziplinarhof verlegt. Ist nämlich eine „weitere Aufklärung der Sache", d. h. eine weitere Beweisaufnahme noch „erforderlich", so kann der Disziplinarhof darüber in diesen Fällen „Verfügungen erlassen" (vgl. Abs. 4 unseres § 45).

Daraus folgt jedoch nicht, daß in diesen Fällen nicht auch das Staatsministerium weitere Beweise erheben könne, wenn der Disziplinarhof dies unterlassen hat. Ebenso wie dem Staatsministerium diese Befugnis in den Sachen, in denen der Disziplinarhof in erster Instanz geurteilt hat, zweifellos zusteht, kann sie ihm vielmehr auch in jenen Sachen nicht verweigert werden; zweifelhaft könnte nur sein, ob das Staatsministerium mit der Erhebung dieser Beweise gerade den Disziplinarhof beauftragen kann, oder ob es nicht die Gerichte usw. unmittelbar ersuchen muß, weil der Disziplinarhof ebenso wie für das Gutachten selbst auch für dessen Vorbereitung keiner Korrektur unterliegt. Der Disziplinarhof hat jedoch bisher gegen derartige Aufträge keine Bedenken erhoben.

Für die Erhebung der Beweise gelten die zuvor erörterten Vorschriften erster Instanz, insbesondere die des § 36 unseres Ges., nicht die §§ 364—366 StPO., da diese eine obligatorische Hauptverhandlung und eine, wenigstens teilweise obligatorische Beweiserhebung voraussetzen, wie sie das Disziplinarverfahren nicht kennt (vgl. auch vorhin Note 1).

Für die etwaige mündliche Verhandlung vor dem Disziplinarhofe gelten ebenfalls die Vorschriften erster Instanz in § 35 unseres Ges.; das dort Entwickelte ist deshalb zu vergleichen (vgl. auch § 116 Reichsbeamtengeſ. und Brand Note 4—6 zu dieſem Paragraphen).

Nach Erledigung einer etwaigen Beweisaufnahme und nach Einholung des Gutachtens des Diſziplinarhofs in den Fällen, wo dieſer nicht ſchon in erſter Inſtanz geſprochen hat, ſchreitet dann das Staatsminiſterium zur Entſcheidung in geheimer Sitzung, zu der weder der Angeſchuldigte noch der Staatsanwalt geladen werden, und für welche nur die eine Formvorſchrift beſteht, daß ein „Referent“ Vortrag halten muß, bzw. ſofern kein Gutachten des Diſziplinarhofs vorliegt, zwei Referenten, von denen einer dem Juſtizminiſterium angehören muß.

8. Der Form nach iſt alſo das Vorgehen des Staatsminiſteriums faſt ganz frei; ſachlich ſind aber ſeiner Nachprüfung mancherlei Schranken gezogen.

a) Zunächſt unterliegen ſeiner Nachprüfung nur diejenigen Anſchuldigungspunkte, die in der Anſchuldigungsſchrift erſter Inſtanz erwähnt oder darüber hinaus ſchon in erſter Inſtanz in zuläſſiger Weiſe, alſo mit Zuſtimmung des Angeſchuldigten und Staatsanwalts, zum Gegenſtand der Urteilsfindung gemacht ſind (vgl. § 43 Abſ. 3 unſeres Geſ.). Es dürfen wohl neue Tatſachen und Beweiſe für jene Anſchuldigungspunkte in Betracht gezogen werden, aber kein neuer Anſchuldigungspunkt ſelbſt; wo es ſich alſo um einen generellen Anſchuldigungspunkt handelt, wie Trunkenheit, Unſittlichkeit u. dgl., dürfen zwar einzelne neue Fälle zum Beweiſe dieſer Anſchuldigung verwertet werden; wo aber nur einzelne Dienſtvergehen in Rede ſtehen (Amtsunterſchlagung, falſche Beurkundung uſw.) darf kein Fall, der nicht ſchon in erſter Inſtanz erörtert worden wäre, der Verurteilung zugrunde gelegt werden (vgl. oben Note 2 zu § 17; Rheinbaben Bem. III zu § 43; Brand Note 1 zu § 110 Reichsbeamtengeſ.).

b) Auch dieſe Anſchuldigungspunkte unterliegen aber der Nachprüfung in der zweiten Inſtanz nur, ſoweit für ſie die erſte Entſcheidung angefochten iſt (vgl. vorhin §§ 359 u. 368 StPO. und die Fußnote dazu). Freilich gelten alle Teile des Urteils für angefochten, sobald die Abänderungsanträge nicht ausdrücklich auf einzelne Teile beschränkt sind. Ist aber beispielsweise ausdrücklich nur wegen des Strafmaßes Berufung eingelegt, so sind die tatsächlichen Feststellungen der ersten Instanz und die Verurteilung an sich überhaupt nicht nachzuprüfen. Ist ferner bei mehreren Anschuldigungspunkten die Berufung ausdrücklich nur wegen der Verurteilung in dem einen oder anderen Punkte eingelegt, so sind die übrigen rechtskräftig erledigt, und nur das Gesamtstrafmaß ist mit angefochten.

c) Ist seitens der Staatsanwaltschaft ohne Angabe, daß es nur zugunsten des Angeschuldigten geschehe, Berufung eingelegt, so kann das Urteil innerhalb der eben gezogenen Grenzen stets nach beiden Richtungen, sowohl zugunsten wie zuungunsten des Angeschuldigten abgeändert werden (vgl. zuvor § 343 StPO. und die Fußnote dazu).

Ist dagegen ausdrücklich seitens der Staatsanwaltschaft nur zugunsten des Angeschuldigten oder überhaupt nur seitens des Angeschuldigten oder für den Angeschuldigten durch seinen Verteidiger oder gemäß § 340 StPO. durch seinen gesetzlichen Vertreter Berufung eingelegt worden, so kann das Urteil nicht zu seinen Ungunsten abgeändert werden (vgl. oben § 372 StPO.; Rheinbaben Bem. IV 3 zu § 45 und die daselbst zitierte, in Übereinstimmung mit dem Gutachten des preußischen Disziplinarhofs gefällte Entsch. des Staatsministeriums v. 23. 6. 1896). Dieses Verbot der reformatio in pejus richtet sich jedoch nach der feststehenden Praxis der Gerichte zu § 372 StPO. gemäß dem Wortlaute des entsprechenden § 398 Abs. 2 StPO. nur gegen das Endergebnis, so daß also nur eine härtere Strafe ausgeschlossen ist; in der Begründung der Strafe einschließlich der Nachprüfung der zu ihr führenden Schuldfrage ist jedoch die zweite Instanz durch diese Vorschrift nicht beschränkt, vorbehaltlich der zuvor zu a) und b) gedachte anderweiten Beschränkungen (vgl. Rheinbaben a. a. O. und die daselbst zitierte Entsch. des großen Disziplinarsenats v. 17. 9. 1883; Brand Note 3 zu § 110 Reichsbeamtenges.).

d) Eigentümlich dem Disziplinarverfahren ist endlich neben den bis jetzt erörterten Beschränkungen der zweiten Instanz die weitere, die in der Bindung an das Gutachten des Disziplinarhofes gemäß § 46 unseres Ges. liegt. Über die nur in diesem Falle zulässige „Strafe" der einstweiligen Versetzung in den Ruhestand, vgl. oben Note 24 zu § 16.

9. Innerhalb dieser Grenzen ist die zweite Instanz in der Beurteilung ebenso frei wie die erste; § 17 und § 38 des Ges. gelten auch für die zweite Instanz; das zu diesen Paragraphen oben Gesagte trifft deshalb auch für die zweite Instanz zu.

Zunächst jedoch hat die zweite Instanz die Formalien des Rechtsmittels nachzuprüfen, ob es fristzeitig, formgerecht (schriftlich oder zu Protokoll) und zulässigerweise eingelegt ist, also nicht etwa von dem freigesprochenen Angeschuldigten nur wegen der Begründung. Ist eines dieser Erfordernisse nicht erfüllt, so kann das Berufungsgericht die Berufung ohne Urteil lediglich durch Beschluß als unzulässig verwerfen (§ 363 StPO. und Brand Note 8 zu § 116 Reichsbeamtenges. sowie die dort mitgeteilte Entsch. des Reichsdisziplinarhofes v. 5. 7. 1886).

Alsdann sind die Formalien des Verfahrens erster Instanz nachzuprüfen, insbesondere also ob das Gericht erster Instanz zuständig war, ob es vorschriftsmäßig besetzt war und kein ausgeschlossener oder mit Recht abgelehnter Richter in ihm gesessen hat, ob bei etwaiger Ablehnung des gesamten Gerichts gemäß § 27 unseres Ges. und dem dort Entwickelten verfahren ist, ob eine Voruntersuchung stattgefunden hat, ob in ihr und in der etwaigen weiteren Beweisaufnahme vor dem erkennenden Gerichte die Vorschriften über die Vernehmung und Vereidigung der Zeugen und Sachverständigen beachtet sind, und endlich ob der Angeschuldigte in der Voruntersuchung und zur Hauptverhandlung vorschriftsmäßig geladen ist.

Diese Prüfung erfolgt von Amts wegen, also unabhängig von dahingehenden Anträgen des Angeschuldigten oder der Staatsanwaltschaft (vgl. Rheinbaben Bem. III 2 zu § 45).

Gibt die Prüfung zu Beanstandungen Anlaß, so ist zwiefach zu verfahren, je nachdem es sich um Verstöße gegen die Zuständigkeitsvorschriften oder um sonstige Formfehler handelt.

War die erste Instanz unzuständig, so muß die erste Entscheidung durch Urteil aufgehoben und die Sache zugleich an die zuständige Instanz verwiesen werden (§ 369 Abs. 3 StPO.). Bei sonstigen Formfehlern, welche auch die „Revision" begründen würden, insbesondere also bei Verstößen gegen den § 377 StPO., kann das Gericht die Sache durch Urteil in die erste Instanz zurückverweisen, wenn die Umstände des Falles es erfordern (vgl. § 369 Abs. 2 StPO.; Rheinbaben Bem. III 2 zu § 45 und die daselbst zitierte, gemäß dem Gutachten des preußischen Disziplinarhofs ergangene Entsch. des Staatsministeriums v. 4. 12. 1899). Ein solches erfordern die „Umstände des Falles" jedenfalls dann,

a) wenn die verletzten Vorschriften von grundlegender Bedeutung sind, wie diejenigen über die Führung der Voruntersuchung, über die Besetzung des Gerichts, über die Ablehnung des Gerichts oder einzelner Gerichtspersonen, überhaupt die in § 377 StPO. gedachten Vorschriften;

b) wenn die Verletzung die Verteidigung des Angeklagten unbillig beeinträchtigt hat, eine Erweiterung des in § 377 Ziff. 8 StPO. für die Revision aufgestellten Prinzipes, vornehmlich also bei zu kurzer oder vorschriftswidriger Ladung des Angeschuldigten.

Bei Verletzung der Vorschriften über die Beweisaufnahme dagegen wird die Rückverweisung selten erforderlich werden, sondern anstatt dessen die fehlerhafte Beweisaufnahme noch einmal formgerecht zu wiederholen sein (vgl. Rheinbaben a. a. O.).

Erst nach Erledigung aller dieser Formalien kommt es zum sachlichen Urteil. Für dessen Inhalt (Einstellung, Freisprechung oder Verurteilung) gelten genau die gleichen Grundsätze, wie sie oben (Note 11 zu § 38) dargelegt sind. Die Formel, in welche dieser Inhalt zu kleiden ist, weicht jedoch in der zweiten Instanz ab; würde in dieser nämlich dieselbe Urteilsformel sich ergeben wie in erster Instanz, so ist anstatt dessen auf „Zurückweisung der Berufung“ zu erkennen; hierfür ist es auch vielfach üblich, die „Bestätigung“ des ersten Urteils auszusprechen. Ergibt sich dagegen eine andere Formel, so ist „unter Abänderung“ des ersten Urteils diese festzusetzen; dies Verfahren ist besser als die hierfür auch übliche Bestätigung „unter entsprechender Maßgabe“, die juristisch stets auf eine Abänderung hinauskommt.

Auch das Urteil zweiter Instanz muß eine Entscheidung über die Kosten enthalten. Für diese gibt die Richtschnur § 505 StPO., welcher lautet:

§ 505. Die Kosten eines zurückgenommenen oder erfolglos eingelegten Rechtsmittels treffen denjenigen, der dasselbe eingelegt hat. War das Rechtsmittel von der Staatsanwaltschaft eingelegt, so können die dem Beschuldigten erwachsenen notwendigen Auslagen der Staatskasse auferlegt werden. Hatte das Rechtsmittel teilweisen Erfolg, so kann das Gericht die Kosten angemessen verteilen.

Abs. 2 . . . . . . (gegenstandslos, da er von den Kosten der im Disziplinarverfahren unzulässigen Wiederaufnahme handelt).

Die Kosten der Wiedereinsetzung in den vorigen Stand fallen dem Antragsteller zur Last, soweit sie nicht durch einen unbegründeten Widerspruch des Gegners entstanden sind.

Für die Absetzung und Begründung des Urteils gilt wieder das schon für die erste Instanz in Note 13 zu § 38 dargelegte bzw. der dort in Note 17 abgedruckte § 266 und § 275 StPO.

Eine „Verkündung“ des Urteils erfolgt jedoch mangels einer mündlichen Verhandlung in der zweiten Instanz nicht; diese wird ersetzt durch die Zustellung des schriftlichen Urteils.

Auch für nachträgliche Berichtigungen und Ergänzungen des Urteils ist das dort in Note 15 Gesagte zu vergleichen.

10. Die bisher entwickelten Grundsätze gelten auch für die vor den Verwaltungsgerichten verhandelten Disziplinarsachen mit folgenden Abweichungen:

a) Zweite Instanz ist nach den ergangenen Zuständigkeitsvorschriften (vgl. oben zu §§ 18 ff.) überall nicht das Staatsministerium, sondern das Oberverwaltungsgericht.

b) Dementsprechend findet nach § 157 Ziff. 2 LVG. auch eine Mitwirkung des Disziplinarhofes nicht statt; dessen Gutachten ist niemals einzuholen.

c) Die Entscheidung zweiter Instanz erfolgt auf Grund „mündlicher Verhandlung" (§ 157 Ziff. 2 LVG.).

Für die Gestaltung dieser mündlichen Verhandlung gelten jedoch weder die schon oben abgelehnten §§ 364—367 StPO., noch die §§ 90—92 LVG., da diese auf der für das Disziplinarverfahren im allgemeinen nicht zutreffenden Voraussetzung beruhen, daß schon in erster Instanz das Verfahren sich nach dem LVG. regelt, und auch nur die aus §§ 82 u. 83 des LVG. eingelegte Berufung betreffen, nicht aber die aus § 41 unseres Ges. Auch vor dem OVG. gelten vielmehr für die mündliche Verhandlung ebenso wie in erster Instanz die Vorschriften der §§ 35—38 unseres Ges.

Für die Förmlichkeiten und die Wirkung der Berufung gelten die oben entwickelten Grundsätze, nicht die §§ 86—88 LVG.; denn auch diese Paragraphen betreffen nur die aus §§ 82 u. 83 LVG. eingelegte Berufung.

Für Inhalt und Form der zweitinstanzlichen Entscheidung gilt ebenfalls das soeben Gesagte mit der Ausnahme, daß die zuvor in Note 8 unter d genannte Beschränkung der zweiten Instanz sowie die dort gedachte Strafe der einstweiligen Versetzung in den Ruhestand mit dem Gutachten des Disziplinarhofes, woran beide geknüpft sind, fortfallen, und daß, weil hier eine mündliche Verhandlung stattfindet, die Urteile in dieser „verkündet" werden.

Wegen der Besetzung des OVG. in solchen Sachen vgl. das Gesetz, betr. das Disziplinarverfahren bei dem OVG. v. 8. 5. 1889 (GS. S. 107), welches lautet:

§ 1. Zur Entscheidung in denjenigen auf Entfernung aus dem Amte gerichteten förmlichen Disziplinaruntersuchungen, in welchen die Gesetze zu derselben das Plenum des Oberverwaltungsgerichts oder das Oberverwaltungsgericht berufen, wird bei demselben ein Disziplinarsenat in der Besetzung von zwei Präsidenten und sieben Räten dieses Gerichtshofes gebildet. Den Vorsitz in diesem Senate führt der Präsident des Gerichtshofes und im Falle seiner Verhinderung derjenige Senatspräsident, welcher dieses Amt am längsten bekleidet.

Im übrigen setzt sich der Disziplinarsenat in der Weise zusammen, daß bis zur Erfüllung der gesetzlichen Zahl den ständigen Mitgliedern des Ersten Senats derjenige Senatspräsident sowie diejenigen Räte des Gerichtshofes hinzutreten, welche ihr Amt am längsten bekleiden und bei gleichem Dienstalter diejenigen, welche der Geburt nach die ältesten sind. Die im einzelnen Falle an der Teilnahme tatsächlich oder rechtlich Behinderten kommen hierbei nicht in Betracht.

. . . . . .

Die für das Verfahren der einzelnen Senate des Oberverwaltungsgerichts geltenden Vorschriften finden auch auf den Disziplinarsenat Anwendung.*)

. . . . . .

§ 47.

Eine jede Entscheidung der Disziplinarbehörde, gegen die kein Rechtsmittel mehr stattfindet, und durch welche die Dienstentlassung ausgesprochen ist, bedarf der Bestätigung des Königs, wenn der Beamte vom Könige ernannt oder bestätigt worden ist.

1. Der Paragraph handelt von der Vollstreckung und deren Voraussetzungen.

Eine selbstverständliche Voraussetzung der Vollstreckung ist es, von der auch unser § 47 ausgeht, daß gegen die Entscheidung „kein Rechtsmittel mehr stattfindet", mit anderen Worten, daß sie rechtskräftig ist (vgl. auch § 481 StPO.).

Die Feststellung der Rechtskraft liegt, wo sie streitig sein kann, ebenso wie im Strafprozeß nicht der vollstreckenden Behörde, sondern der erkennenden ob.

Nicht streitig kann sie sein bei den Urteilen zweiter Instanz, gegen die schon gesetzlich „kein Rechtsmittel mehr

*) Bezieht sich nur auf die allgemeinen Vorschriften der Geschäftsordnung, nicht auf die Vorschriften der §§ 90—92 LVG., die nach eben dem Gesagten nicht gelten, im übrigen auch nicht Vorschriften über das „Verfahren" der „Senate" des OVG. sind, sondern über die „Berufung" in reinen Verwaltungsstreitsachen auch vor dem „Bezirksausschuß".

stattfindet". Diese sind deshalb mit ihrem Existentwerden, d. h. mit der „Verkündung", rechtskräftig und vollstreckbar, bzw. beim Staatsministerium mit der die Verkündung ersetzenden „Zustellung" an den Angeschuldigten (vgl. Rheinbaben Bem. VII zu § 45).

Streitig kann dagegen die Rechtskraft sein bei den Erkenntnissen der ersten Instanz, weil hier ein Rechtsmittel erst dann nicht mehr stattfindet, wenn die Frist zu dessen Einlegung ungenutzt verstrichen ist. Daß dies der Fall ist, bedarf deshalb der Feststellung, und zwar, wie schon gestreift, durch das Gericht erster Instanz, bei dem auch das Rechtsmittel anzubringen gewesen wäre. Nach der StPO. (§ 483) genügt es, wenn die betreffende Feststellung seitens des „Gerichtsschreibers", d. h. vom Sekretariate, dahin abgegeben wird, daß das Urteil „vollstreckbar" ist. Da für das Disziplinarverfahren nichts anderes vorgeschrieben ist, wird man auch dort ein gleiches Verfahren für zulässig und ausreichend halten können. Üblich ist es hier jedoch und zweifellos ebenso zulässig, daß das Gericht selbst bei Abgabe und Übersendung der Akten an die Vollstreckungsbehörde bemerkt, daß das Urteil „rechtskräftig" geworden ist. Gelegentlich ist dies Verfahren auch vom Staatsministerium empfohlen worden (vgl. Runderlaß der Disziplinarminister v. 26. 2. 1896, Reichsanzeiger Nr. 63 v. 12. 3. 1896; s. auch Rheinbaben Bem. V zu § 38).

2. Zu der Voraussetzung der Rechtskraft fügt dann unser Paragraph für die Vollstreckung gegen Beamte, die vom Könige ernannt oder bestätigt sind, noch die weitere, daß das Urteil vom Könige „bestätigt" sein muß.

Die Nichtbestätigung läßt das Urteil an sich bestehen und hindert nur dessen Vollstreckung. Sie ähnelt insofern der auch im Disziplinarverfahren unbestritten zulässigen Begnadigung, die auch eine Hinderung bzw. Wiederaufhebung der Vollstreckung ist und unterscheidet sich von dieser nur dadurch, daß bis zur Bestätigung mit der Vollstreckung gar nicht begonnen werden darf, während die Begnadigung von der Vollstreckung und deren Zeitpunkte ganz unabhängig und daher zulässig ist sowohl vor wie auch noch nach der Vollstreckung, ja noch nach der etwaigen Bestätigung des Urteils.

3. Der Bestätigung bedarf es nur, wenn das Amt, das der Verurteilte innehatte, vom Könige verliehen oder bestätigt worden ist, nicht wenn der in einem von den Ministern oder anderweit verliehenen Amte tätige Verurteilte lediglich einen Titel oder Charakter vom Könige erhalten hat. Auch hier entscheidet also lediglich der Amtsrang, nicht der persönliche Rang (vgl. Staatsministerialbeschluß v. 15. 9. 1885, mitgeteilt im ZBl. f. d. UnterrVerw. de 1886 S. 174).

4. Vollstreckungsbehörden sind die Vorgesetzten des Angeschuldigten; für Ordnungsstrafen die Vorgesetzten, die sonst solche Strafen verhängen; für Strafversetzung die Behörden, die sonst Versetzungen verfügen; für Dienstentlassung die Behörden, welche die Anstellung und Entlassung sonst verfügen, und für die Festsetzung des bei der Entlassung etwa belassenen Pensionsteiles die Behörden, welchen sonst die Pensionsfestsetzung zusteht (vgl. hierüber das oben zu §§ 15 u. 16 Gesagte).

Die Vollstreckung erfolgt mittels Verwaltungszwanges, insbesondere werden Geldstrafen und Kosten mittels des Verwaltungszwangsverfahrens nach der Verordnung vom 15. Novbr. 1899 (GS. S. 545) beigetrieben.

Über den Zeitpunkt der Einstellung der Gehaltszahlung an einen entlassenen Angeschuldigten s. oben Note 18 u. 21 zu § 16.

Dritter Abschnitt.

Vorläufige Dienstenthebung.

§ 48.

Die Suspension eines Beamten vom Amte tritt kraft des Gesetzes ein:

1. wenn in dem gerichtlichen Strafverfahren seine Verhaftung beschlossen, oder gegen ihn ein noch nicht

rechtskräftig gewordenes Urteil erlassen ist, welches auf den Verlust des Amtes lautet, oder diesen kraft des Gesetzes nach sich zieht;

2. wenn im Disziplinarverfahren eine noch nicht rechtskräftige Entscheidung ergangen ist, welche auf Dienstentlassung lautet.

§ 49.

In dem im vorhergehenden Paragraphen unter Nr. 1 vorgesehenen Falle dauert die Suspension bis zum Ablauf des zehnten Tages nach Wiederaufhebung des Verhaftungsbeschlusses oder nach eingetretener Rechtskraft desjenigen Urteils höherer Instanz, durch welches der angeschuldigte Beamte zu einer andern Strafe als der bezeichneten verurteilt wird.

Lautet das rechtskräftige Urteil auf Freiheitsstrafe, so dauert die Suspension bis das Urteil vollstreckt ist. Wird die Vollstreckung des Urteils, ohne Schuld des Verurteilten aufgehalten oder unterbrochen, so tritt für die Zeit des Aufenthaltes oder der Unterbrechung eine Gehaltsverkürzung (§ 51) nicht ein. Dasselbe gilt für die im ersten Absatze dieses Paragraphen erwähnte Zeit von zehn Tagen, wenn nicht vor Ablauf derselben die Suspension vom Amte im Wege des Disziplinarverfahrens beschlossen wird.

In dem § 48 unter Nr. 2 erwähnten Falle dauert die Suspension bis zur Rechtskraft der in der Disziplinarsache ergehenden Entscheidung.

§ 50.

Die zur Einleitung der Disziplinaruntersuchung ermächtigte Behörde kann die Suspension, sobald gegen den Beamten ein gerichtliches Strafverfahren eingeleitet oder die Einleitung einer Disziplinaruntersuchung verfügt wird, oder auch demnächst im ganzen Laufe des Verfahrens bis zur rechtskräftigen Entscheidung verfügen.

§ 51.

Der suspendierte Beamte behält während der Suspension die Hälfte seines Diensteinkommens.

Auf die für Dienstunkosten besonders angesetzten Beträge ist bei Berechnung der Hälfte des Diensteinkommens keine Rücksicht zu nehmen.

Der innebehaltene Teil des Diensteinkommens ist zu den Kosten, welche durch die Stellvertretung des Angeschuldigten verursacht werden, der etwaige Rest zu den Untersuchungskosten zu verwenden. Einen weiteren Beitrag zu den Stellvertretungskosten zu leisten, ist der Beamte nicht verpflichtet.

§ 52.

Der zu den Kosten (§ 51) nicht verwendete Teil des Einkommens wird dem Beamten nicht nachgezahlt, wenn das Verfahren die Entfernung aus dem Amte zur Folge gehabt hat.

Erinnerungen über die Verwendung des Einkommens stehen dem Beamten nicht zu; wohl aber ist ihm auf Verlangen eine Nachweisung über diese Verwendung zu erteilen.

§ 53.

Wird der Beamte freigesprochen, so muß ihm der innebehaltene Teil des Diensteinkommens vollständig nachgezahlt werden.

Wird er nur mit einer Ordnungsstrafe belegt, so ist ihm der innebehaltene Teil, ohne Abzug der Stellvertretungskosten nachzuzahlen, soweit derselbe nicht zur Deckung der Untersuchungskosten und der Ordnungsstrafe erforderlich ist.

§ 54.

Wenn Gefahr im Verzuge ist, kann einem Beamten auch von solchen Vorgesetzten, die seine Suspension zu verfügen nicht ermächtigt sind, die Ausübung der Amtsverrichtungen vorläufig untersagt werden; es ist aber darüber sofort an die höhere Behörde zu berichten.

Zu den §§ 48—54.

1. Die Paragraphen behandeln unter der gemeinsamen Überschrift „vorläufige Dienstenthebung" zwei rechtlich verschiedene Dinge, die „vorläufige Untersagung der Amtsausübung" und die eigentliche „Suspension".

Die erstere kann jeder Vorgesetzte bei Gefahr im Verzuge aussprechen; sie hat keinerlei vermögensrechtliche Wirkungen.

Die Suspension tritt in einigen wenigen Fällen kraft Gesetzes ein; im übrigen darf sie nur von den Vorgesetzten verfügt werden, die auch ein Disziplinarverfahren verhängen können. Sie hat stets vermögensrechtliche Wirkungen, nämlich den Verlust des halben Gehaltes.

2. Die Suspension kraft Gesetzes tritt in einem Disziplinarverfahren, in dem sie nicht schon vorher verfügt war, ein, sobald von der ersten Instanz auf Dienstentlassung erkannt ist.

Infolge strafgerichtlicher Entscheidungen tritt die Suspension kraft Gesetzes ein, wenn

a) entweder auf Verlust des Amtes ausdrücklich erkannt ist;
b) oder ein Urteil ergangen ist, das den Verlust kraft Gesetzes nach sich zieht, sei es nach §§ 31, 33, 35 Abs. 2 StGB. oder nach § 7 unseres Ges.;
c) in einem „gerichtlichen Strafverfahren", die Verhaftung des Beamten „beschlossen" ist.

Es besteht jetzt Einverständnis darüber, daß unter solchem „gerichtlichen" Strafverfahren nur die gerichtliche Voruntersuchung oder das Hauptverfahren nach §§ 176ff. bzw. §§ 196ff. StPO. zu verstehen ist, nicht aber das Vorverfahren nach §§ 156ff. StPO., das in den Händen der Staatsanwaltschaft liegt und sich im wesentlichen auch sonst nicht vor den Gerichten abspielt. Der Begriff des „gerichtlichen Strafverfahrens" hier ist also der gleiche wie derjenige der „gerichtlichen Untersuchung" in § 4 unseres Ges. (vgl. auch Bescheid des Min. d. Inn. v. 6. Juni 1867 (MBl. S. 132).

Nur die eigentliche Untersuchungshaft nach §§ 112 bis 124 StPO. zieht also die Suspension nach sich, dagegen nicht die vorläufige Festnahme durch die Staatsanwaltschaft oder die Polizei oder auf frischer Tat durch „jedermann" nach §§ 127ff. StPO. Ebenso würden an sich auch ausscheiden die amtsrichterlichen Haftbefehle nach § 125 u. § 128 Abs. 2 StPO., da auch sie nur im Vorverfahren ergehen. Indessen nach § 126 StPO. stellen sich diese Haftbefehle als Vorwegnahme der Haftbefehle in dem „gerichtlichen" Verfahren dar, wenn in diesem die „Fortdauer" der Haft angeordnet wird. Denn aus dieser Ausdrucksweise ergibt sich, daß dann die Haft als einheitliche anzusehen ist, und daß deshalb ihre Wirkungen auch hinsichtlich der Suspension auf den Haftbeginn bzw. den amtsgerichtlichen Haftbefehl zurückzudatieren sind. Geht dagegen die amtsgerichtliche Haft nicht in die eigentliche Untersuchungshaft über, sei es, daß die Fristen des § 126 StPO. nicht eingehalten sind, oder daß der Untersuchungsrichter oder die Strafkammer ihre Fortdauer nicht anordnen, so hat der bloße amtsgerichtliche Haftbefehl für die Suspension keine Wirkung. Bei einem amtsgerichtlichen Haftbefehl bleibt es deshalb eine Zeitlang in der Schwebe, ob er die Suspension zur Folge hat oder nicht.

Einverständnis herrscht ferner darüber, daß zu den „Verhaftungsbeschlüssen" im Sinne unserer §§ 48 u. 49 nicht die Haftbefehle gehören, welche zum Zwecke der Strafvollstreckung nach § 489 StPO. erlassen werden. Dies folgt zwar nicht aus dem Wortlaute des § 48, wohl aber daraus, daß unser Gesetz die Folgen der Vollstreckung einer Freiheitsstrafe für die Suspension anderweit geregelt und hierbei insbesondere in § 49 die Vollstreckung einer Freiheitsstrafe ausdrücklich in Gegensatz zu einem „Verhaftungsbeschlusse" nach § 48 gebracht hat (vgl. Rheinbaben Bem. III 1 zu § 48; Brand Note 1 zu § 125 Reichsbeamtenges.; RG. bei Gruch. Bd. 30 S. 854ff.; Erlaß des vorm. Generalsteuerdirektors v. 2. 12. 1863, MBl. de 1864 S. 27; ME. v. 15. 8. 1887, ZBl. S. 660).

Einverständnis herrscht endlich darüber, daß die Haftbefehle im Zeugniszwangsverfahren sowie im Zivilprozeß nicht zu den Verhaftungsbeschlüssen zählen, an die unser Gesetz denkt.

Soweit die Suspension hiernach infolge Haftbeschlusses eintritt, beginnt sie jedoch nach dem Wortlaut unseres Gesetzes, sobald die Haft „beschlossen", nicht erst, wenn diese vollstreckt wird. Das ist wichtig für Beamte, die sich der Verhaftung durch die Flucht entzogen haben (vgl. Brand Note 3 zu § 125 Reichsbeamtenges.).

3. Verfügt werden kann die Suspension jederzeit, sobald gegen den Beamten entweder ein „gerichtliches Strafverfahren" oder eine „Disziplinaruntersuchung" eingeleitet ist.

Auch hier gilt das Vorverfahren nach §§ 156ff. StPO. nicht als gerichtliches Verfahren, das zur Verhängung der Suspension berechtigte (vgl. Rheinbaben Bem. II zu § 50).

Ebenso ist mit der „Einleitung einer Disziplinaruntersuchung" nur die Einleitung des „förmlichen" Disziplinarverfahrens nach §§ 22ff. unseres Ges. gemeint, nicht etwa eines nichtförmlichen Vermittelungsverfahrens. In § 127 des Reichsbeamtenges. ist demgemäß ausdrücklich das „förmliche Disziplinarverfahren" als Voraussetzung auch der verfügten Suspension erwähnt.

4. Die Suspension kann auch verfügt werden gegen die auf Probe, Kündigung oder Widerruf angestellten

Beamten. Ebenso trifft die gesetzliche Suspension auch diese Beamten, da sie mit den aus § 87 unseres Ges. sich ergebenden Abweichungen allen Vorschriften unseres Gesetzes, insbesondere auch unseren §§ 48ff. unterliegen. Nicht dagegen ist sie anwendbar auf Wartegeldempfänger, da ihr Hauptzweck, die Untersagung der Amtsausübung, bei Wartegeldempfängern entfällt (vgl. Rheinbaben Bem. IV, 4 u. 5 und die daselbst zitierten ME. v. 26. 5. 1854, 10. 3. 1875 u. 18. 10. 1889). v. 18. 10. 1889 bei Rheinbaben Fußnote 5 S. 251).

5. Damit die Verwaltungsbehörden rechtzeitig Entscheidung treffen können über die Verhängung der Suspension infolge eines Strafverfahrens und über die Wirkungen der infolge strafgerichtlicher Entscheidungen von selbst eingetretenen Suspension, ist angeordnet, daß die Verwaltungsbehörden von den Strafbehörden über jedes Strafverfahren gegen Beamte Nachricht erhalten. Für diese Mitteilungen gilt jetzt die Justizministerialverfügung vom 22. April 1907 (JMBl. S. 359), welche, soweit sie hier interessiert, lautet:

A. I. 1. Die nachstehend angeordneten Mitteilungen erfolgen durch die zuständigen Beamten der Staatsanwaltschaft (Amtsanwälte, Staatsanwälte bei den Landgerichten, Oberstaatsanwälte).

A. V. 13. Wenn ein im unmittelbaren oder mittelbaren Staatsdienste stehender Beamter wegen eines Verbrechens oder Vergehens zur Untersuchung gezogen wird, so ist sofort nach Eröffnung der Voruntersuchung und des Hauptverfahrens unter kurzer Angabe der Veranlassung oder unter Mitteilung der Anklageschrift der zunächst vorgesetzten Dienstbehörde des Angeklagten Nachricht zu geben und ihr demnächst auch die Formel des Urteils unmittelbar nach dessen Verkündung mitzuteilen.

Dabei ist zu bemerken, ob seitens der Staatsanwaltschaft die Einlegung eines Rechtsmittels in Aussicht genommen ist oder aus welchen Gründen von der Einlegung des zulässigen Rechtsmittels Abstand genommen wird.

Von der im Laufe einer Untersuchung etwa erfolgten Verhaftung des Beamten sowie von der etwa erfolgten Entlassung aus der Haft ist der Dienstbehörde gleichfalls sofort Mitteilung zu machen.

In Übertretungssachen unterbleibt die Mitteilung von der Eröffnung des Verfahrens, dagegen ist, sofern rechtskräftig eine Strafe festgesetzt worden ist, der Inhalt des Strafbefehls oder die Urteilsformel mitzuteilen.

14. Wird gegen einen richterlichen Beamten, einen Beamten der Staatsanwaltschaft oder einen Notar eine Untersuchung eingeleitet, so sind die unter Nr. 13 vorgeschriebenen Mitteilungen, außer an die nächstvorgesetzte Dienstbehörde, auch an den Justizminister, und ebenso, wenn die Untersuchung einen bei den Auseinandersetzungsbehörden oder bei den Verwaltungsgerichten fungierenden richterlichen Beamten betrifft, an den Minister für Landwirtschaft, Domänen und Forsten bzw. den Minister des Innern zu erstatten.

15. Die Bestimmungen Nr. 13 finden auch Anwendung:

a bis c) ......

d) auf alle öffentlichen Lehrer und Lehrerinnen, Schulamtskandidaten und -kandidatinnen, Zöglinge der Seminare und Präparandenanstalten,

e) auf die vereideten Feldmesser und Landmesser,

f) auf Angestellte der Eisenbahnverwaltungen.

. . . .

Außerdem ist in allen Untersuchungen, in denen die vorläufige Haftnahme, zwangsweise Vorführung (als Angeschuldigter oder Zeuge) oder Verhaftung eines Eisenbahnpolizeibeamten oder Eisenbahnbetriebsbeamten erforderlich wird, schon vor der Vollziehung der bezüglichen Anordnung der unmittelbar vorgesetzten Dienstbehörde Mitteilung zu machen, sofern nicht der Zweck einer notwendigen sofortigen Haftnahme hierdurch gefährdet wird.

29. Jeder Behörde, der eine Mitteilung von dem rechtskräftigen Urteil in einer Untersuchungssache gemacht worden ist, wird auch Nachricht gegeben, wenn das Gericht die Wiederaufnahme des Verfahrens und die Erneuerung der Hauptverhandlung verordnet hat (§ 410 Absatz 2 der Strafprozeßordnung); desgleichen ist Abschrift der Formel des demnächst ergehenden Urteils mitzuteilen. Von einem nach § 411 der Strafprozeßordnung ergehenden freisprechenden Urteil, sowie von einer erfolgten Begnadigung ist der Behörde gleichfalls, im ersteren Falle unter Übersendung der Formel, Mitteilung zu machen.

B. 30. In Privatklagesachen sind die nach den Vorschriften unter **A** Nr. ...., 13, 14, 15, ... und 29 den Beamten der Staatsanwaltschaft übertragenen Mitteilungen durch das Amtsgericht zu bewirken.

33. Im Disziplinarverfahren gegen Justizbeamte .... finden die Vorschriften der Nr. 13, 14 und 15 entsprechende Anwendung.

Die gegen einen richterlichen Beamten, einen Notar .... ergangenen Urteile mit den Entscheidungsgründen sind dem Justizminister abschriftlich einzureichen.

6. Die Suspension im Disziplinarverfahren endet, sei sie verfügt oder gemäß § 48 Ziff. 2 kraft Gesetzes eingetreten, in allen Fällen mit der Rechtskraft des Disziplinarurteils. Das ergibt sich für die verfügte Suspension weniger aus unserem § 49 Abs. 3, worauf ein älterer Justizministerialerlaß (v. 31. 12. 1868 bei Rheinbaben Fußnote 2 S. 306) diese Regel stützen will, als daraus, daß unsere §§ 52 u. 53 die Wirkungen auch der verfügten Suspension mit dem rechtskräftigen Disziplinarurteile enden lassen, sowie aus § 127 Reichsbeamtenges., welcher die Suspension ausdrücklich nur „bis zur rechtskräftigen Entscheidung" verfügt wissen will. Selbstverständlich kann die verfügte Suspension auch schon vorher jederzeit wieder aufgehoben werden.

Die Suspension im Strafverfahren dauert, wenn sie durch Verfügung verhängt ist, an sich weiter, bis sie wieder durch Verfügung aufgehoben wird. Denn die ebengedachten §§ 52 u. 53 über die Beendigung der Wirkungen der Suspension legen nur auf den Schluß des Disziplinar-, nicht auf diejenigen des Strafverfahrens Wert. Ebenso beziehen sich die ebengedachten Worte des § 127 Reichsbeamtenges. „bis zur rechtskräftigen Entscheidung" nur auf die Disziplinarentscheidung (vgl. RG. i. Zivils. am 5. 11. 1883 Bd. 10 S. 227ff.). Allerdings soll die Suspension zurückgenommen werden, wenn das Strafverfahren rechtskräftig beendet ist, ohne zum Amtsverlust geführt zu haben und kein Disziplinarverfahren anschließend eingeleitet wird. Geschieht letzteres aber, so ist es jedenfalls nicht nötig, die Fortdauer der Suspension in diesem ausdrücklich zu verfügen; denn die im gerichtlichen Verfahren verfügte Suspension ist nur eine Vorwegnahme dieser Maßregel auch für das spätere Disziplinarverfahren; kommt dieses deshalb zustande, so dauert die Suspension in ihm ohne weiteres fort, als ob sie in ihm verfügt wäre, also bis zur Rechtskraft der Disziplinarentscheidung (vgl. das oben zitierte Reichsgerichtsurteil v. 5. 11. 1883).

Die im Strafverfahren kraft Gesetzes eingetretene Suspension endet nach den Vorschriften unseres § 49, die einer Erläuterung im allgemeinen nicht bedürfen. Zu betonen ist nur

a) daß es keine „Wiederaufhebung des Verhaftungsbeschlusses" ist, wenn der Beschuldigte nach §§ 117f. StPO. bei fortbestehendem Haftbefehl gegen Sicherheitsleistung einstweilen mit dessen Ausführung verschont wird;

b) daß als „Urteil höherer Instanz" auch ein Urteil der gleichen oder einer niederen Instanz gilt, an welche die Sache von der höheren Instanz zur nochmaligen Verhandlung zurückverwiesen ist (vgl. Rheinbaben Bem. III u. IV zu § 49).

7. Die Suspension hat zweierlei Wirkungen:

a) Sie schließt den Beamten von der Ausübung des Amtes aus.

b) Sie nimmt ihm das halbe Gehalt jedenfalls für die Dauer der Suspension.

Im übrigen aber bleibt der suspendierte Beamte weiter Beamter und deshalb auch fernerhin allen Beamtenpflichten unterworfen mit Ausnahme derjenigen, die mit der ihm verbotenen Ausübung des Amtes verbunden sind, insbesondere also auch mit Ausnahme der Residenzpflicht (vgl. hierzu oben bei § 8). Umgekehrt dagegen gelten insbesondere die Vorschriften wegen Übernahme von Nebenämtern u. dgl. fort.

Der Verlust nur des halben Gehaltes ist die Regel für alle suspendierten Beamten; allein diejenigen Beamten, gegen die ein Disziplinarverfahren nach § 11 unseres Ges. eingeleitet ist, und die in diesem suspendiert werden, sind für die Zeit ihres Fernbleibens vom Amte gemäß § 8 unseres Ges. des ganzen Gehalts verlustig.

Der Verlust des halben Gehalts ergreift nach dem Abs. 2

unseres § 51 alle Gehaltsteile, Grundgehalt, Alters- oder sonstige Zulagen, insbesondere Teuerungszulagen und Wohnungsgeldzuschuß, mit einziger Ausnahme der Dienstaufwandsentschädigungen, im Gesetze „Dienstunkosten" genannt, d. h. etwaiger Bureau-, Pferde- und Repräsentationsgelder. Diese gehen ganz verloren, wie sich daraus ergibt, daß sie nach Abs. 2 a. a. O. in die Hälfte, welche der Beamte „behält", nicht einzurechnen sind. Der Natur der Sache nach gebühren diese Gelder auch dem, der das Amt wirklich ausübt, also nicht dem suspendierten Beamten, sondern seinem amtierenden Stellvertreter (vgl. Brand Note 6 zu § 128 Reichsbeamtenges.).

Wenn eine früher erdiente Pension um deswillen ruht, weil der Beamte nachträglich wieder eingestellt ist und dabei ein ausreichend hohes Gehalt erreicht hat, so soll nach einem Erlaß der Disziplinarminister v. 29. 11. 1890 (MBl. S. 238) es nicht das Wiederaufleben der Pension bewirken, wenn das Einkommen ihm durch Suspension verkürzt wird. Nach dem Wortlaute des einschlägigen § 27 des Pensionsges. („Diensteinkommen bezieht") ist die Richtigkeit dieser Entscheidung jedoch zweifelhaft.

Der Verlust des halben Gehalts betrifft, da Gegenteiliges nicht bestimmt ist, auch die als Teil des Gehalts — wie stets bei Lehrern, aber auch bei anderen, zumal bei Forstbeamten — gewährte Dienstwohnung bzw. die in solchen Fällen an ihrer Statt, wieder zumal bei Lehrern, gewährte „Mietsentschädigung". Ein solcher suspendierter Beamter hat deshalb, soweit die naturale Teilung der Dienstwohnung nicht angängig ist, die Dienstwohnung auf Verlangen der vorgesetzten Behörde zu räumen; an ihrer Stelle erhält er dann die halbe Mietsentschädigung bzw. wenn eine solche im Etat nicht festgesetzt ist, den halben Wohnungsgeldzuschuß. Wird von ihm ausnahmsweise weder Naturalteilung noch Räumung verlangt, wird ihm vielmehr die freie Dienstwohnung belassen, so würde er nach strengem Recht den halben Mietswert derselben dem Staate erstatten müssen; die neuere Staatspraxis hat hierauf jedoch verzichtet, und der suspendierte Beamte hat für die ihm belassene Dienstwohnung eine Entschädigung an den Staat bar oder durch Kürzung der ihm verbleibenden Gehaltshälfte nicht zu entrichten (vgl. Rheinbaben Bem. II 2 zu § 51; Erlaß der vormaligen Forstabteilung des Finanzministeriums v. 9. 7. 1877 und Zirkular des LandwirtschaftsM. v. 19. 9. 1880, MBl. S. 306; Zirkular dess. M. v. 30. 12. 1881, MBl. de 1882 S. 20; Erlaß des JM. v. 1. 11. 1881, JMBl. S. 261; Erlaß der DisziplM. v. 25. 7. 1883, MBl. S. 169; Erlaß des UnterrichtsM. v. 4. 1. 1884, ZBl. S. 173). Entsprechende Grundsätze gelten für die überall nur als Gehaltsteil gewährte freie Feuerung.

Ist die Dienstwohnung dagegen dem Suspendierten nicht als Teil des Gehalts, sondern gegen ein von ihm zu zahlendes Entgelt nach dem Regulativ über die Dienstwohnungen der Staatsbeamten überlassen worden, so wird dies nur aus Anlaß des Amtes entstandene, aber nicht mit der Ausübung des Amtes verknüpfte, vertragsähnliche Mietverhältnis durch die Suspension in seinem Bestande nicht berührt. Wohl aber ändert sich der Betrag des von dem Beamten dafür zu leistenden Entgelts. Dieses wird nämlich um den Betrag des dem Beamten sonst gebührenden Wohnungsgeldzuschusses gekürzt bzw. gegen ihn aufgerechnet; da dieser jetzt dem Beamten nur noch halb zusteht, so wird das Entgelt daher nur noch um den halben Betrag des Wohnungsgeldzuschusses gekürzt; den hiernach ungedeckten Rest des Entgelts hat der Suspendierte reglementsmäßig durch Abzug bei dem Gehaltsempfang, also ohne Einrechnung in den ihm infolge der Suspension außerdem entzogenen Gehaltsteil zu entrichten; es wird ihm also dann von der ihm verbleibenden Gehaltshälfte jedenfalls noch der halbe Wohnungsgeldzuschuß gekürzt (vgl. Zirkular der DisziplM. u. des Min. f. Landw. v. 30. 12. 1873, MBl. de 1874 S. 48; JME. v. 19. 1. 1874, JMBl. S. 36; Erlaß des UnterrichtsM. v. 31. 1. 1874, ZBl. S. 435; Rheinbaben Bem. II 2 zu § 51).

Der Verlust des Gehaltes könnte nach dem Wortlaute des Gesetzes überall beginnen mit dem Tage der Suspension. Die preußische Staatspraxis verfährt aber so nur bei den diätarisch nachträglich besoldeten Beamten (vgl. JME. v. 24. 3. 1855, MBl. S. 94). Bei den pränumerando besoldeten Beamten beginnt der Gehaltsverlust erst mit dem Ersten des auf den Suspensionstag folgenden Monats. Hat der Beamte, der vierteljährlich besoldet wird, etwa auch für diesen Monat sein Gehalt schon voll erhalten, so muß er es zwar zurückzahlen. Es darf ihm aber nicht etwa der entsprechende Betrag bei der nächsten Zahlung des Suspensionsgehaltes noch neben der Hälfte des Stelleneinkommens einbehalten werden, da das Gesetz die bei der Suspension zulässigen Abzüge erschöpfend festgestellt hat und weitere sonach nicht statthaft sind. Auch der Weg, auf den verbleibenden Gehaltsteil etwa Arrest und Pfändung auszubringen, ist aus demselben Grunde ungangbar (vgl. JME. v. 9. 8. 1853, JMBl. S. 334; FME. v. 27. 2. 1865, MBl. S. 149; Rheinbaben Bem. III zu § 51).

Die Verfügung, wonach den suspendierten Beamten das Gehalt stets monatlich zu zahlen war, auch wenn sie es sonst vierteljährlich im voraus bezogen, ist aufgehoben (vgl. Erl. d. M. d. J. v. 7. 5. 1883, MBl. S. 83).

8. Die Wirkungen des Suspensionseintritts hinsichtlich der Fernhaltung von den Amtsgeschäften für die Dauer der Suspension sind der Natur der Sache nach endgültig, nicht dagegen hinsichtlich der Einbehaltung der Gehaltshälfte. Hier hängt es von dem Ausgang des Straf- oder des Disziplinarverfahrens ab, ob die Einbehaltung endgültig wird, oder ob dem Beamten der einbehaltene Gehaltsteil alsdann nachgezahlt wird.

Die Bestimmungen, welche unsere §§ 52 u. 53 hierüber treffen, sind nur scheinbar klar. Sie berücksichtigen nämlich nicht den Ausgang des Strafverfahrens, handeln vielmehr nur von dem des Disziplinarverfahrens, wie sich sowohl aus den Worten „Entfernung aus dem Amte" im § 52 ergibt, wie aus dem Worte „Ordnungsstrafe" im § 53, da beide Begriffe dem Disziplinarverfahren eigentümlich sind.

Diese Nichtberücksichtigung des Strafverfahrens erklärt sich daraus, daß das Gesetz für alle Fälle, wo jenes nicht den gänzlichen Amtsverlust zur Folge gehabt hat, annimmt, daß sich an das Strafverfahren ein Disziplinarverfahren anschließt, es sei denn, daß ein solches von vornherein erfolglos erscheint. Wird es nicht eingeleitet, so ist mithin anzunehmen, daß es mit Freisprechung geendet hätte, und es tritt deshalb sofort die Wirkung des § 53 Abs. 1 ein. Ist demnach ein Strafverfahren, in dem eine Suspension des Beamten kraft Gesetzes oder verfügungsweise eingetreten war, rechtskräftig beendet, so ist auch dann, wenn es nicht mit Freisprechung, sondern mit einer Freiheitsstrafe geendet hatte, die nicht den Verlust des Amtes nach sich zog, die einbehaltene Gehaltshälfte gleichwohl voll nachzuzahlen, sofern nicht ein Disziplinarverfahren innerhalb der Fristen des § 49 eingeleitet wird.

Wird dagegen dieses eingeleitet, so gilt nach der in der vorigen Note dargelegten, vom Reichsgericht gebilligten Rechtsauffassung die Suspension während des Straf- und des Disziplinarverfahrens als eine Einheit. Infolgedessen entscheidet auch für die Nachzahlung der während des Strafverfahrens einbehaltenen Gehaltshälfte der Ausgang des Disziplinarverfahrens nach Maßgabe der §§ 52 u. 53. Wird deshalb der Suspendierte zur Dienstentlassung oder zur Strafversetzung oder zur einstweiligen Versetzung in den Ruhestand nach § 46 („Entfernung aus dem Amte") verurteilt, so wird ihm nichts nachgezahlt. Wird er nur mit einer Ordnungsstrafe belegt, so wird ihm die einbehaltene Hälfte auch für das Strafverfahren nachbezahlt unter Abzug der Untersuchungskosten und der Geldbuße. Wird er freigesprochen, so wird ihm die ganze einbehaltene Hälfte ohne Abzug auch für das Strafverfahren nachbezahlt.

Nur dasjenige Strafverfahren also, in dem eine Strafe verhängt ist, welche den Amtsverlust bedingt, hat auch ohne nachfolgendes Disziplinarverfahren den endgültigen Verlust des einbehaltenen Gehaltsteiles zur Folge, schon weil hier ein Disziplinarverfahren weder mehr nötig noch möglich ist, und weil ferner dieser strafrechtliche Amtsverlust nach § 7 unseres Ges. der disziplinarrechtlichen „Entfernung aus dem Amte" gleichsteht, wie sie § 52 für den Gehaltsverlust erfordert. Nicht hat dagegen umgekehrt auch die strafgerichtliche Freisprechung stets dieselben Folgen wie nach § 53 die disziplinargerichtliche. Denn hier ist nach dem oben zu § 5 Entwickelten die Einleitung eines Disziplinarverfahrens noch möglich und auch die Fortdauer der Suspension nach dem vorhin Gesagten erreichbar; wird deshalb ein Disziplinarverfahren trotz der Freisprechung eingeleitet, so gelten für die Nachzahlung die Regeln des vorigen Absatzes. Nur wenn es nicht eingeleitet wird, steht nach den Darlegungen des vorigen Absatzes die strafgerichtliche Freisprechung der disziplinaren gleich, und es ist deshalb dann die ganze Gehaltshälfte dem Suspendierten nachzuzahlen.

Zu denselben Ergebnissen kommt Rheinbaben in seinen Vorbemerkungen zu unseren §§ 52 u. 53 mit der einzigen Ausnahme, daß er, meines Erachtens inkonsequenterweise, die strafgerichtliche Freisprechung stets der disziplinaren gleichgestellt wissen will (vgl. auch Erlaß d. M. d. J. v. 8. 8. 1895, MBl. S. 193).

Der strafgerichtlichen Freisprechung steht hier die Einstellung des Verfahrens nach §§ 202, 203, 259 StPO. gleich.

Der disziplinaren Freisprechung steht die disziplinare Einstellung des Verfahrens durch Urteil stets und die durch Beschluß nach § 34 unseres Ges. dann gleich, wenn sie nicht mit Verhängung einer Ordnungsstrafe verbunden wird. Geschieht letzteres, so ist wegen der Rückzahlung des Gehaltes nach Abs. 2 unseres § 52 zu verfahren (vgl. Erlaß des UnterrichtsM. vom 9. 12. 1874, ZBl. S. 1875 und v. 2. 5. 1892, ZBl. S. 542).

Eine Ausnahme von den entwickelten Regeln findet statt bei den auf Kündigung usw. angestellten Beamten. Werden diese strafrechtlich zu Amtsverlust ausdrücklich oder folgeweise verurteilt, so erhalten sie freilich von dem etwa einbehaltenen Gehaltsteile nichts zurück. Werden sie aber nach einer Geld- oder Freiheitsstrafe, die den Amtsverlust an sich nicht nach sich zieht, im Wege der Kündigung entlassen, so ist ihnen trotz des disziplinarischen Charakters dieser Entfernung aus dem Amte dennoch gemäß § 83 Abs. 2 unseres Ges. das volle Gehalt bis zum Ablaufe der Kündigung nachzuzahlen (Erlaß des HandelsM. v. 26. 5. 1854, Staatsanzeiger v. 3. 6. 1854 S. 993; Rheinbaben Bem. IV 4 zu § 51).

9. Die Rechtskontrolle der die Suspension aussprechenden oder feststellenden Verfügungen erfolgt ebenso wie die Kontrolle der gleichartigen, das Disziplinarverfahren einleitenden Verfügungen nur im Dienstaufsichtswege durch Beschwerde an die Aufsichtsinstanzen, in letzter Instanz an die Ressortminister. Die erkennenden Disziplinarinstanzen oder die ordentlichen Gerichte sind damit nicht befaßt.

Das gleiche soll nach älteren Erkenntnissen des Kompetenzgerichtshofes während der Dauer der Suspension auch für die Berechnung der einzubehaltenden Gehaltshälfte gelten; der Beamte soll nicht auf Auszahlung der nach seiner Ansicht zuviel einbehaltenen Gehaltsteile klagen können, solange die Suspension währt, weil das ohne Anfechtung der Suspension selbst nicht möglich sei (vgl. die Entsch. v. 26. 6. 1849, JMBl. S. 372 und v. 17. 2. 1855, JMBl. S. 145). Es ist jedoch nicht einzusehen, wieso dies nicht möglich sein soll. Der Rechtsweg hierüber wird deshalb dem Beamten schon während der Suspension zu verstatten sein (vgl. auch den Wortlaut des § 155 Reichsbeamtenges. und Brand Note 15 zu § 128 dess. Ges.).

10. Über die Verrechnung der einbehaltenen Gehaltshälfte und der Stellvertretungs- und Untersuchungskosten, zu deren Deckung sie bestimmt ist, ist folgendes bestimmt worden:

1. Die Kosten, welche durch die Stellvertretung eines suspendierten Beamten und durch die Untersuchung entstehen, sind stets sofort auf die betreffenden Etatsfonds definitiv zu übernehmen.

2. Der innebehaltene Teil des Diensteinkommens ist bis zur Beendigung des gegen den Beamten eingeleiteten Verfahrens in Rest zu halten und dann je nach dem Ausfall desselben zur Befriedigung entweder des Beamten oder der Staatskasse, hinsichtlich der letzteren in der Art zu verwenden, daß der der Staatskasse zukommende Betrag, sofern nicht aus besonderen Gründen, z. B. wegen einer festgesetzten Geldstrafe, eine besondere Vereinnahmung geboten erscheint, als erspart bei der Restausgabe in Abgang gestellt wird (Beschl. des Staatsministeriums v. 17. 3. 1882, MBl. S. 82).

11. In früheren Jahren ist angenommen worden, daß neben den erörterten Bestimmungen über die Einbehaltung des halben Gehalts zufolge Suspension auch noch die Kabinettsorder vom 17. Mai 1820 weiter in Geltung sei, nach welcher Beamten, die zu längerer als vierwöchiger Haft verurteilt waren, für die Dauer der Strafhaft das halbe Gehalt einzubehalten war. Nachdem das Reichsgericht wiederholt erklärt hatte, daß diese Order durch die anderweite Regelung der Materie in unseren Paragraphen aufgehoben sei, hat das Staatsministerium beschlossen, in solchen Fällen nicht mehr das halbe Gehalt, sondern nur noch die wirklichen Stellvertretungskosten bis zur Höhe der Gehaltshälfte bei der nächsten Gehaltszahlung einzubehalten (vgl. die Runderlasse des M. d. J. v. 19. 10. 03, MBl. de 1904 S. 141 und v. 10. 4. 05, MBl. S. 72).

Vierter Abschnitt.

Nähere und besondere Bestimmungen in betreff der Beamten der Justizverwaltung.

§ 55.

Hinsichtlich der Beamten der Justizverwaltung, welche kein Richteramt bekleiden, gelten die nachfolgenden näheren Bestimmungen.

§ 56.

Der Justizminister kann gegen alle Beamten Ordnungsstrafen jeder Art (§§ 15, 19) verhängen, vorbehaltlich der in den § 66 . . . . . *) enthaltenen Einschränkungen.

§ 57.

Der Staatsanwalt bei einem Oberlandesgerichte**) (Oberstaatsanwalt)***) ist befugt, gegen alle im Bezirke des Oberlandesgerichts**) angestellten Beamten der Staatsanwaltschaft Warnungen und Verweise, gegen die Beamten der Staatsanwaltschaft bei den Amtsgerichten und den Schöffengerichten†) (Amtsanwälte)††) und gegen diejenigen Beamten des Polizei- und Sicherheitsdienstes, welche Hilfsbeamte der Staatsanwaltschaft sind und ihr Amt nicht als Ehrenamt versehen,††) Warnungen, Verweise und Geldbußen bis zu 10 Talern zu verhängen.

---

*) Im Gesetzestexte: §§ 66—68; die §§ 67 ff. sind jedoch aufgehoben.

**) Die im Gesetzestexte genannten Appellationsgerichte heißen jetzt „Oberlandesgerichte“.

***) Die hier hinter dem „Oberstaatsanwalt“ genannten „Generalprokuratoren“ des rheinischen Rechts gibt es nicht mehr.

†) Die hier früher genannten „Polizeigerichte“ sind durch die Amts- und Schöffengerichte ersetzt.

††) Der ursprüngliche Gesetzestext gedenkt hier der „Polizeianwälte“ und der „Beamten der gerichtlichen Polizei“. Der jetzige Gesetzestext ergibt sich aus §§ 15 u. 16 des Ges. vom 9. April 1879, welche lauten:

§ 15. Die in dem Gesetze vom 21. Juli 1852 hinsichtlich der Polizeianwälte getroffenen Bestimmungen finden auf die Amtsanwälte entsprechende Anwendung.

§ 16. Die in den §§ 57, 58, 63 des Gesetzes vom 21. Juli 1852 hinsichtlich der Beamten der gerichtlichen Polizei getroffenen Bestimmungen finden auf die Beamten des Polizei- und Sicherheitsdienstes, welche Hilfsbeamte der Staatsanwaltschaft sind, mit der Maßgabe Anwendung, daß gegen solche Beamte, welche ihr Amt als Ehrenamt versehen, Ordnungsstrafen von den Justizbehörden nicht festgesetzt werden dürfen.

Die Artikel 280—282 der Rheinischen Strafprozeßordnung sind aufgehoben.

§ 58.

Der Erste*) Staatsanwalt bei einem Landgericht*) ist befugt, allen Beamten der Staatsanwaltschaft und denjenigen Beamten des Polizei- und Sicherheitsdienstes im Bezirke dieses Gerichts, welche Hilfsbeamte der Staatsanwaltschaft sind und ihr Amt nicht als Ehrenamt versehen,**) Warnungen zu erteilen.

§ 59.

Die Vorgesetzten, welche außer dem Justizminister befugt sind, von Amts wegen oder auf Antrag der Staatsanwaltschaft gegen Bureau- und Unterbeamte der Gerichte Ordnungsstrafen zu verhängen, sind:***)

1. usw.†)
2. Der Präsident eines Oberlandesgerichts††) in Ansehung der Beamten innerhalb des Oberlandesgerichtsbezirks.††)

---

*) Die im Gesetzestexte figurierenden „Staatsanwälte bei einem Gerichte erster Instanz" sind ebenso wie die weitergenannten Oberprokuratoren ersetzt durch: die „Ersten" Staatsanwälte bei den „Landgerichten".

**) Vgl. Fußnote †† auf S. 292.

***) Hier folgten im Gesetzestexte noch die Worte: „vorbehaltlich der Bestimmungen der §§ 60 u. 61". Da die §§ 60 u. 61 aufgehoben sind, fällt diese Wendung weg.

†) Betraf die Befugnisse des Chefpräsidenten des Obertribunals und ist mit dessen Aufhebung gegenstandslos geworden.

††) Die hier früher genannten „Ersten Präsidenten eines Appellationsgerichts" und „Appellationsgerichtsbezirke" sind jetzt ersetzt durch die „Präsidenten eines Oberlandesgerichts" und die „Oberlandesgerichtsbezirke". Vgl. § 3 des Ges. v. 9. 4. 1879, abgedruckt zu § 64.

Die Geldbuße darf die Summe von 30 Talern nicht übersteigen.*)

3. Der Präsident eines Landgerichts**) in Ansehung der Beamten innerhalb des Bezirks dieses Gerichts. Die Geldbuße darf die Summe von 10 Talern nicht übersteigen.

4. u. 5. Der Amtsrichter***) in Ansehung der bei dem Amtsgerichte***) angestellten Beamten. Die Geldbuße darf die Summe von 3 Talern nicht übersteigen.

6. Der Präsident des Oberlandeskulturgerichts†) in Ansehung der bei dieser Behörde angestellten Beamten. Die Geldbuße darf die Summe von 30 Talern nicht übersteigen.

7. . . . . ††)

---

*) Dieser Satz steht im Gesetzestext in Ziff. 1 a. E. Ziff. 2 schließt dafür mit den Worten „mit der nämlichen Beschränkung in betreff der Geldbußen". Nachdem Ziff. 1 fortgefallen ist, mußte diese Verweisung durch wörtliche Aufnahme der in Bezug genommenen Beschränkung ersetzt werden.

**) Im ursprünglichen Gesetzestext: „Präsident oder Direktor eines Gerichts erster Instanz", jetzt „Präsident eines Landgerichts" nach § 2 des Ges. vom 9. April 1879.

***) Die Ziff. 4 und 5 handelten von den „Kreisgerichtsdeputationen" und deren „Dirigenten" sowie von den „Einzelrichtern" in „Gerichten" und „Gerichtskommissionen". Diese Institutionen sind aufgehoben und nach § 2 des Ges. vom 9. April 1879 durch die „Amtsrichter" und die „Amtsgerichte" ersetzt worden.

†) Dies ist jetzt der Name des im Gesetze hier erwähnten Revisionskollegiums.

††) Betraf die „Generalauditeure" und die Beamten des „Generalauditoriats", d. h. der Militärjustiz, die jetzt zu den Reichsbeamten und nicht mehr zu den preußischen zählen.

§§ 60 u. 61.

Diese Paragraphen sind aufgehoben,*) bzw. ersetzt durch die §§ 17, 18 u. 19 des Ges. vom 9. April 1879, betreffend die Abänderung der Disziplinargesetze, welche lauten:

§ 17. Die im Bezirke des Appellationsgerichtshofes zu Köln hinsichtlich der Gerichtsschreiber geltenden besonderen Vorschriften werden aufgehoben.

Die Gerichtsschreiber gelten auch in dem gedachten Bezirke im Sinne des Ges. vom 21. Juli 1852 als Bureaubeamte bei den Gerichten.

§ 18. Die Gerichtsvollzieher unterliegen denselben Bestimmungen wie die Gerichtsschreiber.

Die Befugnis zur Festsetzung von Ordnungsstrafen gegen Gerichtsvollzieher steht den in Gemäßheit des § 73 des Ausführungsgesetzes zum Deutschen Gerichtsverfassungsgesetze vom 24. April 1878 zu bestimmenden Aufsichtsbeamten zu.

Geldstrafen dürfen verhängt werden:

1. von den Aufsichtsbeamten bei den Oberlandesgerichten bis zu dem Betrage von 90 Mark;
2. von den Aufsichtsbeamten bei den Landgerichten bis zum Betrage von 30 Mark;
3. von den Aufsichtsbeamten bei den Amtsgerichten bis zum Betrage von 9 Mark.

§ 19. Hinsichtlich der Bureau- und Unterbeamten, welche unter der alleinigen Aufsicht der Staatsanwaltschaft stehen, finden die hinsichtlich der Bureau- und Unterbeamten bei den Gerichten in dem Ges. vom 21. Juli 1852 getroffenen Bestimmungen mit der Maßgabe Anwendung, daß die Befugnis zur Festsetzung von Ordnungsstrafen den Beamten der Staatsanwaltschaft zusteht, Geldstrafen jedoch nur verhängt werden dürfen:

1. von dem Oberstaatsanwalt bis zum Betrage von 90 Mark;
2. von dem Ersten Staatsanwalt bis zum Betrage von 30 Mark.**)

---

*) Sie betrafen die „Gerichtsvollzieher" im Gebiete des rheinischen Rechts und die rheinischen „Parkettsekretäre", die beide ausschließlich der „Staatsanwaltschaft" unterstellt waren. Nach § 33 Gerichtsvollzieherordnung v. 31. 3. 00 (JMBl. S. 345) unterstehen die Gerichtsvollzieher jetzt an erster Stelle den aufsichtsführenden Amtsrichtern und den Landgerichts- und Oberlandesgerichtspräsidenten.

**) Nach dem früher geltenden Rechte standen von allen den Staatsanwaltschaften überwiesenen Mittel- und Unterbeamten nur diejenigen im Gebiete des rheinischen Rechts — hier „Parkett-

§ 62.

Die Beschwerde gegen Ordnungsstrafen geht:*)

1. in den Fällen des § 59 Nr. 2 an den Justizminister;
2. in den Fällen des § 59 Nr. 3 an den Präsidenten des Oberlandesgerichts, und von dessen Verfügung an den Justizminister; in den Fällen des § 59 Nr. 5 an den Präsidenten des Landgerichts, von dessen Verfügung an den Präsidenten des Oberlandesgerichts, und von dessen Verfügung an den Justizminister;
3. von den Verfügungen eines Beamten der Staatsanwaltschaft an den höheren Beamten derselben, und von dessen Verfügung an den Justizminister;
4. in den Fällen des § 59 Nr. 6 an den Minister für die landwirtschaftlichen Angelegenheiten.
5. . . . .**)

---

sekretäre" genannt — unter der disziplinaren Aufsicht der Staatsanwälte nach § 61 unseres Ges. Sonst galten auch die der Staatsanwaltschaft zur Verfügung stehenden Subalternbeamten nur als Beamte der Gerichte nach § 59 unseres Ges. Nachdem durch § 78 des pr. AG. z. GVG. diese Beamten jedoch allgemein der alleinigen Dienstaufsicht der Staatsanwälte und Oberstaatsanwälte unterstellt sind, mußte diesen auch allgemein die Ordnungsstrafbefugnis zuerkannt werden. Die Bestimmungen des § 61 unseres Ges. sind deshalb durch diesen § 19 des Ges. vom 9. April 1879 auf das ganze Staatsgebiet ausgedehnt und ersetzt worden.

*) Die jetzige Fassung ergibt sich außer aus dem schon zu § 59 Gesagten aus § 20 des Ges. vom 9. April 1879, welcher lautet:

§ 20. Beschwerden der in den §§ 17 bis 19 bezeichneten Beamten gegen die Festsetzung von Ordnungsstrafen werden im Aufsichtswege erledigt.

**) Ist mit Ziff. 7 des § 59, zu dem die Ziffer gehörte, fortgefallen.

§ 63.

Die Bestimmungen über die Entfernung aus dem Amte (§ 23 Nr. 1, §§ 24 ff.) finden auf die Beamten der Staatsanwaltschaft Anwendung. In Ansehung der Amtsanwälte und der Beamten des Polizei- und Sicherheitsdienstes, welche Hilfsbeamten der Staatsanwaltschaft sind,*) ist deren sonstige amtliche Eigenschaft für die Zuständigkeit der Disziplinarbehörde maßgebend.

§ 64.

Hinsichtlich der Bureau- und Unterbeamten bei den Gerichten (§ 59) treten folgende Modifikationen ein:

1. Die Verfügung wegen Einleitung des Disziplinarverfahrens steht, auch bei den von dem Justizminister ernannten Beamten, dem Oberlandesgerichte,**) und die Ernennung des Untersuchungskommissars dem Präsidenten**) des Gerichts zu, unbeschadet der Befugnis des Justizministers zu dieser Verfügung und Ernennung;
2. die entscheidende Disziplinarbehörde erster Instanz ist das Oberlandesgericht, und zwar in demjenigen Senate, in welchem der Präsident den Vorsitz führt, in der

*) Über den Ersatz der hier im ursprünglichen Text genannt gewesenen „Polizeianwälte" und „Beamten der gerichtlichen Polizei" s. die zu § 57 in der Fußnote ††) abgedruckten §§ 15 u. 16 des Ges. vom 9. April 1879.

**) Die Einsetzung der „Oberlandesgerichte" und ihrer „Präsidenten" an Stelle der im ursprünglichen Gesetzestext gedachten „Appellationsgerichte" und ihrer „Ersten" Präsidenten beruht auf dem schon vorhin zu § 59 herangezogenen § 3 des Ges. vom 9. April 1879, welcher lautet:

§ 3. An die Stelle der Appellationsgerichte treten die Oberlandesgerichte.

Besetzung von 5 Mitgliedern mit Einschluß des Präsidenten.*)

3. Der Staatsanwalt bei dem Oberlandesgerichte**) kann die Einleitung des Disziplinarverfahrens beantragen. Es werden demselben vor dem Abschlusse der Voruntersuchung die Akten zur Stellung seines Antrages vorgelegt;

4. wenn der Beamte bei dem Oberlandeskulturgerichte***) angestellt ist, so werden die den Oberlandesgerichten**) und deren Präsidenten**) unter Nr. 1 und 2 beigelegten Befugnisse von dieser Behörde und deren Präsidenten wahrgenommen, unbeschadet der Befugnis des Ministers für die landwirtschaftlichen Angelegenheiten, die Einleitung der Untersuchung zu verfügen und den Kommissar zu ernennen.

5. . . . . †)

§ 65.

Aufgehoben! ††)

---

*) Die jetzige Fassung der Ziff. 2, welche ursprünglich die Entscheidung derjenigen „Abteilung" des „Appellationsgerichts" zuwies, der dessen „Erster Präsident" vorsaß, beruht auf § 11 des Ges. vom 9. April 1879, welcher lautet:

§ 11. Die Angelegenheiten, welche den Abteilungen und Senaten der Appellationsgerichte zugewiesen sind, werden von dem Senat des Oberlandesgerichts, in welchem der Präsident den Vorsitz führt, in der Besetzung von fünf Mitgliedern mit Einschluß des Vorsitzenden erledigt.

**) Vgl. die zweite Fußnote auf S. 297.

***) Hier gilt dasselbe was zuvor in Fußnote † zu Ziff. 6 des § 59 gesagt ist.

†) Auch hier gilt das zuvor in Fußnote †† S. 294 Vermerkte.

††) Der Paragraph enthielt besondere Vorschriften für „Gerichtsschreiber" und „Gerichtsvollzieher" im Gebiete des Rheinischen Rechts. Er ist für die „Gerichtsschreiber" ausdrücklich und für die „Gerichtsvollzieher" stillschweigend durch die soeben zu den §§ 60 u. 61 abgedruckten §§ 17 u. 18 des Ges. vom 9. April 1879 aufgehoben.

§ 66.

Auf die ...... Notarien finden nur die Bestimmungen der §§ 2 bis 7 ...... dieses Gesetzes Anwendung.*)

Abs. 2 ....*)

§§ 67—76.

Fortgefallen!*)

§ 77.

Wenn ein Notar durch Blindheit, Taubheit oder ein sonstiges körperliches Gebrechen, oder wegen Schwäche seiner körperlichen oder geistigen Kräfte zu der Erfüllung seiner Amtspflichten dauernd unfähig ist, so hat der Staatsanwalt bei dem Oberlandesgerichte ihn oder seinen nötigenfalls zu bestellenden Kurator schriftlich unter Angabe der Gründe zur Niederlegung seines Amtes aufzufordern.

Tritt innerhalb sechs Wochen nach dieser Aufforderung die freiwillige Niederlegung des Amtes nicht ein, so be-

---

*) Die §§ 66—76 regelten das Disziplinarverfahren gegen „Advokaten, Rechtsanwälte und Notarien". Advokaten gibt es nicht mehr. Das Disziplinarverfahren gegen Rechtsanwälte ist durch die Rechtsanwaltsordnung neu und abweichend geregelt. Die Notare endlich sind schon durch § 21 des Ges. vom 9. April 1879, der durch Art. 93 des preußischen Gesetzes über die FGG. vom 21. Septbr. 1899 (GS. S. 249) ausdrücklich gegenüber laut gewordenen Zweifeln als im ganzen Staatsgebiet anwendbar festgestellt ist, den Abschn. 2 u. 3 unseres Disziplinargesetzes entzogen und insoweit dem Richterdisziplinargesetze unterstellt worden. Aus dem verbleibenden 1. Abschnitt unseres Gesetzes fanden nun schon nach § 66 nur die §§ 2—7 auf Notare Anwendung. Da diese aber mit §§ 1—6 des Richterdisziplinarges. gleichlauten, so brauchte unser Gesetz auch insoweit für Notare nicht mehr herangezogen zu werden. Formal ist es aber hier noch in Kraft.

schließt der Disziplinarsenat des Oberlandesgerichts,*) nachdem das in § 61 des die Richter betreffenden Gesetzes vom 7. Mai 1851 vorgeschriebene und geeignetenfalls das im § 62 das. zugelassene Verfahren stattgefunden hat, nach Anhörung der Staatsanwaltschaft endgültig darüber, ob der Fall der Niederlegung des Amtes vorliege.

Beschließt der Disziplinarsenat*), daß dieser Fall vorhanden sei, so kann der Justizminister die Stelle für erledigt erklären.**)

Zu den §§ 55—77.

1. Die in den Paragraphen enthaltenen „näheren und besonderen" Bestimmungen für die Justizbeamten sind im allgemeinen nur „nähere", d. h. ergänzende, zumal hinsichtlich der Zuständigkeiten, aber keine „besonderen", d. h. abändernde Vorschriften.

Abweichungen ergeben sich nämlich nur in folgenden Punkten:

a) Der Vertreter der Staatsanwaltschaft wird nicht, wie sonst, nur von Fall zu Fall ernannt, sondern es fungiert als solcher stets der „Oberstaatsanwalt" beim Oberlandesgericht.

b) Da sonach die staatsanwaltschaftlichen Funktionen hier von vornherein sicher gestellt sind, ist auch gegenüber Gerichtsbeamten, wo der Oberstaatsanwalt nicht Dienstvorgesetzter ist, gleichwohl schon im Vorverfahren dessen Eingreifen

---

*) Im ursprünglichen Gesetzestext steht hier „das Appellationsgericht in seiner Plenarversammlung". Die jetzige Fassung beruht auf § 4 des Ges. vom 9. April 1879, welcher lautet:

§ 4. Zur Erledigung der Angelegenheiten, welche den Plenarversammlungen der Appellationsgerichte zugewiesen sind, werden bei den Oberlandesgerichten Disziplinarsenate gebildet. Dieselben entscheiden in der Besetzung von sieben Mitgliedern mit Einschluß des Vorsitzenden.

**) Die Vorschriften dieses Paragraphen sind weder durch das Ges. vom 9. April 1879 noch durch das soeben erwähnte Ges. vom 21. Sept. 1899 abgeändert oder ersetzt. Sie werden deshalb noch weiter zur Anwendung kommen müssen.

möglich. Es kann nämlich nach unseren §§ 59 u. 64 die „Staatsanwaltschaft", d. h. der Oberstaatsanwalt, auch gegen Gerichtsbeamte „Ordnungsstrafen" und die „Einleitung des Disziplinarverfahrens" beantragen und demgemäß auch die erforderlichen Vorermittelungen anstellen.

c) Umgekehrt ist entgegen dem Prinzipe, wonach die dienstvorgesetzte Provinzialbehörde sonst für ihre mittleren und Unterbeamten das förmliche Disziplinarverfahren einleitet, den Untersuchungskommissar bestellt und in erster Instanz erkennt, die Staatsanwaltschaft auch für die bei ihr angestellten und sonst unter ihrer Dienstaufsicht stehenden Bureau- und Unterbeamten in diesen Dingen nicht zuständig. Das Verfahren leitet vielmehr nach unserem § 64 in Verbindung mit § 19 des Ges. vom 9. April 1879 auch gegen diese Beamten ein das Oberlandesgericht; den Untersuchungskommissar bestellt dessen Präsident; in erster Instanz erkennt das Oberlandesgericht. In der Voruntersuchung wirkt auch hier die Staatsanwaltschaft als solche nicht tätig mit; nur nach Beendigung der Beweiserhebungen vor formalem Schluß der Voruntersuchung werden ihr die Akten zur Antragstellung vorgelegt, wie dies auch sonst in der Voruntersuchung zweckmäßig und vielfach üblich ist.

d) Im Disziplinargesetze besteht sonst die Grenze von 30 Mk. für die Geldbuße im allgemeinen nicht mehr. Gegen nichtrichterliche Gerichtsbeamte aber haben die Landgerichtspräsidenten, gegen staatsanwaltschaftliche Subalternbeamte die Ersten Staatsanwälte eine Ordnungsstrafbefugnis nur bis zu dieser Höhe.

2. Gegen die Oberbeamten der Staatsanwaltschaft, die Staatsanwälte, kann nach unseren Paragraphen Geldbußen nur der Justizminister, Verweise nur dieser und der Oberstaatsanwalt, Warnungen der Justizminister, der Oberstaatsanwalt und der Erste Staatsanwalt festsetzen.

Gegen Amtsanwälte und die Hilfsbeamten der Staatsanwaltschaft, soweit sie nicht bloß ehrenamtlich tätig sind, kann neben dem Justizminister der Oberstaatsanwalt Warnungen, Verweise und Geldbußen bis zu 30 Mk., der Erste Staatsanwalt jedoch nur Warnungen aussprechen.

Das Disziplinarverfahren gegen Staatsanwälte leitet nach unserem § 63 ein der Justizminister; in erster Instanz erkennt der Disziplinarhof.

Über das Disziplinarverfahren gegen Amtsanwälte und Hilfsbeamte der Staatsanwaltschaft vgl. unseren § 63.

Über das Disziplinarverfahren gegen die Bureau- und Unterbeamten der Staatsanwaltschaft siehe die vorige Note 1 unter c.

Die Ordnungsstrafbefugnis gegen solche Subalternbeamten steht dagegen jetzt nicht mehr den Gerichten, sondern deren staatsanwaltschaftlichen Vorgesetzten zu (vgl. den hinter § 61 abgedruckte § 19 des Ges. vom 9. April 1879 und die Fußnote dazu).

Zu den staatsanwaltschaftlichen Beamten im Sinne der vorstehenden Darlegungen zählen anerkanntermaßen auch die Ober- und Unterbeamten der Justizgefängnisse, soweit diese nicht den Amtsgerichten angegliedert sind. Die besonderen Gefängnisvorsteher und Gefängnisgeistlichen stehen dabei den Staatsanwälten gleich mit der Maßgabe, daß nicht der Erste Staatsanwalt, sondern nur der Oberstaatsanwalt für sie Aufsichtsinstanz, auch disziplinarisch, ist. Ihrerseits haben diese Gefängnisvorsteher über die mittleren und unteren Beamten ihres Gefängnisses dieselbe Strafbefugnis wie die Amtsrichter nach § 59 Ziff. 5 gegen dieselben Beamten an den Amtsgerichtsgefängnissen. Die höhere Ordnungsstrafbefugnis steht bei den besonderen Gefängnissen dem Oberstaatsanwalte zu, an den auch die Beschwerde gegen die Strafverfügung des Gefängnisvorstehers geht, während beides bei den Amtsgerichtsgefängnissen sich nach den für Gerichtsbeamte geltenden Vorschriften regelt.

Unstreitig zählen ferner zu den staatsanwaltschaftlichen Oberbeamten die Gerichtsassessoren, welcher einer Staatsanwaltschaft zur unentgeltlichen Beschäftigung überwiesen sind. Denn die Ernennung zum „Gerichtsassessor" bedeutet an sich nur die Erklärung, daß das betreffende Examen bestanden und damit die Befähigung zum Richteramte und zum Staatsanwalte erlangt ist, enthält aber nicht schon die Bekleidung mit diesen Ämtern. Erst wenn der Gerichtsassessor einem Gerichte oder einer Staatsanwaltschaft überwiesen wird, wird er, wenn auch unentgeltlich und widerruflich in das betreffende Staatsamt eingewiesen, wird Mitglied der betreffenden Behörde, und untersteht von da ab den für solche Mitglieder gültigen Disziplinarvorschriften.

Streit herrscht jedoch darüber, ob Gerichtsassessoren bei der Staatsanwaltschaft dann und solange zu richterlichen Beamten werden, wenn sie ein Kommissorium bei den Gerichten erhalten. Entgegen der Stellungnahme von Rheinbaben Bem. II zu § 1 des Richterdisziplinargesetzes, wird man hier der Ausführung von Jastrow (bei Johow, Jahrb. für Entsch. des KG. Bd. 4 S. 363) beipflichten müssen, wonach solche Vertretungen ebensowenig wie sonst bei Beamten eine Veränderung in der disziplinarrechtlichen Stellung der staatsanwaltschaftlichen Assessoren herbeiführen können. Handelt es sich nicht bloß um die Übertragung einer Vertretung, sondern um die einer Hilfsarbeiterstelle „bis auf weiteres", so gelten hierfür die Regeln über die „widerrufliche" Übertragung eines Nebenamtes.

3. Die soeben erörterte Ordnungsstrafbefugnis gegen Amtsanwälte soll, sofern sie als solche nur im Nebenamte fungieren, sowie gegen die stets nur im Nebenamte tätigen Hilfsbeamten der Staatsanwaltschaft schlechthin von den Ersten Staats- und den Oberstaatsanwälten erst ausgeübt werden, nachdem die vorgesetzten Behörden des Hauptamtes vergeblich um Abhilfe ersucht sind (vgl. ME. v. 15. 10. 1879, MBl. de 1880 S. 2).

Ein Disziplinarverfahren gegen solche Beamte ist nach § 63 nur im Hauptamte möglich (vgl. hierüber oben Note 2 zu § 18).

4. Von den Beamten der Gerichte bezieht sich unser Gesetz nur auf die Bureau- und Unterbeamten, die Gerichtsschreiber, Gerichtsvollzieher und Gerichtsdiener, nicht dagegen auf die Oberbeamten, die Richter; diese unterstehen, wie schon mehrfach bemerkt, einem eigenen Richterdisziplinargesetze vom 7. Mai 1851.

Nicht zu den Beamten der „Gerichte" im Sinne unserer Paragraphen gehören die „Gerichtsschreiber" der Gewerbe- und Kaufmannsgerichte. Wo diese Gerichte, wie abgesehen von den wenigen Königlichen Gewerbegerichten in der Rheinprovinz sonst überall, Einrichtungen der Städte sind, sind diese Gerichtsschreiber mittelbare Staatsbeamte, aber nicht eigentlich städtische Beamte. Sie unterliegen deshalb nicht dem Disziplinarverfahren vor den Verwaltungsgerichten, sondern wie die Lehrer dem vor Regierung und Staatsministerium Für die Gerichtsschreiber der Königlichen Gewerbegerichte in der Rheinprovinz gelten die Bestimmungen des § 8 des Ges. vom 11. Juli 1891 (GS. S. 312).

5. Die Bestimmungen über die gerichtlichen Bureau- und Unterbeamten sind im allgemeinen klar; hervorzuheben ist nur noch folgendes:

a) Die Vorgesetzten, die nach unseren Paragraphen Geldbußen festsetzen dürfen, sind auch hier nach § 20 unseres Ges. befugt, Arrest zu verhängen, die Amtsrichter und selbständigen Gefängnisvorsteher jedoch nur für die Dauer von drei Tagen.

Nach § 20 zählen zu den Beamten, gegen die Arrest zulässig ist, die „Exekutoren". Infolgedessen war gegen die altländischen „Gerichtsexekutoren" Arreststrafe gestattet. Gegen die jetzigen „Gerichtsvollzieher" ist diese nicht mehr möglich; denn nach dem jetzt aufgehobenen § 60 unseres Ges. war sie schon gegen die damals bloß rheinischen „Gerichtsvollzieher" ausdrücklich ausgeschlossen; durch den oben abgedruckten § 18 des Ges. vom 9. April 1879 sind die Gerichtsvollzieher ferner disziplinarisch den „Gerichtsschreibern" gleichgestellt; da diese nicht in Arrest geschickt werden können, ist das mithin auch bei den Gerichtsvollziehern nicht mehr angängig (vgl. auch Rheinbaben Bem. III zu § 59).

b) Wenn § 64 Ziff. 1 die Einleitung des Verfahrens dem „Appellationsgerichte" zuwies, so hatte er damit nicht dessen Plenum als zuständig bezeichnen, sondern nur hervorheben wollen, daß im Gegensatze zu dem sonstigen Systeme des Disziplinargesetzes schon die Einleitung des Verfahrens nicht von dem Vorsteher der entscheidenden Behörde, sondern von dieser selbst zu verfügen sei, also von der in Ziff. 2 gedachten „Abteilung" des „Appellationsgerichts". Es wäre auch ein Unding gewesen, die Entscheidung selbst dieser Abteilung, die weit minder wichtige Einleitung des Verfahrens aber dem Plenum zuzuweisen. Für die jetzige Zuständigkeit auch nach Ziff. 1 des § 64 kommt deshalb der oben in der Fußnote *) zu dessen Ziff. 2 abgedruckte § 11 des Ges. vom 9. April 1879 in Anwendung, nicht der § 4 dess. Ges., der ebenfalls vorhin in der Fußnote *) zu § 77 abgedruckt ist (vgl. auch Rheinbaben Bem. II zu § 64).

c) Nach dem soeben erwähnten § 11 des Ges. vom 9. April 1879 eröffnet gegen gerichtliche und staatsanwaltschaftliche Bureau- und Unterbeamten das Disziplinarverfahren und erkennt „der Senat, in dem der Präsident den Vorsitz führt". Da Zuständigkeitsvorschriften strikt auszulegen sind, ist schon damit ein „Feriensenat" ausgeschlossen. Zudem können nach § 203 GVG. „Feriensenate" überhaupt nur „zur Erledigung der Feriensachen" im Sinne des vorherigen § 202 GVG. gebildet werden, also nicht zur Erledigung der dort nicht als solche genannten Disziplinarsachen. Wenn deshalb der preußische Disziplinarhof und das Staatsministerium gelegentlich darüber hinweggesehen haben, daß ein Feriensenat entschieden hatte, so ist das mit dem Gesetze nicht vereinbar. Die Sache hätte wegen vorschriftswidriger Besetzung des Gerichts erster Instanz in diese zurückverwiesen werden sollen.

d) Über die Besetzung des Senats und den Abstimmungsmodus vgl. ferner noch den schon oben bei Note 6 zu § 27 abgedruckten § 12 des Ges. vom 9. April 1879.

Fünfter Abschnitt.

Besondere Bestimmungen in betreff der Gemeindebeamten.

§ 78.

(Stillschweigend aufgehoben durch die neueren Verwaltungsgesetze.)

Sechster Abschnitt.

Besondere Bestimmungen in betreff der Beamten der Militärverwaltung.

§§ 79–82.

(Gegenstandslos geworden, nachdem die Beamten der Militärverwaltung nicht mehr preußische, sondern Reichsbeamte sind.)

Siebenter Abschnitt.

Besondere Bestimmungen in betreff der Entlassung von Beamten, welche auf Widerruf angestellt sind, der Referendarien usw.

§ 83.

Beamte, welche auf Probe, auf Kündigung, oder sonst auf Widerruf angestellt sind, können ohne ein förmliches Disziplinarverfahren von der Behörde, welche ihre Anstellung verfügt hat, entlassen werden.

Dem auf Grund der Kündigung entlassenen Beamten ist in allen Fällen bis zum Ablaufe der Kündigung sein volles Diensteinkommen zu gewähren.

§ 84.

Referendarien,*) welche durch eine tadelhafte Führung zu der Belassung im Dienste sich unwürdig zeigen, oder in ihrer Ausbildung nicht gehörig fortschreiten, können von dem vorgesetzten Minister, nach Anhörung der Vorsteher der Provinzialdienstbehörde, ohne weiteres Verfahren aus dem Dienste entlassen werden.

§ 85.

In Ansehung der Entlassung der Supernumerarien und der sonst zur Erlernung des Dienstes bei den Behörden beschäftigten Personen kommen die darauf bezüglichen besonderen Bestimmungen zur Anwendung.

§ 86.

In bezug auf Kanzleidiener, Boten, Kastellane und andere in gleicher Kategorie stehende oder bloß zu mechanischen Dienstleistungen bestimmte Diener, welche bei den obersten Verwaltungsbehörden oder in solchen Verwaltungszweigen angestellt sind, in welchen keine Provinzialdienstbehörden bestehen, entscheidet endgültig der Minister, nach Anhörung des Angeschuldigten und auf den Vortrag zweier Referenten, zu denen stets ein Justitiar, oder, wenn ein solcher bei der Verwaltungsbehörde nicht angestellt ist, ein Rat des Justizministeriums gehören muß.

Zu den §§ 83—86:

1. Die Vorschriften betreffen die auf Kündigung oder auf Widerruf angestellten Beamten. Zu letzteren gehören nach §§ 84 u. 86 nunmehr gesetzlich die Referendare und die Kanzlei-

*) Hier folgten im ursprünglichen Text noch die Worte „oder Auskultatoren", welche es jetzt nicht mehr gibt.

diener, Boten, Kastellane und sonstigen Diener der „obersten" Verwaltungsbehörden oder der unmittelbar unter diesen stehenden Verwaltungszweige. Über die letzteren s. oben zu § 24.

Zu den auf Widerruf angestellten Beamten zählen ferner nach den im § 85 erwähnten „besonderen Bestimmungen" zunächst die „Supernumerare" und die „Militäranwärter" bis zu ihrer Anstellung als „Sekretär" oder „Assistent". Zu den auf Widerruf angestellten Beamten zählen ferner nach den §§ 25 u. 33 der Bestimmungen über die Vorbereitung für den Forstverwaltungsdienst vom 25. Jan. 03 (Reichsanzeiger v. 7. 3. 03 Nr. 57) die Forstassessoren sowie, jedenfalls während der ersten fünf Jahre, die Regierungsbaumeister; letztere werden stets auf Widerruf angenommen, und frühestens nach fünf Jahren „kann" die Unwiderruflichkeit ihrer Anstellung ausgesprochen werden.

2. Alle gedachten Beamten „können" ohne förmliches Verfahren vom Amte entfernt werden; es ist dies mithin nicht der einzige zu ihrer Entlassung führende Weg. Es „kann" vielmehr zu diesem Zwecke gegen sie auch das förmliche Verfahren eingeleitet werden. Insbesondere ist dies dann nötig, wenn der Beamte eine schwere dienstliche Verfehlung begangen hat, die ihm einen dienstunfähig machenden Unfall zugezogen hat; in diesem Falle steht ihm nämlich nach dem Beamtenunfallfürsorgeges. vom 2. Juni 1902 (GS. S. 153) gleichwohl eine Unfallpension zu, wenn nicht wegen der Verfehlung im Disziplinarwege gegen ihn auf Entlassung oder auf Verlust von Titel und Pension erkannt ist.

3. Die Wirkung der Entlassung ist im allgemeinen, wie sich aus dem Wortlaute des § 83 ergibt, dieselbe wie diejenige „im förmlichen Disziplinarverfahren". Sie bewirkt deshalb auch den Verlust eines noch nicht festgestellten Pensionsanspruches, selbst wenn dessen Voraussetzungen vor Ablauf der Kündigungsfrist schon erfüllt gewesen sein sollten, insbesondere, wenn der Beamte damals schon dienstunfähig gewesen sein sollte (vgl. RG. i. Zivils. Bd. 3 S. 91 für die gleichartigen Bestimmungen des Reichsbeamtenges.). War dagegen die Pension schon festgestellt

und der Beamte in den Ruhestand versetzt, so ist eine nachträgliche Entlassung durch Widerruf oder Kündigung ebensowenig mehr möglich wie im Disziplinarverfahren.

Abweichendes gilt für Kommunalbeamte! Hier hat die Praxis aus dem Wortlaute des § 13 des Kommunalbeamtenges. vom 30. Juli 1899 (GS. S. 141) geschlossen, daß den Beamten ein Pensionsanspruch zusteht, sobald dessen Voraussetzungen vor Ablauf der Kündigungsfrist eingetreten sind, insbesondere, wenn der Beamte vorher dienstunfähig geworden ist, mag die Pension auch vorher noch nicht festgestellt worden sein. Denn der § 12 läßt von dem unbedingten Rechte der dienstunfähig gewordenen Gemeindebeamten nur die eine Ausnahme zu, daß mit Genehmigung der Aufsichtsbehörden etwas anderes vereinbart ist (vgl. RG. i. Zivilſ. Bd. 59 S. 168 f., wo ausdrücklich auch den nicht lebenslänglich „auf Widerruf" angestellten Beamten Pensionsberechtigung zuerkannt wird).

Tritt der Verlust der Pension im Wege der Kündigung ein, so ist es unmöglich, einen Teil der Pension auf Lebenszeit zu belassen, wie dies nach § 16 unseres Ges. bei der disziplinaren Entlassung angängig ist. Erscheint solche Belassung angezeigt, so bleibt demnach nichts übrig, als von der Kündigung abzusehen und das förmliche Disziplinarverfahren einzuleiten.

4. Von wem und in welcher Form die Entlassung zu verfügen ist, ist im Gesetze im allgemeinen nicht gesagt.

Für die Zuständigkeit ist deshalb, vorbehaltlich der Sonderbestimmungen in unseren §§ 84 u. 86 und in etwaigen Dienstinstruktionen, noch heute als Regel § 94 II 10 ALR. maßgebend, wonach dieselbe Instanz, „von welcher die Besetzung des Amtes abhängt", auch die Entlassung zu verfügen hat.

Für die Form der Entlassung gilt, mit denselben Vorbehalten, im Bereiche der Verwaltung des Inneren und der Finanzen, also nicht für den Bereich der Schulverwaltung, noch heute die Rundverfügung der betreffenden Ressortminister vom

7. Juli 1845 (MBl. S. 245), wonach bei Kündigung „wegen mangelhafter Dienstführung" ein Plenarbeschluß nötig ist (vgl. auch Erlaß derselben M. v. 21. 7. 1857, MBl. S. 141, u. v. 9. 2. 1884, MBl. S. 15ff. unter V).

Für den Bereich der Schulverwaltung erfolgt die Kündigung in jedem Falle durch Abteilungsbeschluß (Erlaß des UnterrichtsM. v. 9. 11. 1863, MBl. S. 231).

Für Eisenbahnbeamte entscheidet die Direktion als erste oder Beschwerdeinstanz durch Plenarbeschluß (Eisenbahn-Verwaltungsordnung v. 17. 5. 1902 § 7).

Bei Kommunalbeamten erfolgt die Kündigung nach §§ 9, 19 u. 21 des Kommunalbeamtenges. ebenfalls durch Kollegialbeschluß der anstellenden Behörden; wo diese nicht kollegialisch organisiert sind, treten sie zu diesem Zwecke als Kollegium zusammen (z. B. Bürgermeister und Beigeordnete in der Rheinprovinz).

5. Die Rechtskontrolle der Angemessenheit und Zweckmäßigkeit der Kündigung und des Widerrufs ist nur durch Beschwerde im Aufsichtswege möglich und auch dort nur insoweit, als bei solcher Aufsichtsbeschwerde die Zweckmäßigkeit und Angemessenheit auch sonst nachgeprüft werden kann, im allgemeinen also nicht bei Kündigungen gegen Kommunalbeamte, da die Kommunalaufsicht im allgemeinen bei der Nachprüfung der Rechtmäßigkeit haltmacht (vgl. auch Rheinbaben Bem. IV zu § 83).

Die Rechtskontrolle der Zulässigkeit der Kündigung und des Widerrufs steht dagegen den Gerichten zu, sobald Klage auf Weiterzahlung des Gehaltes mit der Behauptung erhoben wird, der Beamte habe auf diese Weise überhaupt nicht entlassen werden können. Denn die Gerichte müssen nur die „rechtmäßigen" Entscheidungen der Verwaltungsbehörden ihren Entscheidungen zugrunde legen. (So auch Rheinbaben Bem. VI zu § 83.)

6. Die übrigen Bestimmungen des Disziplinargesetzes finden ohne Abweichung auch auf die unter dem Vorbehalte des Widerrufs oder der Kündigung Angestellten An-

wendung, insbesondere die Vorschriften über das Ordnungsstrafrecht der Vorgesetzten. Das gilt gegenüber den Gerichtsreferendaren auch für die Verhängung von Geldbußen. Die Bedenken, die Rheinbaben Bem. III zu § 84 auf Grund eines älteren Ministerialerlasses (v. 29. 11. 1853) gegen die Zulässigkeit von Geldbußen gegenüber solchen Referendaren um deswillen erhebt, weil § 59 unseres Ges. nur von „Bureau- und Unterbeamten" der Gerichte spreche, sind unbegründet; denn die Referendare stehen eben wie sonst, so auch in dieser Beziehung jenen Bureaubeamten, in Sonderheit den „Gerichtsschreibern", gleich (vgl. auch den neueren ME. v. 6. 11. 1899 bei Rheinbaben a. a. O.).

Achter Abschnitt.

Verfügungen im Interesse des Dienstes, welche nicht Gegenstand eines Disziplinarverfahrens sind.

§ 87.

Die nachbenannten Verfügungen, welche im Interesse des Dienstes getroffen werden können, sind nicht Gegenstand des Disziplinarverfahrens, vorbehaltlich des im § 46 vorgesehenen Falles:

1. Versetzung in ein anderes Amt von nicht geringerem Range und etatsmäßigem Diensteinkommen, mit Vergeltung der reglementsmäßigen Umzugskosten.

   Als eine Verkürzung im Einkommen ist es nicht anzusehen, wenn die Gelegenheit zur Verwaltung von Nebenämtern entzogen wird, oder die Beziehung der für die Dienstunkosten besonders ausgesetzten Einnahmen mit diesen Unkosten selbst fortfällt.

   Landräte, welche für einen bestimmten Kreis auf Grund ihrer Ansässigkeit und infolge vorgängiger

Wahl ernannt worden, können außer im Wege des Disziplinarverfahrens wider ihren Willen in ein anderes Amt nicht versetzt werden, solange die Erfordernisse erfüllt bleiben, durch welche ihre Wahl bedingt war.

2. Einstweilige Versetzung in den Ruhestand mit Gewährung von Wartegeld nach Maßgabe der Vorschriften der Verordnungen vom 14. Juni und 24. Oktober 1848.

Außer dem daselbst vorgesehenen Falle können durch Königl. Verfügung jederzeit die nachbenannten Beamten mit Gewährung des vorschriftsmäßigen Wartegeldes einstweilig in den Ruhestand versetzt werden:

Unterstaatssekretäre,
Ministerialdirektoren,
Oberpräsidenten,
Regierungspräsidenten und Vizepräsidenten,*)
Beamte der Staatsanwaltschaft bei den Gerichten,
Vorsteher Königlicher Polizeibehörden,
Landräte,
die Gesandten und andere diplomatische Agenten.

Wartegeldempfänger sollen bei Wiederbesetzung erledigter Stellen, für welche sie sich eignen, vorzugsweise berücksichtigt werden.

3. Gänzliche Versetzung in den Ruhestand mit Gewährung der vorschriftsmäßigen Pension nach Maßgabe der §§ 88 ff. dieses Gesetzes.

---

*) Hier folgen im ursprünglichen Gesetzestext die „Militärintendanten", die jetzt Reichsbeamte sind.

1. Der Paragraph zählt die Maßnahmen auf, welche nicht „Gegenstand“ eines Disziplinarverfahrens sind, d. h. welche ohne solches verhängt werden können.

Hierher zählt zunächst die Versetzung im Interesse des Dienstes.

Diese ist nach unserem Paragraphen zulässig gegen alle mittelbaren und unmittelbaren Staatsbeamten, an sich also auch gegen Kommunalbeamte und Lehrer. Ausführbar ist sie aber nur da, wo die Besetzung der Stelle, in welche der Beamte versetzt werden soll, der versetzenden Behörde ohne weiteres zusteht, also dann nicht, wenn es zu dieser Besetzung einer vorgängigen Wahl bedarf. Im allgemeinen war deshalb früher die Versetzung von Lehrern außer in Westpreußen und Posen nicht ausführbar (vgl. E. d. UnterrichtsM. v. 17. 9. 1869 ZBl. S. 551). Dies hat sich für Volksschullehrer geändert, nachdem durch § 62 des Volksschulunterhaltungsges. v. 28. Juli 06 (GS. S. 335) für Versetzungen im Interesse des Dienstes alle Wahl-, Berufungs- und Vorschlagsrechte, ja selbst das Recht auf vorherige Anhörung, beseitigt sind.

Für Kommunalbeamte ist dagegen die Versetzung auch heute in der Regel nur ausführbar im Bezirke der Kommune oder des Kommunalverbandes selbst. Nach der übereinstimmenden und letzthin noch verschärften Praxis des Reichsgerichts und Oberverwaltungsgerichts nämlich haben selbst diejenigen Kommunalbeamten, welche, etwa auf Grund einer Ausschreibung oder sonstwie, ausdrücklich in bestimmte Stellen gewählt bzw. berufen sind (als Bauamts-, Wasserwerks-, Steuer-, Sparkassen- usw. Sekretäre oder Beamte), gleichwohl keinen Anspruch darauf, nur in diesen Ressorts beschäftigt zu werden oder stets dieselben Vorgesetzten zu haben; auch sie haben deshalb, wie jeder andere Beamte, die Pflicht, ein ihrer Vorbildung und ihren Kräften entsprechendes anderes Amt in anderen Abteilungen und unter anderen Vorgesetzten innerhalb des Kommunalverbandes zu übernehmen, sofern dieses nur nicht von geringerem „Range“ oder „Einkommen“ ist. Dies ist namentlich auch für Eingemeindungen wichtig, (vgl.

die zahlreichen Entscheidungen des OVG. bei Rheinbaben Bem. III zu § 87; RG. i. Zivils. Bd. 68 S. 219ff.).

Für Universitätslehrer ist die Versetzung nicht angängig (vgl. § 96 unten).

2. Der „Rang" bemißt sich hier wie oben in § 16 lediglich nach dem allgemeinen Rangklassenreglement, nicht nach der besonderen Art der Tätigkeit des zu versetzenden Beamten. Ein bisheriger „Bureauvorsteher" kann deshalb in einem anderen Bureau wieder einem anderen Bureauvorsteher unterstellt werden, da er gleichwohl in derselben Rangklasse verbleibt; der bisher selbständige „Polizeiinspektor" einer kleineren Stadt kann ebenso nach Eingemeindung in eine größere dem ersten Polizeiinspektor der Großstadt unterstellt und in ein anderes Revier versetzt werden; ein Regierungsrat oder Vortragender Rat, dem Dirigentenbefugnisse beigelegt waren, kann jederzeit wieder in eine Stelle ohne solche Befugnisse versetzt werden; denn, wie schon soeben betont, im allgemeinen hat kein Beamter ein Recht auf eine bestimmte Art der Tätigkeit und auf Unterordnung nur unter dieselben Vorgesetzten. Abweichendes gilt nur für die Stellen, deren Selbständigkeit zugleich den Amtsrang beeinflußt, so zumal für die Oberregierungsräte, die Regierungspräsidenten, die Ministerialdirektoren usw. (Zum Teil abweichend Rheinbaben Bem. III 2b zu § 87 und die neuerdings übrigens modifizierte Praxis des OVG., vgl. dagegen RG. a. a. O.)

3. Für die Frage der Veringerung des Einkommens kommt es schon nach unserem Paragraphen nicht darauf an, ob durch die Versetzung ein Nebenamt verloren geht, und ob in dem neuen Amte keine oder eine geringere Dienstaufwandsentschädigung gezahlt wird. Nach § 3 des Ges. vom 12. Mai 1873 (GS. S. 209), betr. die Gewährung von Wohnungsgeldzuschüssen, ist ebenso die Verringerung des Wohnungsgeldzuschusses, welche durch Versetzung in eine Stadt von geringerer Wohnungsgeldzuschußklasse eintritt, als Verkürzung des Diensteinkommens nicht anzusehen. Ähnlich gilt es nach dem § 22 des Lehrerbesoldungsges. vom 3. März 1897 für Lehrer nicht als Verringerung des Dienst-

einkommens, wenn die freie Dienstwohnung dadurch verloren geht oder die an Stelle derselben gewährte Mietsentschädigung sich vermindert.

Im übrigen ist stets nur das „etatsmäßige" Stelleneinkommen maßgebend. Persönliche Zulagen, die übrigens auch fast immer nur auf Widerruf oder nur für die Dauer des bekleideten Amtes verliehen werden, bleiben außer Betracht.

4. Die zweite Maßnahme, die nach unserem Paragraphen ohne Disziplinarverfahren verhängt werden kann, ist die Versetzung in den einstweiligen Ruhestand, im allgemeinen und auch in § 97 unseres Ges. als Stellung zur Disposition bezeichnet.

Diese ist gegen jeden Beamten, abgesehen von Universitätslehrern (§ 96 unseres Ges.), angängig, in dem in der Verordnung vom 14. Juni 1848 (GS. S. 153) erörterten Falle der „Umbildung der Staatsbehörden". Die Order betraf zunächst allerdings nur die damals „bevorstehende" Umbildung. Dadurch, daß die Vorschriften dieser Order aber in unser Gesetz aufgenommen sind, haben sie allgemeine Bedeutung für jeden „Fall" der Umbildung der Behörden gewonnen. Übrigens aber pflegt bei solchen Umbildungen stets noch besonders gesetzlich wegen der nicht mehr verwendbaren Beamten Vorsorge getroffen zu werden, so 1879 bei der Justizreorganisation, 1883 bei der Verwaltungsreorganisation, 1894 bei der Umbildung der Eisenbahnbehörden usw.

Abgesehen von dem Falle der Umbildung von Staatsbehörden, wozu auch die Umbildung einer einzelnen Behörde gehört (vgl. Entsch. d. OTrib. v. 3. 2. 1879, JMBl. S. 106), ist die einstweilige Versetzung in den Ruhestand nur zulässig gegenüber den in Ziff. 2 unseres Paragraphen aufgezählten Beamten. Für die 1866 neuerworbenen Landesteile ist der Kreis dieser Beamten ausgedehnt worden, und zwar durch Art. 6 der Verordnung vom 23. Septbr. 1867 (GS. S. 1613), welcher lautet:

Art. 6. Den Beamten, welche nach § 87 Nr. 2 des Gesetzes vom 21. Juli 1852 durch Königl. Verordnung jederzeit mit Gewährung des vorschriftsmäßigen Wartegeldes einstweilig in den Ruhestand versetzt werden können, treten hinzu:

Provinzialsteuerdirektoren,
Oberregierungsräte und Abteilungsdirigenten bei den Regierungen und wirkliche Oberforstmeister,
Oberregierungsräte bei den Provinzialsteuerdirektionen,
. . . . . . *)
Vorsteher der . . . . . . *) Eisenbahndirektionen, einschließlich der Direktionen der unter Staatsverwaltung stehenden Privatbahnen, Direktoren der Oberbergämter und Vorsitzenden der Bergwerksdirektionen,
Direktoren der höheren Lehranstalten,
Dirigenten der Gestüte und Direktoren der landwirtschaftlichen Lehranstalten, soweit letztere Staatsinstitute sind,
. . . . . . ,*) Amtmänner,
. . . .*)

Endlich ist den Beamten noch hinzugetreten, der Präsident der Ansiedlungskommission laut § 2 der Verordnung vom 21. Juni 1886 (GS. S. 159).

5. Der Betrag des Wartegeldes bestimmt sich nach der Order vom 24. Oktbr. 1848 (GS. S. 338). Danach beläuft sich das Wartegeld bis zu einem Gehalte von 150 Talern auf ebensoviel als das Gehalt bei 150—199 Talern Gehalt auf 150 Taler, bei 200—480 Talern auf $^3/_4$ des Gehalts, bei 480—1200 Talern auf $^3/_4$—$^1/_2$ des Gehalts, von 1200 Talern an die Hälfte des Gehalts, doch nie mehr als 2000 Taler.

Dienstaufwandsentschädigungen werden in das zu teilende Gehalt nicht eingerechnet, wohl aber der Wohnungsgeldzuschuß, und zwar letzterer voll; denn die Bestimmung, wonach von ihm nur ein Durchschnittsbetrag der Berechnung des verkürzten Gehalts zugrunde zu legen ist, gilt nur für die endgültige Pensionierung, nicht für die einstweilige Versetzung in den Ruhestand (vgl. Rheinbaben Bem. VII 4b zu § 87 und die daselbst genannte Entscheidung des FM. v. 22. 1. 1895).

*) Die an den freigelassenen Stellen genannt gewesenen Beamten gibt es nicht mehr.

Das Einkommen aus einem Nebenamte wird eingerechnet, wenn der Beamte auch in ihm zur Disposition gestellt wird; wird das Nebenamt aber, wie zumeist üblich, dem Beamten belassen, so bezieht er aus ihm das Einkommen voll weiter.

6. Die Stellung zur Disposition erfolgt, abgesehen von dem Falle der Umbildung der Staatsbehörden, durch Allerhöchste Verfügung, im Falle der Umbildung durch die Zentralinstanzen. Diesen liegt sonst die Ausführung der Allerhöchsten Order ob. Die Festsetzung des Wartegeldes ist deshalb stets von ihnen vorzunehmen; zum mindesten bedarf sie ihrer Genehmigung (Erlaß der DisziplM. v. 21. 10. 1848, MBl. S. 337).

7. Die Zahlung des Wartegeldes beginnt, analog der Pensionszahlung, drei Monate nach Ablauf desjenigen Monats, in welchem dem Beamten der Betrag des Wartegeldes mitgeteilt ist (vgl. den eben angezogenen Erlaß v. 21. 10. 1848).

Sie dauert nach der Verordnung vom 14. Juni 1848 „so lange", bis den Zurdispositiongestellten „entweder ein anderes öffentliches Amt übertragen wird, oder ihre Pensionierung tunlich erscheint".

Unter „öffentliches Amt" ist nur ein „Staats- oder Reichsamt" zu verstehen (Erlaß des DisziplM. v. 27. 8. 03, MBl. S. 191). Wird ihm ein solches aber übertragen, so würde der Wortlaut der Verordnung es rechtfertigen, das Wartegeld schon dann in Fortfall zu bringen, wenn das Einkommen des neuen Amtes dem Wartegelde gleichkommt. Entsprechend den Vorschriften über die endgültige Pensionierung ist es jedoch üblich, das Wartegeld nur insoweit einzubehalten, als es zusammen mit den neuen Stelleneinkommen das Gesamteinkommen des früheren Amtes übersteigt (vgl. die soeben zitierten Erlasse der DisziplM. v. 21. 10. 1848 und v. 27. 8. 03).

Wird der Beamte nur vorübergehend wieder beschäftigt, so bezieht er sechs Monate lang das Wartegeld in jedem Falle ungekürzt; vom siebenten Monat ab gelten die soeben entwickelten Grundsätze.

8. Die Wartegeldempfänger sind nach § 97 unseres Ges. im Gegensatz zu den endgültig Pensionierten den allgemeinen Beamtenpflichten und dem Disziplinargesetze unterworfen. Sie sind nur derjenigen Pflichten ledig, welche die Ausübung eines Amtes voraussetzen, also insbesondere der speziellen Amtspflichten und auch der Residenzpflicht. Das ist für die Residenzpflicht hier durch die Verordnung vom 14. Juni 1848 ausdrücklich anerkannt, nach welcher die auf Wartegeld gesetzten Beamten „in der Wahl ihres Wohnortes im Inlande nicht beschränkt" sind.

9. Eine Rechtskontrolle der Zurdispositionstellung über die Maßregel an sich gibt es nur insoweit, als der zur Disposition gestellte Klage auf Fortzahlung des Gehaltes mit der Behauptung erheben kann, die Stellung zur Disposition sei unzulässig gewesen. Im übrigen kann der Beamte nur wegen der Höhe des Wartegeldes durch Klage auf Zuzahlung die Entscheidung der Zivilgerichte anrufen (vgl. Rheinbaben, Bem. VII, 5 zu § 87).

10. Die dritte, ohne Disziplinarverfahren zulässige Maßnahme ist die endgültige Versetzung in den Ruhestand. Das Nähere hierüber enthalten die folgenden §§ 88ff. unseres Ges.

§ 88.

Ein Beamter, welcher durch Blindheit, Taubheit oder ein sonstiges körperliches Gebrechen oder wegen Schwäche seiner körperlichen oder geistigen Kräfte zu der Erfüllung seiner Amtspflichten dauernd unfähig ist, soll in den Ruhestand versetzt werden.

§ 89.

Sucht der Beamte in einem solchen Falle seine Versetzung in den Ruhestand nicht nach, so wird ihm oder seinem nötigenfalls hierzu besonders zu bestellenden Kurator von der vorgesetzten Dienstbehörde unter Angabe des zu gewährenden Pensionsbetrages und der Gründe der Pensionierung eröffnet, daß der Fall seiner Versetzung in den Ruhestand vorliege.

§ 90.

Innerhalb sechs Wochen nach einer solchen Eröffnung (§ 89) kann der Beamte seine Einwendungen bei der vorgesetzten Dienstbehörde anbringen. Ist dieses geschehen, so werden die Verhandlungen an den vorgesetzten Minister eingereicht, welcher, sofern nicht der Beamte von dem Könige ernannt ist, über die Pensionierung entscheidet.

Gegen diese Entscheidung steht dem Beamten der Rekurs an das Staatsministerium binnen einer Frist von vier Wochen nach Empfang der Entscheidung zu.

Des Rekursrechtes ungeachtet kann der Beamte von dem Minister sofort der weiteren Amtsverwaltung vorläufig enthoben werden.

Ist der Beamte von dem Könige ernannt, so erfolgt die Entscheidung von dem Könige auf den Antrag des Staatsministeriums.

§ 91.

Dem Beamten, dessen Versetzung in den Ruhestand verfügt ist, wird das volle Gehalt noch bis zum Ablaufe desjenigen Vierteljahres fortgezahlt, welches auf den Monat folgt, in dem ihm die schließliche Verfügung über die erfolgte Versetzung in den Ruhestand mitgeteilt worden ist.

§ 92.

Wenn der Beamte gegen die ihm gemachte Eröffnung (§ 89) innerhalb sechs Wochen keine Einwendungen erhoben hat, so wird in derselben Weise verfügt, als wenn er seine Pensionierung selbst nachgesucht hätte.

Die Zahlung des vollen Gehaltes dauert bis zu dem im § 91 bestimmten Zeitpunkte.

§ 93.

Ist ein Beamter vor dem Zeitpunkte, mit welchem die Pensionsberechtigung für ihn eingetreten sein würde, dienstunfähig geworden, so kann er gegen seinen Willen nur unter Beobachtung derjenigen Formen, welche für die Disziplinaruntersuchung vorgeschrieben sind, in den Ruhestand versetzt werden.

Wird es jedoch für angemessen befunden, dem Beamten eine Pension zu dem Betrage zu bewilligen, welcher ihm bei Erreichung des vorgedachten Zeitpunktes zustehen würde, so kann die Pensionierung desselben nach den Vorschriften der §§ 88 bis 92 erfolgen.

§ 94.

Die vorstehenden Bestimmungen über einstweilige und gänzliche Versetzung in den Ruhestand finden nur auf Beamte in unmittelbarem Staatsdienste Anwendung.

§ 95.

In bezug auf die mittelbaren Staatsdiener bleiben die wegen Pensionierung derselben bestehenden Vorschriften in Kraft.

Wenn jedoch mittelbare Staatsdiener vor dem Zeitpunkte, mit welchem eine Pensionsberechtigung für sie eingetreten sein würde, dienstunfähig geworden, so können auch sie gegen ihren Willen nur unter den für Beamte im unmittelbaren Staatsdienste vorgeschriebenen Formen (§ 93) in den Ruhestand versetzt werden.

Zu den §§ 88—95.

1. Die Paragraphen regeln nur das Pensionierungsverfahren und auch von diesem nur die sogenannte „Zwangspensionierung", d. h. diejenige, welche nicht auf Antrag des Beamten, sondern gegen seinen Willen erfolgt.

Die Pensionierung auf Antrag richtet sich nach den Pensionsgesetzen; ebenso die Frage, ob und welche Pension der Beamte erhält.

Auch in das Zwangspensionierungsverfahren haben aber die Pensionsgesetze eingegriffen, einmal, indem sie dies über die Grenzen unseres § 94 hinaus ausgedehnt haben, und andererseits, indem sie es für Beamte über 65 Jahre entbehrlich gemacht haben.

In letzterer Beziehung bestimmt nämlich § 30 des Pensionsges. in der jetzt gültigen Fassung (vgl. MBl. de 1907 S. 207 ff.).

§ 30. Sucht ein nichtrichterlicher Beamter, welcher das fünfundsechzigste Lebensjahr vollendet hat, seine Versetzung in den Ruhestand nicht nach, so kann diese nach Anhörung des Beamten unter Beobachtung der Vorschriften der §§ 20 ff. dieses Gesetzes in der nämlichen Weise verfügt werden, wie wenn der Beamte seine Pensionierung selbst beantragt hätte.

Im übrigen behält es in Ansehung der unfreiwilligen Versetzung in den Ruhestand und des dabei stattfindenden Verfahrens bei den Bestimmungen in den §§ 56—64 des Gesetzes, betr. die Dienstvergehen der Richter usw., vom 7. Mai 1851 (GS. S. 218) und in den §§ 88—93 des Gesetzes, betr. die Dienstvergehen der nichtrichterlichen Beamten usw, vom 21. Juli 1852 (GS. S. 465) sein Bewenden.

Wird hiernach gemäß § 90 des letzterwähnten Gesetzes von dem Rechtsmittel des Rekurses an das Staatsministerium Gebrauch gemacht, so läuft die sechsmonatliche Frist zur Anstellung der Klage wegen unrichtiger Festsetzung des Pensionsbetrages (§ 2 des Gesetzes, betr. die Erweiterung des Rechtsweges, vom 24. Mai 1861, GS. S. 241) erst von dem Tage, an welchem dem Beamten die Entscheidung des Staatsministeriums bekanntgemacht ist.

In ersterer Beziehung besagt zunächst § 4 des Pensionsges.:

§ 4. Das gegenwärtige Gesetz findet auch auf die Oberwachtmeister und Gendarmen der Landgendarmerie Anwendung; dagegen erfolgt die Pensionierung der Offiziere der Landgendarmerie nach den für die Offiziere des Reichsheeres geltenden Vorschriften.

Da zu diesen Bestimmungen des „gegenwärtigen" Gesetzes auch die im § 30 gegebene, soeben abgedruckte Verweisung auf unsere §§ 88—93 gehört, so ist damit auch deren Anwendbarkeit auf Oberwachtmeister und Gendarmen festgestellt, die übrigens auch schon vorher Praxis war (vgl. Beschluß des StaatsM. v. 4. 3. 1863 bei Rheinbaben, Fußnote 1 S. 309).

Des weiteren besagt die Novelle zum Pensionsgesetze vom 25. April 1896 (GS. S. 87) in einem neuen Schlußsatze zu dem abgedruckten § 30 des Pensionsges.:

Die Bestimmungen der §§ 88—93 des Gesetzes vom 21. Juli 1852 (GS. S. 465) finden auch auf die Lehrer und Beamten derjenigen in § 6 Abs. 2 genannten Anstalten (d. h. Gymnasien, Progymnasien, Realschulen, Schullehrer-Seminarien, Taubstummen- und Blindenanstalten, Kunst- und höhere Bürgerschulen) Anwendung, welche nicht vom Staate allein zu unterhalten sind.

Nach alledem hat die Zwangspensionierung nach unseren Paragraphen statt:

bei allen unmittelbaren Staatsbeamten, die noch nicht 65 Jahre alt sind, einschließlich der Gendarmen und Oberwachtmeister,

bei allen Lehrern höherer Lehranstalten, gleichviel, ob sie mittelbare oder unmittelbare Staatsbeamte sind.

Sie gilt formell dagegen nicht bei Volksschullehrern; durch den Runderlaß vom 5. Sept. 1888 (ZBl. S. 765) ist aber das Verfahren gleichartig geregelt. In erster Instanz entscheiden die Schulabteilungen der Regierungen durch Abteilungsbeschluß, in zweiter Instanz endgültig früher der Unterrichtsminister, jetzt der Oberpräsident.

2. Unter den „Amtspflichten", zu deren Erfüllung der Beamte unfähig sein muß, sind die Pflichten des bisher von ihm bekleideten Amtes zu verstehen. Allerdings sollen die pensionierenden Behörden nach einem Runderlasse der Disziplinarminister vom 31. 1. 1907 (MBl. S. 89) zwar vor der Pensionierung prüfen, ob der Beamte nicht noch in einem anderen Amte ihres Geschäftsbereichs verwendbar ist. Allein diese Vorschrift ist nur ergangen im Interesse der Staatskasse, nicht weil der Beamte ein Recht auf solche Prüfung hätte. Den nur zur Wahrung seiner Rechte gegebenen Rekurs nach unserem

§ 90 oder seine Verteidigung in dem nach § 93 eingeleiteten Disziplinarverfahren kann deshalb der Beamte nicht auf die Behauptung stützen, daß er noch in einem anderen, leichteren Amte Dienst tun könnte (vgl. Rheinbaben Bem. III zu § 88).

3. Die Einleitung des Zwangspensionierungsverfahrens ist verschieden, je nachdem der Beamte schon pensionsberechtigt ist oder nicht. Ist er dies noch nicht, was nach § 1 des Pensionsges. regelmäßig dann zutrifft, wenn der Beamte noch nicht zehn Jahre lang Dienst getan hat,*) und soll ihm auch nicht gleichwohl eine Pension gnadenweise bewilligt werden, so muß nach § 93 das Disziplinarverfahren gegen ihn eingeleitet werden, sofern er sich nicht mit der Verabschiedung ohne Pension einverstanden erklärt.

Ist dagegen der Beamte pensionsberechtigt, sei es daß er länger als zehn Jahre im Dienst steht, sei es, daß die Dienstunfähigkeit, wenn auch früher, so doch infolge einer „Dienstbeschädigung" im Sinne des § 1 Abs. 2 des Pensionsges. eingetreten ist, so ist ihm zu eröffnen, „daß der Fall seiner Versetzung in den Ruhestand vorliege".

4. Diese Eröffnung ist ihm oder seinem „nötigenfalls zu bestellenden Kurator" zu machen. Aus dem Worte „nötigenfalls" ergibt sich, daß nicht bei jeder die Dienst-

---

*) § 1 des Pensionsges. lautet, in der jetzt gültigen Fassung (MBl. d. 1907 S. 207ff.).

§ 1. Jeder unmittelbare Staatsbeamte, welcher sein Diensteinkommen aus der Staatskasse bezieht, erhält aus derselben eine lebenslängliche Pension, wenn er nach einer Dienstzeit von wenigstens 10 Jahren infolge eines körperlichen Gebrechens oder wegen Schwäche seiner körperlichen oder geistigen Kräfte zu der Erfüllung seiner Amtspflichten dauernd unfähig ist, und deshalb in den Ruhestand versetzt wird.

Ist die Dienstunfähigkeit die Folge einer Krankheit, Verwundung oder sonstigen Beschädigung, welche der Beamte bei Ausübung des Dienstes oder aus Veranlassung desselben ohne eigene Verschuldung sich zugezogen hat, so tritt die Pensionsberechtigung auch bei kürzerer als zehnjähriger Dienstzeit ein.

Bei Staatsministern, welche aus dem Staatsdienste ausscheiden, ist eingetretene Dienstunfähigkeit nicht Vorbedingung des Anspruchs auf Pension. Diese Bestimmung findet gleichfalls Anwendung auf diejenigen Beamten, welche das fünfundsechzigste Lebensjahr vollendet haben.

unfähigkeit bedingenden Geisteskrankheit oder Geistesschwäche ein Kurator zu bestellen ist, sondern nur soweit dies nötig ist, also jedenfalls nur dann, wenn auch die Verhandlungsfähigkeit des Beamten gemindert und er nicht mehr in der Lage ist, die ihm gemachte Eröffnung zu verstehen und sich auf sie zu verteidigen (vgl. Brand Note 3 zu § 62 Reichsbeamtenges.).

Wie der Kurator alsdann bestellt werden muß, ist nicht vorgeschrieben. Es genügt sicherlich, wenn er durch das Vormundschaftsgericht nach § 1896 oder 1910 BGB. bestellt ist. In den zitierten Gesetzesworten liegt aber offenbar die Ermächtigung für die vorgesetzte Dienstbehörde, den Kurator auch selbst zu bestellen, wenn der gerichtliche Weg — etwa wegen der Vorschrift im Absatz 3 des § 1910 BGB. (Notwendigkeit der Einwilligung des Beamten) —, nicht gangbar erscheint (vgl. Rheinbaben Bem. III 3 zu § 89 und den daselbst angeführten Staatsministerialbeschluß v. 1. 12. 1881. Erl. des ArbeitsM. v. 22. 10. 1884 Nr. 7 [Eisenbahnverordnungsblatt S. 386]; Brand Note 3 a. a. O.).

5. Das Zwangspensionierungsverfahren, mag es sich nun in den Formen der §§ 89—92 oder des Disziplinarverfahrens vollziehen, betrifft in beiden Fällen nur die Frage, ob der Fall der Versetzung in den Ruhestand vorliegt.

Die Frage, ob in diesem Falle dem Beamten eine Pension zu bewilligen ist, ist in beiden Verfahren nicht Gegenstand der Entscheidung, wohl aber präjudiziell, und zwar für das Verfahren nach § 89—92 in bejahendem, für das Disziplinarverfahren in verneinendem Sinne. Aus diesem Grunde, und nur aus ihm ist im § 89 vorgeschrieben, daß schon in die einleitende Eröffnung der Betrag der zu gewährenden Pension aufgenommen werden muß. Damit ist für dies gesamte Verfahren festgestellt, daß den Beamten Pension bewilligt ist. Nicht dagegen hat dieser Teil der Eröffnung etwa den Zweck, auch den Betrag der Pension zum Gegenstand des Zwangspensionierungsverfahrens nach § 90 zu machen; über den Betrag wird vielmehr in dem durch die Pensionsgesetze geregelten Verfahren entschieden. Die nach § 90 im Zwangspensionierungsverfahren zulässigen „Einwendungen“ sind deshalb nur solche gegen die Versetzung in den Ruhestand an sich; erhebt der Beamte solche nicht, sondern bemängelt er nur die Berechnung der Pension, sei es auch nur wegen des Zeitpunkes ihres Beginnes, so wird er nach unserem § 92 behandelt als ob er „Einwendungen“ überhaupt nicht vorgebracht hätte, d. h. das weitere Verfahren richtet sich nicht nach unserem § 90, sondern nach § 20—22 des Pensionsges. (vgl. auch den Wortlaut des § 64 Abs. 1 des Reichsbeamtenges.).

Im Disziplinarverfahren gibt es eine ähnliche, vorgängige, für das ganze Verfahren grundlegende Feststellung, daß den Beamten keine Pension zu bewilligen ist, nicht. Der Disziplinarrichter hat deshalb diese Prozeßvoraussetzung nachzuprüfen. Kommt er abweichend von den das Verfahren einleitenden Behörden zu dem Ergebnisse, daß dem Beamten eine Pension zustehe, etwa weil die bei kürzerer als zehnjähriger Dienstzeit ihn dienstunfähig machende Krankheit auf einer Dienstbeschädigung beruht oder weil er inzwischen die zehnjährige Wartezeit vollendet hat, so ist das Verfahren einzustellen; den betreibenden Behörden bleibt es dann überlassen, unter Bewilligung einer Pension die Zwangspensionierung nach § 89—92 von neuem einzuleiten. So haben der pr. Disziplinarhof, das Oberverwaltungsgericht und das Staatsministerium stets übereinstimmend entschieden (vgl. OVG. am 8. 7. 1898, pr. VerwBl. Jahrg. 20 S. 242; Rheinbaben Bem. II u. III zu § 93 und die daselbst zitierten Entscheidungen des Staatsministeriums v. 27. 9. 1866 und das OVG. v. 28. 12. 1895, 8. 7. 1898 u. 31. 3. 1908; ferner noch neuerdings Disziplinarhof unter Billigung des Staatsministeriums).

6. Über die Art, in welcher die Dienstunfähigkeit im Zwangspensionierungsverfahren nach unseren §§ 89 bis 92 von der einleitenden Behörde und vom Staatsministerium festzustellen ist, gibt es gesetzliche Vorschriften im preußischen Beamtenrecht im Gegensatze zu § 64 Reichsbeamtenges. nicht.

Instruktionell ist zwar angeordnet, daß hierfür das Gutachten eines Medizinalbeamten einzuholen ist (vgl. insbesondere für das Ressort der Zölle und indirekten Steuern den Erlaß des FM. v. 6. 1. 1875 (ZBl. der Abgabenverw. S. 33 Ziff. 1 Abs. 3 und für das Eisenbahnressort der sogleich angeführte Erlaß des EisenbM. v. 28. 1. 95). Ist dies jedoch nicht zu erhalten, erachtet die vorgesetzte Behörde den Beamten aber gleichwohl für dienstunfähig, so ist es unbedenklich, den Nachweis auch anderweit etwa durch aktenmäßige Würdigung der einzureichenden Leistungen des Beamten zu erbringen, wie dies auch der Eisenbahnminister gelegentlich anerkannt hat (Erlaß v. 28. 1. 1895, EVBl. S. 12).

Im disziplinaren Zwangspensionierungsverfahren ist dagegen die Beweisaufnahme genau so zu gestalten wie sonst, also vor allem unter Führung einer Voruntersuchung. In dieser ist, falls in der Richtung Zweifel bestehen, auch die Frage der Pensionsberechtigung des Beamten zu klären.

Im übrigen kommt es auf die Gründe der Dienstunfähigkeit und darauf, seit wann sie besteht, nicht an. Nicht haltbar ist daher die Ansicht von Rheinbaben (Bem. II zu § 88), die auch in der soeben erwähnten Verf. des EisenbM. v. 28. 1. 1895 geteilt wird, daß in dem Falle, wo Dienstunfähigkeit wegen Krankheit oder Geistesschwäche schon bei der Anstellung, ohne damals bemerkt worden zu sein, bestanden hat, inzwischen eine Verschlimmerung eingetreten sein müsse. Gerade wenn nämlich aufs strengste, wie oben zu § 2 betont, daran festgehalten werden muß, daß Leistungsunfähigkeit kein Disziplinierungsgrund ist, so bleibt diese Praxis, soll sie nicht zur Unabsetzbarkeit unfähiger Beamter und damit zur Lahmlegung der Verwaltung führen, nur dann möglich, wenn umgekehrt bei der Versetzung in den Ruhestand eine desto weitherzigere Auslegung der Voraussetzungen Platz greift. Daß an sich der Mangel an Kenntnissen und Vorbildung noch nicht Dienstunfähigkeit bedeutet, ist dabei zwar klar; ebenso klar ist aber, daß die Unfähigkeit, solche Kenntnisse trotz Fleißes nachzuholen, auf Dienstunfähigkeit, und zwar auf solche wegen „Schwäche der geistigen Kräfte“, hinauskommt.

7. Der Rekurs nach § 90 ist einzulegen binnen 4 Wochen. Die Frist berechnet sich ebenso wie die gleichartige Berufungsfrist im Disziplinarverfahren, läuft also an dem Tage ab, der sich durch Zuzählung von genau 28 Tagen zu dem Datum des Zustellungstages ergibt.

Da nichts darüber bestimmt ist, wo der Rekurs angemeldet werden muß, so ist anzunehmen, daß er sowohl bei dem Ressortminister wie beim Staatsministerium angemeldet werden kann (vgl. Rheinbaben Bem. IV zu § 90).

Gegen Versäumung der Rechtsmittelfrist ist Wiedereinsetzung in den vorigen Stand durch das Staatsministerium nach Maßgabe der StPO. ebenso zulässig, wie dies oben für die Berufung entwickelt ist (vgl. Rheinbaben Bem. VII a. a. O.).

Die endgültige Abweisung eines verspäteten Rekurses beschließt nach allgemeinen Rechtsgrundsätzen ebenfalls das Staatsministerium. Es bestehen aber keine Bedenken dagegen, daß, ähnlich wie bei der Berufung, schon der Ressortminister einen offenbar verspäteten Rekurs seinerseits vorläufig zurückweist, mit dem Bemerken, daß der Beamte binnen einer hier ihm zu setzenden Frist (etwa 14 Tage) auf Entscheidung durch das Staatsministerium antragen könne.

Die Rekursentscheidung stellt nur eine Bestätigung der seitens des Ressortchefs ausgesprochenen Pensionierung dar; sie wirkt deshalb auf deren Zeitpunkt zurück; die „schließliche Verfügung", von der § 91 spricht, ist deshalb nicht die Rekursentscheidung, sondern jene Entscheidung des Ressortministers nach Abs. 1 des § 90 oder die gleichartige nach § 92 im Gegensatze zu der einleitenden Eröffnung nach § 89 unseres Ges. Hieran haben auch die Zivilgerichte stets festgehalten (so schon Entsch. des OTrib. Bd. 72 S. 109 und letzthin Entsch. des RG. Bd. 69 S. 114).

8. Die Wirkung der Entscheidung im Disziplinarverfahren tritt dagegen hier wie sonst erst mit der Rechtskraft ein. Wird der Beamte daher bis dahin pensionsberechtigt, so entfällt die Voraussetzung des Verfahrens, und dieses ist daher

nach dem oben Gesagten einzustellen (vgl. Rheinbaben Bem. II 2 zu § 93; OVG. im pr. VerwBl. Jahrg. 20 S. 242).

Sonst lautet die Urteilsformel lediglich auf Versetzung in den Ruhestand.

9. Die Vorschriften über das Zwangspensionierungsverfahren sind nach ihrem Wortlaute auch anwendbar gegenüber den auf Kündigung oder Widerruf angestellten Beamten. Diese gelten, da sie nach § 2 des Pensionsges.*) einen Anspruch auf Pension regelmäßig nicht haben, als Beamte, für welche die Pensionsberechtigung noch nicht eingetreten ist, im Sinne unseres § 93.

Ein Disziplinarverfahren nach diesem Paragraphen braucht aber gleichwohl gegen sie nicht eingeleitet zu werden; ihre Entfernung aus dem Amte ohne Pension kann vielmehr leichter durch Ausübung der Kündigung oder des Widerrufs erreicht werden.

Nach dem zuvor bei § 83 Entwickelten ist der gleiche Weg formellrechtlich zwar auch gangbar, wenn die Beamten ausnahmsweise einen Pensionsanspruch bereits erworben hatten, weil sie eine Stelle des Besoldungsetats innehatten und entweder schon zehn Jahre im Dienst standen oder zwar früher, aber zufolge einer Dienstbeschädigung dienstunfähig geworden waren. Es ist jedoch, wie keiner Darlegung bedarf, in solchen Fällen überaus unbillig, so vorzugehen und die Beamten auf diese Weise um die an sich verdiente Pension zu bringen. In diesen Fällen wird vielmehr auch gegen widerruflich oder kündigungsweise beschäftigte Beamte billigerweise nach unseren §§ 89—92 verfahren, was nach § 30 des Pensionsges. in Verbindung mit dessen soeben abgedruckten § 2 sicherlich auch zulässig ist. Die bei Rheinbaben Bem. I (unter a) zu

---

*) Der Paragraph lautet:

§ 2. Die unter dem Vorbehalte des Widerrufs oder der Kündigung angestellten Beamten haben einen Anspruch auf Pension nach Maßgabe dieses Gesetzes nur dann, wenn sie eine in den Besoldungsetat aufgeführte Stelle bekleiden.

Es kann ihnen jedoch, wenn sie eine solche Stelle nicht bekleiden, bei ihrer Versetzung in den Ruhestand eine Pension bis auf Höhe der durch dieses Gesetz bestimmten Sätze bewilligt werden.

§ 88 zitierte Entsch. des Staatsministeriums v. 9. 4. 1874, wonach solches nicht zulässig sein soll, ist ebenso wie der ebenda zitierte Erlaß des ArbeitsM. v. 12. 11. 1873 unter einem abweichenden Pensionsrechte ergangen und schon um deswillen nicht mehr maßgebend.

10. Unsere Vorschriften über die Zwangspensionierung erleiden nach § 95 im allgemeinen keine Anwendung auf die „mittelbaren Staatsdiener", also vor allem nicht auf alle Kommunalbeamten.

Nach § 95 Abs. 2 war lediglich das im § 93 vorgesehene Disziplinarverfahren bei diesen anwendbar, sobald sie vor ihrer Pensionsberechtigung dienstunfähig wurden. Durch § 20 des Zuständigkeitsges. ist nun für städtische und durch § 36 dess. Ges. für ländliche Gemeindebeamte übereinstimmend vorgeschrieben:

> „In dem vorstehend bezüglich der Entfernung aus dem Amte vorgesehenen Verfahren ist entstehendenfalls auch über die Tatsache der Dienstunfähigkeit der Bürgermeister, Beigeordneten, Magistratsmitglieder und sonstigen Gemeindebeamten Entscheidung zu treffen."

Das OVG. hat nun die Worte „entstehendenfalls" nicht nur auf den „Fall" des § 95 Abs. 2 bezogen, sondern allgemein im Sinne von „bei entstehendem Streit" ausgelegt. Hiernach sind städtische und ländliche Kommunalbeamte — mit Ausnahme der höheren und niederen Lehrer, für welche nach Note 1 besondere Regeln gelten, — gegen ihren Willen **stets** nur im Disziplinarverfahren in den Ruhestand zu versetzen, auch dann, wenn sie schon pensionsberechtigt sind (vgl. Entsch. des OVG. Bd. 23 S. 64). Diese Praxis ist nicht ganz bedenkenfrei, wird aber bisher festgehalten.

Auch dies Disziplinarverfahren betrifft nicht die Höhe der Pension, sondern lediglich die „Versetzung in den Ruhestand"; nach dem Wortlaute des Gesetzes kann jedoch hier anstatt dessen auch auf „Feststellung der Dienstunfähigkeit" erkannt werden.

Über die Höhe der Pension entscheiden nach § 7 des Kommunalbeamtenges. vom 30. Juli 1899 die Verwaltungsbeschlußbehörden.

11. Die Vorschriften über die Zwangspensionierung finden auf Universitätslehrer keine Anwendung (vgl. sofort § 96).

§ 96.

Auf Universitätslehrer finden die Bestimmungen der §§ 87 bis 95 keine Anwendung.

Vgl. Note 1 u. 4 zu § 87; Note 11 zu den vorigen Paragraphen.

Neunter Abschnitt.

Allgemeine und Übergangsbestimmungen.

§ 97.

Die Vorschriften des gegenwärtigen Gesetzes gelten auch in Ansehung der zur Disposition gestellten oder einstweilen in Ruhestand versetzten Beamten.

Vgl. Note 8 zu § 87. Diese Wartegeldempfänger unterliegen deshalb auch den Vorschriften der §§ 88—95 des „gegenwärtigen" Gesetzes und können demgemäß bei Dienstunfähigkeit endgültig gegen Pension in den Ruhestand versetzt werden, wie zum Überfluß durch die in § 87 zitierte Verordnung vom 14. Juni 1848 noch ausdrücklich anerkannt ist.

§ 98.

Aufgehoben!*)

§ 99.

Die gerichtlichen Untersuchungen, welche zur Zeit der Verkündigung der Verordnung vom 11. Juli 1849 bereits eröffnet waren, werden in der bisherigen Weise zu Ende geführt. Die Untersuchung wird als eröffnet betrachtet,

*) Betraf die „Civilstandsbeamten" im Bezirk des OLG. zu Köln. Ist mittelbar aufgehoben durch Art. 132 des Ges. vom 21. Sept. 1899 (GDS. S. 249).

wenn der Beschuldigte als solcher vernommen oder behufs seiner Vernehmung vorgeladen ist. Die ergangenen oder ergehenden Strafurteile werden ohne Rücksicht auf die Bestimmungen dieser Verordnung vollstreckt.

Die bereits eingeleiteten Disziplinaruntersuchungen werden bis zum Abschlusse der Voruntersuchung nach den zur Zeit der Einleitung gültig gewesenen Vorschriften zu Ende geführt. Im übrigen finden auf das Verfahren die Bestimmungen dieses Gesetzes Anwendung.

Der Paragraph ist heute ohne Bedeutung und veraltet.

§ 100.

Alle diesem Gesetze entgegenstehenden Bestimmungen sind aufgehoben. Dagegen wird durch dasselbe in der Befugnis der Aufsichtsbehörden, im Aufsichtswege Beschwerden Abhilfe zu verschaffen oder Beamte zur Erfüllung ihrer Pflichten in einzelnen Sachen anzuhalten und dabei alles zu tun, wozu sie nach den bestehenden Gesetzen ermächtigt sind, nichts geändert.

1. Nach § 11 der Regierungsinstruktion sind die Regierungen befugt, ihren Anordnungen „durch gesetzliche Straf- und Zwangsmittel Nachdruck zu geben"; solche sind nach § 48 der Verordnung vom 26. Dezbr. 1808, nachdem die Verhängung der dort gedachten „Gefängnis"haft durch das Strafgesetzbuch den Gerichten vorbehalten ist, nur noch „Strafbefehle im Wege des exekutivischen Verfahrens bis zur Summe von 100 Talern".

Es hätte wohl in Frage kommen können, ob diese Zwangsmittel auch von Vorgesetzten gegenüber Untergebenen anzuwenden sind, oder ob die Vorgesetzten sich auf die Androhung und Festsetzung von Disziplinarstrafen zu beschränken haben. Durch unseren § 100 ist die Frage dahin entschieden, daß beide Strafbefugnisse nebeneinander herlaufen.

Über den Unterschied zwischen beiden Strafen vgl. oben Note 2 zu §§ 14—16.

2. Die Zwangsbefugnis der Regierungen gebührt nach der Praxis allen Verwaltungsbehörden. Die unter den Regierungen stehenden sollen von ihr jedoch nur im Umfange der ihnen nach § 19 zustehenden Befugnis zur Verhängung disziplinarer Geldbußen Gebrauch machen (vgl. E. der DisziplM. v. 5. 7. 1866, MBl. S. 133; E. des UnterrichtsM. v. 12. 10. 1866, ZBl. S. 578).

3. Das OVG. hat ferner wiederholt ausgesprochen, daß die Zwangsmittel des § 132 LVG. von den dort genannten Verwaltungsbehörden nicht nur gegen Private, sondern auch gegen Beamte, die ihnen dienstlich unterstellt sind, angewendet werden können. Da solche Beamte zum Gehorsam verpflichtet sind, stehen ihnen gegen die Androhung und die Festsetzung der Zwangsmittel nicht die Rechtsmittel des § 133 LVG., sondern nur die Beschwerde im Dienstaufsichtswege zu (vgl. E. im pr. VerwBl. Jahrg. 24 S. 762).

4. Gegenüber den nichtrichterlichen Justizbeamten gelten für Zwangsstrafen die §§ 80 u. 81 des pr. AG. z. GVG. vom 24. April 1878, welche lauten:

§ 80. In dem Recht der Aufsicht liegt die Befugnis, gegenüber nichtrichterlichen Beamten die ordnungswidrige Ausführung eines Amtsgeschäfts zu rügen und die Erledigung eines Amtsgeschäfts durch Ordnungsstrafen bis zum Gesamtbetrage von einhundert Mark zu erzwingen. Der Festsetzung einer Strafe muß die Androhung derselben vorausgehen.

. . . . . .

§ 81. Die im § 80 bezeichnete Befugnis steht ferner zu:

1. den Staatsanwaltschaften bei den Oberlandesgerichten und bei den Landgerichten hinsichtlich derjenigen Beamten des Polizei- und Sicherheitsdienstes, welche Hilfsbeamte der Staatsanwaltschaft sind, mit Ausnahme solcher Beamten, welche ihr Amt als Ehrenamt versehen;
2. den in Gemäßheit des § 73 (d. h. von dem Justizminister) zu bestimmenden Beamten hinsichtlich der Gerichtsvollzieher.

Wem das Recht der Aufsicht zusteht, bestimmt sich im übrigen nach § 78 und 79 desselben Ges., nach §§ 4 u. 25 der Justizgefängnisordnung vom 21. Dezbr. 1898 (JMBl. S. 292) und § 32 der Gerichtsvollzieherordnung vom 23. März 1914 (JMBl. S. 289) und ist dort zu vergleichen.

§ 101.

(Gegenstandslos.)*)

§ 102.

Dieses Gesetz tritt an die Stelle der vorläufigen Verordnung vom 11. Juli 1849.

Urkundlich usw. usw.

*) Betraf das Obertribunal und den Rheinischen Kassationshof und ist mit deren Aufhebung gegenstandslos geworden.

Anhang.

Gesetz,

betr. die Disziplinarverhältnisse der Privatdozenten an den Landesuniversitäten, der Akademie zu Münster und dem Lyzeum Hosianum zu Braunsberg.

Vom 17. Juni 1898.

(GS. S. 125.)

Wir **Wilhelm**, von Gottes Gnaden König von Preußen ꝛc., verordnen, mit Zustimmung beider Häuser des Landtages, was folgt:

§ 1.

Ein Privatdozent an einer Landesuniversität, der Akademie zu Münster und dem Lyzeum Hosianum zu Braunsberg, welcher

1. die Pflichten verletzt, die ihm seine Stellung als akademischer Lehrer auferlegt, oder
2. sich durch sein Verhalten in oder außer seinem Berufe der Achtung, des Ansehens oder des Vertrauens, die seine Stellung erfordert, unwürdig zeigt,

unterliegt den Vorschriften dieses Gesetzes.

1. Das Gesetz will die Unsicherheit beseitigen, die über die disziplinare Stellung der Privatdozenten entstanden war.

Die Privatdozenten an den Landesuniversitäten haben staatlichen Lehrauftrag, bekommen staatliche Titel (Professor) und gehen später zumeist in die eigentlichen Staatsstellungen als ordentlicher oder außerordentlicher Professor über. Ihre Stellung ist demnach eine unter staatlicher Autorität stehende Vorstufe zur Staatsbeamtenstellung. Es hätte demnach sehr wohl in Frage kommen können, sie auch in dieser schon ebenso als Beamte zu behandeln, wie dies bei anderen unbesoldeten Vorstufen der Beamtenstellung, beispielsweise bei den Referendaren, der Fall ist.

Gleichwohl war man bei Beratung des Disziplinargesetzes von 1852 darüber einig, daß die Privatdozenten nicht unter dieses Gesetz fielen. Der Unterrichtsminister nahm infolgedessen das Recht in Anspruch, ihnen ohne jedes förmliche Verfahren den Lehrauftrag jederzeit wieder zu entziehen. Andererseits trafen die Fakultätsstatuten vielfach besondere Bestimmungen über die Entlassung der Privatdozenten, und es wurde daher vielfach die Ansicht laut, daß die Privatdozenten nur auf diesen durch Fakultätsstatuten gewiesenen Wegen und nicht ohne weiteres durch den Minister entlassen werden könnten.

Deshalb hat unser Gesetz die Entlassung und disziplinare Bestrafung der Privatdozenten einheitlich geregelt.

2. Da die Stellung als „akademischer Lehrer“ ebenso wie die Stellung der eigentlichen Professoren, wie schon betont, unter staatlicher Autorität steht und überhaupt eine Vorstufe der Professur bildet, so legt sie im allgemeinen dieselben Pflichten auf wie diese. Das gilt sowohl für die eigentlichen Amtspflichten nach Ziff. 1, wie für die allgemeinen Pflichten aus Ziff. 2 des Paragraphen. So wie es deshalb für den Professor als Staatsbeamten unzulässig ist, sich für eine die Grundlagen des ihn anstellenden Staates bekämpfende Partei, wie die sozialistische oder polnische, zu betätigen, ebensowenig ist dies für den Privatdozenten erlaubt. Dieser macht sich dadurch des Vertrauens, das

der Staat bei Übertragung seiner Stellung in ihn gesetzt hat, dauernd unwürdig. So ist gelegentlich für die sozialistische Partei vom preußischen Disziplinarhof und Staatsministerium entschieden worden.

§ 2.

Das Gesetz vom 21. Juli 1852, betreffend die Dienstvergehen der nichtrichterlichen Beamten usw. (GS. S. 465), findet auf die Privatdozenten an den genannten Anstalten in seinen §§ 3 bis 7, 13, 18, 22 bis 24, 27 bis 30, 32 bis 46, 48 bis 50 und 54 mit den aus dem Gesetze, betreffend die Abänderung von Bestimmungen der Disziplinargesetze vom 9. April 1879 (GS. S. 345) sich ergebenden Abänderungen und mit den nachfolgenden besonderen Bestimmungen sinngemäße Anwendung.

§ 3.

Die gegen Privatdozenten zulässigen Disziplinarstrafen bestehen in:

Ordnungsstrafen,
Entziehung der Eigenschaft als Privatdozent.

§ 4.

Ordnungsstrafen sind:

1. Warnung,
2. Verweis.

Zur Verhängung derselben ist außer dem Unterrichtsminister die Fakultät befugt, bei welcher der Privatdozent habilitiert ist.

Vor Verhängung einer Ordnungsstrafe ist dem Privatdozenten Gelegenheit zu geben, sich über die ihm zur Last gelegte Pflichtverletzung zu verantworten.

Die Verhängung der Ordnungsstrafe erfolgt unter Angabe der Gründe durch schriftliche Verfügung.

Gegen die Verhängung einer Ordnungsstrafe durch die Fakultät findet binnen einer mit der Zustellung dieser Verfügung beginnenden Frist von zwei Wochen Beschwerde an den Unterrichtsminister statt.

Zu den §§ 3 u. 4:

1. Die Abweichungen des Verfahrens gegen Privatdozenten gegenüber dem allgemeinen Disziplinarverfahren liegen zunächst in der Beschränkung der zulässigen Strafen.

Geldbuße ist ausgeschlossen.

Strafversetzung ist ebenfalls ausgeschlossen.

An die Stelle der Dienstentlassung tritt die Entziehung der Eigenschaft als Privatdozent. Diese kann auch als Strafversetzung wirken. Die Entziehung der Eigenschaft als Privatdozent entfernt diesen nämlich nur aus der betreffenden Fakultät. Jeder anderen Fakultät bleibt es darum, wie durch den Regierungskommissar im Abgeordnetenhause bei der Beratung des Gesetzes unwidersprochen festgestellt ist, unbenommen, den Privatdozenten wieder anzunehmen.

§ 5.

Der Entziehung der Eigenschaft als Privatdozent muß ein förmliches Disziplinarverfahren vorangehen.

Zur Einleitung desselben ist außer dem Unterrichtsminister die Fakultät befugt, bei welcher der Privatdozent habilitiert ist.

Vor Einleitung des Verfahrens durch den Unterrichtsminister ist der Fakultät Gelegenheit zu einer gutachtlichen Äußerung zu geben.

Untersuchungskommissar ist der Universitätsrichter; der Beamte der Staatsanwaltschaft wird durch den Unterrichtsminister ernannt.

§ 6.

Die entscheidende Disziplinarbehörde erster Instanz ist die Fakultät, bei welcher der Privatdozent habilitiert ist.

In dieser Eigenschaft ist die Fakultät als Provinzialbehörde im Sinne des Gesetzes vom 21. Juli 1852 anzusehen. Für ihre Zusammensetzung sind dieselben Bestimmungen maßgebend, welche sonst für die Geschäftsführung der Fakultät gelten.

§ 7.

Die im letzten Absatze des § 45 des Gesetzes vom 21. Juli 1852 vorgesehene mündliche Verhandlung muß stattfinden, sofern der Angeschuldigte darauf anträgt. In derselben ist ein von dem akademischen Senat zu bezeichnendes Mitglied der Universität zu hören.

Dem Angeschuldigten steht es frei, sich bei der mündlichen Verhandlung des Beistandes eines Rechtsanwaltes als Verteidigers zu bedienen.

1. Der § 7 enthält die weitere wichtige Abweichung des Disziplinarverfahrens gegen Privatdozenten von dem sonstigen.

Sie betrifft die Berufungsinstanz. In dieser ist nämlich vor der endgiltigen Entscheidung des Staatsministeriums zwar wie sonst das Gutachten des Disziplinarhofs einzuholen. Dieser ist aber nicht wie sonst, nur berechtigt, sondern auf Antrag des Angeschuldigten verpflichtet, dieses Gutachten durch eine mündliche Verhandlung vorzubereiten, in der auch ein Vertreter der Universität gehört werden muß.

2. Es handelt sich im Gegensatze zu § 6 um einen Vertreter „der Universität“ nicht der „Fakultät.“ Der akademische Senat ist deshalb nicht gehindert, den Vertreter auch aus einer anderen Fakultät als derjenigen zu wählen, die in erster Instanz erkannt hat; unter Umständen kann sich dies sogar empfehlen.

3. Die Stellung des Vertreters der Universität über-

ragt diejenige eines gewöhnlichen Gutachters. Er hat kraft Gesetzes den Auftrag, den Standpunkt der „Universität" zur Sache darzulegen. Dies sichert ihn deshalb vor einer persönlichen Kritik seiner Ausführungen. Zweckmäßig wird er auch erst am Schlusse der Verhandlung nach den Ausführungen des Staatsanwalts und Verteidigers gehört. Von der Regel, daß dem Angeschuldigten das letzte Wort gebührt, wird allerdings darum nicht abgewichen werden dürfen. Dieser wird sich deshalb zwar auch gegen die ihm etwa ungünstige Stellungnahme des Universitätsvertreters wehren dürfen; seine Kritik wird aber die Grenzen der Kritik, wie sie gegen Instanzurteile zulässig ist, nicht zu überschreiten haben.

4. Die mündliche Verhandlung schließt hier wie sonst nicht etwa mit der Verkündung des Gutachtens des Disziplinarhofs. Dieses ist geheim, und wird nur dem Kgl. Staatsministerium schriftlich bekannt gegeben. Die mündliche Verhandlung schließt deshalb mit der Erklärung des Vorsitzenden, daß auf Grund ihrer das Gutachten an das Staatsministerium werde erstattet werden.

§ 8.

Es bleibt Königlicher Verordnung vorbehalten, die Bestimmungen dieses Gesetzes auch auf die Privatdozenten an technischen und sonstigen Hochschulen in einer der Verfassung dieser Anstalten entsprechenden Weise auszudehnen.

§ 9.

Alle diesem Gesetze entgegenstehenden Bestimmungen der für die Landesuniversitäten usw. ergangenen Ordnungen (Universitäts-, Fakultäts-Statuten, Reglements usw.) sind aufgehoben.

Der Minister der geistlichen, Unterrichts- und Medizinalangelegenheiten ist mit der Ausführung dieses Gesetzes beauftragt.

Urkundlich usw.

Übersicht
der Paragraphen der Strafprozeßordnung nach ihrer Anwendbarkeit.

(Die anwendbaren Paragraphen sind mit „ja", die unanwendbaren mit „nein", die bedingt oder teilweis anwendbaren durch „?" gekennzeichnet. S. = Seite.)

§ 1 nein.
§ 2 ja S. 189.
§ 3 ja S. 189.
§ 4 Abs. 1 ja S. 189.
§ 4 Abs. 2 nein S. 189f.
§ 5 ja S. 189.
§§ 7—21 nein S. 189.
§ 22 ja S. 185.
§ 23 Abs. 1 ja S. 184f.
§ 23 Abs. 2 u. 3 nein S. 184f.
§§ 24—26 ja S. 185.
§ 27 Abs. 3 ja S. 186.
§ 27 Abs. 2 nein S. 186.
§§ 28—31 ja S. 186.
§ 32 nein.
§ 33 nein.
§ 34 ja S. 114.
§ 35 ? S. 114.
§§ 36—38 nein.
§ 39 ja S. 73f.
§§ 40, 41 nein S. 72.
§ 42 ja.
§§ 43—45 ja S. 259ff.
§ 46 Abs. 1 u. 2 ja S. 261.
§ 46 Abs. 3 nein S. 261.
§ 47 ja S. 261.
§ 48 ja S. 209.
§§ 49—51 ja S. 210.
§§ 52—57 ja S. 211.
§§ 57—64 ja S. 212.
§ 65 Abs. 1 ja S. 113, 205, 212.
§ 65 Abs. 2 nein S. 113, 205, 212.
§ 65 Abs. 3 u. 4 ja S. 111, 113.
§ 66 ja S. 212.
§§ 67—71 ja S. 213.
§§ 71—78 ja S. 214.
§§ 79—80 ja S. 215.
§ 81 nein S. 215.
§ 82 ja S. 113.
§§ 83—85 ja S. 114.
§ 86 ja S. 215.
§§ 87—91 nein S. 215.
§ 92 ja S. 215.

Sachregister.

(Die Zahlen verweisen auf die Seiten.)

A.

E.

H.

J.

R.

Herrosé & Ziemsen, G. m. b. H., Wittenberg.

Das am Schluß befindliche Schlagwortregister wird geneigter Beachtung empfohlen.

Guttentagsche Sammlung

Deutscher Reichsgesetze.

Text-Ausgaben mit Anmerkungen. Taschenformat.

---

1 **Verfassung des Deutschen Reichs.** Von Dr. **L. von Rönne.** **10. Aufl.** von Landrat **P. von Rönne** und Regierungsassessor **von Dobbeler.** 1912. **2 M.** 60 **Pf.**

2. **Strafgesetzbuch** für das Deutsche Reich. Von Prof. Dr. **Franz v. Liszt** und Dr. **Ernst Delaquis. 24. Aufl.** 1914. 3 M.

3. **Militärstrafgerichtsordnung** nebst Einführungsgesetz. Von Wirkl. Geheimen Kriegsrat Dr. jur. **A. Romen** und Kriegsgerichtsrat Dr. jur. **Carl Rissom.** 1910. **6 M.**

4. **Handelsgesetzbuch vom 10. Mai 1897** unter Ausschluß des Seerechts. **14. Aufl.** Herausgegeben von Geh. Justizrat Prof. Dr. **A. Mosse.** 8°. 1911 5 M.

5. **Wechselordnung vom 3. Juni 1908. Kommentar von** Justizrat Dr. **J. Stranz** und Rechtsanwalt Dr. **M. Stranz,** und das **Wechselstempelgesetz vom 15. Juli 1909 von** Geh. Regierungsrat **P. Loeck. 11. Aufl.** 1913. 4 M.

5 a. **Wechselstempelgesetz apart. 11. Aufl.** 1913. **1 M. 50 Pf.**

6. **Reichsgewerbeordnung** nebst Ausführungsbestimmungen. Von **Berger** und **Wilhelmi. 18. Auflage** von Stadtrat Dr. **Karl Flesch** in Verbindung mit Dr. **Friedr. Hiller** und Dr. **Herm. Luppe.** Mit Nachtrag, enthaltend die Änderungen bis 31. 3. 1912. **4 M.**

7 **Post- und Telegraphen-Gesetzgebung.** Nebst Weltpostvertrag und internationalem Telegraphenvertrag. **6. Aufl.** von Geh. Ober-Postrat Dr. **M. König.** 1908. **4 M.**

8. Die Reichsgesetze über den Unterstützungswohnsitz, die Freizügigkeit, den Erwerb und Verlust der Bundes- und Staatsangehörigkeit. Von Geheimrat Dr. J. Krech, Mitglied des Bundesamtes für das Heimatwesen. 8. Aufl. 1913. 3 M. 60 Pf.

9. Sammlung kleinerer strafrechtlicher Reichsgesetze. Von Dr. R. H. Kriegsmann, Privatdozent in Kiel. 8. Aufl. 1910. 4 M.

10. Das Reichsbeamtengesetz von J. Pieper. 2. Aufl. 1991. 4 M. 50 Pf.

Reichsbeamtengesetz von 1907 siehe Nr. 82.

11. Zivilprozeßordnung mit Gerichtsverfassungsgesetz. Von R. Sydow. Fortgeführt von L. Busch, Reichsgerichtsrat, jetzt zugleich mit A. Busch, Gerichtsassessor. 14. Aufl. 8°. 1913. 8 M.

12. Strafprozeßordnung und Gerichtsverfassungsgesetz nebst den Gesetzen, betr. die Entschädigung der im Wiederaufnahmeverfahren freigesprochenen Personen und die Entschädigung für unschuldig erlittene Untersuchungshaft. Von Dr. A. Hellweg, Reichsgerichtsrat. 16. Aufl. von Professor Dr. Kohlrausch. 1912. 3 M.

13. Konkursordnung und Anfechtungsgesetz. Von R. Sydow. Fortgeführt von L. Busch. 11. Aufl. 1911. 2 M 80 Pf

14, Gerichtsverfassungsgesetz mit Einführungsgesetz. Herausgegeben von R. Sydow. Fortgeführt von L. Busch. 9. Aufl. 1905. Mit Nachtrag, enthaltend die Novelle vom 1. Juni 1909. 1 M. 50 Pf.

15. Das **Deutsche Gerichtskostengesetz** nebst den Gebührenordnungen für Gerichtsvollzieher, Zeugen und Sachverständige. Von **R. Sydow.** Weiter bearbeitet von Reichsgerichtsrat **L. Busch** und Gerichtsassessor **Arno Busch. 9. Aufl.** 1912. 2 M. 60 Pf.

16. **Rechtsanwaltsordnung.** Von **R. Sydow. 5. Aufl.** von Justizrat **M. Jacobsohn.** 1907. Mit Nachtrag, enthaltend die Bestimmungen vom 22. Mai 1910. 1 M. 20 Pf.

17 Die **Deutsche Gebührenordnung für Rechtsanwälte und das Preußische Gebührengesetz** vom 27 September/6. Oktober 1899. Von **R. Sydow.** Fortgeführt von **L. Busch. 11. Aufl.** 1914. Im Druck.

18. **Reichsstempelgesetz** vom 3. Juli 1913. (Börsen-, Lotterie- [Spiel und Wette], Frachturkunden-, Fahrkarten-, Kraftfahrzeug-, Tantieme-, Scheck- und Grundstücksübertragungssteuer.) Mit den gesamten Ausführungsbestimmungen **12. Aufl.** von Geh. Regierungsrat **P. Loeck.** 1914 8° Im **Druck.**

19. Die **Seegesetzgebung.** Von Dr. **W. E. Knitschky. 5. Aufl.** bearbeitet von Oberlandesgerichtsrat **Otto Rudorff** in Hamburg. 1913. 8 M.

20. **Krankenversicherungsgesetz.** Von weil. Dr. **E. von Woedtke.** Siehe Bd. 107

21 Die **Konsulargesetzgebung.** Von Professor Dr **Ph. Zorn. 8. Aufl.** bearbeitet von Reg.-Assessor Dr. **K. Zorn.** 1911 4 M. 50 Pf

22. **Patentgesetz.** Nebst Ausführungsbestimmungen, völkerrechtlichen Verträgen und der Patentanwalts-Ordnung. **7. Aufl.** bearbeitet von **R. Lutter**, Geh. Reg.-Rat im Kaiserl. Patentamt. 1908. 2 M. 80 Pf.

23. **Gewerbe-Unfallversicherungsgesetz.** Von weil. Dr. **E. von Woedtke.** Siehe Bd. 108.

24. **Aktiengesellschaft und Kommanditgesellschaften auf Aktien.** Von Kammergerichtsrat Dr. **H. Keyßner** und Justizrat Dr. **H. Veit Simon. 6. Aufl.** von Amtsrichter **L. Keyßner.** 1911. 3 M.

25. **Brausteuergesetz.** vom 15. Juli 1909. Von **A. Düsse,** Oberzollrevisor. **2. Aufl.** 1910. 3 M.

26. Die Reichsgesetzgebung über **Münz- und Notenbankwesen.** Papiergeld, Prämienpapiere und Reichsschulden. Von Dr. jur **R. Koch,** Präsident des Reichsbankdirektoriums, **6. Aufl.** 1910. 4 M.

27. Die Gesetzgebung, betr. das **Gesundheitswesen** im Deutschen Reich. Von Dr. jur. **E. Goesch** und Dr. med. **J. Karsten.** 1888. 1 M. 60 Pf.

28. **Bau-Unfallversicherungsgesetz.** Vom 30. Juni 1900. Von **R. Chrzescinski.** Siehe Bd. 108.

29. **Erwerbs- und Wirtschaftsgenossenschaften.** Von **L. Parisius** und Dr. **H. Crüger. 14. neu bearb. Aufl.** von Dr. **H. Crüger.** 1912. 1 M. 80 Pf.

30. **Invalidenversicherungsgesetz** vom 13. Juli 1899. Von weil. Dr. **E. von Woedtke.** Siehe Bd. 109.

31. **Gewerbegerichtsgesetz.** Von Stadtrat **L. Mugdan. 7. Aufl.** bearbeitet von **W. Cuno**, Oberbürgermeister zu Hagen i. W. 1911 2 M. 50 Pf.

32. Reichsgesetz, betr. die **Gesellschaften mit beschränkter Haftung.** Von **L. Parisius** und Dr. **H. Crüger. 13. Aufl.** von Dr. **H. Crüger.** 1914. 2 M.

33. **Vereins- und Versammlungsrecht.** Von Dr. **E. Ball. 2. Aufl.** von Dr. **F. Friedenthal.** 1907 2 M. 50 Pf.

Reichs-Vereinsgesetz vom 19. April 1908 siehe Nr. 88.

34. Die **Abzahlungsgeschäfte.** Gesetz vom 16. Mai 1894. **3. vermehrte Aufl.** besorgt von Dr. **E. Wilke**, Landgerichtsrat. 1910. 1 M. 25 Pf.

35. Die **Reichs-Eisenbahngesetzgebung.** Von **W. Coermann,** Kaiserl. Amtsrichter. 1895. 2 M. 25 Pf. S. auch Bd. 66.

36. Gesetze, betr. die **privatrechtlichen Verhältnisse der Binnenschiffahrt und der Flößerei.** Von **E. Löwe,** Landgerichtsrat. **4. Aufl.** 1909. 3 M.

37 Gesetz gegen den **unlauteren Wettbewerb.** Von Justizrat **A. Pinner. 6. Aufl.** 1912. 1 M. 50 Pf.

38/39. **Bürgerliches Gesetzbuch nebst Einführungsgesetz** von Dr. **A. Achilles.** In Verbindung mit Professor Dr. **André**. Kammergerichtsrat **Ritgen**, Reichsgerichtsrat Dr. **Strecker**, Senatspräsident Dr. **v. Unzner** herausgegeben von Wirkl. Geh. Ober-Justizrat u. Oberlandesgerichtspräsident **Greiff**. 7. **Aufl.** 8° 1912. 7 M.

40. Gesetz betr. die **Pflichten der Kaufleute bei Aufbewahrung fremder Wertpapiere (Depotgesetz).** Mit Erläuterungen. Von **F. Lusensky**, Geh. Ober-Regierungsrat. **2. Aufl.** 1905. 1 M.

41. **Börsengesetz.** Von Wirkl. Geh. Ober-Regierungsrat **Th. Hemptenmacher.** Neue Aufl. im Druck.

42. **Grundbuchordnung** nebst den preußischen Ausführungsbestimmungen. Mit Einleitung. Von Prof. Dr. **O. Fischer. 6. Aufl.** 1912. 2 M.

43. **Zwangsvollstreckung in das unbewegliche Vermögen** im Reiche und in Preußen. Mit Einleitung, Kosten- und Gebührentabellen. Von Dr. **J. Krech** u. Dr. **O. Fischer. 7. Aufl.** bearbeitet von Professor Dr. **O. Fischer** u. Landrichter Dr. **F. Krech.** 1914 etwa 3 M.

44. Das Reichsgesetz über das **Auswanderungswesen** vom 9. Juni 1897. Von Professor Dr. **Felix Stoerk.** 1899. 2 M. 25 Pf.

45. Das **Entmündigungsrecht** unter Berücksichtigung der für Preußen geltenden Vorschriften nebst der preußischen Justiz-Ministerial-Verfügung vom 28. November 1899. Von Landgerichtsrat Dr. **P. Koll** in Cöln. 1900. 1 M. 50 Pf.

46. Die Gesetze des Reiches und Preußens über die **freiwillige Gerichtsbarkeit.** Von **Herm. Jastrow**, Amtsgerichtsrat. **5. Aufl.** 1911. 3 M. 60 Pf.

47. Das **deutsche Vormundschaftsrecht** und das preuß. Gesetz über die Fürsorgeerziehung Minderjähriger nebst den dazu gehörigen preußischen Nebengesetzen. Von Oberverwaltungsgerichtsrat **Max Schultzenstein** und Amtsgerichtsrat Dr. **Paul Köhne. 2. Aufl.** 1901. 3 M.

48. Gesetze und Verordnungen, betr. den **Drogen-, Gift- und Farbenhandel** außerhalb der Apotheken. Von Dr. **J. Broh**, Rechtsanwalt. 1899. 1 M. 25 Pf.

49. Deutsche **Kolonialgesetzgebung**. Von Geh. Justizrat Professor Dr. **Philipp Zorn**. 2. Aufl. von Gerichtsassessor Dr. **Sassen**. 1913. 7 M. 50 Pf.

50. Der **Viehkauf** (Viehgewährschaft) nach dem Bürgerlichen Gesetzbuche unter Berücksichtigung des ausländischem Rechts. Verordnung betr. die Hauptmängel und Gewährsfristen beim Viehhandel. Von Rechtsanwalt Dr. **H. Stölzle** und Königlichem Regierungs- und Veterinärrat **H. Weiskopf**. **5. Aufl.** 1913. 6 M.

51. **Hypothekenbankgesetz** vom 13. Juli 1899. Von Dr. **H. Göppert**. **2. Aufl.** Bearbeitet von Geh. Reg.-Rat Dr. **Seidel**. 1911. 2 M. 40 Pf.

52. Gesetz, betreffend die gemeinsamen **Rechte der Besitzer von Schuldverschreibungen**. Von Dr. **Heinrich Göppert**. 1900. 2 M.

53. **Reichspreßgesetz** vom 7. Mai 1874. Mit **Kommentar** von Erstem Bürgermeister **A. Born**. 1911. **2. Aufl.** 2 M.

54. Die Reichsgesetzgebung **über den Verkehr mit Nahrungsmitteln, Genußmitteln** und **Gebrauchsgegenständen**. Von Dr. **Georg Lebbin**, Nahrungsmittelchemiker in Berlin. 1900. 2 M. 25 Pf.

55. Das Recht der **Beschlagnahme von Lohn- und Gehaltsforderungen**. Von Justizrat **Georg Meyer**. **5. Aufl.** 1914. 2 M. 70 Pf.

56. Gesetz, betr. die **Bekämpfung gemeingefährlicher Krankheiten.** Nebst Ausführungsbestimmungen. Von Dr. **Bruno Burkhardt**, Regierungsrat, Mitglied des Kaiserl. Gesundheitsamts. 1900. 1 M. 40 Pf.

57. **See-Unfallversicherungsgesetz.** Von Dr. **Max Mittelstein**, Oberlandesgerichtsrat in Hamburg. Siehe Bd. 108.

58. **Das Recht der unehelichen Kinder** nach dem BGB. Von **Hermann Jastrow**, Amtsgerichtsrat. 1901. 1 M. 80 Pf.

59. Reichsgesetz über die **Beurkundung des Personenstandes und die Eheschließung.** Von Dr. **F. Fidler**, Amtsgerichtsrat. 1912. **2. Aufl.** 2 M. 50 Pf.

60. Gesetz, betreffend das **Urheberrecht an Werken der Literatur und der Tonkunst.** Von Geh. Justizrat **Otto Lindemann. 3. Aufl.** 1910. 1 M. 60 Pf.

61. Gesetz über das **Verlagsrecht.** Von Justizrat **E. Heinitz. 2. Aufl.** Bearbeitet von Rechtsanwalt Dr. **Br. Marwitz.** 1911. 1 M. 80 Pf.

62. Gesetz über **private Versicherungsunternehmungen.** Von **H. Könige**, Reichsgerichtsrat. **2. Aufl.** 1910. 4 M. 20 Pf.

63. **Gesetzestafel des Deutschen Reichsrechts.** Systematisch geordnete Nachweisung des z. Z. geltenden Reichsrechts. Von **Hugo Bruhns**, Bürgermeister. 1913. 8°. **2. Aufl.** 3 M. 50 Pf.

64. Gesetzsammlung betr. den **Handel mit Drogen und Giften** Reichsgesetzliche Bestimmungen und Anhang mit den landesgesetzlichen Verordnungen sämtlicher Bundesstaaten, Von Rechtsanwalt **H. Sonnenfeld**, Syndikus der Berliner Drogisten-Innung. **2. Aufl.** 1912. 4 M.

65. Das **Weingesetz** in der Fassung von 1909. Mit Ausführungsbestimmungen von Dr. **Georg Lebbin**, Nahrungsmittelchemiker. **2. Aufl.** 1909. 2 M. 50 Pf.

66. Die **Eisenbahn-Gesetzgebung.** Von **W. Pietsch**, Rechnungsrat im Reichs-Eisenbahn-Amt. **2. Aufl.** 1913. 3 M. 60 Pf.

67. **Militär-Strafgesetzbuch für das Deutsche Reich** mit der Novelle vom 8. 8. 1913. Von Wirklichem Geheimen Kriegsrat Dr. **A. Romen** und Kriegsgerichtsrat Dr. **C. Rissom.** 1912. 6 M.

68. Das **Fleischbeschaugesetz.** Vom 3. Juni 1900. Von Dr. **Georg Lebbin**, Nahrungsmittelchemiker und Rechtsanwalt Dr. **Georg Baum.** 1903. 4 M.

69. Reichsgesetz über die **Naturalleistungen der bewaffneten Macht im Frieden** nebst den in Preußen geltenden Bestimmungen. Von Landrat Dr. **Walter v. Hippel.** 1903. 1 M. 25 Pf.

70. Das **Reichs-Haftpflichtgesetz**, vom 7. Juni 1871. Von Regierungsrat Dr. **G. Eger.** 1903. 3 M.

71. **Kinderarbeit in gewerblichen Betrieben**, vom 30. März 1903. Von **H. Spangenberg**, Oberverwaltungsgerichtsrat. **2. Aufl.** 1904. 1 M. 60 Pf.

72. **Unfallversicherungsgesetz für Land- und Forstwirtschaft** von weil. Dr. **E. von Woedtke.** Siehe Band 108.

73. **Entschädigung für unschuldig erlittene Verhaftung und Bestrafung.** Nebst Anhang, enthaltend die dazu gehörigen Nebengesetze über Schadensersatz. Von Dr. jur. **A. Romen**, Wirklichem Geheimen **Kriegsrat.** 1904. 2 M.

74. Die **Kaufmannsgerichte** nebst den preuß. Ausführungsbestimmungen. Von Professor Dr. **Max Apt. 3. Aufl.** 1905. 2 M.

75. Reichsgesetz über die **Konsulargerichtsbarkeit.** Von Dr. jur. **A. F. Vorwerk,** Rechtsanwalt in Schanghai. 2. Ausgabe, mit dem Schutzgebietsgesetz und der Ausführungsverordnung, betr. die Rechtsverhältnisse in den Schutzgebieten. 1908. 2 M.

76. **Die Rechtshilfe im Verkehr mit den ordentlichen Gerichten nach deutschem Reichsrecht.** Von Landrichter Dr. **A. Friedländer.** 1906. 1 M. 80 Pf.

77. **Das Reichserbschaftssteuergesetz.** Vom 3. Juni 1906. Von **Ulrich Hoffmann,** Rechnungsrat im Königl. Preuß. Finanzministerium. **2. Aufl.** mit Nachtrag, enth. die Bestimmungen v. 3. Juli 1913. 1911. 5 M.

78. **Zigarettensteuergesetz.** Vom 15. Juli 1909. Von Dr. **Cuno,** Regierungsassessor. **2. Aufl.** in Vorbereitung.

79. **Die Militärpensionsgesetze** vom 31. Mai 1906 nebst Ausführungsbestimmungen. Zum Gebrauch für Heer, Marine und Schutztruppe von Dr. jur. **A. Romen,** Wirklicher Geheimer Kriegsrat.

a) I. Teil: Offizierpensionsgesetz. 1907. 3 M. 50 Pf.

b) II. Teil: Mannschaftsversorgungsgesetz. 1908. 3 M. 50 Pf.

80. Reichsgesetzgebung über **gerichtliche Registerführung.** Von **Otto Lindemann,** Geh. Justizrat. 1906. 3 M.

81. Gesetz, betr. **Urheberrecht an Werken der bildenden Künste und der Photographie.** Von Dr. **Ludwig Fuld,** Rechtsanwalt. 1907. 1 M.

82. **Reichsbeamtengesetz** in der Fassung vom 18. Mai 1907 und seine Ergänzungen von Geheimrat Professor Dr. **Adolf Arndt.** 1908. 3 M.

83. Reichsgesetz über **den Versicherungsvertrag** nebst Einführungsgesetz. Von Dr. **Paul Hager** und Dr. **E. Bruck. 3. vermehrte und verbesserte Auflage.** 1913. 6 M.

84. **Sammlung kleinerer privatrechtlicher Reichsgesetze** von Oberlandesgerichtsrat **Georg Müller.** 1908. 6 M. 50 Pf.

85. **Scheckgesetz** mit Einleitung usw. Von Prof. Dr. **Max Apt. 5. Aufl.** Mit Postscheckordnung vom 6. Nov. 1908 und im Anhang „Besteuerung des Schecks". 1909. 2 M.

86. **Die Auslieferungsverträge des Deutschen Reiches** von Landrichter **A. Cohn.** 1908. 4 M.

87. Gesetz zum **Schutz der Warenbezeichnungen.** Von Geh. Reg.-Rat, Mitglied des Patentamts Dr. **Freund** und Rechtsanwalt **Magnus. 5. Aufl.** 1909. 3 M. 50 Pf.

88. **Vereinsgesetz** vom 19. April 1908. Von Dr. jur. **A. Romen,** Wirkl. Geh. Kriegsrat. **3. Aufl** 1912. 2 M. 50 Pf.

89. **Vogelschutzgesetz** vom 30. Mai 1908 nebst den das Flugwild betr. Bestimmungen der Preußischen Jagdordnung von Dr. jur. **Leo von Boxberger.** 1908. 1 M.

90. Die Haager Abkommen über das **Internationale Privatrecht.** Von Dr. **G. A. E. Bogeng.** 1908. 2 M. 20 Pf.

91. **Eisenbahn-Verkehrsordnung** vom 23. Dez. 1908. Mit Ausführungsbestimmungen. Von Regierungsrat Dr. **Ernst Blume.** 1909. 2 M. 50 Pf.

92. Gesetz, betr. den **Verkehr mit Kraftfahrzeugen.** Von Amtsrichter **R. Kirchner. 2. Ausgabe** ergänzt durch die Bundesratsverordnung vom 3. Febr. 1910 und das Internationale Uebereinkommen vom 11. Okt. 1909. 1910. 3 M.

93. Gesetz über die **Sicherung der Bauforderungen** von Justizrat Dr. **E. Harnier. 3. Aufl.** 1912. 1 M. 60 Pf.

94. **Haftpflicht der Reichs- und Staats-Beamten** von Dr. **H. Delius. 2. Aufl.** 1909. Mit Nachtrag, enth. das Gesetz über die Haftung des Reichs für seine Beamten vom 22. Mai 1910. 3 M. 50 Pf.

95. Die Berner Uebereinkunft über **internationales Urheberrecht** von Geh. Ob.-Reg.-Rat Dr. **Herm. Dungs.** 1910. 1 M.

96. **Branntweinsteuergesetz** vom 15. Juli 1909. Unter Berücksichtigung der für das Reich erlassenen Ausführungsbestimmungen. Von Geh. Reg.-Rat **Johs. Rau,** vortrag. Rat im Reichsschatzamt. 1910. 3 M. 50 Pf.

97. **Schutzgebietsgesetz** nebst Verord. betr. die Rechtsverhältnisse in den Schutzgebieten, dem Gesetz über die Konsulargerichtsbarkeit sowie den Ausführungsbest. Von **Johs. Gerstmeyer,** Wirkl. Legationsrat und vortrag. Rat im Reichskolonialamt. 1910. 3 M.

98. **Sechs Haager Abkommen** über **Internationales Privatrecht.** Von Geh. Ob.-Reg.-Rat Dr. **Herm. Dungs.** 1910 1 M. 50 Pf.

99. **Die Abkommen der Haager Friedenskonferenz.** Von Dr. jur. **Hans Wehberg.** 1910. 3 M.

100. Gesetz über den **Absatz von Kalisalzen.** Von Geh. Bergrat **Carl Voelkel.** 1910. 2 M. 40 Pf.

101. **Zuwachssteuergesetz** vom 14. Februar 1911. Von Dr. **W. Cuno,** Geheimer Regierungsrat im Reichsschatzamt. 1911. 3 M. 60 Pf.

102. **Urheberrecht an Mustern und Modellen** u. Ges. betr. Schutz v. Gebrauchsmustern von Reg.-Rat **Johs. Neuberg,** Mitgl. d. **K.** Patentamts. 1911. 2 M. 40 Pf.

103. **Reichs-Viehseuchengesetz** vom 26. Juni 1909 nebst Ausführungsvorschriften u. dem preuß. Ausführungsgesetz. Von Landrat Dr. **Walter v. Hippel. 2. Aufl.** 1912. 4 M. 50 Pf.

104. **Versicherungsgesetz** für Angestellte vom 20. Dez. 1911. Von Rechtsanwalt **O. Bernstein** und Dr. **J. Kupferberg. 2. Aufl.** 1912. 3 M. 50 Pf.

105. **Das Geldwesen in den deutschen Schutzgebieten.** Von **W. Hintze,** Geheimer exped. Sekretär im Reichskolonialamt. 1912. 2 M.

106—109. **Reichs-Versicherungsordnung nebst Einführungsgesetz:** Herausgegeben unter Mitwirkung von Dr. **F. Caspar,** Wirkl. Geh. Rat, Direktor im Reichsamt d. Innern und **A. Spielhagen,** Geh. Ob.-Reg.-Rat, vortr. Rat im Reichsamt d. Innern. 4 Bände.

106. Erstes, fünftes und sechstes Buch. **Gemeinsame Vorschriften. — Beziehungen der Versicherungsträger zu einander und zu anderen Verpflichteten. — Verfahren.** Bearbeitet von Dr. **K. Lippmann,** Reg.-Rat im Reichsversicherungsamt, Professor, Geh. Reg.-Rat Dr. **L. Laß** und Geh. Reg.-Rat **H. Siefart,** vortrag. Räte im Reichsamt **des Innern.** 1913. 6 M.

107. Zweites Buch. **Krankenversicherung.** Von Geh. Reg.-Rat **H. Siefart**, vortrag. Rat im Reichsamt des Innern. Im Druck.

108. Drittes Buch. **Unfallversicherung.** Von Geh. Reg.-Rat **A. Radtke**, Senatsvorsitzender im Reichsversicherungsamt. 1913. 8 M.

109. Viertes Buch. **Invaliden- und Hinterbliebenenversicherung.** Bearbeitet von Geh. Ober-Regierungs-Rat **B. Jaup**, vortragender Rat im Reichsamt des Innern und **H. Follmann**, Geh. Reg.-Rat im Reichsversicherungsamt. 1912. 4 M.

110. **Wehrbeitragsgesetz** mit Ausführungsbestimmungen. Von Geheimem Ober-Finanzrat **A. Fernow. 2. Aufl.** 1913. 2 M.

111. **Reichs- und Staatsangehörigkeitsgesetz.** Vom 22. Juli 1913. Von Dr. **R. Romen**, Wirklichem Geheimen Kriegsrat. 1913. 2 M. 20 Pf.

112. **Kaufmannsgerichtsgesetz** und die anzuwendenden Bestimmungen des Gewerbegerichtsgesetzes unter besonderer Berücksichtigung der Literatur und Rechtsprechung. Von Magistratsrat Dr. **H. Depène**, Vorsitzender des Kaufmannsgerichts Berlin. 1914. 2 M. 60 Pf.

113. **Postscheckgesetz.** Von Oberpostinspektor **J. Weiland.** 1914. 1 M. 50 Pf.

In Vorbereitung:

Besitzsteuergesetz (Vermögenszuwachssteuergesetz). Von Geheimem Ober-Finanzrat **A. Fernow.**

Guttentagsche Sammlung

Preußischer Gesetze.

Textausgaben mit Anmerkungen. Taschenformat.

---

1. Die **Verfassungs-Urkunde** für den Preußischen Staat. Mit Einleitung, vollständigem Kommentar. Von Prof. Dr. **Adolf Arndt. 7. Aufl.** 1911 4 M.

2. Preußische **Beamten-Gesetzgebung.** Enthaltend die wichtigsten Beamtengesetze in Preußen. Von **C. Pfafferoth. 4., neubearb. Aufl.** 1905. Mit Anhang. Abänderung vom 27 Mai 1907 2 M.

3. **Die Aufnahme des Nottestaments** durch die bestellten Urkundspersonen. Anweisung mit Musterbeispielen und Abriß des Erbrechts von Amtsgerichtsrat **C. Kurtz.** 1904. 1 M. 50 Pf.

4. **Gebührenordnung** für **Notare** vom 25. Juli 1910. **4. Aufl.** bearbeitet von Justizrat **Rausnitz.** 1910. 2 M. 20 Pf.

5. Gesetz vom **24. April 1854 (betr. die außerehel. Schwängerung).** Von Dr **Schulze.** 1873. 75 Pf.
   Gültiges Recht siehe Reichsgesetze Nr. 58.

6. Die Preuß. **Ausführungsgesetze und Verordnungen zu den Reichs-Justizgesetzen.** Von **R. Sydow.** Siehe Seite 24, B u s ch - E y l a u, Ausführungsgesetze.

7 Allg. **Gerichtsordnung** und Preuß. **Konkursordnung.** Von **F. Vierhaus.** Vergriffen.

8. **Vormundschaftsordnung.** Von **F. Schultzenstein.**
   Gültiges Recht siehe: Reichsgesetze Nr. 47.

9. Die Preußische **Grundbuchgesetzgebung.** Von Prof. Dr. **Fischer.** Vergriffen. Siehe Reichsgesetze Nr. 42.

10. **Einkommensteuergesetz.** Von **A. Fernow,** Geh. Ober-Finanzrat. 8. **Aufl.** 1913. 5 M.

11. **Gewerbesteuergesetz.** Von **A. Fernow,** Geh. Ober-Finanzrat. **5., vermehrte Aufl.** 1910. 3 M.

12. **Allgemeines Berggesetz.** Mit seinen Novellen und Nebengesetzen. 3. **Aufl.,** bearbeitet von den Oberbergräten **Schlüter** und **Hense.** 1913. 7 M. 50 Pf.

13. **Ergänzungssteuergesetz** (Vermögenssteuergesetz). Von **A. Fernow,** Geh. Ober-Finanzrat. **4. Aufl.** 1907 2 M. 40 Pf.

14 **Kommunalabgabengesetz.** Vom 14. Juli 1893 und Gesetz wegen Aufhebung direkter Staatssteuern. Von Dr. **F. Adickes,** Oberbürgermeister. **5. Aufl.** Bearbeitet von Stadtrat Dr. **Woell.** 1911. 2 M. 40 Pf.

15. Die **Kreisordnungen** für den Preußischen Staat. Von **O. Kolisch,** Landgerichtsrat. 1894. 4 M.

16. **Konzessionierung gewerblicher Anlagen.** Preuß. Ausführungs-Anweisung zu §§ 16 u. ff. der Gewerbe-Ordnung. Von Dr. **W. v. Rüdiger,** Geh. Regierungs- u. Gewerberat. **2. Aufl.** 1901. 2 M.

17. Preußisches **Gerichtskostengesetz.** Vom 25. Juli 1910. Mit Kostentabellen. Von Dr. **P. Siméon, Kammergerichtsrat. 7. Aufl.** 1913. 4 M.

18. **Preußisches Stempelsteuergesetz** vom 30. Juni 1909. Mit sämtlichen Ausführungsbestimmungen. Von **P. Loeck**, Geh. Regierungsrat. **7. Aufl.** 8° 1911 7 M.

19. Das **Jagdscheingesetz.** Von **F. Kunze**, Wirklichem Geh. Ober-Regierungsrat. **2. Aufl.** 1899. 2 M.

20. Die **preußischen Erbschaftssteuergesetze.** Von **U. Hoffmann**, Rechnungsrat im Königl. preuß. Finanzministerium. 1905. 4 M.

(**Reichs**-Erbschaftssteuergesetz s. Reichsgesetze Nr. 77).

21. Gesetz über die **Handelskammern.** Von **F. Lusensky**, Geh. Regierungsrat. **2. Aufl.** 1909. 3 M.

22. Gesetz, betr. **Anstellung und Versorgung der Kommunalbeamten.** Von Dr. **W. Ledermann. 2. Auflage.** 1914. Bearbeitet von Dr. **Ludwig Brühl.** 2 M. 20 Pf.

23. **Ausführungsgesetz zum Bürgerlichen Gesetzbuche.** Von Kammergerichtsrat Dr. **P. Siméon. 3. Aufl.** 1914. 2,20 M.

24. Die **Hinterlegungsordnung** nebst Ausführungsbestimmungen. Von Regierungsrat Dr. **Georg Bartels. 2. Aufl.** 1908. 2 M.

—, Gesetz vom 21. April 1913 s. Nr. 53.

25. **Preußische Kommunalbeamtengesetzgebung.** Von Magistrats-Assessor Dr. **Fr. Kremski**, Berlin. 1901. 3 M.

26. Gesetze über das **Diensteinkommen der Lehrer und Lehrerinnen, Ruhegehalt und Fürsorge für Hinterbliebene.** Tabelle zur Berechnung der Ruhegehalts-, Witwen- und Waisenbezüge. Von Dr. **Ed. Cremer**, Beigeordneter. 1900. 2 M. 40 Pf.

27. Gesetz, betreffend die **Warenhaussteuer.** Von Geh. Ober-Finanzrat Dr. **G. Strutz.** 1900. 1 M. 20 Pf.

28. Gesetz über die **Fürsorgeerziehung Minderjähriger.** Von Landgerichtsdirektor Dr. **P. F. Aschrott. 2. umgearbeitete Aufl.** 1907. 2 M. 80 Pf.

29. Gesetz, betr. **die ärztlichen Ehrengerichte, das Umlagerecht und die Kassen der Aerztekammern.** Von Amtsgerichtsrat Dr. **F. Fidler.** 1901. 1 M. 50 Pf.

30. Das **Preußische Staatsschuldbuch** und **Reichsschuldbuch.** Von Wirkl. Geh. Ober-Finanzrat **J. Mücke.** 1902. 2 M.

31a. **Die geltenden Preußischen Gesindeordnungen.** Herausgegeben in zwei Bänden von **Stephan Gerhard,** Rechtsanwalt in Berlin.

Band I: Gesindeordnung für die altpreußischen Provinzen vom 8. Nov. 1810, bearbeitet mit ausführlichen Erläuterungen unter Berücksichtigung der Ergänzungsgesetze, der Rechtsverhältnisse der Stellenvermittler und der Reichsversicherungsordnung, sowie die Gesindeordnungen für Neuvorpommern und Rügen und für die Rheinprovinz. 2. **Aufl.** 1914. 3 M.

31b. **Band II:** Gesindeordnungen für Hannover, Schleswig-Holstein, Hessen-Nassau und den Regierungsbezirk Hohenzollern. 2 M. 50 Pf.

Siehe **auch** Seite 25: **Ratgeber** von **Grieben.**

32. **Die Städteordnung für die sechs östlichen Provinzen** Preußens vom 30. Mai 1853. Von Stadtrat Dr. **Walter Ledermann** u. Magistratsrat Dr. **Ludwig Brühl. 2. Aufl.** 1913. 7 M. 50 Pf.

33. **Rentenguts- und Anerbenrechts-Gesetzgebung in Preußen.** Von Landgerichtsrat **M. Peltasohn** und Rechtsanwalt **Bruno Peltasohn.** 1903. 3 M.

34. Sammlung der wichtigsten **preußischen Strafgesetze** nebst Anhang: Gesetz betr. polizeiliche Strafverfügungen vom 23. April 1883. Von **Otto Lindemann**, Geheimen Justizrat. 1912. **2. Aufl.** 3 M. 50 Pf.

35. **Geschäftsordnung für Gerichtsvollzieher.** Von **Emil Exner.** 1904. 3 M. 50 Pf.

36. **Polizeiverordnungen in Preußen.** Von **Otto Lindemann**, Geheimen Justizrat. 1912. **2. Aufl.** 2 M. 50 Pf.

37. Gesetz über die **Enteignung von Grundeigentum** vom 11. Juni 1874. Von Oberlandesgerichtsrat **O. Meyer. 2. Aufl.** 1911. 2 M. 25 Pf.

38. **Kreis- und Provinzial-Abgabengesetz.** Vom 23. April 1906. Von **Fr. Schmidt**, Gemeindevorsteher. 1906. 1 M. 25 Pf.

39. Gesetz, betr. die **Unterhaltung der öffentl. Volksschulen.** Von Dr. **A. Marcks**, Regierungsrat. 1906. 2 M.

40. **Verwaltungsstrafverfahren** bei Zuwiderhandlungen gegen die Zollgesetze und indirekte Reichs- und Landesabgaben. Von Dr. **Richard Katzenstein.** 1907. 3 M. 60 Pf.

41. Die **preußischen Jagdpolizeigesetze.** Von **Fr. Kunze**, Wirkl. Geh. Oberregierungsrat und **R. Kühnemann**, Rechtsanwalt. **2. Aufl.** 1907. 3 M. 60 Pf.

42. Die Gesetzgebung über die **Allgemeine Landesverwaltung** und über die **Zuständigkeit der Verwaltungs- und Verwaltungsgerichtsbehörden.** Von Rechtsanwalt Dr. **Karl Friedrichs.** 1908. 3 M.

43. Gesetz betr. die **Zulassung einer Verschuldungsgrenze** für land- und forstwirtschaftlich benutzte Grundstücke. Von Dr. jur. **R. Leweck**, Syndikus. 1908. 2 M. 40 Pf.

44. **Quellenschutzgesetz** nebst den Ausführungsbestimmungen von **Carl Voelkel**, Geheimer Bergrat. 1909. 1 M.

45. **Rechtsverhältnisse der Juden in Preußen** von Dr. jur. **Max Kollenscher**, Rechtsanwalt. 1910. 2 M. 40 Pf.

46. **Austritt aus der Landeskirche** vom 14. Mai 1873. Von Gerichtsassessor **Hrch. Chr. Caro.** 1911 2 M. 40 Pf.

47. Gesetz, betr. die **Feuerbestattung** von Amtsgerichtsrat Dr. **W. Lohmann.** 1911 1 M. 50 Pf.

48. **Zweckverbandsgesetz für Groß Berlin** vom 19. Juli 1911 nebst Abdruck des allgemeinen Zweckverbandsgesetzes. Von Magistratsräten Dr **Ludw. Brühl**, Dr. **Kurt Gordan** und Stadtrat Dr **Walter Ledermann** in Berlin. 1912. 4 M.

49. **Gesetze gegen die Verunstaltung landschaftlich hervorragender Gegenden** mit Ausführungsanweisungen. Von Regierungsrat **Otto Goldschmidt.** 1912. 2 M. 50 Pf.

50. **Gesetz, betr. die Anlegung und Veränderung von Straßen und Plätzen in Städten und ländlichen Ortschaften** von Oberlandesgerichtsrat **O. Meyer.** 1912. 3 M.

51 **Das preußische Disziplinargesetz für die nichtrichterlichen Beamten** nebst dem Disziplinargesetze für die Privatdozenten. Von Regierungsrat Dr **Eugen v. Dultzig.** Im Druck.

52. **Preußisches Wassergesetz** v. 7. April 1913 von Rechtsanwalt **Georg Wulff** und Rechtsanwalt **Ferd. Herold.** 1913. 5 M

53 **Hinterlegungsordnung** v. 21 April 1913. Von **Hagemann,** Landrichter 2 M 25 Pf

54. Gesetz, betr. die **Anlegung von Sparkassenbeständen in Inhaberpapieren** nebst Ausführungsverordnung vom 8. Mai 1913. Kommentar von Rechtsanwalt **Herbert Döhring.** 2 M

Struckmann-Koch, Zivilprozeßordnung für das Deutsche Reich nebst den auf den Zivilprozeß bezüglichen Bestimmungen des Gerichtsverfassungsgesetzes und den Einführungsgesetzen. In den neuen Fassungen mit der Novelle von 1910. **Kommentar.** Herausgegeben unter Mitwirkung von **R. Rasch,** Landgerichtspräsident in Altona, Dr. **P. Koll,** Senatspräsident beim Oberlandesgericht in Cöln, Dr. **Flechtheim,** Rechtsanwalt beim Oberlandesgericht in Cöln. **9., umgearbeitete Auflage.** 1910. Lex.-8°. 24 M., geb. 26 M.

Pinner, Kommentar zum Gesetz **gegen den unlauteren Wettbewerb** vom 7. Juni 1909. **2. Aufl.** Herausgegeben von Justizrat **Albert Pinner** und Rechtsanwalt Dr. **Erich Eyck.** 1910. Gr.-8°. 5 M. 50 Pf., geb. 6 M. 50 Pf.

Das preußische Warenhaussteuergesetz vom 18. Juli 1900, in Verbindung mit den anderen deutschen Warenhaussteuergesetzen. Erläutert von Dr. **J. Wernicke,** Syndikus. 1913. Preis 4 M. 50 Pf., gebunden 5 M.

Die Stempelsteuerpflicht bei Grundstücksübertragungen. Ein Hilfsbuch zur Berechnung und Einziehung des Immobiliarstempels. Zusammengestellt und bearbeitet von **J. Brachvogel,** Amtsgerichtsrat. 1912. Gr.-8°. Preis 6 M., geb. 7 M.

Patentgesetz und Gesetz, betr. den **Schutz von Gebrauchsmustern.** Von Justizrat Dr. **A. Seligsohn. 4., neubearbeitete Auflage.** 1909. Gr.-8°. 12 M., geb. in Leinen 13 M.

Die Invaliden- und Hinterbliebenenversicherung nach der **Reichsversicherungsordnung.** Eine systemat. Zusammenstellung der gesetzl. Bestimmungen von Dr. **Richard Freund,** Vorsitzendem der Landes-Versicherungsanstalt Berlin. 1911. 2 M., geb. 3 M.

Wie leitet man eine Versammlung? Geschäftlicher Handweiser für Vorsitzende. Von einem Mitgliede des deutschen Reichstages und des preußischen Abgeordnetenhauses. **2. Aufl.** 1908. kart. 1 M.

Praktischer Ratgeber für Dienstherrschaften nach dem Preuß Gesinderecht unter Berücksichtigung der neueren Entscheidungen bearbeitet von **H. Grieben,** Verwaltungsdirektor a. D. und Bürgermeister. 1908. 1 M.

Das Recht der Handlungsgehilfen und Handlungslehrlinge. Von Rechtsanwalt **Hugo Horrwitz. 2. Aufl.** Geb. 3 M.

Die Registratur. Von **Hermann Kollrack. 2. Aufl.** 1906. 8°. **Kart.** 1 M. 40 Pf.

Die Pflichten des Waisenrates. Ein praktischer Leitfaden für Waisenräte und Verwaltungsbeamte. Von **F. Baum,** Geh. Justizrat und Vormundschaftsrichter. 8. **vermehrte und verbesserte Auflage.** 1906. 8°. 60 Pf.

Der Vormund, Gegenvormund, Pfleger und Familienrat. Nach dem Bürgerlichen Gesetzbuch, dem Reichsgesetz über die Angelegenheiten der freiwilligen Gerichtsbarkeit und dem Ausführungsgesetz zum BGB. Ein praktischer Leitfaden. Von **F. Baum,** Geh. Justizrat und Vormundschaftsrichter. 1899. 8°. 50 Pf.

Schlagwort-Register.

R. = Nummer der Sammlung Deutscher Reichsgesetze.
P. = Nummer der Sammlung Preußischer Gesetze.
S. = Seite.

Schlagwort-Register. (R. = Reichsgesetz, P. = preuß. Gesetz.)

Schlagwort-Register. (R. = Reichsgesetz, P. = preuß. Gesetz.)

Schlagwort-Register. (R. = Reichsgesetz, P. = preuß. Gesetz.)

Schlagwort-Register. (R. = Reichsgesetz, P. = preuß. Gesetz.)

 Nr. 9. V. 1914 43 500

FSC
www.fsc.org
MIX
Papier | Fördert
gute Waldnutzung
FSC® C083411

Kolibri 360 GmbH
Ferdinand-Jühlke-Straße 7
99095 Erfurt, Deutschland
produktsicherheit@kolibri360.de